二十一世纪普通高等院校实用规划教材 经济管理系列

网络营销与策划(第 2 版)

刘 芸 主 编

张和荣 谭泗桥 副主编

清华大学出版社

北 京

内 容 简 介

本书为电子商务专业的专业核心课程教材,被列为2010年厦门理工学院教材建设基金资助项目。

本书通过建立"战略+技能+实战"三位一体的知识体系,将网络营销战略规划与方案策划、网络营销基本工具的技能训练,以及基于网络创业计划书或网络营销策划书的实战演练进行了有机结合,突出实践环节,重在培养学生系统策划网络营销项目的能力。本书主要内容包括网络营销战略分析模型,拟订网络营销计划的具体步骤,网络营销目标市场定位战略,网络营销网站建设与策划;网络消费者行为分析,网络营销调研理论与实践,网络营销的产品、定价、分销和整合沟通策略,网络广告以及网络营销管理与评价等。本书还设计包含病毒性营销、博客营销、论坛营销等一系列网络营销技能训练的实验指导书、学生网络营销策划书范例供广大师生参考。第二版主要根据市场环境变化,更新各章节案例,并针对微博营销等新兴网络社交营销工具应用技巧进行更新。

本书可以作为高等院校电子商务、市场营销、物流管理等众多工商管理类、商务策划类专业学生的教材,也可作为电子商务专业和从事网络营销、商务策划工作人员的参考用书。

图书再版编目(CIP)数据

网络营销与策划/刘芸主编. —2 版. —北京:清华大学出版社,2014(2019.2 重印)
(二十一世纪普通高等院校实用规划教材 经济管理系列)
ISBN 978-7-302-35576-2

Ⅰ. ①网… Ⅱ. ①刘… Ⅲ. ①网络营销—营销策划—高等学校—教材 Ⅳ. ①F713.36

中国版本图书馆 CIP 数据核字(2014)第 038490 号

责任编辑:桑任松
封面设计:刘孝琼
版式设计:杨玉兰
责任校对:周剑云
责任印制:沈 露
出版发行:清华大学出版社
　　　　网　　　址:http://www.tup.com.cn,http://www.wqbook.com
　　　　地　　　址:北京清华大学学研大厦 A 座　　　　邮　　编:100084
　　　　社 总 机:010-62770175　　　　　　　　　　邮　　购:010-62786544
　　　　投稿与读者服务:010-62776969,c-service@tup.tsinghua.edu.cn
　　　　质量反馈:010-62772015,zhiliang@tup.tsinghua.edu.cn
　　　　课件下载:http://www.tup.com.cn,010-62791865
印 装 者:北京国马印刷厂
经　　销:全国新华书店
开　　本:185mm×230mm　　　印　　张:25.5　　　字　　数:552 千字
版　　次:2010 年 7 月第 1 版　　2014 年 5 月第 2 版　　印　　次:2019 年 2 月第 9 次印刷
定　　价:44.00 元

产品编号:056083-01

前　言

随着信息通信技术的快速发展与普及，人们相互沟通的方式和效率都发生了巨大的变化，互联网作为当今社会的重要组成部分，成为提升经济运行效率和效益的新途径，同时也对企业的营销模式产生了重要的影响。网络营销是企业利用网络技术与多媒体技术来开展的各类营销活动，是传统营销在信息时代的延伸和发展。它不仅可以降低企业营销成本，而且可有效扩展营销的工具和方法。与传统市场相比，在电子商务环境中的市场竞争游戏规则和竞争手段已经发生了根本的变化，从而要求 21 世纪的企业必须重新审视网络市场，调整企业的经营战略思路，改变企业的市场营销策略。网络营销正是适应网络市场的新的营销理论，是伴随网络产品与市场而诞生的带有很强实践性的新学科。它针对新兴的网络产品和电子商务市场，以新的思路和创新的思维方式，使市场营销理论在发展中创新，在创新中指导实践。教育部电子商务专业教学指导委员会始终强调网络营销课程的重要作用，并将其列为电子商务专业十大核心课程之一。

从内容体系来看，网络营销课程的知识内容涉及市场营销学、工商管理、经济学、计算机和网络通信技术、美学、法律法规等多个学科，既有理论又包含实践技术，是当前网络经济、信息经济快速发展环境下应用型人才培养的重要内容之一，成为管理类人才培养和学科建设的重要组成部分。因此，国内外在网络营销理论和实践领域中也陆续出版了众多的书籍。但是，笔者在教学实践中发现国外有关教材的教学内容滞后于营销实践，国内有关教材的体系重理论、轻实践，尤其缺少面向企业实际项目进行针对性网络营销策划分析实践能力的培养，以及具体实战技能的培训方面的内容。同时，国内目前较为常用的教材，也是由其他重点大学编写出版的，虽然各具特色，但总体说来有待完善。实际上，对于新建本科院校应用型本科人才培养目标下的网络营销与策划方面的教学内容和知识结构，还有待进一步的研究。

根据应用型本科院校人才培养目标，结合厦门理工学院"开放式、应用型、地方性、国际化、亲产业"的办学定位，在教学实践与改革中迫切需要出版一本符合应用型本科院校人才培养目标的实用型专业教材。与国内外其他教材相比，本书作为电子商务专业的专业核心课程教材，建立了"战略+技能+实战"三位一体的知识体系，课程结构理论联系实践，突出实践环节，重在培养学生系统策划网络营销项目的能力。由于网络营销实践运行更新很快，本书在使用 3 年后进行再版。主要突出对"网络营销与策划"课程的最新案例进行更新和调整，旨在让学生了解、认知目前网络经济环境中开展网络营销活动的基本理论内容和知识体系，结合所学电子商务专业的相关知识，重点掌握如何建立基于互联网的网络营销战略模型；能准确、系统地理解、掌握基于互联网的市场营销学的基本概念、基本原理，并使学生能根据目前网络市场的发展规模和特征，以及传统市场的网络化、信息化改造，针对不同市场环境、不同产品和网络消费者拟订网络创业计划和网络营销战略，并对具体的网络营销活动进行分析和策划，培养学生分析问题、解决问题的创新能力和创业能力；通过一系列网络营销技能训练，提高学生的应用实践能力。本书在编写上具有以下特点。

(1) 理论教学内容：更新国外最新专业教材和众多微型案例，以网络营销基本概念和建立网络营销战略模型为基本理论框架相应地开展理论教学，做到理论"够用就行"，让学生学会用战略的眼光来看问题。

(2) 技能教学内容：设立网络营销实验教学环节，不断更新当前网络营销与策划的基本工具，分别开展网络营销策划实战训练和网络营销基本技能训练，注重学生网络营销基本操作技能的培养，如增加微博营销技能的教学内容，做到"做中学"。

(3) 实战教学内容：将学生自主模拟网上创业与营销策划过程融入各教学内容，进行网络营销策划技巧指导，实践教学更有针对性、趣味性，可提高实战能力，理论教学与实践教学相结合。

本书由对网络营销教学与实践充满热情的中青年教师与企业实践人员共同编写。其中厦门理工学院刘芸担任主编，负责制定写作大纲、写作规划，凝练教材特色与内容，并对全书作了修改和总纂。本书副主编分别由闽江学院张和荣与湖南农业大学谭泗桥担任，共同参与教材统稿和具体的编写任务。本书编写人员除上述三所院校的专业教师外，还特别邀请了企业网络营销实践人员参与，因而本书更具实践操作性。具体编写分工如下：刘芸编写第一、二章以及实验指导书；邵其赶编写第三章；罗祥泽编写第四章；张和荣编写第五、六、八章；蔡志文编写第七章；陈葵花编写第九、十章；谭泗桥、彭剑编写第十一章；上海合诺科技有限公司高级工程师蒋兰艳编写第十二章；彭剑编写第十三章。

本书的完成还得到了众多专家学者以及学校的支持、指导和帮助。在此要对教育部电子商务专业教学指导委员会副主任、西安交通大学李琪教授、厦门大学管理学院彭丽芳教授表示衷心的感谢，感谢他们给予本书大纲、初稿的意见和建议。在此，也要感谢厦门理工学院充分支持和肯定本书的定位与编写工作，该书被列为"厦门理工学院教材建设基金资助项目"，获得资金支持。本书在编写过程中，吸收了国内外众多专家学者的研究成果，融入了清华大学出版社编辑的辛勤劳动，在此一并致以诚挚的谢意。

本书可作为高等院校电子商务、市场营销、物流管理等众多工商管理类、商务策划类专业学生的教材，也可作为电子商务专业和从事网络营销、商务策划工作人员的参考书。为方便教学和节省教师备课时间，我们制作了配套的电子课件供教学使用，并提供实验指导书和学生营销策划作品供广大教师参考。

　　由于网络营销发展非常迅速，加上编者水平有限，书中难免存在欠缺之处，恳请专家和读者予以批评指正。

编　者

目 录

第1章 网络营销概述 1

1.1 网络营销的产生与发展 2

1.1.1 网络营销的产生 2

1.1.2 网络营销的发展 7

1.2 网络营销的基本概念 10

1.2.1 网络营销的定义 10

1.2.2 对网络营销内涵的理解 11

1.2.3 网络营销的特点 12

1.3 网络营销与传统营销的关系 14

1.3.1 网络营销与传统营销的
比较 14

1.3.2 网络营销对传统营销的
冲击 16

1.3.3 网络营销与传统营销的
整合 18

1.4 网络营销的基本理论及方法 19

1.4.1 网络营销的理论基础 20

1.4.2 网络营销的基本方法 22

本章小结 26

思考题 26

案例分析题 27

第2章 网络营销战略 28

2.1 战略规划 29

2.1.1 网络营销战略的概念 30

2.1.2 企业网络营销战略的作用 30

2.2 网络营销战略模型 33

2.2.1 网络营销战略的重点内容 38

2.2.2 网络营销战略规划 41

2.3 如何规划网络营销战略 42

2.3.1 网络营销战略的主要内容 42

2.3.2 制定网络营销战略须考虑
的其他问题 44

本章小结 45

思考题 45

案例分析题 45

第3章 网络营销计划 46

3.1 网络营销计划概述 49

3.1.1 网络营销计划的定义 51

3.1.2 网络营销计划的内容 51

3.1.3 网络营销计划的制订原则 53

3.2 网络营销计划的七个步骤 56

3.2.1 步骤一：形势分析 56

3.2.2 步骤二：网络营销战略
规划 57

3.2.3 步骤三：确定网络营销
目标 58

3.2.4 步骤四：策划具体的网络
营销策略 59

3.2.5 步骤五：实施计划 60

3.2.6 步骤六：预算 61

3.2.7 步骤七：计划评估 61

3.3 如何策划编写网络营销计划书 62

3.3.1 网络营销计划书的主要
内容 62

3.3.2 网络营销计划书的策划
过程 64

本章小结 66

思考题 66

案例分析题 67

第4章 网络营销目标市场定位战略 69

4.1 市场细分和目标市场定位综述 71

4.1.1 界定你的客户并分类 72

4.1.2 网络营销地理细分市场 77

4.1.3 网络营销人口细分市场 77

4.1.4 网络营销心理细分市场 78

4.1.5 网络营销行为细分市场 80

4.2 网络目标市场的选择 81

4.2.1 网络目标市场的概念 82

4.2.2 网络目标市场模式选择 82

4.3 网络营销市场策略 84

4.3.1 无差异市场营销策略 85

4.3.2 差异化市场营销策略 85

4.3.3 集中性市场营销策略 88

4.4 网络市场的定位策略 88

4.4.1 市场定位的含义 88

4.4.2 市场定位的步骤 89

4.4.3 市场定位的策略 90

4.4.4 产品定位方法 91

本章小结 93

思考题 94

案例分析题 94

第5章 网络营销网站建设 96

5.1 网络营销站点建设的基本技术 97

5.1.1 企业营销网站的功能 97

5.1.2 营销网站的基本要素 98

5.1.3 营销网站的类型 100

5.2 网络营销型企业网站建设的原则 105

5.3 企业网络营销站点建设步骤 107

5.3.1 站点建设概述 107

5.3.2 站点域名的申请 108

5.3.3 站点建设的准备 109

5.3.4 站点的设计与开发 110

5.3.5 站点的维护 118

5.4 网站评价与网站诊断 118

5.4.1 网站评价对网络营销的
价值 120

5.4.2 不同机构的网站评价指标
体系简介 122

5.4.3 自行实施网站诊断的建议 125

5.4.4 网络营销效果综合评价
体系 127

5.5 网络营销网站推广 129

5.5.1 网络营销网站推广常用
方法概述 130

5.5.2 网络营销网站推广的阶段
及其特征 131

本章小结 136

思考题 136

案例分析题 136

第6章 网络消费者行为 138

6.1 21世纪的网络市场 138

6.1.1 网络营销市场的要素 139

6.1.2 网络市场的客户资源 140

6.2 网络消费者行为的基本特征 142

6.2.1 网络消费者 143

6.2.2 网络消费者的需求与
购买动机....................147
6.2.3 网络消费者的购买过程....150
6.2.4 网络顾客的服务策略..........154
6.3 网络消费者忠诚度分析....................155
6.3.1 网络消费者忠诚度概述....155
6.3.2 网络消费者忠诚度的建立....162
本章小结....................168
思考题....................169
案例分析题....................169

第7章 网络营销调研....................172

7.1 网络营销调研概述....................172
7.1.1 网络营销调研的概念....172
7.1.2 网络营销调研的内容............173
7.1.3 网络营销调研的优势............174
7.1.4 网络营销调研的适用
范围....................175
7.2 网络营销调研的方法与步骤....176
7.2.1 网络营销调研的主要方法......176
7.2.2 网络营销调研的基本步骤....178
7.3 网络商务信息收集渠道与方法..........179
7.3.1 商务信息的特点....................179
7.3.2 网络商务信息收集与整理
的方法....................180
7.4 网上问卷调查设计....................183
7.4.1 网上问卷调查的方式及其
发布形式....................183
7.4.2 网上调查问卷的类型和
格式....................184
7.4.3 网上调查问卷的设计............185

7.4.4 网络调查问卷的质量控制.....189
7.4.5 影响网络调查问卷有效性
的因素....................190
本章小结....................192
思考题....................192
案例分析题....................192

第8章 网络营销产品策略....................194

8.1 网络营销产品....................195
8.1.1 网络营销产品的内涵....196
8.1.2 网络营销产品的特点............200
8.1.3 网络营销的产品分类............202
8.2 网络营销如何创造在线客户价值.....204
8.2.1 网络环境下客户价值的
新内涵....................205
8.2.2 网络环境下如何创造在线
客户价值....................205
8.3 网络营销的品牌策略....................208
8.3.1 品牌与品牌价值....................210
8.3.2 网络对企业品牌的影响.........212
8.3.3 网络营销品牌管理策略.........214
8.4 网络营销新产品开发策略....................221
8.4.1 网络营销新产品开发概述.....222
8.4.2 网络营销新产品构思与
概念的形成....................224
8.4.3 网络营销新产品的研制.........225
8.4.4 网络营销新产品的试销
与上市....................225
本章小结....................226
思考题....................226
案例分析题....................226

第9章 网络营销价格策略 228

9.1 网络营销定价概述 229
9.1.1 互联网改变了企业的定价
策略 229
9.1.2 网络营销定价与网络营销
价格的定义 230
9.1.3 网络营销定价应考虑的
因素 230
9.1.4 网络营销定价特点 231
9.1.5 网络营销定价目标 232

9.2 网络营销定价策略 233
9.2.1 低价渗透性定价策略 233
9.2.2 个性化定制生产定价策略 235
9.2.3 使用定价策略 236
9.2.4 拍卖定价策略 237
9.2.5 声誉定价策略 238
9.2.6 差别定价策略 239
9.2.7 免费价格策略 240

9.3 网络营销定价的程序和方法 244
9.3.1 网络营销定价的程序 245
9.3.2 网络营销定价的方法 247

本章小结 250
思考题 250
案例分析题 251

第 10 章 互联网分销渠道策略 252

10.1 互联网分销渠道 253
10.1.1 分销渠道概述 254
10.1.2 互联网带来企业分销
模式的深刻变革 257
10.1.3 互联网分销模式的分类 260

10.2 网上直销 261
10.2.1 网上直销的概念 261

10.2.2 网上直销的优势 262
10.2.3 网上直销的弱势 262
10.2.4 网上直销成功的策略 264
10.2.5 网上直销策划实践 265

10.3 网络中间商 267
10.3.1 网络中间商的概念 268
10.3.2 网络中间商与传统中间商
的区别 269
10.3.3 网络中间商的类型 269
10.3.4 选择网络中间商的策略 271

10.4 互联网分销渠道的设计和管理 272
10.4.1 网络分销渠道的设计应
考虑的因素 274
10.4.2 网络分销渠道模式的
选择 275
10.4.3 全渠道 O2O 模式 275

本章小结 277
思考题 277
案例分析题 278

第 11 章 网络营销沟通 279

11.1 网络营销沟通概述 280
11.1.1 整合营销沟通 281
11.1.2 互联网广告 283
11.1.3 网络公共关系 284
11.1.4 网络促销活动 285

11.2 网络营销推广工具与方法 289
11.2.1 搜索引擎营销 290
11.2.2 网络社区营销 293
11.2.3 病毒性营销 295
11.2.4 口碑营销 296
11.2.5 博客营销 298

11.2.6　许可 E-mail 营销 302

11.2.7　数据库营销 303

本章小结 304

思考题 304

案例分析题 304

第 12 章　网络营销广告 306

12.1　网络广告及其主要形式 307

12.1.1　网络广告的产生与发展 307

12.1.2　网络广告的类型 310

12.1.3　网络广告的优势及局限性 ...314

12.1.4　网络媒体与传统广告

媒体的比较 315

12.2　网络广告策划策略 318

12.2.1　网络广告策略策划的

基本要求 318

12.2.2　网络广告定位策略 319

12.2.3　网络广告市场策略 319

12.2.4　网络广告心理策略 319

12.2.5　网络广告投放策略 320

12.3　网络广告效果评价方法 323

12.3.1　网络广告效果的分类 324

12.3.2　网络广告效果评估的

内容及指标 324

12.3.3　评估网络广告效果的三种

方法 325

12.4　网络广告发布与策划技巧 328

12.4.1　网络广告效果的影响因素 ...329

12.4.2　网络广告设计技巧 331

12.4.3　网络广告发布与策划技巧...334

本章小结 336

思考题 337

案例分析题 337

第 13 章　网络营销管理与评价 338

13.1　网络营销管理的内容体系 339

13.1.1　网络营销管理的分类 339

13.1.2　网络营销管理的一般内容 ...340

13.2　网络营销效果评价的主要方法 341

13.2.1　E-mail 营销效果的评价 342

13.2.2　搜索引擎营销效果的评价 ...343

13.2.3　如何评价和提升网络

营销效果 344

13.3　网络营销效果综合评价体系 345

13.3.1　网络营销效果评价指标

体系的建立原则 346

13.3.2　网络营销效果评价指标

体系 347

13.3.3　如何选择一组评价指标 ...347

13.3.4　网络营销效果的综合评价 ...349

13.4　网站访问统计分析基础 349

13.4.1　网站访问统计分析和

网站流量统计的差异 351

13.4.2　网站访问统计分析基础

指标 355

13.4.3　几种主流的免费网站

流量统计分析工具比较 ...357

本章小结 358

思考题 358

案例分析题 359

附录 A　《网络营销与策划》实验

指导书 361

附录 B　学生网络营销策划作品 376

附录 C　术语中英文对照表 388

参考文献 391

第 1 章　网络营销概述

【学习目标】

- 了解网络营销的产生过程及其发展趋势。
- 熟练掌握网络营销的含义及特点。
- 理解基于互联网的网络营销和传统营销的联系与区别。
- 熟悉网络营销的基本理论和主要内容。

【引导案例】

戴尔全球的社会化营销

随着 Facebook、Twitter 等社会化媒体的出现和兴起，以其作为媒介的社会化媒体营销成为互联网营销领域炙手可热的宠儿。社会化网络营销本身不同于传统的 4P、4R、4C，而是一条从 P 到 R 到 C 的整体的动态营销。《哈佛商业评论》曾针对 2000 多家公司就利用社会化媒体营销的情况进行调研，有 69% 的受访企业都认可了社会化媒体的潜在力量，而新一轮征途上，对于社会化营销领域的拓展，戴尔表现得最为明显。

社会化网络成企业营销创新重点。戴尔全球社交媒体及在线社区总监(Richard Margetic)指出，戴尔目前着重于社会化营销中的品牌个性塑造，特别是创意活动，"我认为互动才是最重要的，需回归社交的本性，注重品牌声誉的维护"。早在三年前，戴尔在中国开通了"戴尔直通车"，这是当时计算机行业第一个中文企业博客。而戴尔在新浪的中文微博@戴尔中国经过一段时期的试运行后，也正式上线，其在人人网的戴尔公共主页也已按部就班地展开运作，特别是戴尔的"存钱罐"极为出色。

互动是社会化营销成功的关键。在许多人眼里，戴尔是企业电子商务的领跑者，在社会化媒体营销上，其超前性也在世人意料之中。悉知：戴尔在 Twitter 上的账户@DellOutlet已经被全球媒体视为微博客营销成功的范例。目前，该博客拥有超过 150 万名追随者。戴尔的数据显示，通过 Twitter，公司已直接创造了近 700 万美元的营业额。传播互动方面戴尔也积极进行社会化媒体营销，如戴尔中国及其微博矩阵，特别是@戴尔公益 2012 年年初在中国举行的"筑梦成真"微博 10 元转发公益活动，转发数量达到 12 万多次，业内知名人士李开复、薛蛮子等都给予了大力支持，因此戴尔为中国青少年发展基金会捐款 120 万余元，成为了企业微博营销的一个经典案例。

内部社会化营销异常重要。"鼓励员工加入社交团队，从内部发力，成为了戴尔的新一轮战略"，(理查德·玛格特 Richard Margetic)称："戴尔经常邀请业内舆论领袖到公司进行员工培训，重视同舆论领袖的沟通。"近日消息显示，戴尔刚刚结束在中国北京、厦门、上海三地的社交媒体培训。

如今，社交媒体传播理念不仅已经融入戴尔各部门的日常运作，而且有越来越多的员工通过培训，成为戴尔的"品牌大使"或"新闻发言人"。通过聆听来自客户的声音，并和客户产生有效的互动，加强与客户的联系，这些员工和聆听中心一起构成戴尔社交媒体营销战略的重要组成部分。

(资料来源：速途网，http://www.enet.com.cn/article/2012/0810/A20120810148757.shtml)

1.1 网络营销的产生与发展

苏宁祭出线上线下同价战略

舍得一身剐，要把京东拉下马——为避免沦为京东们的"体验店"，苏宁祭出"杀招"：线上线下同价。2012年8月8日，苏宁宣布从8月中旬开始，门店将率先启动3C产品的线上线下同价促销，确保全城最低价。消费者购物时可以进行网络比价，如果发现同款产品高于排名前三名的其他同行，苏宁易购及北京苏宁门店将同时作出调整，保证线上线下均为"最低价"。线上线下同价以北京为试点，从3C品类开始，逐步向全国苏宁和其他品类推广。苏宁副董事长孙为民说，此举没有过多考虑利润问题。"我们这次的调整，就是要让线下的价格朝线上看齐。"孙为民说，苏宁对于线上和线下的利润"没有过多预期"。换句话说，就是不赚钱，也要堵截京东。苏宁的同价策略，是先革自己的命，再革对手的命，"虽然这在一定时间内会牺牲苏宁实体店的短期利润，但是通过双线打击竞争对手销售占比最高的品类，苏宁易购可以实现快速发展。"苏宁易购执行副总裁李斌称，下半年易购将保持70%以上的环比增速，"完成全年200亿元目标不是问题"。国美网上商城总经理韩德鹏则向南都表示，线上线下消费群体不同，国美不会采用同价策略。

(资料来源：http://business.sohu.com/20120809/n350225504.shtml)

1.1.1 网络营销的产生

随着网络、通信和信息技术的快速发展与普及，人们相互沟通的方式和效率都发生了巨大的变化，互联网作为当今社会的重要组成部分，为提升经济运行效率和效益开辟了新的途径。在这一前提下，电子商务应运而生。电子商务是基于互联网，以交易双方为主体，以银行电子支付和结算为手段，以客户数据为依托的商务模式。目前，电子商务已发展成为促进经济增长的重要因素之一，并极大地改变着传统的营销模式。电子商务能够有效增加贸易机会，简化交易流程，提高效率，并能够借助互联网超越时间和空间的限制，极大地促进世界经济的多极化、区域化、一体化和自由化。

现代网络技术及个人计算机的快速普及，促进了电子商务的快速发展，使得人们在信息获取、消费理念等方面都发生了重大的变化，同时也对企业的营销模式产生了重要的影响。许多企业充分发挥现代网络技术与信息技术的巨大优势，发展各具特色的网络营销。传统营销的范围受到时间和空间的局限，采用网络进行营销不仅可以降低企业营销成本，而且可以有效地扩展营销的时空性。网络营销是企业利用网络技术与多媒体技术来开展的各类营销活动，是传统营销在信息时代的延伸和发展。

互联网已经成为人们生活中不可缺少的一部分，很多企业都将它作为通往世界、融入全球化经济的桥梁，更多的企业则把它作为市场营销的强力工具，因此，网络营销受到了前所未有的追捧。在它成长的短短十几年中，发展速度之快，手段翻新之多，让人目不暇接，营销功能正在不断地自动化、一体化。网络营销为企业发展的效率和效益带来了重大的改善，这对市场营销的理论、观念和实践都提出了新的考验。

市场营销是为创造达到个人和组织的交易活动，而规划和实施创意、产品、服务观念、定价、促销和分销的过程。网络营销是以互联网络为主要媒体，以新的方式、方法和理念实施营销活动，更有效地促成个人和组织交易活动的实现。互联网伴随着通信技术的发展而发展起来，由于其开放、快捷、廉价等特征，高效率的信息传输得以实现，1993 年，基于互联网的搜索引擎诞生，这标志着利用搜索引擎进行营销活动的基础已经建立。1994 年 4 月，美国两个律师制造垃圾邮件，引起了广泛的关注和思考，同年网络广告第一次出现。1995 年，随着亚马逊的成立，网络销售正式出现在大众面前。

2013 年 1 月 15 日，中国互联网络信息中心(CNNIC)在京发布第 31 次《中国互联网络发展状况统计报告》(以下简称《报告》)。《报告》显示，如图 1-1 所示，截至 2012 年 12 月底，我国网民规模达到 5.64 亿人，互联网普及率为 42.1%，保持低速增长。与之相比，手机网络各项指标增长速度全面超越传统网络，手机在微博用户及电子商务应用方面也出现较快增长。

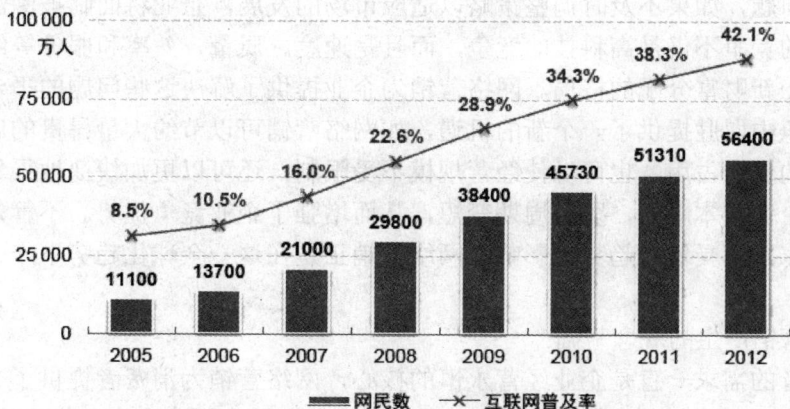

图 1-1　中国网民规模与互联网普及率

1. 网络营销产生的基础

社会经济与现代信息技术的迅猛发展、经济全球化趋势、商业竞争的加剧以及消费观念和消费模式的改变，使得传统的营销模式不能适应社会的发展变化，更不能满足消费者新的消费需求。而在商业竞争愈来愈激烈的信息时代，面对方便快捷的互联网，传统营销的局限性表现得越来越明显。在技术基础、观念基础和现实基础等因素的共同作用下，产生了网络营销模式。

1) 网络营销产生的技术基础

早期的互联网技术主要应用在军事领域，伴随着互联网技术的广泛应用，推动了互联网的商业化进程，特别是 20 世纪 90 年代以来更是呈现出指数型的发展趋势。由于互联网具有开放共享及使用费用低廉等特点，互联网上的任何人都可以享有创作发挥的自由，而且目前使用互联网的费用正在逐渐降低，互联网可以为用户提供电子邮件、文件传输、网络论坛、WWW、BBS 等服务，正是互联网这些丰富的功能使其具备了互动沟通与商业交易的能力，并逐渐成为企业经营管理中不可或缺的工具。互联网技术的应用改变了信息的分配和接收方式，改变了人们的生活、工作和学习的环境。在信息时代，互联网连接世界各地计算机及其用户的同时，缩小了世界范围内人们的空间距离和时间局限性，逐渐成为世界范围内最便捷的沟通方式，再加上商业贸易过程中需要传输大量数据，使得互联网在商业方面的开发潜力越来越大。

为此，促使现代网络通信技术和信息技术的应用与发展成为网络营销产生的技术基础。

2) 网络营销产生的现实基础

随着经济全球化成为不可扭转的趋势，市场竞争也变得愈发激烈。为了在市场竞争中处于优势地位，各大企业也面临着越来越多的挑战，竞争对手不再限于眼前的几个，而是来自世界各地看不到的无数个竞争对手，战略、成本、库存等问题也越来越成为许多企业不得不考虑的问题，如果不及时调整策略以适应市场的发展，企业将面临被淘汰的危险。当今企业之间的竞争不仅是高科技的竞争，而且是速度、质量、效率和服务等综合实力的竞争，它会改变新财富分配的格局。网络营销为企业提供了解决这些问题的平台，为企业在高科技的竞争中取胜提供了一个新的机遇，如网络营销可以节约大量昂贵的店面租金，减少库存商品的资金占用，也可以使经营规模不受限制，还可以更加快捷地采集客户信息等，这都使得企业成本降低，贸易周期变短，从而增强了企业竞争优势。不管是发达国家还是发展中国家，都受这一趋势的影响，网络营销正是在这一全球化趋势下产生并发展起来的。

3) 网络营销产生的观念基础

满足消费者的需求一直是企业经营永恒的核心，网络营销为消费者提供了一个在线购物平台，利用互联网平台为消费者提供各种优质的服务，是取得未来竞争优势的重要途径。在信息社会，人们生活节奏日益加快，个人拥有的时间变得越来越少，而且在传统购物中的交通问题、商场的服务问题、付款排队等候等问题对于现在工作压力大、时间紧张的消费者来说，提高购物的速度成为他们关心的问题。此外，现今市场中的产品无论是在数量还是在品种上都已极为丰富，消费者能够以个人心理愿望为基础挑选和购买商品和服务，主动通过各种渠道获取与商品有关的信息，以增加对产品的信任和获得心理上的满足感。

2. 网络营销的优势

网络营销对企业营销的效率和效益都产生了巨大的影响。一方面，网络营销的出现不仅满足了消费者的个性需求，而且提供了极大的便利性；另一方面，网络营销的产生给企业带来了无法比拟的效用。具体来说，网络营销的优势主要体现在以下几个方面。

1) 决策的便利性

对于广大消费者来说，互联网上的市场没有营业时间和地域的限制，网上商店 24 小时不打烊，网络银行可以随时取款，网上媒体彻夜开放，极大地方便了消费者。截至 2012 年12 月，我国网络购物用户规模达到 2.42 亿人，网络购物使用率提升至 42.9%。与 2011 年相比，网购用户增长 4807 万人，增长率为 24.8%。在网民增速逐步放缓的背景下，网络购物应用依然呈现快速的增长势头。团购领域数据显示，我国团购用户数为 8327 万，使用率提升 2.2%，达到 14.8%，团购用户全年增长 28.8%，继续保持相对较高的用户增长率。

当前，人们生活在信息充斥的社会中，无论是报纸、杂志、广播还是电视，无不充满着广告，让人们躲都躲不开，不得不被动地接受各种信息。在这种情况下，广告的到达率和记忆率之低也就可想而知了。而网络营销则全然不同，人们不必面对广告的轰炸，而只需根据自己的喜好或需要去选择相应的信息，如厂家、产品等，然后再加以比较，作出购买的决定。人们只需操作鼠标，就可不受时间、地点的限制，来浏览国内外任何网上的信息，而不必在各家商场跑来跑去比较质量和价格等，这种快捷与方便，是商场购物所无法比拟的。

2) 较强的互动性

网络营销具有较强的互动性，是实现全程营销的理想工具。传统的营销管理强调产品、价格、渠道和促销，而现代营销管理则追求顾客、成本、方便和沟通，然而无论哪一种观念都必须基于这样一个前提：企业必须实行全程营销，即必须从产品的设计阶段开始就充分考虑顾客的需求。在网络环境下，即使是中小企业也可以通过博客、网上论坛和电子邮件等方式，以较低成本在营销的全过程中对顾客进行即时的信息搜索，而顾客则有机会对产品从设计到定价和服务等一系列问题发表意见。这种双向互动的沟通方式能使企业的营销决策更加有的放矢，从根本上提高顾客的满意度。例如，可口可乐与腾讯开通的互动参与平台以火炬为端口，邀请 QQ 用户参加"可口可乐在线奥运火炬传递"活动。QQ 用户参与"在线火炬传递"只是消费者参与互动的一个方面，同时"火炬传递大使"还可以在网络平台上传个人照片，建立大使个人风采，写下个人的奥运心情，还可以参与火炬在线传递的讨论等，实现全方位的受众参与，提高了其在消费者中的美誉度和知名度。

3) 营销成本优势

在网上发布信息，费用较低；将产品直接向消费者推销，可减少分销环节；发布的信息准确，避免了许多无用的信息传递；还可根据订货情况来调整库存量，降低相应费用。例如网上书店，其书目可按通常的分类，分为社科类、文学类、外文类、计算机类、电子类等；也可按出版社、作者、国别等来进行索引，以方便读者查找；还可以辟出专栏介绍新书及其内容简介等。这样，就可以以较低的费用提供更多更新的图书和服务来争取顾客。另一方面，与传统市场营销相比，互联网络上的竞争是透明的，每个企业的产品信息和营销行为都能被其他企业和广大消费者所掌握。从信息经济学的角度来看，由于网络市场的透明度较好，获取信息和使用网络的费用较低，顾客的搜索成本或交易成本将会降低，而具有更低交易成本的市场形式更有效率和竞争力，也更易于为社会所接受。同时，市场透明度的提高和顾客搜索成本的降低将有助于打破市场分割，消除价格分散，形成统一市场。例如，淘宝网每个月为卖家节约实体店面成本达 4.45 亿元。同时，网上开店的库存资金占用和物流成本也大大降低。与传统物流相比，网店降低了 60% 的运输成本和 30% 的运输时间。另外，营销成本相比传统线下店铺降低了约 55%，渠道成本则可以降低 47%。

4) 企业进货成本较低

在网络营销环境下，企业通过网络使用降低劳动力成本及其他成本的自动化进货程序，可使负责进货的职员有更多的时间去为更低的价格进行谈判。据分析家估计，在进货成本方面，使用电子数据交换(EDI)的公司一般能节省 5%～10% 的成本。互联网可以使企业的进货成本进一步降低，并使公司可以与新厂商进行电子贸易，同以前使用传真和电话的中小型企业进行电子贸易。

5) 减少库存产品

正确管理存货能为客户提供更好的服务，并为公司降低经营成本；加快库存核查频率可减少与存货相关的利息支出和存储费用；减少库存量意味着现有的加工能力可更有效地得到发挥；更高效率的生产可以减少或消除企业和设备的额外投资。网络营销被应用在加工厂市场营销部门和采购部门之间时，能使公司对市场变化作出及时反应，一旦出现问题，也能作出相应的调整。如果市场需求突然增加，或是一个加工厂不能按期完成任务，公司就能及时了解情况，去另一个加工厂增加产量。

6) 缩短生产周期

生产周期是指制作一件产品所花的时间。在生产任何产品时都会有固定的成本，如设备折旧费、厂房建筑物的使用费、大部分管理人员的工资开支等。如果一件产品的生产时间由 10 天减为 7 天，那么每件产品的固定成本也会随之减少。网络能使生产时间缩短，花同样的成本或更低的成本能生产出更多的产品。企业采用电子商务和网络营销方式以后，将大大缩短用于收发订单发票和运输通知单的时间。例如，海尔集团采用 BBP 采购平台，在中心城市实行 8 小时配送到位，区域内 24 小时配送到位，全国 4 天以内配送到位，极大地缩短了生产周期，增加了经济效益。

7)　服务高效便捷

一方面，公司利用互联网进行售前服务，在网上登出产品介绍、技术支持、订货等信息，使得消费者在购买产品前就能对整个交易过程比较清楚，这样做不仅可以节省经费，还可使管理销售服务的公司有更多的时间来处理更复杂的问题，搞好与客户的关系，让客户更加满意。另一方面，网络营销的网上服务是 24 小时的服务，而且更加方便快捷。例如，有个客户购买了惠普公司的打印机，经常出问题，通过咨询得知是打印程序出了问题，于是他找到惠普公司的站点，通过下载打印程序，问题便得到了解决，而惠普公司也因此节省了一笔维修费用。

8)　多媒体效果

网络广告既具有平面媒体信息承载量大的特点，又具有电波媒体的视、听觉效果，可谓图文并茂、声像俱全。而且，广告发布无须印刷，不受时间、版面等限制，顾客需要时可随时索取。网络广告模式如图 1-2 所示。

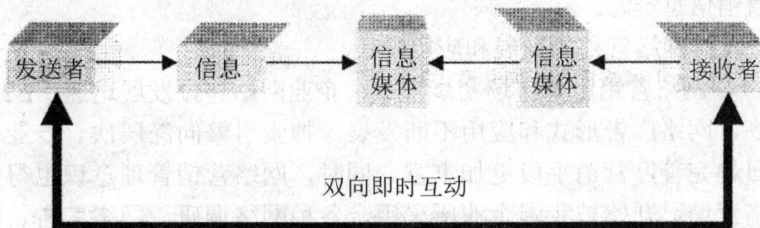

图 1-2　网络广告模式

9)　有利于创造新的商机

互联网在全球范围内 24 小时运行，网络营销更能让公司找到新的市场，不仅可以节约大量的成本费用，还增加了新的销售机会，而且随着公司网络营销量的增加，利润也会不断增加，这是公司利用上门推销和广告宣传都无法有效做到的。

1.1.2　网络营销的发展

1. 我国网络营销的发展状况

网络营销作为新世纪新经济的亮点，将市场的空间形态、时间形态和电子虚拟形态结合起来，将物流、资金流、信息流有效地协调起来，使经营者以市场为纽带，能够在市场上发挥最佳的作用，产生最大的经济效益。到目前为止，我国的网络营销大致分为以下三个阶段。

1)　第一阶段：网络营销的传奇阶段

1997 年之前，网络营销的概念和方法还不明确，Internet 发展也不迅速，很多企业对上网一无所知，更谈不上进行网络营销了。我国的网络营销起步较晚，直到 1996 年，网络营销才开始被我国企业尝试。据传媒报道，1996 年山东青州农民李鸿儒首次在国际互联网上开设"网上花店"，年销售收入达 950 万元，客户遍及全国各地，但公司没有一名推销员；1997 年，江苏无锡小天鹅利用互联网向国际上八家大型洗衣机生产企业发布合作生产洗碗机的信息，并通过网上洽商，敲定阿里斯顿作为合作伙伴，签订了价值 2980 万元的合同。

2) 第二阶段：网络营销的萌芽阶段

1997—2000 年，互联网迅速发展，网络广告和 E-mail 营销出现在中国市场，电子商务网站相继出现，搜索引擎日益普及。到 2000 年年底，多种形式的网络营销开始被应用。海尔集团 1997 年通过互联网将 3000 台冷藏冷冻冰箱远销爱尔兰，至 1999 年 5 月 12 日，该公司累计通过互联网发布信息 11 298 次，接受并处理用户电子函件 3600 多封，访问人数由上年同期平均每天 2300 人次扩大到现在平均每天 27 000 人次，并有 20%的出口业务通过互联网实现。北京、上海、广州等地不少商业企业也纷纷在网上开设虚拟商店，全国网上商店已达 100 家左右。中国网络营销网(http://www.s840.com)是首家网络营销资讯门户，提供了丰富的网络营销信息资源。

3) 第三阶段：网络营销的发展和应用阶段

2001 年至今，网络营销服务市场初步形成，企业网站建设发展迅速，B2B 电子商务平台普及程度提高，网络广告形式和应用不断发展，搜索引擎向深层次、专业化方向发展，网上销售环境日趋完善，营销手段更加丰富。同时，网络营销管理意识也得到了很大的提高。目前，网络营销已开始被我国企业所采用，各种网络调研、网络广告、网络分销、网络服务等网络营销活动，正异常活跃地介入到企业的生产经营中。国家信息中心的有关统计数字表明，目前我国有 80 000 余家企业已加入互联网，并涉及网络营销，其中以计算机行业、通信行业、金融行业较为普遍，计算机行业占 34%，通信行业为 23%，金融行业为 11%，其他为 32%。总的来说，我国企业对网络营销的认识和利用还处于初级层次，虽然对互联网和网络营销有一定程度的了解，但对互联网和网络营销的兴起究竟会对企业产生什么样的影响、网络营销究竟是什么，以及如何根据企业自身的特点及实际情况构建网络营销模式等问题还缺乏深入的研究。

网络营销的发展是伴随信息技术的发展而发展的，目前信息技术的发展，特别是通信技术的发展，促使互联网络形成辐射面更广、交互性更强的新型媒体，它不再局限于传统的广播、电视等媒体的单向性传播，而是与媒体的接受者进行实时的交互式沟通和联系。网络营销的效益是使用网络人数的平方，随着入网用户的指数级倍增，网络的效益也随之以更大的指数倍数增加。

2. 网络营销的发展趋势

电子商务蕴含着无限的市场发展空间和新的商机，面对电子商务的快速健康发展，英特尔公司董事长格罗夫说："未来所有的企业都将是网络企业，网络营销将会成为网络时代企业的基本营销方式。"电子商务的广泛应用降低了企业经营、管理和商务活动的成本，促进了资金、技术、产品、服务和人员在全球范围内的流动，推动了经济全球化的发展。目前，电子商务的应用已经成为决定企业国际竞争力的重要因素，美国亚马逊、eBay 以及中国的淘宝网、阿里巴巴、当当网、中国互动出版社、拍拍网等网络营销模式的成功运行，说明网络营销正在引领世界服务业发展，并影响着未来商业发展模式。

在网络上唯一保持不变的就是"变化"，正如雷·海蒙德在其著作《数字化商业——如何在网上生存和发展》里所述："网络的发展速度比我看到的任何技术改变都要快。我生活在网上——每天都有很多小时在网上，但我还是跟不上网络的发展。"当今网络技术变化速度极快，即使在很短的时间内发生的变化数量也将是惊人的。在这种情况下，我们没有办法准确地预测未来，只能对其未来发展作一个趋势性的展望。目前，网络营销的快速发展呈现以下趋势。

1）营销专业化

就目前来说，虽然已建成的企业网站很多，但在专业性方面做得还不够，真正能发挥网络营销作用的不多。因此，企业网站将会向着专业网络营销平台的方向发展，以便真正为网络营销奠定更加稳固的基石。

2）营销个性化

消费者越来越追求个性化的商品，为了满足消费者的需求，制定个性化信息和商品成为当前网络营销面临的一个重要问题。因此，对所有面向个人消费者的网络营销活动来说，能否提供多样化、个性化的商品和服务成为网络营销成败的关键。

3）搜索引擎的重要性凸显

有关数据表明，82.2%的网民通过搜索引擎寻找自己需要的产品信息。消费行为调查显示，一般用户会点击搜索结果前 50 名的链接。实践证明，排名位置的不同对搜索营销效果的影响非常大。当前，国内已出现一批提供搜索排名服务的网站，这项服务因其低起点、灵活性和覆盖率广，而受到广大网络营销企业的欢迎。

4）E-mail 网络营销

E-mail 为网络营销带来了无数的商机，E-mail 网络营销的功能主要表现在以下几个方面：一是网络客户关系管理，即发送个性化的、精确的、与客户相关的和有时效性的电子邮件营销信息；二是多媒体营销信息，即嵌入多媒体信息，使电子邮件能提供更丰富的、更具冲击力的营销信息；三是分析用户特征，E-mail 营销服务提供商能够根据实时收集到的用户信息，分析用户特征，并对之进行分类，从而优化与用户的互动；四是寻找新客户，即帮助广告发布者发现已经存在但还不知道的客户群。

5）病毒式网络营销

病毒式网络营销策略作为一种新的网站推广方式，并非真的以传播病毒的方式开展网络营销，而是通过利用公众的积极性和人际网络，利用用户的口碑宣传网络，让信息像病毒一样传播和扩散，利用快速复制的方式传向数以千计、数以百万计的受众。

在电子商务发展的过程中，网络营销将会得到更广阔的发展空间，逐渐成为未来企业营销的重要模式,并为企业带来巨大的经济效益和社会效益。为在网络营销发展中处于优势地位,企业一方面要转变传统营销观念,树立正确的经营理念、市场理念,形成健康的企业文化,强化长期服务意识;另一方面,企业必须从自身规范做起,做好网络市场定位和营销团队建设,形成强大的技术后盾和一支行动迅速、稳定的组织队伍,为客户提供新的商品与优质的服务。

1.2　网络营销的基本概念

网络营销可"不变应万变"

2012年,央视的广告收入达到269.76亿元,增长率为15%。而百度在线营销增长率为53.5%,收入达222.46亿元。如果2013年两者以同样的速度增长,百度超过央视指日可待。

百度的逆袭让人再难将互联网视为传统媒体的"后补队员",而基于互联网的营销也正日益显示出有别于传统营销的种种差异。2003至2012年,10年时间网络广告市场规模增长了60倍。在此期间,广告形式极大丰富,社会化媒体勃兴,搜索、门户、视频、社交、移动、电商等广告媒体展开跨领域、跨渠道综合竞争,这些都使网络广告及网络营销的意义、价值不断推陈出新。秦雯认为,传统企业的业务需求与互联网营销结合,使互联网广告不断由"展示"变为以用户转化为目标的一体化营销。

作为互联网与营销的结合,网络营销的本质是要经营一个能够系统地、持续地、互动地建立、维护、转化客户关系的应用平台。作为全新的交互的系统性平台,互联网与传统媒体存在本质的不同,甚至,它不只是一种媒体。在传统媒体上投放广告,广告本身和业务是物理隔开的,比如受众在电视上看到广告,还需要到其他渠道去购买或者进一步了解。而在互联网这个平台上,从广告到营销、销售、客服,整个过程都是一气呵成的。在网络营销中,以往的"受众"、"消费者"已成为用户,无论手段是微博/SNS,还是搜索推广、EDM、广告、公关等,网络营销追求的都不应是曝光率,而是以转化用户为目的的效果营销。

(资料来源: http://finance.people.com.cn/n/2013/0607/c153577-21779291.html)

1.2.1　网络营销的定义

网络营销(E-marketing)起源于美国,国内外许多专家学者在谈论网络营销时都给出了他们的定义,因网络营销还没有形成一门公认的学科,因此对它的理解国内外尚无统一的说法。

目前,关于网络营销的定义主要有以下几种表述。

- 网络营销是基于虚拟的互联网，为目标顾客制造、提供产品或服务，与目标顾客进行网上沟通的一系列战略管理过程。
- 网络营销就是"网络+营销"，即利用互联网的功能从事营销活动的全新的、革命性的营销模式。
- 网络营销是企业整体营销战略的一个组成部分，是为实现企业总体经营目标所进行的，以互联网为基本手段营造网上经营环境的各种活动。其中，网上经营环境是指企业内部和外部与开展网上经营活动相关的环境，如企业营销网站、目标客户、合作伙伴、供应商、销售商、相关行业的网络环境等。
- 网络营销是以互联网络为媒体，以新的方式、方法和理念开展营销活动，更有效地促成个人和组织交易活动的实现。
- 网络营销就是以互联网作为传播手段，通过对市场的循环营销传播，达到满足消费者需求和商家需求的过程。

由此可知，从狭义上来讲，网络营销是指以互联网为媒体从事的营销活动，强调互联网在整合营销中的商业价值；从广义上来看，网络营销是市场营销的一种新的营销方式，它是企业整体营销战略的一个组成部分，是企业为实现总体经营目标，利用互联网等信息通信技术手段开展产品服务等一系列营销活动的总称。

小资料：

网络营销是企业整体营销战略的一个组成部分，是建立在互联网基础之上，借助于互联网特性来实现一定营销目标的一种营销活动。网络营销既包括网上直接面向消费者的营销，也包括各企业利用现代信息技术开展的营销活动。

1.2.2　对网络营销内涵的理解

对网络营销的内涵，可以从以下几方面来理解。

1. 网络营销是企业整合营销的一部分

网络营销不是孤立的，不可能脱离一般营销环境而独立存在。网络营销理论是传统营销理论在互联网环境中的应用和发展，由此也确立了网络营销在企业营销战略中的地位，无论是处于主导地位还是辅助地位，网络营销都是互联网时代市场营销中必不可少的内容。

2. 网络营销并不局限于网上销售

网络营销不仅是网上销售，还是企业传递信息、加强与客户之间的沟通、提升企业品牌价值的工具。很多情况下，网络营销活动不一定能实现网上直接销售的目的，甚至根本不是为了销售。网络营销贯穿于企业经营的整个过程中，包括市场调查、客户分析、开发、生产流程、销售策略、售后服务、反馈改进等各个环节。

3. 网络营销是手段而不是目的

无论传统企业还是互联网企业都需要网络营销，但网络营销本身并不是一个完整的商业交易过程。当一个企业的网上经营活动发展到可以实现电子化交易的程度，就认为是进入了电子商务阶段。网络营销是电子商务的基础，开展电子商务离不开网络营销，但网络营销并不等于电子商务。

4. 网络营销是对网上经营环境的营造

企业要进行网络营销，必须对自己的网站建设、网络广告、网络营销方案等一系列的工作投入精力，才会给目标消费者以比较清晰明了的认识，使目标客户对产品或服务产生兴趣，从而引发其购买商品或服务的欲望。

1.2.3　网络营销的特点

网络营销作为一种新的营销理念和营销策略，随着现代网络通信技术的发展与快速普及而产生和发展，它与传统营销相比有着许多与生俱来的、具有传统营销方式可望而不可即的优势，并对企业的经营方式产生了巨大的影响与冲击。互联网很容易地将企业、团体、组织以及个人跨时空地联结在一起，使得它们之间的信息交换变得十分便捷。市场营销中最重要、最本质的是组织和个人之间进行信息传播和交换，如果没有信息交换，那么交易也就是无本之源。正因为如此，互联网使得网络营销呈现以下特点。

1. 跨时空营销

网络的互联性决定了网络营销的跨国性，网络的开放性决定了网络营销市场的全球性。网络营销可以使企业在世界范围内，自由地寻找目标客户。市场的广阔性、文化的差异性、交易的安全性、价格的变动性、信息价值跨区域的不同增值性和网上顾客的可选择性带来了更大范围成交的可能性，以及更便捷价格和质量的可比性。

2. 个性化营销

网络营销的最大特点在于以消费者为主导，消费者将拥有比传统营销更大的选择自由，可根据自己的个性特点和需求在全球范围内找寻满意的商品，而不会受时间和地域的限制。通过进入感兴趣的企业网站或虚拟商店，消费者可获取产品的相关信息，使购物更显个性。企业根据收集到的消费者相关信息，可生产更符合消费者个性需求的产品，在互联网上的交易帮助企业实现与消费者的一对一营销。例如，消费者想要买一件圆领黑色上衣，可在淘宝网上按照自己的需求进行筛选，直到满意为止。

3. 交互式营销

通过网络平台，企业和顾客可以随时随地地进行信息交流，如通过展示商品图像、商品信息等实现供需互动与双向沟通。企业可以为用户提供详细的商品信息，同时搜集市场信息，提供令用户满意的商品和服务；用户也可以通过网络主动地查询自己喜欢的产品和企业的信息，将自己的信息提供给厂商。这种"零距离"互动式的直接沟通，完全改变了企业的被动式营销。另外，企业还可以进行产品测试与消费者满意调查等活动，如消费者可以在淘宝网上与供应商进行交流和对商品进行评价。

4. 低成本营销

开设"网店"成为新世纪创业的一种热门手段，通过互联网进行的信息交换代替了以前的实物交换，开展网络营销只需一台接入互联网的服务器或租用部分网络服务器空间即可，省去了传统店面昂贵的租金和营业人员的费用。企业还可以凭借互联网的优势，大大降低促销和流通费用，使成本和价格的降低成为可能。消费者还可绕开中间环节，以更低的价格实现购买，低成本的竞争成了网络营销企业最有利的竞争战略。

5. 多媒体营销

随着虚拟现实技术、Web 3.0 技术、三维虚拟展示技术等现代信息技术的广泛应用，网络营销可以借助文字、声音、图像、视频、三维虚拟商品等来展示商品和服务，以充分发挥网络营销人员的创造性和能动性。如试衣网的问世可以让消费者体验购物的真实性。

6. 成长性营销

网络使用者勇于接受新事物，他们大部分是年轻人或中产阶级，接受过良好的教育，由于这部分群体的购买力强而且有很强的市场影响力，因此是一项极具开发潜力的市场渠道。近年来，网上购物在我国快速增长，这说明网络营销有很好的成长性。

7. 整合性营销

网络营销可将商品信息传递、收款、售后服务一气呵成，企业可以借助网络对营销活动进行统一规划和协调，以统一的传播资讯向消费者传播商品信息，避免不同途径中商品信息传播不一致而产生消极影响。

8. 技术性营销

网络营销是建立在高新技术作为支撑的网络基础上的，企业实施网络营销必须要有一定的技术投入和技术支持，改变传统的组织形态，提升信息管理部门的功能，引进懂营销与计算机技术的复合型人才。

9. 极强的实践性

网络营销的理论根基深深扎在网络营销实践的沃土中，网络营销的每一步发展都伴随着网络经济理论研究的不断深入。网络营销的实践性还突出表现在它对以往营销理念的重新审视和对新论断的广泛检验。

1.3　网络营销与传统营销的关系

索尼爱立信颠覆传统营销

2006年11月，在刚刚公布的第三季度业绩中，索尼爱立信这家2001年才成立的手机企业同比增长达到了31%，全球的市场份额也提升了一个百分点，达到了9%，位居全球第四。取得这样一个令人骄傲的成绩，很重要的一个原因就是索尼爱立信充分利用网络营销塑造品牌。通过在网络社区的市场营销活动，索尼爱立信品牌被赋予了年轻、朝气、富有活力的形象，在年轻一代的消费者中被广泛接受。特别是在2006年年初，索尼爱立信更是大胆创新，直接起用网络红人"天仙妹妹"，倾力推出"简·悦"系列手机。此举使"简·悦"系列手机在市场上获得了巨大的成功。经过六年的尝试与实践，索尼爱立信已经建立起一个多样化的网络营销运作组合模式。

(资料来源：http://www.9j1.com/html/websell/08324191748BAFH7BJD1J0GE5HB88G9.htm)

1.3.1　网络营销与传统营销的比较

网络营销是企业整体营销战略的一个组成部分，是以互联网为基本手段，为目标顾客制造、提供产品和服务，与目标顾客进行网上沟通的一系列战略管理过程。从营销手法来说，传统营销是指没有借助互联网技术进行的营销；从理论范畴上来讲，传统营销的理论思想是没有受到互联网技术冲击的。从以上两个概念中我们能够看出，网络营销与传统营销的本质是相同的，都是为了了解顾客的需要并满足其各种各样的需求。其最大的区别是所采用的营销手段不同，网络营销最大的特征就是利用互联网技术进行各种营销活动，通过对市场的循环营销传播，来达到满足消费者和商家的诉求。

1. 网络营销与传统营销的区别

网络营销与传统营销的区别主要表现在以下几方面。

1)　产品和消费者

传统营销的对象是传统消费者，可以是个人也可以是企业，甚至是全球人类；而网络营销的对象则是网络消费者，并且网络营销直接面对消费者，较传统营销更加便于实施个性化营销——针对某一类型，甚至是一个消费者制定相应的营销策略，并且消费者可以自由地选择自己感兴趣的内容观看、定制或购买，这是传统营销所不能及的。理论上，一般商品和服务都可以在网络上销售，但实际上并非如此，像电子产品、音像制品、书籍等较为直观和容易识别的商品，采取网上销售比较适合，而大件商品，如冰箱、彩电等则不适合网上营销。

2)　价格和成本

网络营销能为企业节省巨额的促销成本和流通费用，使产品成本和价格的最大幅度降低成为可能；而消费者则可在全球范围内寻找最优惠的价格，甚至可绕过中间商直接向生产者订货，从而以更低的价格购买到自己所需的各种商品或服务。

3)　营销渠道和沟通

网络营销的分销渠道以方便顾客购买为主，可以大大提高购物效率。通过网络，消费者在家里就可获得相关产品的信息，通过对产品价格、性能等指标的比较，就可以足不出户地挑选自己所需要的产品。在选定产品之后，软件、电子书报等数字化的产品可以经由网络直接送达用户的电脑。由于网络有很强的互动性和全球性，通过网络营销企业可以实时地和消费者进行沟通，解答消费者的疑问，并可以通过 BBS、电子邮件快速地为消费者提供信息，从而改变了传统营销的面貌，再造了客户关系，转变了竞争态势和重组了企业组织。基于网络自身的物理条件，使得离开网络便不可能谈论网络营销，而传统营销的渠道则是多样的。

4)　营销策略和竞争

传统营销的营销策略是基于产品(Product)、价格(Price)、渠道(Place)、促销(Promotion)组合的营销策略，通过营销策略组合在市场上发挥作用，组织生产和销售；而网络营销则是基于顾客的需求和期望(Expectation)、顾客的费用(Cost)、顾客购买的方便性(Convenience)和顾客与企业的沟通(Communication)的营销策略，通过网络营销策略组合在网络市场上发挥作用。例如，从市场调查的角度来看，传统营销利用问卷、访谈等方式开展；而网络营销可以利用网站开展问卷调查，也可以通过论坛等方式开展调查，而且可以直接通过计算机进行数据统计，体现出高效、科学和便捷的特点。

5)　市场营销环境

在传统营销中，市场环境是实体的环境，市场环境因宏、微观因素的影响而具有地区差异性、多变性和相关性等特点。对企业而言，市场营销环境通过市场内容的不断扩大和自身因素的不断变化，对企业的营销活动发生影响；对消费者而言，消费者面对具体商品，可以进行现场体验，一手交钱，一手交货，购物安全性很高。

然而，在网络营销中，市场环境是在虚拟平台之上的全球市场。从企业角度来看，互联网络具有超越时空限制进行信息交换的功能，企业面对的是一个更广阔的全球市场。从消费者角度来看，在网络营销的虚拟市场中，顾客看到的商品并非是实物，而是企业网站对商品的数字化展示，消费者面对的是虚拟的不确定的市场。

6)　促销方式

随着生活节奏的加快，消费者外出购物的时间越来越少，迫切需要快捷方便的购物方式和服务。消费者价值观的这种变革，促使网络营销的产生与快速发展，而网络营销也在一定程度上满足了消费者的这种需求。在促销方式上，网络营销本身可采用电子邮件、网页、网络广告等方式，也可以借鉴传统营销中的促销方式。网络营销为消费者提供足不出户即可挑选和购买自己所需的商品和服务的方式。

2. 网络营销与传统营销的相同点

尽管如此，网络营销和传统营销都是企业市场营销整体的一部分，通过整合可共同为实现企业组织目标服务。其相同点主要体现在以下几个方面。

1) 营销目的相同

网络营销和传统营销的目的都是通过销售、宣传商品及服务，加强和消费者的沟通与交流，最终实现企业最小投入、最大盈利的经营目标。

2) 均需通过营销组合发挥作用

网络营销和传统营销不是仅靠某一种策略来实现企业经营目标的，而是通过整合企业各种资源、营销策略等企业要素开展各种具体的营销活动，最终实现企业预计的营销目标。

3) 都以满足消费者的需求为出发点

网络营销和传统营销都把满足消费者需求作为一切经营活动的出发点，对消费者需求的满足不仅包括现实需求，还包括潜在的需求，而且都是通过市场中的商品交换进行满足的。

1.3.2　网络营销对传统营销的冲击

现代网络技术正在向宽带化、智能化、个人化方向发展，用户可以在更广阔的领域内方便地实现声音、图像、动画和文字一体化的多维信息共享和人机互动功能。基于网络技术的网络营销使传统营销理念、策略和营销方式等发生了革命性的变化，具体体现在以下几个方面。

1. 对营销理念的冲击

从国内外成功的电子商务网站中可以发现，网络营销都要经历由免费到赚钱的过程。传统营销一般很快就能实现盈利，而网络营销必须要分阶段进行，由知道到了解，由了解到尝试，最终可能发展成企业的顾客。所以，企业在开展网络营销时切忌套用传统营销的理念，不同的营销环境和营销策略要求企业认真地探索网络营销的经营方法和策略，从许可营销和个性化营销中寻求突破。

2. 对标准化产品的冲击

作为一种新型媒体，互联网络可以在全球范围内进行市场调研，企业运用网络可以迅速获得关于产品概念和广告效果测试的反馈信息，也可以测试顾客的认同程度，从而更加容易地对消费者行为方式和偏好进行跟踪。因此，在网络广泛使用的情况下，对不同的消费者提供不同的商品将可能实现。

3. 对品牌全球化管理的冲击

与企业的单一品牌与多品牌的决策相同，开展网络营销的公司所面临的主要问题是如何对全球品牌和共同的名称或标志识别进行管理。在实际执行时，对公司的品牌管理采取不同的方法会产生不同的结果。

4. 对定价策略的冲击

如果公司某种产品的价格标准不统一或经常改变，客户将会通过因特网认识到这种价格的差异，并可能因此对公司产生不满。所以，相对于目前的各种传统营销媒体来说，先进的网络浏览功能会使变化不定且存在差异的价格水平趋于一致，这将对有分销商分布在海外并在各地采取不同价格的公司产生巨大冲击。

5. 对营销渠道的冲击

在网络环境下，生产商可以通过因特网与最终用户直接联系，而中间商的重要性将有所降低。

6. 对传统客户关系的冲击

网络营销的企业竞争是一种以顾客为焦点的竞争形态，争取新顾客、留住老顾客、扩大顾客群、建立亲密的顾客关系、分析顾客需求、创造顾客需求等都是重要的营销课题。因此，在网络环境下，公司如何与散布在全球各地的顾客群保持亲密的关系，并能正确掌握顾客的特性，再通过对顾客的教育和对本企业形象的塑造，建立顾客对虚拟企业与网络营销的信任感，都是影响网络营销成功与否的关键因素。基于网络时代的目标市场、顾客形态、产品种类与以前传统的一切会有很大的差异，如何跨越地域、文化和时空的差距重新营造企业与顾客的关系，将需要许多创新的营销行为。

7. 对营销战略的冲击

互联网所具有的平等性、自由性和开放性等，使得网络时代企业的市场竞争是透明的，人人都能掌握竞争对手的产品信息与营销作为。因此，适时地运用在网络上获得的信息来研究并采用具有优势的竞争策略可以使中小企业更易于在全球范围内参与竞争，这一点是跨国公司所不能忽视的。无论怎样，网络营销都将降低传统环境下跨国公司规模经济的竞争优势。

8. 对跨国经营的冲击

在网络营销环境中，企业开展跨国经营是非常必要的。在过去分工经营的时期，企业只需专注于本行业和本地区的市场，而将其在国外的市场委托给代理商或经销商去经营就可以了。而网络时代的跨国企业，不但要熟悉不同国家顾客群体的特性，以争取他们的信任，并满足他们的需求，还要安排跨国生产、运输与售后服务等工作，这些跨国业务都是经由网络来联系与执行的。

1.3.3　网络营销与传统营销的整合

网络营销具有很多优势，也对传统营销形成了多方面的冲击，但这并不代表网络营销可以完全代替传统营销。因为互联网只是人们生活中的一部分，而大部分消费者并没有上网，上网的也没有完全进行网络购物，参与网络购物的在进行购买决策时也不会完全忽视传统媒体的信息。同时，传统营销也有其自身难以取代的特点，传统营销并不会因为网络营销的到来而终结，至少在相当长的时期内会两者共存。网络营销只不过是企业利用网络媒体来开展的各类市场营销活动，是传统营销在网络时代的延伸和发展，是网络媒体和传统媒体相结合的市场模式。从这种意义上来说，网络营销和传统营销是一个整合的过程，应该把两种营销有机地结合起来，取长补短，发挥各自的优势。只有两种营销实现整合，才能使企业的整体营销策略获得最大的成功。

1. 传统媒体与网络媒体的整合

在整合营销过程中，可以把互联网信息强制性地印到所有说明书、商品目录和各种广告、产品包装上，企业每项沟通媒体的内容必须包括公司地址、主页地址、自动回复电子邮件地址。在顾客支持的媒体上提供企业网站建设情况，将网络战略和传统的支持战略集成起来，以提高企业相关网站的访问量。在企业网站中提供相关有形证明，建立用户信任感与公司的信誉。例如，在海尔集团网站(http://www.haier.cn/)中提供公司总部、分公司或工厂的照片、公司重要人物的简历等让用户信服企业的信息。传统媒体的宣传有助于企业扩大知名度，网站应随时跟踪传统媒体对企业的正面宣传，并及时反映到网站中。

2. 传统市场调研与网络市场调研的整合

通过市场调研发现消费者需求动向，从而为企业细分市场提供依据，是企业开展市场营销的重要内容。一方面，对于市场名气不大、网站不太引人注意的企业可采用传统市场调研或请专业网络市场研究公司协助自己的企业进行网络市场调研，并实时在委托商的网站获取调研数据及进展信息，而不仅仅是获得最终调研报告。另一方面，对于知名企业，企业网站的常客多是一些对该企业有兴趣或与企业有一定关系的用户，他们对企业有一定的了解，进行网络市场调研将有利于为访问者提供更准确、更有效的信息，也为调研过程的及时双向交流提供了便利。

3. 传统分销渠道与网络分销渠道的整合

电子商务尽管在迅猛发展，但对于传统营销而言，其份额仍然是很小的，企业传统的分销渠道仍然是企业的宝贵资源。但网络所具有的高效及时的双向沟通功能的确能加强企业与其分销商的联系。企业可通过互联网构筑虚拟专用网络(VPN)，将分销渠道的内部融入其中，及时了解分销过程的商品流程和最终销售状况，这将为企业及时调整产品结构、补充脱销商品、分析市场特征、实时调整市场策略等提供帮助，从而为企业降低库存，采用实时生产方式创造条件。而对于传统分销渠道而言，网络分销也开辟了及时获取畅销商品信息、处理滞销商品的巨大空间，从而加速销售周转。

4. 网上营销集成对传统营销关系的整合

网络是一种新的市场环境，将在企业组织、运作及管理观念上产生重大影响。一些企业已经迅速融入这一环境，依靠网络与原料商、制造商、消费者建立密切联系，并通过网络收集、传递信息，从而根据消费需求，充分利用网络伙伴的生产能力，实现产品设计、制造及销售服务的全过程，这种模式为网上营销集成。网上营销集成是对互联网络的综合应用，是互联网络对传统商业关系的整合，它使企业真正确立了市场营销的核心地位。企业的使命不是制造产品，而是根据消费者的需求，整合现有的外部资源，高效地输出一种满足这种需求的品牌产品，并提供服务保障。在这种模式下，各种类型的企业通过网络紧密联系、相互融合，并充分发挥各自优势，形成共同进行市场竞争的伙伴关系。

5. 传统营销策略与网络营销策略的整合

在网络营销中，传统营销的目标并没有改变，但网络使得企业实施各种营销策略的环境发生了变化，企业的营销手段与策略变得更为广泛和丰富。网络营销不仅包括在网上针对网络虚拟市场开展的营销活动，而且包括在网上开展的服务与传统有形市场的营销活动，还包括以传统手段开展的服务与网络虚拟市场的营销活动。基于网站的网络营销是网络营销的主体，如网站的规划、建设、维护、推广以及与其他营销方法的整合。因此，网站不是唯一的解决方案，而是整体方案的一部分，网络营销战略必须与公司的整体战略相互匹配和相互支撑。

1.4 网络营销的基本理论及方法

通过博客营销引爆病毒性营销

Stormhoek 葡萄酒公司是英国一家生产葡萄酒的小公司，因资金拮据没有在英国投放任何广告。为了扩大产品知名度、打开销售局面，Stormhoek 公司向 100 位博主免费提供公司生产的葡萄酒，并通过他们的博客向全世界传播。同时，Stormhoek 的企业网站本身就是一个博客(www.stormhoek.com)，公司在博客上发布一些关于 Stormhoek 葡萄酒的产品信息和最新的市场活动信息。Stormhoek 利用这个博客与其他的博客用户进行互动。其通过参加 100 个晚餐聚会，以及向对自己的葡萄酒提出反馈意见的博客人群免费发放葡萄酒，迅速吸引了公众关注的目光，从而以 100 瓶葡萄酒的极低代价在 100 多天后成功登陆了美国市场，赢得了产品知名度和销售市场的迅速扩大。

Stormhoek 通过博客发动的病毒营销，产生的滞后效应还很难具体估量。2005 年 6 月，该公司的葡萄酒开始投放市场，不到一年就暴增到每年 10 万箱，而且博客营销为其带来了源源不断的客户流。Stormhoek 的整个营销过程的费用仅仅几千美元！因特网上的对话引爆了零售市场的巨大需求！

(资料来源：http://www.vecn.com/bingduxing/)

在网络世界中，由于企业与环境的边界不再像传统模式下那样清晰可辨，因此需要对传统的营销理论进行重新演绎和创新。然而，网络营销不过是老树新枝，它与传统营销之间并没有严格的界限，其理论也未能脱离传统营销的理论基础。

1.4.1 网络营销的理论基础

1. 整合营销理论

电子商务的核心是进行网络营销，而网络营销是企业利用网络媒体来开展的各类市场营销活动，是传统市场营销在网络环境下的延伸和发展。在网络环境下，营销理论发生了明显的变化。传统的市场营销理论追求的是利润最大化，所以把企业的利润作为基本出发点，而没有把顾客的需求与企业利润放在同等重要的地位，在它指导下的营销决策是一条单向的链。然而，网络的互动特性使得顾客真正参与到了整个营销过程中来，顾客参与的主动性不仅不断增强，而且选择的主动性也得到加强。在这种形势下，企业必须严格执行以满足消费者需求为出发点和归宿点的现代市场营销理念，否则顾客将选择其他企业的产品，从而降低企业利润。因此，网络营销要求把顾客整合到整个营销过程中来，以客户的需求为出发点。图 1-3 所示为整合营销理论的模型图。

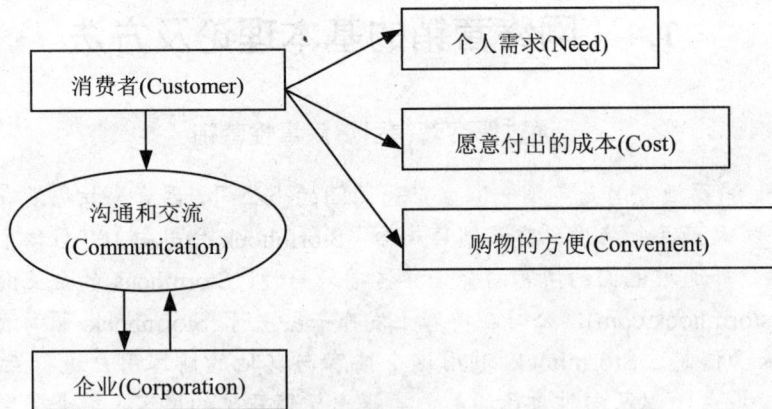

图 1-3 整合营销理论模型

2. 直复营销理论

直复营销是指使用一种或多种广告媒体实现一种为了在任何地方产生可度量的反应和(或)达成交易的市场营销体系。直复营销中的"直"是指不通过中间分销渠道而直接通过媒体连接企业和消费者，销售产品时，顾客通过网络直接向生产企业下订单付款；直复营销中的"复"是指企业与顾客之间的交互，顾客对企业的营销努力有一个明确的回复(买还是不买)，企业可统计到这种明确回复的数据，由此可对以往的营销效果作出评价，并及时改进以往的营销策略，从而获得更满意的结果。这种营销过程，极大地体现了网络的优势——企业和顾客之间的交互，不仅可以获得订单的交互，还可以获得顾客对产品的评价和建议。

3. 软营销理论

软营销是针对工业化大规模生产时代的强势营销方式而提出的一种新的营销理论，它强调企业在进行市场营销活动时，必须尊重消费者的感受和体验，让消费者乐意接受企业的营销活动。软营销和强势营销的根本区别在于：软营销的主动方是消费者，而强势营销的主动方是企业。因此可以说，软营销理论是网络营销中有关消费者心理学的另一个理论基础。然而，导出这个理论基础的原因仍然是网络本身的特点和消费者个性化需求的回归。

4. 关系营销理论

关系营销的核心是通过加强与顾客的联系，为顾客提供高度满意的产品和服务，保持与顾客的长期关系，并在此基础上开展营销活动，实现企业的营销目标。研究表明，争取一个新顾客的营销费用是保留一个老顾客费用的 5 倍。因此，加强与顾客的关系并建立顾客的忠诚度，可以为企业带来长远利益，实现企业与顾客的双赢。

5. 长尾理论

长尾理论是网络时代兴起的一种新理论，由美国人克里斯·安德森(Chris-Anderson)提出。长尾理论认为，由于成本和效率的因素，当商品储存、流通、展示的场地和渠道足够宽广，商品生产成本急剧下降以至于个人都可以进行生产，并且商品的销售成本急剧降低时，几乎任何以前看似需求极低的产品，只要有卖就会有人买。这些需求和销量不高的产品所共同占据的市场份额，完全可以和主流产品的市场份额相比，甚至更大。例如，一般的书店中藏有大约 100 000 种书，但亚马逊的书籍销量中竟有差不多 1/4 是排名 100 000 位之后的书贡献的。大多数成功的网络企业正在以这样或那样的方式利用长尾，这些企业不仅扩展了现有市场，更重要的是它们还发现了新的市场，传统的实体销售商力所不能及的那些新市场的规模远比人们想象的要大很多。图 1-4 所示为长尾理论中的需求曲线。

安德森的长尾理论虽然来源于对媒体娱乐产业的分析,但长尾理论可谓无处不在,绝不止于这些领域,网络时代我们已经能以合乎经济效益的方式把各式各样的商品提供给消费者。长尾理论的真正精髓就是丰饶经济学,随着供给无限的选择空间来满足消费者的个性化需求,这种全新的商业模式已经开始崭露头角,也为网络营销的产品策略提供了理论依据。

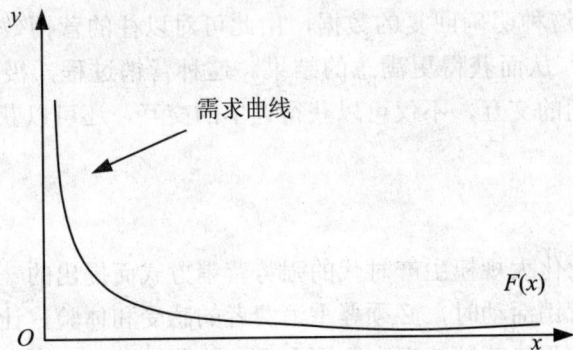

图1-4   长尾理论中的需求曲线

小资料:

利用长尾理论繁荣长尾市场的三大秘诀:一是提供所有的产品,使客户的选择面更加大;二是现在就开始降低价格,通过公平定价、方便的服务、稳定的质量,同免费同行竞争;三是帮用户找到产品,有了大规模定制化系统,消费者就不必再屈就于千篇一律的大众化商品了。

1.4.2 网络营销的基本方法

网络营销方法在网络营销体系中占有重要的位置,是对网络资源和网络工具的合理利用,是网络营销各项职能得以实现的基本手段。根据企业是否建立网站,可将网络营销方法分为无站点网络营销和基于企业网站的网络营销。这两种情形分别有不同的网络营销方法,如信息发布、网上调研、在线销售和销售促进等同样适用于没有建立企业网站的情况。根据企业是否已经建立网站,可以归纳出如图1-5所示的网络营销体系。

在网络营销发展初期,常用的网络营销方法有搜索引擎营销、E-mail 营销、即时通讯营销、病毒式营销、网络广告、信息发布、个性化营销、网络会员制营销、网上商店、博客营销、RSS 营销等。

```
                    网络营销方法
                         │
         ┌───────────────┴───────────────┐
         │                               │
    无站点网络                       基于网站的网络
    营销方法                         营销方法
         │                               │
    信息发布                         网站推广
    网上调研                         网络品牌
    顾客关系                         销售促销
    顾客服务                         在线销售
         │                               │
    供求信息平台                     搜索引擎营销
    网络广告                         网站资源合作
    在线黄页服务                     网络会员制营销
    网络社区营销                     网上拍卖
    许可电子邮件管理                 网上商店营销
    病毒性营销
```

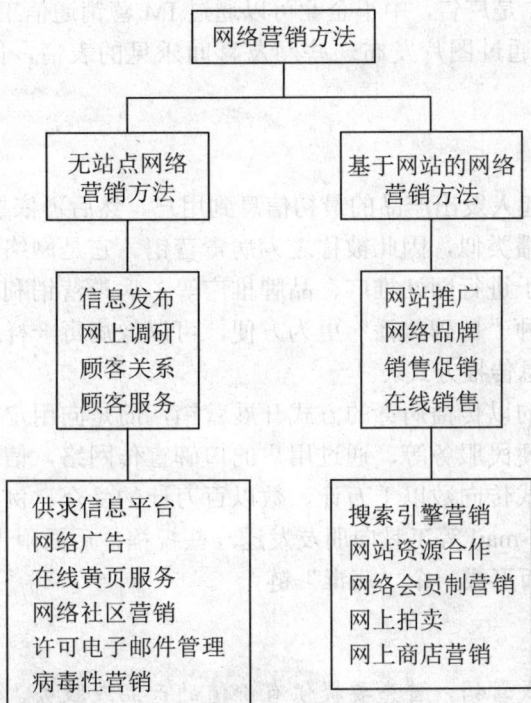

图 1-5　网络营销体系

1. 搜索引擎营销

搜索引擎营销是一种经典的网络营销方法，虽然搜索引擎的效果已经不像几年前那样有效，但搜索引擎仍然是人们发现新网站的基本方法。因此，在主要的搜索引擎上注册并获得最理想的排名，是网站设计过程中需要考虑的问题之一，网站正式发布后尽快提交到主要的搜索引擎，是网络营销的基本任务。

2. E-mail 营销

基于用户许可的 E-mail 营销比传统的推广方式或未经许可的 E-mail 营销具有明显的优势，如可以减少广告对用户的滋扰、增加潜在客户定位的准确度、增强与客户的关系、提高品牌忠诚度等。开展 E-mail 营销的前提是拥有潜在用户的 E-mail 地址，这些地址既可以是企业从用户、潜在用户资料中自行收集整理，也可以利用第三方的潜在用户资源。

3. 即时通讯营销

即时通讯营销(又叫 IM 营销)是企业通过即时通信工具 IM 帮助企业推广产品和品牌的一种手段。常用的即时通讯营销主要有两种：一是网络在线交流，中小企业建立网店或者企业网站时一般会有即时通讯在线，这样潜在的客户如果对产品或者服务感兴趣自然会主动和在线的商家联系；二是广告，中小企业可以通过 IM 营销通信工具，发布一些产品信息和促销信息，或者可以通过图片发布一些网友喜闻乐见的表情，同时加上企业要宣传的标志。

4. 病毒式营销

病毒式营销是指发起人发出产品的最初信息到用户，然后再依靠用户自发的口碑宣传，由于其原理与病毒的传播类似，因此被称之为病毒营销。它是网络营销中的一种常见而又非常有效的方法，常用于进行网站推广、品牌推广等。病毒营销利用的是用户口碑传播的原理。在互联网上，这种"口碑传播"更为方便，可以像病毒一样迅速蔓延，因此病毒式营销成为一种高效的信息传播方式。

病毒式营销并非真的以传播病毒的方式开展营销，而是向用户提供精美网页或笑话、节日祝福、免费服务、便民服务等，通过用户的口碑宣传网络，信息像病毒一样传播和扩散，利用快速复制的方式传向数以千万计、数以百万计的受众。例如，每当到节日时，可以通过 QQ、百度 HI、E-mail 等工具向朋友发送一些祝福，后面附上网页地址或精美图片，在朋友间相互转发，从而形成一个"病毒"链。

小资料：

要想成功实施病毒式营销，首先要提供有价值的产品或服务，其质量直接决定病毒式营销效果的好坏。也就是说，病毒式营销的传播载体是最重要的，如果没有好的传播载体，一切都无从谈起。目前常用的传播载体主要有 Flash、网络小电影、电子书、免费应用软件、博客、活动或者参与的机会。

5. 网络广告

几乎所有的网络营销活动都与品牌形象有关，在所有与品牌推广有关的网络营销手段中，网络广告的作用最直接。标准条幅广告(Banner)曾经是网上广告的主流，进入 2001 年之后，在网络广告领域发起了一场轰轰烈烈的创新运动，新的广告形式不断出现，新型广告由于克服了标准条幅广告承载信息量有限、交互性差等缺点，而获得了相对较高的点击率。研究表明，网络广告的点击率并不能完全代表其效果，网络广告对那些浏览而没有点击广告的、占浏览者总数 99%以上的访问者同样产生作用。

6. 信息发布

信息发布既是网络营销的基本职能，又是一种实用的操作手段，通过互联网，用户不仅可以浏览到大量商业信息，而且可以自己发布信息，如新产品信息、优惠促销信息等，以充分发挥网站的功能。

7. 个性化营销

个性化营销主要包括用户定制自己感兴趣的信息内容，选择自己喜欢的网页设计形式，根据自己的需要设置信息的接收方式和接收时间等。个性化服务在改善客户关系、培养客户忠诚以及增加网上销售方面具有明显的效果。为了获得某些个性化服务，在个人信息可以得到保护的情况下，用户才愿意提供有限的个人信息，这是开展个性化营销的前提保证。

8. 网络会员制营销

网络会员制营销已经被证实为电子商务网站的有效营销手段，国外许多网上零售型网站都实施了会员制计划，几乎涵盖了所有行业。国内的会员制营销还处在发展初期，不过可以看出，电子商务企业对此表现出了浓厚的兴趣。例如，亚马逊公司(www.amazon.com)发起的"联合"行动，一个网站注册为亚马逊的会员，然后在自己的网站放置各类产品或条幅广告的链接，以及亚马逊提供的商品搜索功能，当该网站的访问者点击这些链接进入亚马逊网站并购买某些商品之后，根据销售额的多少，亚马逊会付给这些网站一定比例的佣金。

9. 网上商店

建立在第三方提供的电子商务平台上、由商家自行经营的网上商店，如同在大型商场中租用场地开设商家的专卖店一样，是一种比较简单的电子商务形式。网上商店除了通过网络直接销售产品这一基本功能之外，还是一种有效的网络营销手段。从企业整体营销策略和顾客的角度考虑，网上商店的作用主要表现在两个方面：一是网上商店为企业扩展网上销售渠道提供了便利的条件；二是建立在知名电子商务平台上的网上商店增加了顾客的信任度，从功能上来说，对不具备电子商务功能的企业网站也是一种有效的补充，对提升企业形象并直接增加销售具有良好效果，尤其是将企业网站与网上商店相结合，效果更明显。

10. 博客营销

简单地说，博客营销(Blog Marketing)就是利用博客这种网络应用形式开展网络营销。博客具有知识性、自主性、共享性等基本特征，正是博客的这种性质决定了博客营销是一种基于包括思想、体验等表现形式的个人知识资源。公司、企业或者个人利用博客这种网络交互性平台发布并更新企业、公司或个人的相关概况及信息，密切关注并及时回复博客上客户对企业或个人的相关疑问以及咨询，通过博客平台帮助企业或公司零成本获得搜索引擎的较前排位，以达到宣传的目的。

随着索尼、亚马逊、耐克、通用电气、奥迪、IBM、太阳微系统等大公司利用博客与外界公众建立联系，博客营销的概念被广大企业所接受，并有愈演愈烈之势。通过博客营销，企业可以和外界公众建立起一个双向沟通的桥梁，可以让企业及时了解公众对企业的看法。同时，企业通过博客可以随时表达公司的发展意向与企业文化，通过这种形式建立起的企业形象会更加人性化。

11. RSS 营销

RSS 也叫聚合 RSS,是在线共享内容的一种简易方式(也叫聚合内容,Really Simple Syndication),主要是指网络用户按照自己的兴趣,在提供 RSS 服务的网站,定制特定主体信息 (RSS Feeds),网站将符合该主题的信息,主动推送到用户的计算机上。这样,用户可以在客户端借助于支持 RSS 的新闻聚合工具软件(RSS 阅读器),跟踪定制各个站点中的最新内容,而不需要再到网站上去寻找,这些内容可以是文本(博客或者新闻站)、音频或者视频。通常在时效性比较强的内容上使用 RSS 订阅能更快速地获取信息,网站提供 RSS 输出有利于让用户获取网站内容的最新更新。RSS 营销是指利用 RSS 这一互联网工具传递营销信息的网络营销模式。

本 章 小 结

随着现代电子信息技术和网络通信技术的迅速发展,Internet 和计算机在人们生活领域逐渐被广泛应用,促使人们购买行为的不断改变以及消费的个性化需求。与此同时,企业意识到运用网络进行营销可充分利用网络市场蕴藏的无限商机,网络营销应运而生。

传统营销和网络营销都是经济发展的产物,传统营销是网络营销的理论基础,而网络营销则是传统营销的延伸。尽管在营销活动中网络营销相对传统营销在程序和手段上都发生了很大的变化,但市场营销的实质并没有改变,网络营销和传统营销都是企业的一种活动,都需要相互组合发挥功效,都需要把消费者的现实需求和潜在需求作为一切活动的出发点。因此,网络营销并非独立存在,而是企业整体营销策略中的一个组成部分,只有结合网络营销的优势和传统营销的特点,实现两种营销模式的整合,才能使企业的整体营销策略获得最大的成功。

网络营销作为营销家族中重要的一员,是以现代营销理论为基础的。而相对于传统营销来说,网络营销有基于网络开展营销活动的特性,也有自己特有的理论基础,如整合营销理论、直复营销理论、软营销理论、长尾理论和关系营销理论等。同时,网络营销还有搜索引擎营销、E-mail 营销、即时通讯营销、病毒式营销、网络广告、信息发布、个性化营销、网络会员制营销、网上商店、博客营销、RSS 营销等多种常用的营销方法。

思 考 题

1. 结合网络营销的产生和发展说明网络营销是企业今后营销发展的趋势。
2. 简述网络营销的基本概念和特点。

3. 与传统营销相比，网络营销有哪些优势与不足？

4. 对企业来讲，如何结合自身特点制定网络营销方案？

5. 谈谈你对海尔集团开展的网上直销和个性化定制的价值所在。

6. 结合案例分析企业网络营销与传统营销如何在实际营销过程中进行整合。

案例分析题

　　余某是电子商务专业的一名毕业生，被聘用到一家大型"农家乐"公司的市场部工作。部门经理告诉余某，公司的网站已开放了半年多，但访问的人数却不理想，没有达到宣传公司和最终实现网上预订产品和服务的目的，要求余某设计一套公司网站规划与推广方案，以便付诸实施。

　　分析：

　　根据企业的发展目标及其目标市场情况，设计该公司网站的主要功能及其需采用的网络营销方法。

第2章 网络营销战略

【学习目标】

- 了解网络营销战略的意义。
- 掌握制订网络营销战略规划的基本模型。
- 掌握网络营销战略制定的原则与方法。

【引导案例】

阿里巴巴投资新浪微博 布局更显清晰

2013年4月29日，新浪公告宣布，旗下新浪微博获得阿里巴巴5.86亿美元的战略投资。在公告中，双方表示将依托各自领先的社交媒体和电子商务优势，打造更为活跃的微博平台，探索和建立更具想象力的微博开放生态体系及商业模式。这是继近来阿里巴巴陆续投资美团、陌陌、丁丁、虾米，以及被传闻要投资收购UC、友盟、墨迹天气等一系列举动后，阿里巴巴在自身移动互联网生态建造上一个重要的落子布局。同时，此举也凸显了阿里巴巴在移动互联网布局上的清晰思路。

熟悉淘宝的人士表示，阿里巴巴集团一直强调，"淘宝就是生活"，"随时随地淘"，"淘宝无处不在"。这表明阿里巴巴希望从购物切入生活，围绕各种生活场景打造一个完善的生态系统。淘宝天生就具备聚合消费者的能力，消费者的关系天生都在淘宝上，用户的消费和商业需求明确且直接，同时这种需求往往容易自发形成帮派和小团体。最关键的是，阿里巴巴能够掌握和了解消费者的消费行为数据，并且进行很好的数据化运营。无疑，当强大的交易数据、强大的支付体系、海量的用户群体等和微博结合后，势必对双方在移动互联网领域和社会化平台上的既定战略产生明显的协同效应，更会促进社会化数据和电子商务数据的融合及开放、分享，这些都是富有想象力的事情。

但另一方面，消息甫出，记者注意到，此前坊间关于微博过度商业化的担心又再次喧嚣而来。就在两周前，微博推出了"橱窗推荐"这一产品，在微博个人面的信息流中间，出现了较多的淘宝联盟商品广告，此举引来部分用户的微词。甚至有人担心，自此以后，微博彻底依附于阿里巴巴，变成一个大淘宝客网站和淘宝流量导购网站。

似乎预见到了这种担心，阿里巴巴集团董事局主席马云在公告中表示，"此次战略合作，我们相信微博将更微博，社交媒体的生命力将更健康更活跃，传递的正能量更多"。他更表示，"两大平台的结合，不仅有助于我们在移动互联网的布局和发展，而且会给微博用户带去更多独特、健康、持久的服务"。

舆论普遍认为，不该以简单的社会化购物来揣度这一合作对双方的深远意义。易凯资本有限公司CEO王冉就认为，微博除了社会化的媒体平台，还可以是社会化的商务平台和社会化的搜索平台，期待更多的打通与融合以及更好的产品和用户体验。

　　事实上，具备了大量用户的微博，已经远远不是一个营销平台那样简单。社交化电商平台相对低得多的营销成本对商家的吸引力不容小觑。业界也都普遍认为，在某些方面，社交化电子商务让原本单向、线性的交流模式变成双向、互动的交流模式，充分发挥了依靠口碑和社交圈子进行品牌扩散和营销的特点。

　　但准确地描绘微博的未来，它更为重要的仍然是一个像 Facebook 一样的社交平台，或者说是社交化网络，如同曹国伟描述的一样，"那才是一个真正的生态圈"。当然另一方面，它更是国内目前最为活跃的移动社交平台。

　　截至 2012 年 12 月，新浪微博 75% 的活跃用户通过移动终端登录，且微博移动端大约贡献了超过 30% 的广告收入，增长率已经超过 PC 端。而在 2013 年 3 月，微博移动端的用户超过了 PC 端。微博已经展现了其移动社交的巨大潜力。

　　无疑，作为微博的移动社交化未来将向更多元化的方向发展，其商业化将围绕解决用户的沟通、社交、分享、阅读、娱乐等各种生活需求来发展，而电商不过是其中的若干个金矿的一个而已。

（资料来源：http://tech.hexun.com/2013-05-02/153723557.html）

2.1　战　略　规　划

刘翔摔栏赞助商反应神速　大打感情牌转危为安

　　伴随着刘翔在伦敦奥运会上的摔倒，各大赞助商迅速行动，大张旗鼓地打响了一轮营销战。而从各赞助商的意向来看，刘翔依然是他们青睐的合作对象，这也代表着刘翔在手术后不能退也不想退，毕竟在最少的 2011 年，刘翔的代言收入都达到 2200 万元左右。

　　刘翔此次参赛身负着包括耐克、可口可乐、安利纽崔莱、VISA、伊利、联想、凯迪拉克、青岛啤酒等 17 个代言品牌。在其摔倒后，各大赞助商迅速展开"危机公关"。事发几分钟后，耐克便发微博称："谁敢拼上所有尊严，谁敢在巅峰从头来过，哪怕一无所获。"宝洁也迅速反应："带着伤痛，仍旧不放弃。跑道不止存在于奥运场上，未来的人生跑道我们会一直为你加油。"青岛啤酒亦在微博上挂出广告语："信念不倒，激情永在。"此外，宝马中国、伊利等赞助商也陆续表达了对刘翔的支持，发布了类似退赛营销的广告及微博。"伤痛"营销确实吸引了网友的眼球，活动开展的两天内，青岛啤酒微博广告活动的点击率已超过百万次。

　　对于刘翔代言品牌纷纷推出"伤痛"营销的现象，一位不愿透露姓名的营销界人士表示，目前国人对于刘翔摔倒的争论未休，刘翔伤退所造成的影响还在持续，立即撤销其代言的广告会让人产生"太唯利是图"的逆反心理，因此，这时利用"失败营销"大打感情牌反而能化危机为转机。

（资料来源：重庆晚报，http://2012.qq.com/a/20120811/000919.htm）

网络营销战略是公司为了适应迅速变化的竞争环境，寻找长期稳定发展的网络营销途径，并且为了实现这一途径而优化企业组织、资源制定的总体性和长期性的网络营销谋划和方略。作为信息技术的产物，网络具有很强的竞争优势。但并不是每个公司都能顺利地开展网络营销，公司实施网络营销必须考虑到公司的目标市场、顾客关系、企业业务需求和技术支持等各个方面。企业必须制定正确合适的营销战略，提供高效、有价值的产品和服务，扩大营销规模，提升营销层次，才能实现企业的经营目标。

2.1.1　网络营销战略的概念

"战略"(Strategy)一词最早是军事方面的概念。战略的特征是发现智谋的纲领。在西方，"strategy"一词源于希腊语"strategos"，意为军事将领、地方行政长官，后来演变成军事术语，指军事将领指挥军队作战的谋略。公元 579 年，罗马皇帝毛莱斯用拉丁文写了一本名为"stratajicon"的书，被认为是西方第一本战略著作。在中国，"战略"一词历史久远，"战"指战争，略指"谋略"。春秋时期孙武的《孙子兵法》被认为是中国最早对战略进行全局筹划的著作。在现代，"战略"一词被引申至政治和经济领域，其含义演变为泛指统领性的、全局性的、左右胜败的谋略、方案和对策。

虽然战略这一术语在不同的语境中有不同的含义，但是专家们一致认为，战略指的是为实现目标所采取的手段。企业战略所关注的是企业如何实现既定目标，而不是目标本身。

传统意义上的营销战略是指基于企业既定的战略目标，向市场转化过程中必须要关注"客户需求的确定、市场机会的分析，自身优势的分析、自身劣势的反思、市场竞争因素的考虑、可能存在的问题预测、团队的培养和提升"等综合因素，最终确定出增长型、防御型、扭转型、综合型的市场营销战略，以此作为指导企业将既定战略向市场转化的方向和准则。

那么，电子商务营销战略与传统营销战略有何异同呢？所谓电子商务战略是指对企业的资源进行有效的配置，利用信息技术来达到既定的目标，最终提高企业业绩，保持企业长久的竞争优势。由此可见，只要公司层面的经营战略中融入了信息技术，传统的营销战略就变成了电子商务战略。同样，厂商利用数字信息技术实施战略，市场营销就转变为网络营销。所谓网络营销战略(E-Marketing Strategy)，就是企业利用信息技术来实现既定目标的营销战略。

2.1.2　企业网络营销战略的作用

网络营销作为一种竞争手段，具有很多竞争优势，要想知道这些竞争优势是如何给企业带来战略优势以及如何选择竞争战略，就必须分析网络营销对企业的营销提供的策略机会和威胁。制定战略目标的关键是判断企业目前的状况，然后决定在多大程度上实施电子商务模式，以及采取哪些具体的网络营销手段。可用一个金字塔来展示实施电子商务的各个层次，在这个系列中，只有少数企业能达到最高的层次，如图 2-1 所示。越接近金字塔顶端的企业，参与电子商务活动越频繁，通过网络营销手段给企业带来的利益就越显重要。战略往往是高层的决策，而战术应用于低层，因此大部分企业的高层战略风险远远高于低层的战术。

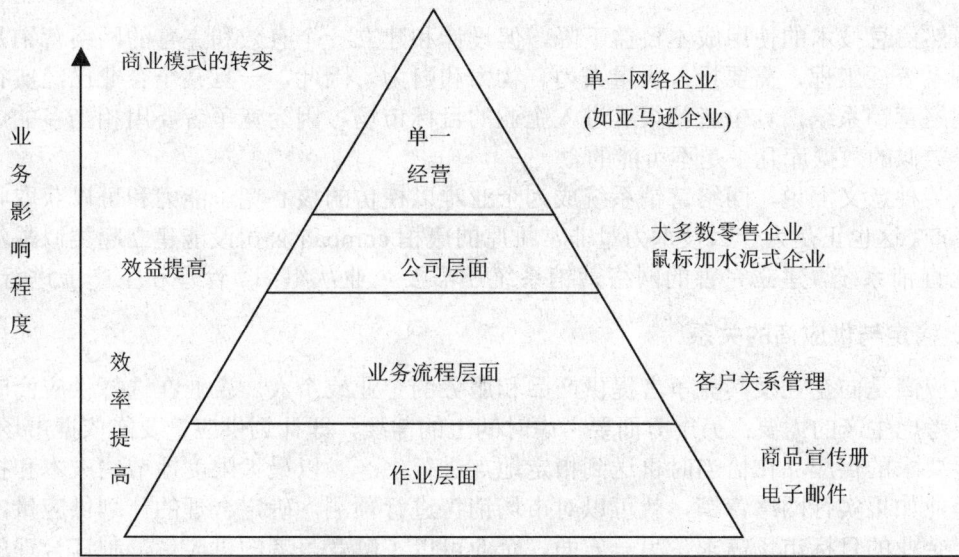

图 2-1　企业实施电子商务的层次

从图 2-1 中可以看出，对不同行业性质的企业而言，一家企业的作业层面可能是另一家企业的战略。例如，电子交易订单处理(在网上销售产品)对销售滑雪用具的商店而言，只不过是整个业务量的 1%，而对于联邦快递公司来说则属于公司层面的重要经营活动。

网络营销作为一种竞争战略，可以在下述几个方面加强企业在对抗市场竞争力量时的优势。

1. 巩固和加强企业现有竞争优势

市场经济要求企业的发展必须是以市场为导向，企业制定的策略、计划都是为满足市场需求服务，这就要求企业对市场现在和未来的需求有较多的信息和数据作为决策的依据和基础，避免企业的营销决策过多依赖决策者的主观意愿，使企业丧失发展机会和处于竞争劣势。利用网络营销，企业可以对顾客的要求和潜在需求有较深了解，对企业潜在顾客的需求也有一定的了解，制定的营销策略和营销计划具有一定的针对性和科学性，便于实施和控制，从而顺利完成营销目标。

例如，戴尔(Dell)公司通过网上直销和与顾客进行交互，在为顾客提供产品和服务的同时，还建立了自己顾客和竞争对手顾客的数据库，数据库中含有顾客的购买能力、购买要求和购买习性等信息。根据这些信息，戴尔公司将顾客分成四大类：摇摆型的大客户、转移型的大客户、交易型的中等客户以及忠诚型的小客户。公司通过对数据库的分析后针对不同类型的企业制定销售策略。在数据库的帮助下，企业的营销策略具有很强的针对性，在减少营销费用的同时还提高了销售收入。

2. 为竞争设置障碍

虽然信息技术的使用成本日益下降，但设计和建立一个有效和完善的网络营销是一个长期的系统性工程，需要投入大量人力、物力和财力。因此，一旦某个企业已经实行了有效的网络营销系统，竞争者就很难进入企业的目标市场，因为竞争者要用相当多的成本建立一个类似的数据库几乎是不可能的。

从某种意义上说，网络营销系统成为企业难以模仿的核心竞争能力和可以获取收益的无形资产。这也正是为什么技术力量非常雄厚的康柏compaq公司没能建立起类似戴尔公司的网上直销系统，建立完善的网络营销系统还需要企业从组织、管理和生产上进行配合。

3. 稳定与供应商的关系

供应商是向企业及其竞争者提供产品和服务的企业或个人。企业在选择供应商时，一方面要考虑生产的需要；另一方面要考虑时间上的需要，即计划供应量要能依据市场需求，将满足要求的供应品在恰当时机送到指定地点进行生产，以最大限度地节约成本和控制质量。企业如果实行网络营销，就可以对市场销售进行预测，确定合理的计划供应量，以确保满足企业的目标市场需求；另一方面，企业可以了解竞争者的供应量，制订合理的采购计划，在供应紧缺时能预先订购，以确保竞争优势。例如，大型零售商沃尔玛公司，通过其网络营销系统，根据零售店的销售情况制订其商品补充和采购计划，通过网络将采购计划立即送给供应商，供应商必须适时送货到指定零售店。供应商既不能送货过早(因为企业实行零库存管理，没有仓库进行库存)，又不能过晚，否则会影响零售店的正常销售。在零售业竞争日益白热化的情况下，企业凭借其与供应商稳定协调的关系，使其库存成本降到最低；供应商也因企业的稳定增长获益匪浅，因此都愿意与沃尔玛公司建立稳定的密切合作关系。

4. 提高新产品开发和服务的能力

在许多工业品市场中，最成功的新产品开发往往是由那些与企业相联系的潜在顾客提出的，因此通过网络数据库营销更容易直接与顾客进行交互式沟通，更容易产生新产品概念，克服了传统市场调研中的滞后性、被动性和片面性，以及很难有效识别市场需求而且成本也很高的缺陷。企业开展网络营销，可以从与顾客的交互过程中了解顾客需求，甚至由顾客直接提出需求，因此很容易确定顾客需求的特征、功能、应用、特点和收益。对于现有产品，通过网络营销容易获取顾客对产品的评价和意见，以决定对产品的改进方案和换代产品的主要特征。目前，有很多大企业开始实行网络营销，数据库产品的开发研制和服务市场规模也越来越大。公司根据客户要求设计生产，一方面满足了顾客不同层次的需求，同时另一方面公司也获得了许多市场上对新产品需求的新概念。如美国联邦捷运公司，通过互联网让用户查询了解其邮寄物品的运送情况，让用户足不出户就可以获得企业提供的服务，企业也因此省去了许多接待咨询的费用，一举两得。

5. 加强与顾客的沟通

著名的 2/8 定律指出，企业 80%的利润来自 20%的老顾客，企业发展新顾客交易的费用是与老顾客交易的 5 倍，培养顾客的忠诚度是企业营销中的最大挑战。网络营销是以顾客为中心，其中网络数据库中存储了大量现在消费者和潜在消费者的相关数据资料，企业可以根据顾客需求提供特定的产品和服务，具有很强的针对性和时效性，可极大地满足顾客需求。同时，借助网络数据库企业可以对目前销售的产品满意度和购买情况作分析调查，及时发现问题、解决问题，确保顾客的满意，建立顾客的忠诚度。企业在改善顾客关系的同时，可以通过合理配置销售资源来降低销售费用和增加企业收入。例如，对高价值的顾客可以配置高成本销售渠道，而对低价值的顾客采用低成本渠道销售。网络数据库营销是现在流行的关系营销的坚实基础，因为关系营销就是建立顾客忠诚和品牌忠诚，确保一对一营销，满足顾客的特定需求和高质量的服务要求。

通常顾客要求对产品的设计和生产进行参与，从而最大限度地满足自己的需求。通过互联网络和大型数据库，企业可以低廉的成本为顾客提供个性化的服务。例如，美国通用汽车公司允许顾客在 Internet 上利用智能化的数据库和先进的 CAD 辅助设计软件，辅助顾客自行设计出自己需要的汽车，而且可以在短短几天内将顾客设计的汽车送到顾客的家中。

2.2 网络营销战略模型

专营店 VS 网店：鱼和熊掌的博弈

网上购物这种"鼠标+钞票"的模式，越来越成为很多消费者热衷的消费方式，艾瑞咨询最新推出的《2008—2009 年中国时尚商品电子商务研究报告》研究显示：时尚商品消费(主要是指服装服饰类商品及化妆品)需求旺盛，2008 年时尚商品网络购物交易额环比增长 136.8%，达 274.6 亿元，占全年网购交易额比重的 21.4%。如今，化妆品已经成为在互联网上销售收入排名第三的产品系列。

有研究表明，中国化妆品网购市场即将步入快速上升期，未来几年将迎来发展的黄金时期。那么，这种规模越来越大的网上销售，会对化妆品实体店的销售带来何种影响呢？作为日化专营店的经营者，如何制定正确的营销战略呢？目前很多化妆品公司采取三种营销战略：①网络销售强调个性与互动，并实现全天候服务；②专营店扬长避短，用自己的优势攻击对手的劣势；③传统渠道和网络渠道寻找共赢突破口。

(资料来源：http://promote.yidaba.com/201002/0112041410021001000020965595_3.shtml)

无论企业规模大小，对网上购物置之不理，或者单纯依赖网上购物都是不可取的。任何事物都有利弊。网上购物与传统渠道销售各有短长，关键是扬长避短，使两者形成合力。传统与新兴渠道的协同发展必将成为日化行业未来发展的重要趋势。对广大品牌厂商而言，需要考虑的已不再是要不要拓展网销等新渠道，而是如何将新兴渠道与传统渠道完美嫁接，实现"鱼和熊掌二者兼得"。

网络营销计划贯穿企业总体目标和经营战略。在朱迪·施特劳斯(Judy Strauss)、阿黛尔·I.埃尔-安沙瑞(Adel EL-Ansary)和雷蒙德·D.弗罗斯特(Raymond Frost 编写的《网络营销》一书中提出了营销学上经典的 ESP 模型，如图 2-2 所示。ESP 模型的理念是环境影响战略，而战略实施的效果如何可用绩效考核指标去评价。

1. 网络营销环境

企业的经营战略首先要考虑的就是商务环境，企业在日常经营中，要受到法律、道德、技术、市场竞争以及其他种种外部环境的影响，其中既存在机遇，也有诸多挑战。互联网技术在不断进步，网络用户结构在不断变化，企业在设计网络营销战略时，应该如何利用这些变化呢？下列几个要素是我们必须要考虑的。

1) 信息技术

互联网普及率、宽带情况等是一个国家信息发展水平的重要标志。据《第 25 次中国互联网络发展状况统计报告》的数据显示，截至 2009 年年底，中国网民规模达到 3.84 亿人，较 2008 年增长了 28.9%，在总人口中的比重从 22.6%提升到 28.9%，互联网普及率稳步上升。

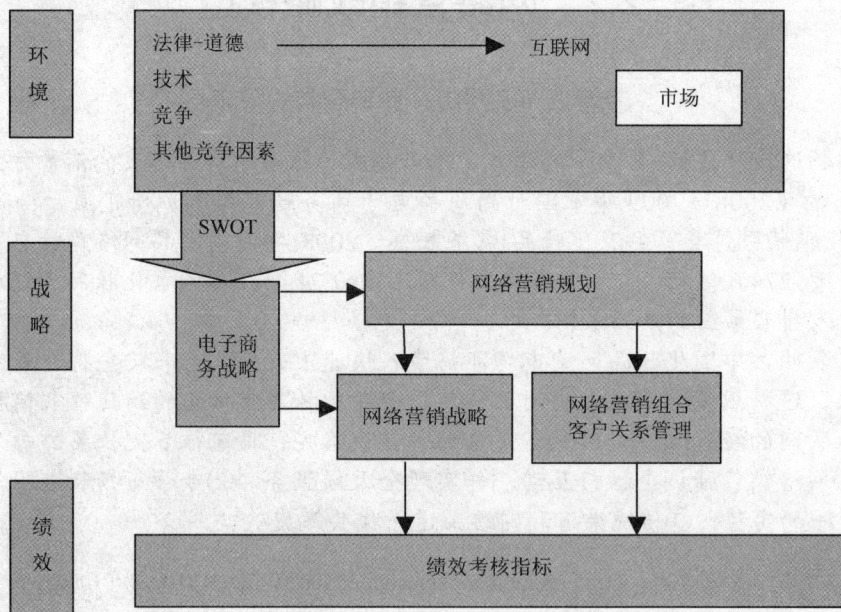

图 2-2 网络营销 ESP 战略模型

无疑，中国是互联网用户基数最大的国家，达到 3.84 亿人，但是互联网普及率仅为 28.9%，略高于世界平均水平 25.6%，如图 2-3 所示。

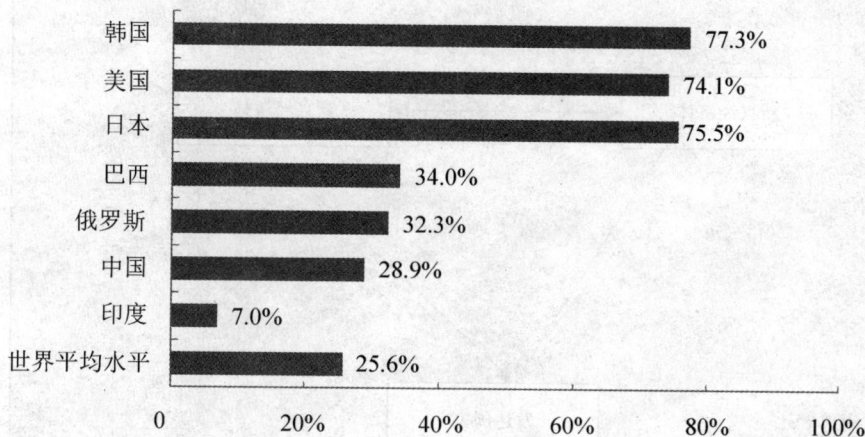

图 2-3 截至 2009 年 12 月部分国家的互联网普及率

（资料来源：中国互联网络发展状况统计报告，http://tech.qq.com/zt/2010/cnnic25/）

当然，与互联网普及率相关的要素还有很多，如使用宽带的网民所占比率、网民学历分布情况、不同职业人群的上网率等。

2） 市场机会分析

网络营销计划将帮助厂商判断和分析潜在的市场。机敏的全球网络企业必须通过两种不同方式对市场进行分析。第一种就是市场差异性(Marketing Difference)分析，这是指两个市场存在不同的特征，如不同的语言、文化行为、购买行为等；第二种是市场相似性分析，指两个市场存在相似的特征。

例如，一家企业在新兴经济体设厂，但却把目标市场定在自己的国内，那么负责网络营销的人员必须认清两地人口的市场差异。如果企业把制造厂建立在发达国家，却希望打开新兴经济体的市场，情况是相似的：它必须审视国内市场与目标市场间的差异。与此相反，新兴经济体中的厂商如果想成功地在发达国家销售产品，就必须找到市场相似点，如图 2-4 所示。

3） 道德和法律问题

现代技术对营销和其他各行各业的道德规范提出了根本的挑战，法律也迫切需要随着技术的发展而更新。对于变革的需求可能在计算机革命中得到最好的体现。计算机可进行数据收集、程序编译和信息传播等，它代表了快速发展的通信方式，通过互联网和其他类似的系统，使得全球空前地联系在一起。由于网络空间本质上是全球性的，所以人们难以就道德立场达成一致的意见。表面上，计算机可提供无限的机会，但这也说明了需要对这些机会进行不断的评估。网络营销的每一个参与者要遵守职业规范，但也得到了为这些道德规范的建设和完善贡献力量的机会。

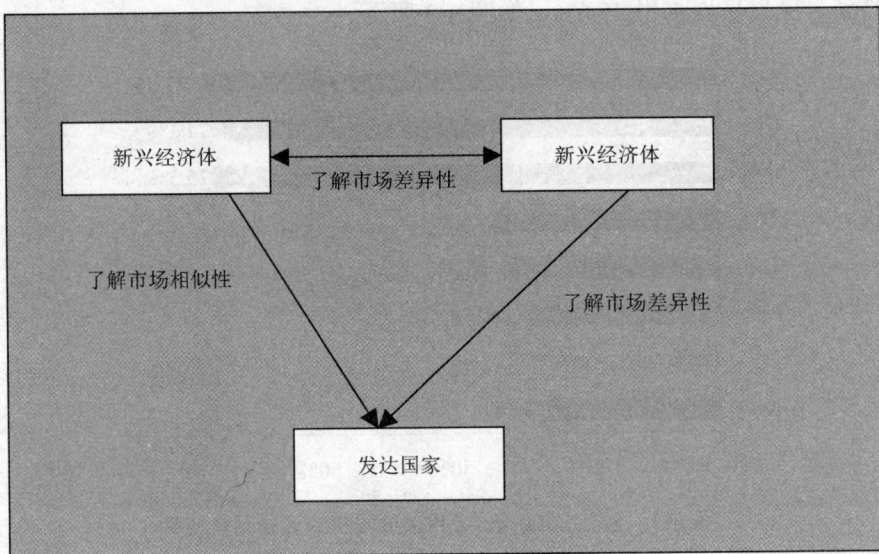

图 2-4　新兴经济体与发达国家之间的市场路径

2. 网络营销战略

应该说，ESP 模型中的战略部分是模型的核心内容。企业通过进行 SWOT 分析，总结出其优势和劣势所在，抓住机遇，抵御潜在的威胁。依据 SWOT 分析的结果，企业可制定电子商务战略和基于电子商务战略基础上的网络营销战略。企业通过实施市场细分、差异化、目标定位等战略和 4P 策略，最终完成战略发展目标。当然，衡量战略规划是否成功，需要对其结果进行评价。

3. 绩效评价

判断企业实施网络营销战略是否达到预期目标的唯一方法是衡量其经营结果。绩效考核指标(Performance-Metrics)是评价企业运营是否有效的指标。例如，美国的斯凯杰(Skechers，一家经营流行款式皮鞋的厂商)在网站上用专业软件追踪客户，结果发现了许多问题。后来，该公司改变了网页内容，使客户能快捷方便地登录产品网站，客户只需点击几次鼠标，就可完成浏览并购买其产品。因此，该公司 2001 年第一季度的销售量达 22 750 万美元，比 2000 年同期上升了 7%。

评价指标反映了企业网络营销绩效成功的关键因素，也揭示了企业网络营销绩效评价的内容，是网络营销绩效评价主体对评价客体进行全面认识的具体途径，因此，设计指标体系是企业网络营销绩效评价的重要基础工作。根据网络营销绩效的特点与内涵，按照建立网络营销绩效评价指标体系的科学性、系统性、目的性、可操作性、定量和定性相结合性等原则，可以将网络营销绩效评价指标体系设计成一个具有层次结构的指标体系，由目标层、准则层、分准则层及指标层构成，如表 2-1 所示。

在企业网络营销系统绩效复杂的指标体系中，各指标的衡量标准不统一，量纲不同。因而，应该将各种指标信息通过一定的方法综合为可表达的无量纲值，这一无量纲值可以用网络营销绩效优度(X)来表示，绩效优度值越高，表明网络营销绩效越好。

表 2-1　网络营销绩效评价指标体系

目标层	准则层	分准则层	指标层
网络营销绩效优度(X)	网站绩效(X_1)	设计效果(X_{11})	功能全面性(X_{111})；风格独特性(X_{112})；视觉冲击力(X_{113})
		推广效果(X_{12})	搜索引擎排名(X_{121})；注册用户增长率(X_{122})；网站知名度(X_{123})
		运行效果(X_{13})	访问者增长率(X_{131})；页面浏览增长率(X_{132})；用户停留时间增长率(X_{133})
	企业绩效(X_2)	经济效果(X_{21})	销售利润率(X_{211})；利润增长率(X_{212})；销售费用率(X_{213})
		市场效果(X_{22})	信息利用率(X_{221})；销售增长率(X_{222})；市场扩大率(X_{223})；市场占有率(X_{224})
		形象效果(X_{23})	企业知名度(X_{231})；企业美誉度(X_{232})；品牌增值度(X_{233})
		竞争效果(X_{24})	竞争者仿效率(X_{241})；顾客渗透率(X_{242})；顾客忠诚度(X_{243})
	顾客绩效(X_3)	服务效果(X_{31})	投诉答复率(X_{311})；承诺履约率(X_{312})；顾客满意度(X_{313})
		购买效果(X_{32})	购买成本降低率(X_{321})；价格选择性(X_{322})
	社会绩效(X_4)	社会贡献(X_{41})	社会贡献率(X_{411})；公益活动率(X_{412})
		导向效果(X_{42})	品牌形成率(X_{421})；消费者影响力(X_{422})；社区影响力(X_{423})

小资料：

　　网络营销 ESP 战略模型在进行网络创业和实施网络营销计划过程中具有重要的作用，通过环境分析、网络营销策略分析以及绩效考核评价，可以较为系统地反映网络营销的全过程。

2.2.1 网络营销战略的重点内容

互联网络的功能使网络营销可以扩大企业的视野，重新界定市场范围，缩短与消费者的距离，取代人力沟通与单向媒体的促销功能，改变市场竞争形态。网络营销的对象是客户，企业可在吸引客户的基础上基于客户的偏好向客户推荐个性化营销理念。另外，基于网络环境的供应链系统强调的是"共赢"，故与合作伙伴建立良好的合作关系也是营销成功实施的关键。当然，对于竞争对手，企业在采取共赢策略的同时，也难免需要对其实施情报防御，以防止企业机密的泄露。网络营销战略的重点内容如图 2-5 所示。

企业网络营销战略的重点也相应体现在以下几个方面。

1. 顾客关系再造

在网络环境下，企业规模的大小、资金实力的雄厚在某种意义上已不再是企业成功的关键要素，企业都站在同一条起跑线上，通过网页走向世界展示自己的产品。消费者较之以往也有了更多的主动性，面对数以百万计的网址有了更广泛的选择。为此，网络营销能否成功的关键是如何跨越地域、文化、时空差距，再造顾客关系，发掘网络顾客，吸引顾客、留住顾客，了解顾客的愿望并利用个人互动服务与顾客维持关系，以及企业如何建立并巩固自己的顾客网络。

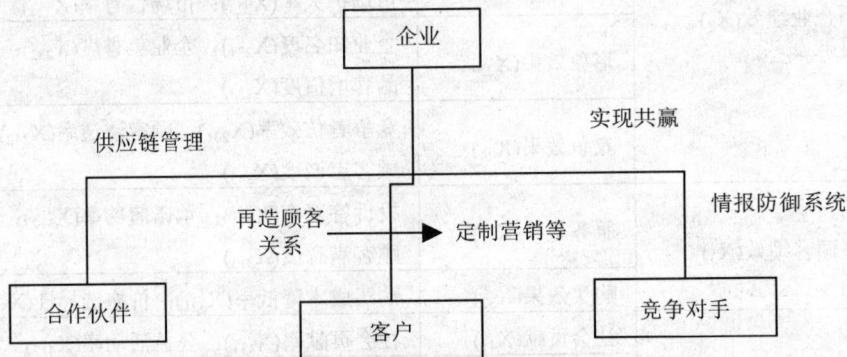

图 2-5　网络营销战略的重点

1)　提供免费服务

提供免费信息服务是吸引顾客最直接与最有效的手段。在美国的一家名为 Interactive pennet SA 的日商企业，自 1996 年年底开始，在旧金山市提供免费的互联网络连线服务，用户只要负担开户费 29.95 美元，填写一份有关个人性别、学历、爱好与上网目的等个人资料，即可拥有免费的网络连线账号。

2)　组建网络俱乐部

网络俱乐部是以专业爱好和专门兴趣为主题的网络用户中心，对某一问题感兴趣的网络用户可以随时交流信息。目前，网络世界的用户俱乐部形形色色，如车迷俱乐部、生活百科园地、流行话题交流中心、流行精品世界、手表博物馆、美食大师等。网络用户俱乐部的每个分类项目都设有讨论区，可以吸引大批兴趣爱好相同的网友"聚集一起"交流信息和意见。这更便于企业一对一地交流与沟通，同时各分类项目的信息快报，也可免费向企业提供促销信息。为此，企业可以通过在网上开设或者赞助与其产品相关的网络俱乐部，把产品或企业形象渗透到对产品有兴趣的用户，并利用网络俱乐部把握市场动态和消费时尚变化趋势，及时调整产品及营销策略。

2. 定制营销

细分市场的极端是发现每一个买主都有自己特有的需求和欲望，故每一位顾客都有可能成为一个细分市场。这种极端的营销方式被称为定制营销。实际上，一般情况下我们所做的市场细分是根据买主对产品的不同需求或对营销的反应将他们分为若干类型。以往企业偶尔走极端，不过，那时更真实的意图应该是将其作为一种不错的公关活动。但现在由于经济全球化、竞争的加剧，以及互联网的高速发展，使这种定制营销成为必要且可能。

定制营销又称"个别化营销"、"自我营销"或"一对一营销"，定制营销并不是只适用于高度技术化和信息化的企业，它同企业的规模并无直接的联系，而是有更大更广的适用范围。网络沟通的互动性使企业能更准确地掌握顾客的需求和反应，为顾客提供更个性化的产品，即网络数据库为企业实施定制营销提供了有力的支持。以电子商场为例，商家通过数据库可全面了解网络顾客的生日、对产品的偏好习惯等，便可在适当的时间利用电子邮件向目标顾客推荐相关产品或服务。这在国外已不是个例，摩托罗拉的营销员能为客户定制设计寻呼系统，交货的速度令人吃惊。摩托罗拉将设计传给工厂，在 17 分钟内开始生产，工厂 2 小时内发运，第二天即可送到客户的办公桌上。

目前，个性化家电在国外已逐步趋向流行，一些发达国家从 20 世纪 80 年代末就开始逐步淘汰大批量的家电生产方式，一条生产线可以生产几十种型号的产品，以满足不同消费者的个性化需求。例如，海尔公司曾推出"定制冰箱"的产品概念。所谓的定制冰箱是指消费者可以根据家具的颜色或是用户的品位，定制自己喜欢的外观色彩或内置设计。这种冰箱对厂家来说，就是把"我生产你购买"转变成了"你设计我生产"。虽然两者都是做冰箱，后者却有了服务业的概念。定制冰箱对企业的要求非常高。可以想象，几百万台各不相同的冰箱都要做得丝毫不差，将是一项怎样浩繁的工程。然而，海尔从宣布要向服务业转移到推出定制冰箱，仅仅用了三四个月的时间。目前，海尔已能做到只要用户提出定制需求，一周内就可以将产品投入生产。而如今海尔冰箱生产线上的冰箱，有一半以上是按照全国各大商场的要求专门定制的。

3. 建立网上营销伙伴

由于网络的自由开放性，网络时代的市场竞争呈现出透明的特点，谁都能较容易地掌握同业与竞争对手的产品信息与营销行为。因此，网络营销争取顾客的关键在于如何适时获取、分析、运用来自网上的信息，如何运用网络组成合作联盟，并以网络合作伙伴所形成的资源规模创造竞争优势，这是网络营销的重要战略内容。

建立网络联盟或网上伙伴关系，就是将企业自己的网站与他人的网站关联起来，以吸引更多的网络顾客。主要措施如下。

1) 结成内容共享的伙伴关系

内容共享的伙伴关系(Content-Share Partnership)能增加企业网页的可见度，能向更多的访问者展示企业的网页内容。比如说，一个在网上销售自行车的企业应和在网上销售运动服装的企业结成伙伴关系，在它们卖出运动服装的同时，使顾客同时了解你的山地车并卖出山地车；同样，一个提供关于自行车书籍和杂志的网站也是建立内容共享伙伴关系的最好选择。

2) 交互链接和搜索引擎

交互链接(Iink Exchanges)和网络环是应用于网站间相互推动交易的重要形式。在相关网站间的交互链接有助于吸引在网上浏览的顾客，便于他们一个接一个地按照链接浏览下去，可以提高企业网站的可见性。

网络环是一种更为结构化的交互链接形式。在环上一组相关的伙伴网站连在一起，并建立链接关系，访问者可以通过一条不间断的"链"，看到一整套相关网站，从而给访问者提供更充实的信息。把企业的网站登录在一个大的搜索引擎上，是网上营销寻求伙伴关系的重要选择。因为有经验的互联网用户在网上查找所需的信息时，总是先利用搜索引擎。比如，当你进入百度搜索一个想要的书或其作者的情况时，除了通常的相关搜索结果清单外，你还会在结果的右侧看到当当网上的相关书目目录。需要注意的是，当访问者进入某一个查询领域时，企业的网站应该在给出的一长串目录的顶部附近出现，否则，你的网站很可能被访问者忽视，导致在搜索引擎上企业网站可见性和有效性的下降。

4. 建立情报防御系统

营销对手的识别与确定是营销对手分析的基础。营销对手的识别就是通过搜集相关信息判断行业内外的主要营销对手和可能的潜在营销对手。可根据行业的标准、市场的标准来识别营销对手。行业的标准是指从一批提供一种或一类彼此类同或密切相关的产品的企业中寻找营销对手。市场的标准是指从一些力图满足相同顾客群的需求或服务于同一顾客群的企业中寻找营销对手。

确认当前营销对手和潜在营销对手并跟踪观察，决定观察的具体对象和观察的内容，是营销对手分析的关键步骤。可以采取风险排序分析法来确定，首先确认并分析当前营销对手，然后识别并确认潜在营销对手，最后依据所有的营销对手给企业带来影响的大小程度进行排序，找出它们的共同点，并分析影响决策的关键因素。风险排序法常采用营销对手目标分析、营销对手假设等方式展开。通过对竞争对手现行营销战略的确认，企业可以了解营销竞争者现在做什么和将来能做什么。在分析营销对手的未来目标和假设的基础上，企业可进一步分析其现在如何参与营销竞争，从而决定自己的具体行动。当外部销售环境将要发生变化时，企业可根据营销对手的反应特点，作出是否进一步细分市场、是否展开与对手竞争或适当适时回避等决策。

2.2.2　网络营销战略规划

网络营销作为信息技术的产物，具有很强的竞争优势。但并不是每个企业都能进行网络营销，企业实施网络营销必须考虑到企业的业务需求和技术支持两个方面，业务方面如企业的目标、企业的规模、顾客的数量和购买频率、产品的类型、产品的周期，以及竞争地位等；技术方面，如企业是否支持技术投资、决策时技术发展状况和应用情况。

网络营销战略的规划要经历三个阶段。首先确定目标优势，即网络营销是否可以促使市场份额增加，同时分析是否能通过改进目前营销策略和措施，来降低营销成本。其次是分析计算网络营销的成本和收益，需注意的是，计算收益时要考虑战略性需要和未来收益。最后是综合评价网络营销战略，主要考虑三个方面：成本应小于预期收益；能带来多大新的市场机会；企业的组织、文化和管理能否适应采取网络营销战略后的改变。

企业在确定采取网络营销战略后，要组织战略的规划和执行。网络营销不是一种简单的新营销方法，它是通过采取新技术来改造和改进目前的营销渠道和方法，涉及企业的组织、文化和管理的各个方面。如果不进行有效的规划和执行，该战略可能只是一种附加的营销方法，不能体现出战略的竞争优势，相反只会增加企业的营销成本和管理复杂性。战略规划分为下面几个阶段。

(1) 目标规划：在确定使用该战略的同时，识别与之相联系的营销渠道和组织，提出改进目标和方法。

(2) 技术规划：网络营销很重要的一点是要有强大的技术投入和支持，因此资金投入和系统购买安装，以及人员培训等都应统筹安排。

(3) 组织规划：实行数据库营销后，企业的组织需进行调整，以配合该策略的施。如增加技术支持部门和数据采集处理部门，同时调整原有的推销部门等。

(4) 管理规划：组织变化后必然要求管理的变化，企业的管理必须适应网络营销的需要。如销售人员在销售产品的同时，还应记录顾客的购买情况，个人推销应严格控制，以减少费用等。

网络营销战略在规划执行后还应注意控制，以适应企业业务变化和技术发展变化。网络营销战略的实施是一项系统工程，首先应加强对规划执行情况的评估，评估是否充分发挥该战略的竞争优势、是否有改进余地；其次是对执行规划时的问题应及时识别和加以改进；最后是对技术的评估和采用，目前的计算机技术发展迅速，成本不断降低，同时功能显著增强，如果跟不上技术发展的步伐，就很容易丧失网络营销的时效性和竞争优势。采取新技术可能改变原有的组织和管理规划，因此对技术控制也是网络营销中的一个显著特点。

　　网络营销是有别于传统的市场营销的营销手段,它可以在控制成本费用、市场开拓和与顾客保持关系等方面有很大的竞争优势。但网络营销的实施不是简单的某一个技术方面的问题、某一个网站建设的问题,还要从企业整个营销战略方面、营销部门管理和规划方面,以及营销策略制定和实施方面进行调整。

2.3　如何规划网络营销战略

天猫商城光棍节促销后遗症没完没了 双十二少安毋躁

　　一个月前的双十一光棍节,在电商们的大力炒作之下,完全演变成了一场网购的"王的盛宴"。数据显示,双十一全天,淘宝网支付宝交易笔数超 1 亿笔,最高峰时处理交易数达 20.5 万笔/分钟,有 2 亿用户参与当天的促销活动。然而,在双十一的疯狂促销之后,超卖、标错价格、迟迟不发货、水货横行、不开发票等问题在这个商家造的节日里屡屡上演,甚至到了登峰造极的地步。据中国互联网协会网上交易保障中心副主任乔聪军透露,仅其官方微博和官网就接到有关双十一促销投诉 670 多个,其中 450 多个涉及双十一促销活动的发起者天猫商城。一系列的网购问题不得不让人反思:商家造节促销,到底是消费者的购物狂欢节还是电商们的赚钱狂潮日?

　　眼下,双十二就要来了,电商们又将目光瞄准了这一巧合的日子。尝到甜头的购物网站谋划包装"双十二"岁末年终庆,并且号称力度不逊于光棍节。淘宝、京东商城、优购网、1 号店、亚马逊、凡客、易迅、QQ 网购等购物网站也是备足了"弹药",看来一场年终网购大战势必到来。但是多数双十一期间狂热购物的消费者,用他们的亲身经历提醒消费者在双十二的促销中切忌头脑发热,应冷静理性对待电商的造节促销行为。

(资料来源:中国消费者报)

　　从双十一到双十二可以看出,一个符合电子商务发展环境的企业网络营销战略至关重要。要明确建立企业网络营销战略规划的第一要务是什么,很多企业在发展网络营销的时候,其屡屡受挫的根源就是没有考虑清楚企业的第一要务是什么。简单地说,战略规划就是必须根据企业自身的资源优势来决定如何选择及利用网络化手段,合理地开展网络营销活动。而其成功的关键就在于是否真正弄清了企业自身的资源优势,并将优势与网络化手段做了合理的整合。

2.3.1　网络营销战略的主要内容

　　通常,开展网络营销战略规划主要考虑分析以下内容。

1. 消费者调研

企业制定网络营销战略必须有可靠的市场调研结果，通过对互联网数据的收集和分析，制定出切实可行的战略，由于互联网的特性，企业就有可能用到数据库分析技术、在线调研，以及管理考核指标。网络可以通过一些网络技术来记录用户的行为，并可以使用简单、快速、高效的方法进行分析。互联网调研和传统调研相比，更具有优势。据国外统计，电话调查的拒绝率为 40%～60%，2000 年美国通过网络邮件形式进行人口普查，但是 40% 的调查对象没有回复信件。随着上网人数的增加，使用便宜且方便的在线调研更有实践意义。比如对在线用户可以进行创造性测试、客户满意度测试、产品开发测试，另外还可以用电子邮件来作为有效的补充。

用于营销决策的数据分析方法主要有四种：数据挖掘、客户建档、RFM 分析(即新近购买时间、购买频度、购买数量)和报告编制。营销调研的成本往往比较高，因此营销人员会仔细地进行成本收益分析，比较获取额外商业信息的成本和潜在的商业机会的收益。企业必须仔细衡量和考虑根据不完整信息作出的错误决策带来的风险。目前企业广泛使用的考核指标基本上有两种：投资回报率和总体拥有成本。

2. 消费者行为分析

互联网以超乎人们想象的速度发展，比其他的诸如电视、广播、报纸的发展速度快很多。但是还有一些人却不能使用互联网，这里除了经济原因之外，也有社会、文化、技术、法律等方面的原因。因此，互联网并不能代替所有的消费者活动。从营销学的观点来看待交易，就是交易双方互相交换自己认为有价值的东西的过程。消费者在交易中寻找自己需要的东西，也提供了自己的资源，所以消费者的行为必然带有自己的个性特征。这些交易都会发生在技术、社会、文化和法律的大环境中。影响在线交易的社会、文化潮流等各种因素包括：信息过载、缺乏时间、欲望的随时满足、家庭与工作界限模糊，以及对于隐私、数据安全、网络犯罪的顾虑等。

3. 细分市场与目标市场

网络营销市场主要分为四类，即 B2B、B2C、B2C 和 C2C，许多公司与互联网连接，所以在 B2B 市场上交易量相对较大。信息技术提高了商务活动的效率，同时也加剧了竞争。消费者市场是最大、最活跃的在线市场。政府市场指购买商品和服务的州、市、县政府机构，中央政府也购买商品和服务。为了与政府和客户交易，企业必须了解法规和条例的制定和变化。各种发展趋势不断影响着厂商开发新市场和成功进行网络营销的能力。

4. 差异化与市场定位

不管是在线还是离线的营销策略，都取决于顾客心目中的品牌、产品或企业本身的定位。在网络时代，信息流动异常流畅，消费者拥有选择的权利，所以定位应当关注顾客的意愿以及个性化的需求，而不是仅仅放在产品上。不管厂商如何定位，都必须回答顾客这样的问题："这里面有什么是我需要的？"

传统的离线定位策略也正逐渐应用于网络。然而，网络经营者可以制定专门针对网络的定位策略，例如基于技术、用途、用户类别、竞争对手的定位，或者综合定位。单单靠定位战略是不能保证产品大获成功的。企业和产品在市场上的地位如何，厂商必须对此非常敏感。在品牌、企业或产品的整个生命周期中，可能需要二次定位。所谓二次定位，是对原有品牌、企业或产品策略定位的调整。企业必须根据市场的反馈，灵活地强化定位，当一个企业(在线的或离线的)试图通过二次定位来改变顾客对其品牌的看法时，它将长期面对挑战。

2.3.2 制定网络营销战略须考虑的其他问题

与此同时，以下问题也是营销人员首先需要分析思考的。

(1) 整体性：网络营销与公司营销管理的其他内容在产品、客服和信息上是否一致、保持连贯。

(2) 流程再造：支持网络上营销信息需要哪些材料、售货单、顾客测试、其他报表等。

(3) 互动性：怎样才能实现网络营销中企业和顾客的良性互动。

(4) 便利性：顾客为什么要从网上购物而不从其他渠道购物。首先要考虑是让顾客从网上直接购买，还是促使其通过其他销售渠道购买。如果直接从网上销售是否会损害与现有分销渠道间的关系。要顾客直接从网上购买时，应在网页上说明本产品网上购买的好处。

(5) 专业性：由谁来管理具体的操作，公司人员还是雇用网络营销专家。

(6) 及时性：网页内容是否需要更新，更新周期是多少，由谁负责。

(7) 目标达成率：网络营销在多大程度上能帮助企业完成任务，实现目标。

(8) 多媒体：网页内容是否生动、有吸引力，能否刺激消费欲望。它们是否充分利用了网络的互动特性和多媒体技术。

(9) 创新性：由于网络技术日益更新，营销手段也要跟上技术发展的步伐，必须考虑采用哪些有利的促销方法。

小资料：

网络营销首先要考虑公司的业务需要和技术力量是否能够跟得上互联网的发展，比如公司的长远目标和规模，目标消费群的分布、数量和购买频率，产品或服务的种类、周期、价格和行业地位，公司是否有长远技术投资以及技术发展状况和应用情况等。

本 章 小 结

　　网络营销战略是公司为了适应迅速变化的竞争环境，寻找长期稳定发展的网络营销途径，并且为了实现这一途径而优化企业组织、资源制定的总体性与长期性的网络营销谋划和方略，在巩固和加强企业现有竞争优势、为竞争设置障碍等方面发挥了重要的作用。通过 ESP 战略模型分析，可以使企业明确本公司所处的社会经济环境，有针对性地开展战略规划，并通过一系列的绩效评价体系来不断修正和完善网络营销战略。

思 考 题

　　1. 什么是网络营销战略？为什么企业在实施战略规划时要进行 SWOT 分析？

　　2. 简述 ESP 战略模型的主要内容。

　　3. 分析消费者行为对于网络营销战略有何意义？并简述通过网络手段获取用户行为的方法。

　　4. 在网络环境下，实施市场细分的因素有哪些？并举例说明。

案例分析题

　　美国辛迪诺商店在开业之初，进行了种种策划，做了各种广告宣传，常赞助那些在电台、报纸上抛头露面的项目，使商店知名度大大提高，但产品销售却一直处于滞销状况。为此，商店进行市场调查，多数人指出"我们认识了你，并不等于信得过你。老板恍然大悟，在策划上改变了策略。该企业把在大众媒介上的赞助费用改为定做许多垃圾箱，并将其放在大街小巷，在上面印刷该商店名称和销售的主要商品以及一些公益广告。它们又拿出更多的钱在一些城区大建绿地草坪，使策划更深入人心，让人们从内心对辛迪诺商店充满了由衷的感激，敬爱之情直至转化为对辛迪诺商店及其商品真正的信赖之情。

　　分析：

　　请针对以上案例分析,网络营销战略目标应该有哪些?

第3章 网络营销计划

【学习目标】

- 了解网络营销计划的基本概念和内容。
- 掌握制订网络营销计划的七个步骤。
- 掌握编写网络营销计划书的技巧。

【引导案例】

大数据：让网络营销更"聪明"

网民刘洋来到一个 B2C 商城选包包，看了一会儿发现没有合适的。第二天却在看其他新闻网站的时候再次看到相同款式包包的广告，于是又勾起了购物的欲望。"奇怪了，昨天还觉得一般，今天却觉得挺喜欢的。"刘洋说。

这项反复跟踪推荐的技术，就是营销公司开发的所谓"到访定位"技术，针对目标用户进行再次营销，其精准的效果要大大好于其他定向技术。而这背后则是数据分析在起作用，将数据运用于营销正改变着传统传播方式和消费者洞察方式。这就要求企业在传播过程中，更加精准地找到自己的目标用户，把握用户的行为特征。

2013 年是大数据爆发年，作为以数据和技术为驱动力的互联网营销，大数据将为其带来巨大的应用价值，也会在广告营销层面帮助企业做得更好。

日前，昌荣传播集团与百度进行战略合作，成为首家与百度达成战略合作伙伴的广告公司，双方初期将重点在百度消费者搜索洞察研究领域开展深度交流与合作；而近期品友互动也推出了针对中小企业网络营销的"品友大算盘"，让中小企业也可以借助大数据开展网络营销。

一、拥抱大数据

在传统媒体时代，电视台的数量是几百家，报纸的数量是上千家，杂志的数量是数千家；而在互联网时代，网站的数量是数以百万计，网民的数量是数以亿计，而每个网站上每一天的互动行为则不计其数，因此，互联网上的信息和数据是海量的。

"这个数据大得惊人，如何挖掘到这些数据背后的规律，需要通过技术手段获得。海量数据的意义在于，虽然表象复杂，但是从本质去看，就很简单了，找到数据背后的规律就会对沟通和传播带来价值。"品友互动联合创始人谢鹏表示。

在谢鹏看来，无论是百度、腾讯还是淘宝、新浪，每个平台上都有海量的数据，即便是一个单一的媒体平台，其数据也反映着网民的各种行为。例如百度的平台上呈现的是网民的各种与搜索有关的行为，而淘宝上则显示着网民的购买行为，新浪的平台上则可以看到网民的阅读行为。

"我觉得这些行为都非常有价值，区别在于各自媒体上都有不同的互动行为，如果把这些不同平台的数据都拼在一起，我们就会全面掌握网民的上网行为，这些行为包括网络行为、购买行为和点击行为等。"谢鹏说。

百度搜索引擎营销部总经理刘伟告诉记者，2012年百度提出了一个营销理念CIW，这也是在整合营销之后提出的。CIW即是百度关键时刻搜索的方法论：第一是基于大数据的洞察；第二是基于对消费者的理解，对媒介进行选择并提供营销策略和传播策略；第三是怎么进行更好的价值评估。

"百度之前在数据积累方面做得很多，但是怎么应用这些大数据属于沙里淘金，如何为企业营销做更好的帮助，目前我们在共同研究这些数据。"刘伟说。

对于众多国内的第三方营销传播机构而言，很难会像奥美等大传播集团直接收购和购买成型的数据公司，但是仍然可以通过其他方式拥抱"大数据"。

对于百度和昌荣传播的战略合作，昌荣传播副总裁朱宏刚觉得通过百度向昌荣传播开放数据，可以弥补昌荣现有研究数据中在线搜索数据方面的不足，深化消费者洞察，提高解决企业在营销过程中品牌定位或传播策略问题的效率，给企业提供更加优质化和更加精准的传播。

二、不同方式获取大数据

未来的企业市场营销费用的分配，除了部分品牌投放外，多数投放都将是大数据指引下产生的。企业的消费群分布在哪里？企业的潜在用户在哪里？通过大数据找到他们分布的地方，然后用有创意的投放形式让他们成为企业的粉丝以及形成销售。

在大数据营销时代，任何投放带来的点击率、转化率和销售，都将以数据形式呈现，而如何利用大数据的价值，对于第三方机构而言，都是"技术性"的挑战。"平台公司拥有海量的数据，但是它们通常并不分析数据，分析和挖掘的工作通常是由DSP(数字信号处理公司)来做。"谢鹏说。

在大数据时代，平台公司积累大数据，但是具体的应用和分析则是第三方的数据营销机构和传统营销公司的事情。这里边就出现了一些不同的阵营，百度副总裁曾良告诉记者，在百度的合作阵营中，有几种不同的类型：一种是很多传统的综合性代理现在也在自己建立搜索引擎的团队，做大数据研究，例如一些国际传播集团，它们通过收购成熟的数据公司来迅速弥补自身在这方面的短板，例如奥美集团、电通集团；还有一些传统做搜索引擎营销的代理，它们除了接触互联网行业以外的客户，也愿意为客户提供综合性的服务。

"像昌荣传播这样的传统代理公司，现在也看中了互联网媒体这一块，它们有更强的意愿做线上线下整合营销。我们在数据研究方面、服务客户方式方面，在线上线下媒体投放模式方面有资源，双方联手对广告主是非常好的事情。"百度副总裁曾良表示。

而像品友互动这样纯技术型的 DSP,其出身就是以大数据为基础的。"大数据营销的核心在于对数据的挖掘和计算,这是建立在海量的互联网数据基础上的,因此,云计算的概念很自然地就被引入到这个领域。"谢鹏表示。

对于数据安全和隐私的问题,其实目前全球都没有很好的解决办法,奥美全球总裁 Steve King 觉得这需要寻找平衡,一方面用户需要个性化的信息,这来源于对用户上网行为的洞察;另一方面,用户也不希望这些信息过度干扰到他们,它需要建立一个平衡关系。而这依靠技术是可以解决的。

三、用技术挖掘大数据

某汽车客户希望在南京针对对汽车感兴趣的 20~25 岁的男性网民进行产品推广,传漾科技运用 Samdata 进行用户行为检索,通过相关关键字的检索,查找出所有符合目标受众的页面。这样聚合度很高,页面会自动列举出来,通过广告平台 Media matrix 投放到用户,根据成本和触达频次的综合考虑,进行投放。

通过这次用户行为检索,在南京地区找到了将近 20 万符合条件的用户样本,然后以富媒体的形式推广到目标用户,将展示频次限定在 6 次,最后的综合点击率达到 1.5%~2%,企业客户对这次不到 30 万元的广告投放感到非常满意。

事实上,对于海量的数据,如何进行运算和分析,这虽然是一个技术性很强的内容,但是不同公司也有着各自的核心竞争力。例如,多数数字媒体的第三方机构在研究网民行为的时候,都是通过 cookies 的方式去跟踪的,借助 cookies 作标签来追踪用户的行为。

一般而言,数字营销公司都会针对受众数据库进行分类管理,通过搜索引擎、云计算技术,分析用户数据库中每一个用户的网页浏览记录,提取正文关键词,找到用户兴趣关注点,然后对用户属性进行多个行业大类、几百个产品小类的细分管理。

"其实我们在做人的分析的时候从三个纬度来分析:第一个是人口统计学的属性,这些属性来自登录用户的信息,比如姓名、年龄、性别、职业、收入等;第二个是地域属性;第三个是心理系统层面的属性。"刘伟告诉记者。

举一个简单的例子,广告主通过电视媒体的方式激发起了兴趣,有兴趣后的第一种行为可能是上互联网搜索,搜索得到更准确的信息,然后搜索之后产生点击并指导消费,这就是一个非常有效的循环。

"我们要做的事情,就是能把这些行为有效地结合起来指导客户投放,做电视投放的同时是否应该在搜索引擎上投放,哪些关键词怎么搜索或者组合。实际上这样的东西是通过数据整合计算出来的,对客户制定跨媒体整合投放策略更有效。"百度副总裁曾良说。

(资料来源: http://www.100ec.cn/detail--6104126.html)

3.1 网络营销计划概述

实战：网络营销推广淘宝商家活动策划

作为大学生，有很多同学会在淘宝等平台上开店，如果要开一个店铺，要注意做好开店相关的网络营销计划和策略。

一、活动前期准备

(一)商品

(1) 商品一定要及时上架，商品的上架时间会直接影响活动的开展时间，如果上架晚了一定会延长活动的开展时间；如果上架早了，也会影响活动的进行。

(2) 价格：商品的价格需要在活动之前全部都设定好。

(3) 单页面：一定不要超过 2MB，不然浏览的人数多了之后会影响打开速度。

(4) 选品：在选品上要注意库存比较多的、折扣力度比较大的，要突出我们店铺的特色服务。

(二)人员

1. 培训

(1) 培训活动的规则：一定要让所有参与策划本次活动与执行本次活动的人知道我们活动的玩法，知道其中的规则。

(2) 商家工具的使用方法：在活动开展之前一定要让参与人员知道商家的一些促销工具的使用方法，例如满减工具、卖家促销工具、秒杀商品工具等，一定不要在活动上线之后才发现促销工具设置错误，不然会造成一定的损失。(切记)

2. 客服

在活动之前一定要设置好客服的话术，这方面我相信卖家们都已经做好了话术，不做过多的介绍了。

(三)服务

(1) 应急情况说明。提前策划好文案提交给客服，如断货了怎么说，物流没法配送怎么说，系统故障怎么说，客服问题怎么说等一系列的应急措施。

(2) 客服。在接待过程中遇到的纠纷问题的文档也一定要准备好，技巧性的，不是规定好的，靠客服临时反应。

(3) 400 电话。尽量都去购买一个 400 电话，以便有很多客户直接电话咨询。我这里正好有一个做 400 电话的朋友，有需要的可以去看看。

(4) 自助购物流程。我们在做活动的时候不乏有一些小白用户(指那些对互联网知之甚少的使用者)来购买，我们需要节约人工时间，因此要设置一下自助购物的页面，在宝贝的详情页面进行说明，以便用户看得更直接，用户体验更完美。

(四)推广准备

(1) 直通车。直通车是我们引流必备的工具。

(2) 关键词的投放。淘宝内部产品关键词的 seo 优化，外部搜索引擎产品关键词的 seo 优化，这两块的流量也是不容小觑的。

(3) 硬广。钻石展位，虽然很贵，但是效果很棒。

(4) 老客户的事先预告，关联营销。

(5) 淘宝客。招集大量的淘宝客，让更多的人参与到我们的活动当中来，回报给他们高额利润。

(五)物流仓储与库存

在做活动前，对我们此次的活动进行一下销量预算，提前和物流打好招呼，严禁设置虚假库存，提前清点库存。活动期间设置安全库存，一定不能出现断货的情况，要跟物流打好招呼，万一爆仓，一定要优先发我们的货。

(六)秒杀商品和聚划算问题

(1) 库存：秒杀商品由于是支付减库存，存在一些超卖的问题，库存的数量必须属实。

(2) 时间：所有秒杀商品，为了保证系统安全，请避开每天 10:00、14:00 这两个整点。秒杀和聚划算的时间要隔开，一般聚划算的时间在上午，秒杀尽量设置在下午。

二、活动期维护

(一)断货的应急方案

(1) 预售方案。

(2) 推荐新品或者其他的产品。

(3) 这些应急的方案一定要在活动前策划好。

(二)检查

(1) 店铺的自我检查。在上传完宝贝并且上架之后一定要时时监控宝贝的安全情况，避免上错类目被降权。

(2) 上了主页的礼品、奖品、产品、分会场等产品，一定要派专人时刻检查。

(三)沟通

(1) 晚上一点之前要有主管在。

(2) 一定要做好公司员工内部上下的沟通，确保运营、仓储、客服、物流等核心关键点没有问题。

(3) 活动上线时正确地解决买家的疑问。

(4) 提前做好一系列的旺旺快捷回复，以及买家的 OA，提高本店铺的导购效率。

(5) 客服值班安排，必须 24 小时在线；运营人员去与客服沟通，尽量让大家满意服务。

(6) 与物流及时沟通，以免出现爆仓问题，确保我们的先发货。

(7) 检查所有参与项目成员通讯录。

(四)提醒

(1) 活动期间不可以再把商品的价格调高，或者做其他的活动。

(2) 秒杀商品用限时折扣促销工具，如用户购买总价高于满减金额将直接参与满减，请做好规避。

(3) 不得以任何形式不履行服务承诺。

(五)数据跟踪

(1) 点击变化。

(2) 流量变化。

(3) 转化率。

(4) 库存变化。

(5) 客单价。

(6) 热销款式。

(7) 交易额变化。

(资料来源：http://www.100ec.cn/detail--6104000.html)

3.1.1　网络营销计划的定义

信息技术的魅力表现在帮助企业增加了收入，降低了成本，并在市场上占有一席之地。市场环境变化莫测，企业如何利用信息技术和网络保持持续的竞争力呢？优秀的企业都会制定长期目标，并通过网络营销计划的实施使目标战略得以实现。

网络营销计划是在网络营销观念的指导下对网络营销活动全面有序的安排，以保证网络营销活动能顺利而有效地展开。

3.1.2　网络营销计划的内容

企业制订网络营销计划，应包括以下几个方面的主要内容。

1. 确立网络营销的目标

与传统营销管理一样，网络营销计划同样首先必须明确其营销目标。只有确立了明确的营销目标，才能有计划、有组织地实施并对营销活动作出正确的评价。

网络营销的目标可分为硬件目标和软件目标两个方面的内容。

(1) 硬件目标是指销售目标、占有率目标、费用目标、利润目标和铺货率目标等。这些目标有的能反映结果，有的能反映过程。良好的目标管理关键在于对目标进行综合评估。但许多企业只关心销售目标，相应地引导销售人员只看重销量而忽视其他目标的实现，最终无法体现计划效果。

(2) 软件目标是指管理制度、客户关系、价格体系、市场秩序和信息分析等。这些目标是达成硬件目标的保障。如果说硬件目标是结果，那么软件目标就是过程，只有将过程管理起来才能确保结果的有效达成。

例如，凤巢系统是百度推出的新一代搜索营销管理平台——搜索推广专业版的别称，于 2009 年 4 月正式上线，并于当年 12 月 1 日接管了百度全部的推广展示位。自上线以来，凤巢系统就受到企业客户的追捧，出现一股企业向凤巢新营销平台迁徙的持续热潮，采用新系统的客户数量平均以每月 3 万家的速度递增。12 月 1 日全面切换后，百度的企业客户加大了推广投入，用好专业版的趋势更加显著。小企业在切换到凤巢系统后，纷纷加大了营销投入，第四季度平均每个客户的营销投入为 5700 元，同比增长了 23.9%。有分析认为，客户数和户均投入的持续增长，表明凤巢已经得到市场的空前认可，其商业价值正在加速体现，成功地实现了百度产品的转型，使其实现了增加收入、占领市场等目标。

2. 改进、提高网页水平

网络营销计划的一个重要内容是如何创建友好的、信息丰富并能全面反映企业营销活动内容的网页。一个好的网页能够更好地展示商品，即通过图片、数据、文字等将商品的特点、性能、规格、技术指标、价格、售后服务及质量承诺等信息传递给消费者，帮助消费者成为该商品的内行。网页的设计应营造出一种使消费者身临其境的商业氛围，网页内容的制作应由纯粹的艺术创意转向科学的信息分类和索引，以简便、灵活、快捷、双向互动式信息查询服务于网络的访问者。

因此，在网络营销计划中，部门的网络师(Web Master, WM)的职能根据要实现的目标和网页包括内容的范围，其责任变化范围是很大的。在国外，WM 在企业中的地位也是因企业而异，有的企业视之为国王(King)，有的企业视之为硬件软件的检修工。总之，随着 HTML 编程环境和语言的简化，WM 工作的神秘性也会逐步解除，将可预见将来会有更多的人掌握 WM 工作的技巧，因为计算机工业总是向着友好、易操作的方向发展的。

3. 反馈信息的管理

传统的市场促销效果的调查是一项相当繁杂的工作。比如，通常的媒体广告需要不断地对广告的效果进行评估以确定下一步的广告策略，这种评估主要是从广告的覆盖面和接受者的反应两个方面进行。实际上，广告的覆盖面是很难统计的，一个电视广告，很难准确地知道有多少人在收看；一份报纸的发行量假定是 100 万份，但是不是每个订报的人都去看你做的广告。而在网络上，只要在你的主页上加一个计数器，则有多少人来访问就会一目了然，而这部分访问者基本上可以作为潜在顾客，再加上电子邮件等手段，目标市场也就更加明确。

网络双向互动的特点决定了网上企业随时会收到大量的反馈信息，企业应设专门的部门或专人对这些信息进行管理。究竟由哪个部门管理，取决于企业的类型和网页的内容，或者由产品部门负责，或者由顾客服务部门负责，或者由两个部门协同负责。

4．确立网络营销负责的部门

网络营销的管理部门和财务预算网络营销既涉及营销部门，又涉及信息技术(IT)部门，所以公司应明确地规定网络营销的负责部门，以免出现命出多门、互相扯皮、责权不明的现象。但是营销部门应和 IT 部门通力合作，对新的技术工具的优点、缺点、用途应有一个概括的了解，IT 部门也应积极参与网络营销计划与开发的过程，以保证能用最新的技术手段更好地实现营销目标。

5．网络业务人才的培养

有效、成功的网络营销，必须有一批忠于企业、精通业务的网络人才作保证。网络技术人员(国外称网络师)应具备以下基本素质：创新思维和设计能力；对 HTML 有深刻的理解和运用能力，并能和企业的整个信息系统相协调；较强的沟通技巧、良好的人际关系、良好的交流表达能力；财务预算管理和规划能力等。

同时，企业还应选拔专门的网上信息管理监督人员，维护企业的网上形象，避免因网上的信息监管不当而导致混乱。网上信息监管人员应拥有关闭有害信息的权力，确保网上不会出现过时信息以及与企业宗旨、目标相违背的信息，并监视与企业相关的重要的网络论坛、新闻组等场所中的言论，以避免对企业有不满情绪的员工利用网络发牢骚而公之于众，以及对企业、产品不太了解的员工发出不适当、欠准确甚至有误导倾向的信息。

3.1.3　网络营销计划的制订原则

制定网络营销战略时首先要根据本企业的自身特点和所处行业的特点，选择合理的网络营销管理模型，明确本企业引入网络营销管理会带来的主要效益和费用，并设定这些效益和费用的明确数量指标。这样营销管理的目标才算是明确确定，相应的网络营销部门的任务也就清晰地界定了。网络营销对传统营销的每个步骤几乎都有一定的影响，在制定网络营销战略计划的目标、任务时必须依据以下原则。

1．对公司整体发展有利

通过网络营销，企业可以面向国际市场。不论处于哪个国家和地区，网上企业都可以和该企业建立商务关系。并且网络上的潜在顾客的收入相对高，受教育程度相对高，可以给企业带来更高的 ARPU 值。顾客可以对网上商品进行广泛的比较。网络营销以消费者为导向，满足消费者需求，甚至引导消费需求。通过进入较低壁垒，企业充分利用迄今最为廉价的营销工具，可对公司的全部产品作详尽的描述，随着我国上网人数超过美国居于世界第一，中国企业越来越多地认识到网络营销对公司整体发展的优越性。

2. 建立网上企业的竞争优势

网络营销有很强的成本优势。例如,大中型城市传统商业店面通常每个月的租金,维护、保险费用可能上万元,而网上企业每个月向网络服务商缴纳几百元的服务费就够了,不但能实现全天候的服务,而且还能省去大量的人员管理费用。通过设立常见问题 FAQ,网络营销可对顾客的常规问题自动解答,不需要营销人员重复地回答这些问题,这既节省了营销人员的时间,也降低了营销的费用。通过在线支付,厂家收到顾客货款后可直接通知供应商发货,"零库存"降低了库存费用和装运费用,也减少了中间销售环节,提高了利润,增加了消费者价值。网上企业虽然没有专门储备商品的仓库,但它却能比真实企业提供范围更广的商品种类,随着网络营销的成功开展,也附带增强了企业的竞争优势。

3. 加强市场调查

通过网络企业可以更好地了解竞争者的状况,可通过直接访问竞争者的网页了解它的新产品、价格、服务等信息;也可通过论坛、专业网站了解消费者对竞争者的产品、服务的评价,同时还能及时了解到消费者对本企业的评价,或与竞争者的对比情况。另外,通过网络企业也可以更好地了解本行业的发展。通过网上新闻服务商提供的信息及专题新闻组、通信组中讨论的内容,敏感的企业能够捕捉到本行业的发展趋势。

4. 加强市场开拓

开展网络营销必须认真分析目标客户,并且能够成功地完成销售,通过在企业网页上设计问卷调查顾客的情况,通过其他媒介(如杂志、电视、广播等)支持网络营销。企业网络营销战略必须要有整体的规划和设计,这样才会成功地开拓市场,从而赢得市场。

5. 支持销售

网络营销战略成果的一个重要标志就是销售的提升,包括向新市场销售新产品、向新市场销售老产品、销售在分销渠道流通不畅的商品,以及销售不适合普通商品目录的产品等。通过网络,公司可以迅速便捷地发送即时的价格调整信息、减价信息、新产品信息,也可以针对新产品进行定价测试。网上信息可实现即时更新,企业几乎可以测试所有的营销变量。通过网络营销可将顾客引到各地的分销商店,如必胜客将优惠券放在网上,顾客可通过访问网页获得此优惠券,凭此优惠券到当地餐厅消费时可获得优惠。此法一举两得,第一,可增加网站的访问人数,让更多的消费者了解本企业;第二,可促进销售。

6. 利于建立良好的公共关系

网络营销必须要与媒体建立良好的关系,尤其是媒体记者。很多企业网站都设立了媒体记者的专门通道,各类媒体记者只要有问题,都可以通过互联网便捷地将问题发给企业,企业根据记者的需要和提问迅速地给予详细的答复。另外,企业也可以通过网络向新闻记者和雇员及消费者即时发布企业的政策变化。通过专门设置的网络信息监督员的监视，可以及时纠正论坛或邮件清单中关于企业的不准确的信息，避免引起消费者的误解。越来越多的企业倾向于在网上举行新闻发布会，那些不能出席发布会的人可以通过网络了解新闻发布会的内容。

7. 推动 CRM 建设

CRM 是 Customer Relationship Management 的简写，即客户关系管理。CRM 是一个不断加强与顾客交流，不断了解顾客需求，并不断对产品及服务进行改进和提高以满足顾客需求的连续的交互沟通过程。CRM 注重的是与客户的交流，企业的经营是以客户为中心，为方便与客户的沟通，CRM 可以为客户提供多种交流的渠道。企业通过网络收集顾客反馈的信息，了解顾客对公司产品的满意程度、消费偏好、对新产品的反应，准确了解消费者的消费心理及决策过程，与顾客建立起"一对一"的亲密关系。通过对目标市场进行精确细分，根据这种细分将专门服务于这类顾客的信息或广告发送给他们，回复顾客的问题，及时向他们传送公司新产品信息、升级服务信息等，从而保持与顾客的长期友好关系。如果发现不满意的顾客，则了解他们不满意的原因，并及时处理。CRM 很重要的一点是要建立顾客数据库，可吸收对公司产品非常了解的忠诚顾客介入公司的网络营销，他们能帮助公司解决消费者的一些问题，同时还会提醒公司哪些消费者在网上发布了对公司不利的信息。

8. 增强网络广告效果

由于网络广告的浏览量、点击率等指标可以精确测量，从而给企业测试网上广告效果带来了其他媒体所不具备的优势。消费者网上的所有活动均是可追踪的，公司可以精确地研究消费者购买行为的决策过程，测试广告的促销作用。

9. 利于品牌管理

品牌是企业存在于消费者大脑中的印象，它属于消费者，所以品牌管理始终要以消费者为中心，围绕着消费者的期望值、消费者体验和消费者满意度来进行。 更为重要的是，品牌管理的工作不是仅仅存在于营销环节，而是应该贯彻到企业经营中的每一个环节。网络营销可以扩展品牌形象，忠诚顾客会在网上寻找这个品牌的详细信息。传统企业更应引入网络营销，不要让网上新兴的虚拟企业抢占有利地位。

小资料：

世界著名的管理咨询公司埃森哲曾经设计过这样一则广告：黎明中一个中国渔民孤独地坐在小舟上。广告的上角有一条看起来像是从报纸上剪贴下来的标题："2007 年，中文将成为使用最多的网络语言。"这则广告概括了一个发生在网络上的最大变化：来自其他国家、使用英语以外的其他语言的网络用户将越来越多地主宰互联网。

3.2 网络营销计划的七个步骤

eConsultancy 对移动营销环境的 SWOT 分析

SWOT 分析技术,在建立对商业事物的深刻理解方面,其卓越的分析框架,对于评价战略、定位和企业方向或商业前景乃至任何其他想法,都有卓越的表现。下面就是 eConsultancy 对移动环境的 SWOT 分析思路。

eConsultancy 认为,移动环境下的网络营销的优势在于:移动互联网的普及速度在加快,对其内容的消费也在增长;得益于技术进步,包括终端的改进等因素,用户使用移动互联网访问的体验认可度在持续增加;由移动运营商一直以来维护的"封闭花园",正在被 T-Mobile 和三等锐意进取的运营商同大型搜索引擎公司签订的协议打破;移动内容的固定价格"尽情享用"(all you can eat)策略正在刺激内容的消费;手机支付变得愈发便捷,尤其是小型票券类支付。

其劣势体现在:移动互联网目前还不是大众市场,也就是说,各类品牌、广告商只是对其小试牛刀而非备好可观的预算,严阵以待。这恰如几年之前互联网的遭遇。

通过劣势的分析,其威胁归咎于市场上繁多的手机浏览器和日益增多的各类通信终端和个人设备,公司欲在移动营销活动中提供一以贯之的用户体验变得愈发困难。移动营销工具的滥用可能会毁掉整个产业(比如,消费者欺诈和无视营销许可原则)。如若对违规者处置不当,后果可能更严重。

(资料来源: http://thankf.blog.sohu.com/49240190.html)

与传统营销计划一样,网络营销计划是一个策划过程。美国著名学者朱迪·施特劳斯等人提出了网络营销计划主要包括七个步骤,即形势分析、网络营销战略规划、网络营销目标、策划具体的网络营销策略、实施计划、预算、计划评估。当然,随着电子商务的迅速发展,在实施网络营销中可能涉及计划的调整,所以应客观反馈和评价计划的成效。

3.2.1 步骤一:形势分析

营销环境是千变万化的,在为企业提供了大量的机遇(如开发新产品、新市场、新的客户沟通媒介以及与业务伙伴交流的新渠道)的同时,企业也要面临许多来自竞争对手的经济上的威胁以及其他威胁。涉及网络营销环境分析(包括其他各种环境分析)的要素有:法律因素、技术因素以及市场因素。

SWOT(Strengths, Weaknesses, Opportunities, Threats)分析指的是在进行环境和竞争力分析时,对公司内部的优势与劣势,以及公司外部存在的机遇和挑战进行分析。分析机遇可以帮助公司确定目标市场或者开发新产品的机会；而挑战则是指企业面临的风险。

例如，一个学生团队策划了一个名为 Love Taste 的项目，Love Taste 是一个集交友、展示情侣风采和买卖情侣礼品的网络平台。此项目的创业理念是以爱情小屋为吸引点，形成客户群，同时展开情侣商品的在线买卖。通过在线空间与信息分享平台，帮助用户(情侣们)与网友分享恋爱的幸福与甜蜜，使用户在体验服务与商品交易中获得快乐与满足，推动感情的加深。表 3-1 所示为 Love Taste 团队的 SWOT 分析。

表 3-1　Love Taste 的 SWOT 分析

Strength	Weakness
(1) 创意相对独特，能够提供给客户精神和物质两方面的服务； (2) 网页设计新颖独特，符合年轻消费群体的口味； (3) 提供感情交流平台，同时实现商品购买配送，实现虚拟服务与实体商品的有效整合； (4) 有激情的创业团队	(1) 网站推广困难，资金不足，融资困难； (2) 经验不足，并且没有先例借鉴； (3) 营销体系和物流配送不完善
Opportunities	Threat
(1) 潜在目标群体不断扩大； (2) 与其他网站相比更具针对性，重点突出； (3) 产品价格定位中低端，符合大部分目标群体的消费能力	(1) 实体商品部分容易受其他竞争对手价格战威胁； (2) 网站创意容易被模仿； (3) 具有与本网站有重合功能的成熟网站的竞争，如淘宝网的商品买卖和爱情公寓的虚拟空间

总结起来，可以从以下三个方面分析企业的形势。

(1) 审视企业的环境，进行 SWOT 分析。

(2) 审视企业现有的营销计划以及其他关于公司和公司品牌的信息。

(3) 审视企业的电子商务目标、战略以及绩效考核指标。

3.2.2　步骤二：网络营销战略规划

在对企业的形势和环境进行分析并审视企业现有的营销计划后，企业营销部门的相关人员就要开始制订战略规划了。当然，战略规划的制订应考虑企业的目标、技术水平和资源与不断变化的市场机遇相适应。

在 ESP 模型中，网络营销战略规划包含两层策略，其中，第一层策略包括市场细分策略、目标市场策略、差异化策略和产品定位策略。市场细分策略是指营销者通过市场调研，根据消费者对商品的不同欲望与需求、不同购买行为与购买习惯，把消费者整体市场划分为具有类似性的若干不同的购买群体——子市场，使企业可以从中区分其目标市场的过程和策略。企业究竟选择哪些细分市场作为目标市场，就属于目标市场决策问题，即所谓的目标市场策略。产品差异化策略就是企业提供别具一格的产品线或营销项目，以争取在产品或服务等方面比竞争对手有独到之处，从而取得差异优势，使顾客甘愿接受较高的价格。企业最好将独具特色的产品申请专利，以阻止竞争者介入。美国著名营销大师波特(Porter)说得好：精明的人靠低成本领先，聪明的人实行差异化，即不与竞争对手正面较量。产品定位策略是指企业对经营的产品赋予某些特色，使产品在用户中树立某种特定的形象。因此企业在进入国际市场时必须对产品进行合理定位，即确定将哪些产品作为投放市场的对象。产品定位策略要体现在实体的构造、形状、成分、性能、命名、商标、包装、价格等直观方面，以及满足消费者豪华、朴素、艳丽、淡雅等不同的心理需求。

网络营销战略规划中的第一层策略还包括品牌差异化及品牌定位策略。在了解了竞争环境和目标市场后，厂商就需要判断如何将本企业的产品与竞争对手的产品区分开来，而且要让目标市场的客户明显地感知到这种差异。

那么，如何对市场细分策略、目标市场策略、差异化策略以及产品定位策略进行市场调查和分析呢？第二层策略即为营销部门须进行营销机遇分析(Market Opportunity Analysis，MOA)，包括对市场细分和目标市场定位两个方面进行供求分析，进而实施差异化和产品定位策略。需求分析(Demand Analysis)部分中的细分市场分析要对潜在的获利能力、可持续性、可行性以及潜在的细分市场规模进行描述和评估。在B2C细分市场中，要使用各种描述语言，如人口统计特征、地理位置、消费者心理特征，以及对某种产品的历史行为(如在线或离线的购物方式等)。

企业如果通过网络渠道进入一个新市场，就应使用传统的细分市场分析方法。然而，如果计划为目前的市场进行在线服务，就应对现有的客户需求进行更深入的研究。例如，企业的哪些客户将会使用互联网？使用企业网站的客户需求与其他客户的需求有怎样的区别？另外，企业往往因为客户发现了网站而开拓出一片新的市场。

企业进行供给分析的目的，一是帮助预测细分收益率，二是找到开拓在线市场的竞争优势。因此，企业在启动网络营销创新计划之前，首先，应该仔细研究竞争环境、网络创新计划以及自身优势和劣势；其次，必须尽量去判断未来的行业变化情况，即哪些新的企业有可能出现在互联网上，哪些将会逐渐退出。

进行了全面的营销机遇分析之后，企业就可以选择目标市场，并且清楚地了解其特点、消费行为以及对企业产品的需求情况。

3.2.3　步骤三：确定网络营销目标

一般来讲，一份完整的网络营销计划报告应包括以下四个方面的内容。

● 　行动方案。具体包括做什么、谁来做、何时做、成本等。

- 工作指标。主要任务是解决工作的定性问题，而工作量的多少解决的是工作量的问题。
- 时间范围。具体指任务在多长时间内完成。网络营销计划的实施需要在既定的时间内完成才有意义。
- 想要达到的销售量、市场份额和利润。

网络营销计划旨在完成的目标有很多，判断源自网络营销战略的一般目标有如下几个方面。

- 增加销售收入。不管在何种情况下，增加收入一直是企业的核心目标，只有实现收入的增加，网络营销计划的制订才有现实意义。
- 降低成本。实施网络营销计划需要企业付出一定的成本，如果增加的收入不足以抵销付出的成本，那么计划的制订注定是失败的。当然，在网络环境下实施的如促销、分销等策略中付出的成本往往比传统环境下付出的低很多。
- 增加市场占有率。很多企业在制订网络营销计划时，往往不注重短期的增加企业收入问题，甚至宁可以减少短期收入为代价来占领市场，当企业的产品和服务的市场占有率较高，拥有较高的客户忠诚度和满意率后，增加销售收入的目标就很容易实现了。
- 提高品牌知名度。实施品牌差异化是企业在执行网络营销战略中的重要策略之一，通过网络渠道提高品牌知名度就显得非常重要。
- 改善客户关系。通过网络渠道，维系老客户的比例，吸引潜在客户，提高客户满意度和忠诚度等。
- 改进合作伙伴关系。利用信息技术实施供应链管理是企业实施电子商务的任务之一。通过网络，提高渠道成员的协作能力，增加合作伙伴数量，优化存货结构。

3.2.4　步骤四：策划具体的网络营销策略

在分析形势、实现网络营销战略规划和制定好网络营销计划的目标之后，网络营销人员应按照 4P 和客户关系管理的内容制定营销策略，以实现既定的目标，包括产品、定价、分销及促销计划的目标。我们把上述任务列为网络营销战略中的第二层次的策略。当然，在实践中，第一层次的策略和第二层次的策略是互相关联的。例如，营销人员在市场细分、品牌定位时，需要制定价格策略、广告策略等来配合。

1．产品策略

企业可在网上销售商品、服务甚至广告。在网络环境下，企业产品策略可从实体产品策略、新产品开发策略、服务策略和品牌策略中去实施执行。实体产品策略的关键是解决传统销售渠道与网络销售渠道的冲突问题。个性化定制可使用户参与到产品的设计中来，因此企业可通过网络营销掌握用户的需求和偏好，以便实施新产品的开发。例如，海尔集团通过其网站鼓励用户参与产品设计和定制，以便使海尔在很短的时间内按照用户的偏好和需求开发生产新产品。

2. 定价策略

网络营销价格的形成过程极为复杂，要受诸多因素的影响和制约。网络营销定价时，不但要考虑运用传统市场营销价格理论，更要考虑网络营销的软营销和互动特性以及消费者易于比较价格的特点。企业在进行网络营销定价时必须综合考虑各种因素，采用适合的定价策略。

3. 分销策略

分销策略是指企业以合理地选择分销渠道和组织商品实体流通的方式来实现其营销目标。其中包括和分销有关的渠道覆盖面、商品流转环节、中间商、网点设置以及储存运输等可控因素的组合和运用。在网络营销活动中，也有一个怎样实现商品由推销方向购买方转移的问题，企业必须通过一定的分销策略来实现网络营销目标。

4. 网络营销渠道策略

网络营销渠道则是借助因特网将产品从生产者转移到消费者的中间环节，它一方面，要为消费者提供产品信息，方便消费者选择；另一方面，在消费者选择产品后要能完成一手交钱一手交货的交易手续，当然，交钱和交货不一定要同时进行。网络营销渠道可分为直接分销渠道和间接分销渠道。与传统的营销渠道相比，网络营销渠道的结构要简单得多。

5. 客户关系管理策略

很多网络营销沟通策略可帮助企业与合作伙伴、供应链上的成员及客户建立关系。企业可通过专业的 CRM 或 PRM 软件以及其他一些信息技术来获取客户资料，改善与客户之间的关系。其中潜在客户信息的获取是网络营销的目标，而网站结构和内容是留住客户的关键，互动是网络营销的日常工作。

3.2.5 步骤五：实施计划

网络营销战略计划的实施是一项系统工程。首先，应加强对规划执行情况的评估，评估是否充分发挥了该战略计划的竞争优势，评估是否有改进余地；其次，对执行规划时出现的问题应及时识别和加以改进；再次是对技术的评估和采用，目前的计算机技术发展迅速，成本不断降低同时功能显著增强，企业如果跟不上技术的发展步伐，很容易丧失网络营销的时效性和竞争优势。采取新技术可能改变原有的组织和管理规划，因此对技术控制也是网络营销的显著特点。

网络营销是有别于传统市场营销的新的营销手段，它可以在控制成本费用方面、市场开拓方面和与顾客保持关系等方面有很大的竞争优势。但网络营销的实施不是简单的某一个技术方面的问题和某一个网站建设的问题，还要从企业整个营销战略方面、营销部门管理和规划方面，以及营销策略制定和实施方面进行调整。计划的实施具体包括如下策略：设计网络营销组合策略、产品及服务策略、定价及评估策略、分销及供应链管理策略、多渠道沟通策略、设计客户关系管理策略、设计信息收集策略和为实施计划设计组织架构。

3.2.6　步骤六：预算

任何一个战略规划的关键部分都是确定预期的投资回报。因此，在网络营销计划中，需要确实做好营销预算工作。营销预算通常包括三个部分：销售收入预算、销售成本预算和营销费用预算。企业通过成本—收益分析后，计算投资回报率(ROI)或内部收益率(IRR)。

编制营销预算是一项总体性的规划活动，必须有下列几个客观条件方能充分发挥其效用。

- 最高主管的全力支持。最高主管必须充分了解预算的功能与特质，对总体规划的每一部分都全心全力地给予支持，并对下属随时激励和指导，将营销预算视为其重要工作之一。
- 有健全的管理会计制度。营销预算最重要的目的是计划及控制各单位的业务目标及成果，使其朝着公司总体目标努力。而控制各业务(收益及成本)最好的环节是发生收益或成本的部门，以及利润中心、收益中心和成本中心。
- 重视目标管理。目标管理的本质在于日常决策之前先确定真正追求的目标，以此作为决策的根据。执行之后，也应以目标作为绩效比较的基础及考核奖惩的依据，而非以手段或手续作为比较依据。
- 良好的情报系统。各部门间意见的快速沟通及信息的传递极为重要，如果各部门的意见不能沟通，就可能导致无效决策的产生，企业将变成追求手续，而非追求目标的机器。
- 切实做好事后追踪与考核。

3.2.7　步骤七：计划评估

一旦网络营销计划开始实施，企业就应该经常对其进行评估，以保证计划的成功实施。因此，在实施网络营销计划的过程中，企业应通过对其网站访问数据的统计分析进行不断的评估。

网络营销计划综合评价是对一个时期网络营销活动的总结，也为制定下一阶段网络营销策略提供了依据。同时，通过对网站访问统计数据的分析，也可以提供很多有助于增强网络营销效果的信息。网络营销效果的评价体系主要包含四个方面的内容：网站设计评估指标、网站推广评估指标、网站使用评估指标和网站品牌价值评估指标。

小资料：

许多互联网企业的创业者往往是一面用餐，或者参加鸡尾酒会，一面随手将自己的创业灵感写在餐巾纸上，然后就凭着这张餐巾纸去筹集创业资金。这就是一个厂商所说的"餐巾纸计划"。这样把公司做大的过程就是快速行动，做起来再说，是一种反向的设计计划。

3.3　如何策划编写网络营销计划书

3.3.1　网络营销计划书的主要内容

一个完整的网络营销计划书的内容一般由九部分构成，具体如下。

1. 市场调研

市场调研的内容包括产品特性、行业竞争状况、财务状况和企业人力资源的调研。

1)　产品特性

是否需要在网上开展营销活动，在很大程度上取决于行业的特点和产品的特性。网络营销是为顺应营销手段的发展而不是为了赶时髦，如果一个行业的特点决定了利用传统方法更有效，那么可以暂时不考虑网络营销。如果网络营销不能在短期内带来切实的收益，还是应该量力而行，根据本企业的特点慎重决定。

2)　行业竞争状况

互联网的发展为行业竞争状况分析提供了方便，同行业的企业由于生产类似的产品或服务，往往被收录在搜索引擎或分类目录的相同类别下，要了解竞争者或其他同行是否上网，只需到相关网站查询一下，并对竞争者的网站进行分析，即可对行业的竞争状况有大致的了解。如果竞争者，尤其实力与自己比较接近的竞争者已经开始了网络营销，甚至已经取得了明显收益，这时企业就需要认真考虑自己的网络营销战略了。

3)　财务状况

用于网络营销的支出不仅仅是成本，更是一项投资，一项长期的战略投资，有时还需要不断地投入资金。网络营销不一定能取得立竿见影的成效，因此决策人员应该根据企业的财务状况制定适合自身条件的网络营销战略，如网站的功能和构建方式、网络营销组织结构、推广力度等。

4)　人力资源

网络营销与传统营销相比，有其自身的特殊性，如互联网本身的互动性、信息发布的及时性以及网络营销的基本手段——网站建设和推广等，这就要求网络营销人员既要有营销方面的知识，又要有一定的互联网技术基础，这种复合型人才目前比较短缺。企业是否拥有高水平的网络营销人才，对网络营销的效果有直接影响。

当基本条件具备之后，企业就可以开展网络营销活动了。按照是否拥有自己的网站来划分，网络营销可以分为两类：无站点网络营销和基于企业网站的网络营销。也就是说，在建立自己的网站之前，企业也可以利用互联网上的资源，开展初步的网络营销活动。很多企业可能都会经历这种游击战性质的网络营销初级形式，但由于每个企业的情况不同，这一阶段的持续时间可能会有很大差别。

2. 网络营销环境分析

开展网络营销需要注意影响因素和支持条件，即企业的外部和内部的基本环境是否具备。广义地讲，网络营销的外部环境包括宏观环境、行业环境和竞争环境。具体内容有网络营销基础平台及相关的经济环境、文化环境、法律环境、政治环境、技术环境，一定数量的上网企业和上网人口，必要的互联网信息资源，以及同类竞争企业的经营策略和竞争优势分析等。网络营销的内部环境则一般包括公司的人力资源、财务资源、组织性资源以及核心竞争力等。

3. 设定营销目标

在完成市场调研和环境分析后，接下来就是设定网络营销的战略，确定网络营销要达到的目标。只有有了明确的目标，才能对网络营销活动作出及时的评价。

因为网络营销的实质是服务营销，加上网民的规模以及消费者的接受心理等因素的影响，所以现在许多企业设立网站的目的常常不在于直接的网上销售量，而是着眼于网络营销的其他效应。网络营销目标一般有如下几种。

(1) 通过网络营销向潜在顾客提供有用信息，使之成为购买者。

(2) 提高品牌知名度。

(3) 建立顾客的忠诚，从而留住顾客。

(4) 支持其他营销活动。

(5) 减少营销费用和时间。

(6) 提供一对一的个性化服务。

企业可以根据自身的不同特点和条件，设定不同效应的明确目标。

4. 进行营销定位

定位就是根据自身网站和企业的情况找到自身产品和同类产品的差异化的过程，通常包括市场定位、网站模式定位、策略定位、内容定位。市场定位是通过市场细分确定该网站的目标顾客群。网络营销的模式定位是指根据企业情况选择适合自己的网站模式。网站模式主要有四种：B2C、B2B、C2B 和 C2C。企业应根据前面的分析和目标的制定选择合乎自身发展的电子商务模式。

策略定位就是网络营销的 7P 组合策略(产品、定价、渠道、促销、人员、过程和有形展示)，重点突出其中的哪项策略，对网络营销总体操作有着重要的指导作用。

网站的吸引力很大一部分来自于其给消费者提供的资讯和娱乐，消费者得到的信息越多，对网站的忠诚度和信任度就越高。内容定位是对网站能提供给消费者资讯和相关服务进行概括性描述。

5. 营销策略的选择

网络营销策略主要分为以下七种：①产品策略；②价格策略；③分销策略；④促销策略；⑤关系营销策略；⑥体验营销；⑦服务营销。

6. 网站设计

在目标、策略确定之后，就需要为具体网站进行构思和创意了。这一部分将对网站的整体风格和特色做出定位，规划网站的组织结构，要求网站主题鲜明突出，要点明确，以简单而鲜明的语言和画面体现站点的主题。这一部分主要包括以下内容：①网站内容；②网站形式；③网站功能；④确定域名；⑤版式设计；⑥色彩搭配；⑦网站导航；⑧功能定位。

7. 技术支持

根据网站的功能以及企业自身的技术力量、财力，由企业确定操作系统、服务器选择、服务器管理、网站技术解决方案和实现手段。

8. 网站推广

网站建成后，我们就要推广企业的网站。网站推广与传统的产品推广一样，需要进行系统安排和计划。

9. 经费预算

根据企业实力和营销战略目标制定经费预算方案。

3.3.2　网络营销计划书的策划过程

1. 准备工作

综合比较收集到的相关信息和资料，并整理和统计。

2. 计划构思

通过对资料的整理和分析，确定基本观点，列出主要论点、论据。确定主题后，对收集到的大量资料经过分析研究，逐渐消化、吸收，形成概念，通过判断、推理，把感性认识提高到理性认识。

3. 计划书的书写步骤

1) 营销对象

(1) 写出公司的名称(包括母公司、子公司)。

(2) 列出公司的目标、方针、宗旨和章程。

(3) 对公司的产品和服务进行简单的描述,列出公司产品或服务的重要特征。

(4) 指出公司的主要业务是什么,列出公司产品和服务的主要优、缺点。

(5) 说明未来商业发展是否影响公司的市场营销计划。

(6) 概述公司目前的销售情况。

(7) 列出本行业中极具竞争力的公司及成立时间、公司概况。

(8) 列出公司建立网络市场的好处、坏处、机会和风险。

(9) 认真思考公司的产品和服务是否适合网上营销,与公司的互动是否重要,顾客有多少比例是网民。

(10) 指出如果公司仅仅依赖传统市场营销活动而不上网的风险。

2) 营销目标

(1) 列出竞争对手及其欲借市场营销方案完成的目标。

(2) 列出在下一年公司希望在市场中达成的 10 个目标。

(3) 列出 5 个在你的市场中还没有人发现的发展机会,说明网络营销是否有可能帮助你获取这些机会。

3) 网站的营销设计

(1) 简要说明竞争对手在网上采取的策略以及完成的工作。

(2) 认真分析竞争对手的网上策略与执行方法的优、缺点。

(3) 思考应该如何修改这些目标以及创建独具特色的网上形象。

(4) 简要说明公司计划如何设计网站以及增加与顾客之间的互动。

(5) 简要说明运用网络营销一对一的方式如何实现营销策略目标。

(6) 简要说明如何运用网络口碑营销的优势达成营销策略目标。

4) 网络广告设计

(1) 分析为什么需要网络广告(列出 5 个通过网络广告可得到的总体市场营销利益)。

(2) 根据上述 5 个利益,列出公司进行网络广告的原因。

(3) 列出在网络上进行广告活动可能需要面对的 5 种市场营销风险。

(4) 思考上述风险是否无法克服。如果无法克服,立即停止下面的工作;如果可以克服,则继续往下写。

(5) 列出你的网络广告对象。

(6) 分析是否已经了解了你的在线市场。如果不了解,立即停止填写;如果了解了,则继续。

(7) 列出你准备采取网络广告的方式。

(8) 分析发布网络广告的网络是否能统计。

(9) 指出你在广告中想强调的内容。

5) 与传统媒体的配合

(1) 列出10项网站上吸引人的项目，使顾客看到你的传统媒体广告时也想上你的网站看看。

(2) 列出你最近从事下列哪一个营销活动，并说明在这些活动中如何把网站营销搭配进去(如商展、平面广告、影音广告或折扣活动、说明会或散发说明小册子、营销人员的营销)。

除此之外，还需要成立网络营销小组等工作。

本 章 小 结

网络营销计划是网络营销战略形成和实施的一个蓝图。网络营销计划是一个指导性的、可变的文件，通过营销管理，把公司的电子商务战略和技术驱动的营销战略结合在一起，为计划的实施列出工作细节。网络营销计划的内容包括确立网络营销的目标、改进和提高网页水平、反馈信息的管理、选择网络服务商和网络业务人才的培养。

制订一个网络营销计划包括七个步骤。第一步是对公司进行形势分析，主要包括环境分析及 SWOT 分析。第二步是网络营销人员完成战略规划，即包括营销机遇分析，制定市场细分策略、目标定位策略、差异化策略以及品牌策略。第三步，网络营销人员制定目标，一份完整的网络营销计划报告应包括行动方案、工作指标、时间范围，以及想要达到的销售量、市场份额和利润等。第四步，从产品、定价、分销、渠道等方面策划具体的网络营销策略。第五步，制订详细的实施计划。第六步，针对战略规划制订可操作的经费预算。第七步，对计划完成效果进行科学评估。

思 考 题

1. 利用 SWOT 分析法分析自己的现状，并为自己的大学校园生活制订一个计划。

2. 假定你要开一家网络公司，请思考公司的网站设计方案。

3. 目前很多大学生都在淘宝、拍拍、速卖通等平台上创业开店，请你写一份关于开网店的营销推广计划，包括产品、价格、推广等相关策略。

4. 微博、微信成为很多年轻人热衷的网络交际工具，请思考如何利用微博或者微信实施网络营销。

5. 假如你有资本可用于投资，你希望在风险资本网络营销计划中了解到什么？

案例分析题

兰亭集势上市提高跨境电商认知度

　　美国时间 2013 年 6 月 6 日，中国跨境电子商务企业兰亭集势登陆纽约证券交易所，至此，停滞了半年之久的中企赴美 IPO 终于破冰。上市首日，兰亭集势股价大涨逾 20%，为中国企业赴美上市成功探路，有助于唤醒更多中国企业赴美上市融资的梦想。

1. 中企赴美 IPO 破冰兰亭集势上市首日大涨逾 20%。

　　近期热播的电影《中国合伙人》描述了三个中国年轻人一起创业，企业最终成功赴美上市的故事。而在现实生活中，兰亭集势成为今年以来第一家成功赴美上市的中国企业，打破了中国企业在美上市半年多的空窗期。

　　2013 年 4 月 17 日，兰亭集势向美国证券交易委员会提交招股书，开启赴美上市的征程。最终，兰亭集势发行价为每 ADS(存托股票)9.5 美元，上市地点为纽约证券交易所，交易代码为 "LITB"。

　　作为主要经营外贸销售网站的跨境电商，兰亭集势也许并不为国内普通民众所熟悉。但兰亭集势在美国上市首个交易日涨幅达到 22.21%，深受海外投资者热捧。

　　据兰亭集势披露的财务数据显示，公司从 2012 年第四季度开始盈利，净利润达 111.5 万美元。2013 年第一季度净利润为 261.0 万美元。

　　清科研究中心分析师张琦表示，兰亭集势在美上市具备几项明显的优势。从业绩来看，从去年四季度到今年一季度公司实现了盈利，与其他电商企业相比，有明显的业绩优势。另外，海外市场对其熟悉度相对较高，企业比较容易获得海外投资者的认可。兰亭集势的招股说明书显示，公司 98% 的收入来自海外用户，主要市场在欧洲和北美。

　　作为跨境电商行业的代表企业之一，兰亭集势实现 IPO 对国内跨境电商行业有积极作用。

　　中国电子商务研究中心高级分析师张周平认为，兰亭集势美国上市梦的实现有利于提振整个行业的信心，可以提高海外市场对中国跨境电商的品牌认知度。

2. 为中企赴美上市投石问路

　　在兰亭集势登陆纽交所之前，最近一家在美上市的中国企业是于 2012 年 11 月 21 日在纳斯达克上市的欢聚时代。作为今年首单赴美上市的中国企业，兰亭集势为同样有着赴美上市梦的中国企业起到了探路作用。

　　美国资本市场一度是中国企业第二大海外融资阵地，但在过去的两三年间，在美上市的中国企业频频曝出 "财务造假" 丑闻，再加上做空机构趁火打劫，海外投资者对中国上市公司的诚信度大打折扣。信心满满准备赴美上市融资的中国企业因此备受打击。

　　在过去的几年间，中国企业赴美上市的数量锐减，不少拟赴美上市的中国企业临阵退缩。2012年只有3家中国企业在美上市，而在2010年有40家中国企业成功赴美上市融资。试探投资者的态度、观望市场环境、等待合适上市时机成为中国企业的普遍选择。

投中集团高级分析师冯坡认为，如果兰亭集势上市之后能维持较快的业绩增长，就会吸引更多海外投资者对中国企业的投资兴趣。同样，如果兰亭集势上市之后股价长期表现强劲，也可以打消国内企业赴美上市的顾虑，形成良性互动，推动中国企业赴美上市的良好时机早日到来。

需要理性地看到，兰亭集势在美上市受到热捧，并不意味着海外投资者对中国企业已完全卸下了心理防线。

张琦表示，在等待赴美上市时机的过程中，中国企业也要注重修炼内功，熟悉美国资本市场的各项制度，与投资者及时沟通互动，完善信息披露制度，争取海外投资者的认可。

3. 中企"赴美上市梦"依然可期

中国大批的企业都有着上市梦，上市融资是助力企业发展、提升企业品牌和市场影响力的重要手段。可国内上市渠道毕竟有限，不少中国企业只得另辟蹊径，赴海外上市融资。

虽然一场中国概念股财务造假风波使得中国企业赴美上市进程明显受阻，但专家认为经过时间的检验，海外投资者最终会摘掉对中国企业的有色眼镜，重新理性地看待中国企业的潜力和价值。

"美国监管部门和不少投资人都表示看好中国经济，也欢迎中国企业到海外上市。"金陵华软总裁王广宇表示，虽然现在的市场情绪对中国概念股依然难以接受，但海外投资人普遍看好中国经济，预计未来中国概念股会走出阴霾。已经上市的中国概念股公司也可以通过良好的业绩表现来重新证明自身的实力。

"虽然美国市场对中国企业依然存在一定的不信任，但不可否认的是，确实有部分中国企业存在不同程度的问题，从而导致了这样的市场反应。"美国乐博律师事务所北京代表处合伙人彭川认为，随着时间的检验，那些原本不符合市场要求、尚未具备上市条件的企业会逐渐被淘汰，而那些真正具备国际竞争力、符合国际证券市场要求的中国企业，会逐渐被海外市场认可。

专家表示，长远来看，依然看好中国真正有实力的企业赴美上市的前景。彭川认为，从长期来看，经历了前期的磨炼，中国企业会更加成熟，有望逐步找回国际市场的信任。

分析：

根据上述案例，请你分析中国网络企业跨境上市的要点是什么。

第4章 网络营销目标市场定位战略

【学习目标】

- 了解网络营销市场细分的基本原理和依据，熟练掌握网络营销市场细分的程序和方法。
- 了解选择网络目标市场的意义，掌握网络目标市场选择的模式，以及网络营销市场的策略。
- 理解网络营销市场定位的含义，掌握网络营销市场定位的原则、步骤、策略和方法。

【引导案例】

低成本航空的数字营销实践

进一步提升对用户的数据挖掘，将市场细分至针对每一位顾客的精准营销，是春秋航空数字化营销的战略目标。

2013年3月19日，小王早早拿着手机打开微信，开始第一次通过微信"秒杀"机票。他经常乘坐的春秋航空，首次在微信上开展"0元自由飞"活动，所有机票均以零元对外销售，仅收取相关税费。"0元自由飞"的活动持续了3天，推出约1000张零元机票，效果比想象的还要好，这次活动为春秋航空的微信粉丝增长了4万人。

与国内同行相比，"年龄"不大的春秋航空在数字营销方面却做得比较超前，不管是在网站销售，还是对社交媒体的运用，甚至是基于会员资源建立数据库的精准营销，都已经取得了不错的成效。

1. 社交媒体全出击

从2005年成立开始，以低成本模式运营的春秋航空，就没有像传统的航空公司一样加入中航信的系统，依靠代理销售机票，而是鼓励消费者通过春秋航空自己的网站购买机票。因此，与国内其他航空公司比较，春秋航空首先在数字化销售渠道上就已经占据了先机。2012年，春秋航空总的B2C销售占比约87%，其中手机销售占比约4.4%，而其他航空公司主要依靠各种分销渠道、自身网站或手机直销的占比不足30%。

由于消费者与公司网站的黏性更高，通过网站进行的营销活动也就可以更加频繁。仅2012年一年，春秋航空就在网站上进行了四次大型的秒杀活动，共投入约1万张机票，秒杀成功率为51%，同比2011年提高了20%；点击量35万，点击转化率约1.4%。而除了网站，追求"时尚、年轻、活泼"品牌形象的春秋航空，在社交媒体的应用上也已经逐步打造了呼叫中心、微博、微信三位一体的客户服务渠道。

春秋航空的董事长王正华告诉《第一财经日报》记者，目前，公司利用的社交媒体主要有新浪微博、微信、人人网等，"通过这些社交媒体的发展，我们不仅将其成为一个营销平台，更让它们成为我们向消费者提供服务的平台。比如建立了客服账号@春航小叮当为旅客答疑，基本上10分钟以内响应，每月要回复近4000个旅客的问题。"

据记者了解，在2010年微博兴起之后，春秋航空在当年9月份就率先开始注册了新浪微博官方账号，在两年多运营的过程中，微博已成为聆听旅客的声音、及时与消费者对话的重要平台。

凡是绑定春秋航空新浪微博的粉丝还可以收到春秋航空官方微博推送的私信，内容包含航班时间、航班信息、天气提醒。同时购买成功的粉丝还可以在航班起飞前一天收到航班提示的私信，提醒他起飞时间及航班具体信息、当地的天气提醒等。

在过去的一年中，春秋航空的新浪微博增长了近100万粉丝，目前有137万的粉丝，在所有航空公司内粉丝数最高，活跃用户占比也最高。同时，公司还在日本、泰国、英国、中国香港市场也建立了Facebook的账号，便于与不同国籍的消费者进行对话。

"在过去的一年中，通过微博带来的营收约占我们总销售营收的5%，同时为公司的官方网站每月带来1万多新浪微博的会员。"王正华透露。

进入2013年，已经开通官方微信账号的春秋航空，又首家推出了微信的订票服务、航班动态查询及机器人客服答疑。现在每天有近2000条信息通过微信向公司提问，咨询机票、产品、活动及客服等相关问题。截至2013年1月，微信的账号注册用户量已经突破3亿，而春秋航空也在微信上开始争取更多的用户。

2. 数据库里的精准营销

在全面运用数字营销平台的基础上，春秋航空还在通过逐渐增加的客户资源进行数据挖掘，以便更好地服务和开拓客户。春秋航空市场部的工作人员告诉本报记者，凭借大量的订购用户数据分析和常年自主问卷调查积累，目前，公司已经积累了上千万的数据库会员样本，每个会员都被归纳入了不同的组别。

先根据订票人的用户资料，比如年龄、性别、职业、收入、证件等数据初步分类，然后再根据用户消费行为细分，如从事××职业的女性，收入较高，而且提前购买高品质旅游产品的用户归为女性白领；多次购买商务航线，且购买提前期短的用户归为公务出差；在中国境内登录英文、日文等外文网站的用户为在华外籍人士。有了对客户的精准统计分析，就可以更有针对性地进行营销推广，从而为企业带来最大的营销收益和客户忠诚度。

上述工作人员透露，目前春秋航空每月发送的短信约有200万条，除了注册、激活、修改密码验证、找回密码、订票成功确认等服务性内容，以及发送如目的地天气情况、旅客行李携带情况、出发前重要提示等温馨提示内容，一些重要的营销活动也会通过短信的方式发出。这类推广短信就可以根据用户的所在地、历史消费行为数据分析进行分类筛选，从而提高了数据精准度，也提升了用户的满意度，减少用户拨打呼叫中心电话咨询的可能性，也就降低了公司的人力成本。

此外，春秋航空还拥有百万级邮箱数据信息库，并建立了 EDM(邮件推广)平台，可以迅速找出更精准的营销目标群。在邮件的到达率上，春秋航空与其他同行基本持平，但是邮件的打开率以及点击率，相比同行要高出 20%以上。

"EDM(邮件推广)的营收也在用户数据不断分类以及航线丰富的情况下，每月大幅提升，预计 2013 年度的 EDM 营收相比 2012 年会翻一番。"上述工作人员指出。

"未来数字化营销的主要方向将是基于大数据下的定制化营销，而我们对自身用户的挖掘要进一步提升，做更加精准的营销。"王正华指出，要在大规模生产销售的基础上，将市场细分到极限程度，把每一位顾客视为一个潜在的细分市场，并根据每位顾客的特定要求，单独设计生产，并快速交货的营销方式。

(资料来源：陈姗姗，第一财经日报，http://www.tomx.com/Library/28419.htm)

4.1　市场细分和目标市场定位综述

麦当劳根据地理要素细分市场

麦当劳有美国国内和国际两大市场，而不管是在国内还是在国外，都有各自不同的饮食习惯和文化背景。麦当劳进行地理细分，主要是分析各区域的差异，如美国东、西部的人喝的咖啡口味是不一样的。通过把市场细分为不同的地理单位进行经营活动，从而做到因地制宜。

每年，麦当劳都要花费大量的资金进行认真严格的市场调研，研究各地的人群组合、文化习俗等，再书写详细的细分报告，以便使每个国家甚至每个地区都有一种适合当地生活方式的市场策略。

例如，麦当劳刚进入中国市场时大量传播美国文化和生活理念，并以美国式产品牛肉汉堡来征服中国人。但中国人爱吃鸡，与其他洋快餐相比，鸡肉产品也更符合中国人的口味，更加容易被中国人接受。针对这一情况，麦当劳改变了原来的策略，推出了鸡肉产品。在全世界从来只卖牛肉产品的麦当劳也开始卖鸡了。这一改变正是针对地理要素所做的，也加快了麦当劳在中国市场的发展步伐。

(资料来源：http://www.sino-manager.com/NewsShow.aspx？PostID=9153&currNewPage=2)

市场细分(Market Segmentation)的概念是美国市场学家温德尔·史密斯(Wendell R. Smith)于 20 世纪 50 年代中期提出来的，是指营销者通过市场调研，依据消费者的需要和欲望、购买行为和购买习惯等方面的差异，把某一产品的市场整体划分为若干消费者群的市场分类过程。目标市场(Target Market)是由著名的市场营销学者麦卡锡提出的，他认为应当把消费者看作一个特定的群体，称为目标市场。市场定位(Market Positioning)是在 20 世纪 70 年代由美国营销学家艾·里斯(Alice)和杰克特劳特(Jack Trawt)提出的，其含义是指企业根据竞争者的现有产品在市场上所处的位置，针对顾客对该类产品某些特征或属性的重视程度，为本企业产品塑造与众不同的、给人印象鲜明的形象，并将这种形象生动地传递给顾客，从而使该产品在市场上确定适当的位置。市场细分和目标市场定位理论是第二次世界大战后市场营销理论的新发展，是买方市场环境下的一种现代市场营销观念。

企业通过对市场进行细分(Segmenting)，确定目标市场(Targeting)，进行市场定位(Positioning)(也称 STP 战略)等一系列市场分析活动，来制定企业的营销组合策略，如图 4-1 所示。

图 4-1　STP 战略

网络经济环境下，每一个消费群就是一个细分市场，每一个细分市场都是具有类似需求倾向的消费者构成的群体。细分市场不是根据产品品种、产品系列来进行的，而是从消费者(指最终消费者和工业生产者)的角度进行划分的，是根据市场细分的理论基础，即消费者的需求、动机、购买行为的多元性及差异性来划分的。

进行了市场细分后，接下来就是如何选择目标市场。所谓目标市场，就是指企业在市场细分之后的若干"子市场"中所运用的企业营销活动之"矢"而瞄准的市场方向之"的"的优选过程。企业的目标市场是企业营销活动所要满足的市场需求，是企业决定要进入的市场。企业的一切营销活动都是围绕目标市场进行的。选择和确定目标市场，是企业制定营销战略的首要内容和基本出发点，不仅直接关系着企业的经营成果以及市场占有率，而且还直接影响到企业的生存。

在选择了准备进入的目标市场后，企业就面临市场定位的问题。市场定位，就是勾画企业产品在目标市场即目标顾客心目中的形象，使企业所提供的产品具有一定的特色，适应一定顾客的需要和偏好，并与竞争者的产品有所区别。市场定位并不是你对一件产品本身做些什么，而是你在潜在消费者的心目中做些什么。市场定位的实质是使本企业与其他企业严格区分开来，使顾客明显感觉和认识到这种差别，从而在顾客心目中占据特殊的位置。

4.1.1　界定你的客户并分类

网络营销市场细分是指企业在调查研究的基础上，依据网络消费者的购买欲望、购买动机与习惯爱好的差异性，把网络营销市场划分成不同类型的群体，每个消费群体构成企业的一个细分市场。网络营销市场可以分成若干个细分市场，每个细分市场都由需求和愿望大体相同的消费者组成。在同一细分市场内部，消费者需求大致相同，而在不同细分市场之间，则存在着明显的差异性。网络营销市场细分是企业进行网络营销的一个非常重要的战略步骤，是企业认识网络营销市场、研究网络营销市场，进而选择网络目标市场的基础和前提。

与传统市场的消费者相比，网络营销市场的消费者更加注重个性化的追求：寻找意外惊喜、廉价刺激、知识与娱乐、省时的服务，以及一些或许能提高自己生活水平的产品信息。他们期望网络能成为自己的一片天地，提供量身定制的信息，并依照自己的需求意愿建立关系。网络营销市场细分可以为企业认识网络营销市场、研究网络营销市场，从而选定网络营销目标市场提供依据。

1. 有效市场细分的原则

企业可根据单一因素，也可根据多个因素对市场进行细分。选用的细分标准越多，相应的子市场也就越多，每一个子市场的容量相应就越小；相反，选用的细分标准越少，子市场就越少，每一个子市场的容量则相对较大。如何寻找合适的细分标准，对市场进行有效细分，在营销实践中并非易事。一般而言，成功而有效的市场细分应具备以下条件。

1)　可进入原则——企业资源吻合

可进入原则是指细分出来的市场应是企业营销活动能够抵达的，亦即是企业通过努力能够使产品进入并对顾客施加影响的市场。一方面，有关产品的信息能够通过一定媒体顺利传递给该市场的大多数消费者；另一方面，企业在一定时期内有可能将产品通过一定的分销渠道运送到该市场。否则，该细分市场的价值就不大。比如，生产冰激凌的企业，如果将我国中西部农村作为一个细分市场，恐怕在一个较长的时期内都难以进入。市场细分的可进入原则包括两个方面：一是政治、法律环境对企业进入某个市场没有壁垒阻碍；二是企业的资源能力、竞争能力能够使企业了解和获取该细分市场的情报信息，能够展开市场营销组合策略，将产品及服务通过一定的分销渠道进入目标市场。

2)　可盈利原则——经营有利可图

可盈利原则是指通过细分，必须使子市场有足够的需求量，能够保证企业获取足够的利润，有较大的利润上升空间。即细分出来的市场其容量或规模要大到足以使企业获利。进行市场细分时，企业必须考虑细分市场上顾客的数量，以及他们的购买能力和购买产品的频率。如果细分市场的规模过小，市场容量太小，细分工作烦琐，成本耗费大，获利小，就不值得去细分。因此，市场在很多情况下不能无限制地细分下去，避免造成规模上的不经济。进行市场细分必须要把握一个前提条件：即细分出的子市场必须要有足够的需求水平，是现实可能中最大的同质市场，值得企业为它制订专门的营销计划，只有这样，企业才可能进入该市场，才可能有利可图。

3) 可衡量原则——目标市场容量定量化

可衡量原则是指细分的市场是可以识别和衡量的，亦即细分出来的市场不仅范围明确，而且对其容量大小也能大致作出明确的判断。企业选择细分市场的依据变量应该是可以识别和可定量化的，应该能够用数据来描述细分市场中消费者的一些购买行为特征，勾勒细分市场的边界；能够用数据来表达和判断市场容量的大小。否则，既会使细分市场边界模糊、准确划分很困难或无效划分，又会无法有针对性地制定营销战略。有些细分变量，如具有"依赖心理"的青年人，在实际中是很难测量的，以此为依据细分市场就不一定有意义。

4) 可操作性原则——经营运作的前提

可操作性原则是指企业能够以自身的资源占有能力、营销运作及管理控制能力，运用科学的方法对市场进行深入调研分析，正确认识评估市场营销的宏观环境和微观环境，制定和灵活实施产品策略、价格策略、分销策略、沟通策略，去影响和引领细分市场中的消费欲望、消费行为，并为之提供新的需求。

5) 对营销策略反应的差异性

对营销策略反应的差异性是指各细分市场的消费者对同一市场营销组合方案会有差异性反应，或者说对营销组合方案的变动，不同细分市场会有不同的反应。如果不同细分市场的顾客对产品需求差异不大，行为上的同质性远大于其异质性，此时，企业就不必费力对市场进行细分。另一方面，对于细分出来的市场，企业应当分别制定出独立的营销方案。如果无法制定出这样的方案，或其中某几个细分市场对是否采用不同的营销方案不会有大的差异性反应，便不必进行市场细分。

2. 市场细分的一般方法

市场细分的方法有很多种。总的来说，市场总是由消费者和潜在消费者构成的，而每个消费者的需求又各不相同，这些不同的特征和不同的需求都可以成为市场细分的依据。顾客的需求是受多种因素影响的，通过这些因素就可以间接掌握顾客的需求。按影响消费者需求的因素进行市场细分一般有以下方法。

1) 单一因素法

单一因素法，即企业仅依据影响需求倾向的某一个因素或变量对一产品的整体市场进行细分，如按性别细分化妆品市场，按年龄细分服装市场等。该方法适用于市场对一产品需求的差异性主要是由某个因素或变量影响所致的情况。单变量细分相对简单，处于市场分析和研究的初级阶段，其结果也很粗放。

2) 多因素法

多因素法，即依据影响需求倾向的两个以上的因素或变量对一产品的整体市场进行综合细分，例如，按生活方式、收入水平、年龄三个因素可将妇女服装市场划分为不同的细分市场。该方法适用于市场对一产品需求的差异性是由多个因素或变量综合影响所致的情况。它可以全面、准确、细致地描述消费者特征，其结果相对比较准确和精细。随着市场变化的日益复杂和对研究深入的客观需要，客观上需要细分全面、准确和具有可操作性。因此，多变量研究越来越受到市场研究和营销者的青睐。纵观市场细分方法，也只有多变量细分才能全面考察消费者的特性，才能更加细致地区分不同消费者的细微差别。

3)　系列因素法

当市场所涉及的因素是多项的，并且各因素是按一定的顺序逐步进行时，可以依据影响需求倾向的多种因素或变量对一产品的整体市场由大到小、由粗到细、由浅入深地逐步进行细分，这种方法称为系列因素细分法。这种方法会使目标市场变得越来越具体、越来越清晰。例如，某地的皮鞋市场用系列因素细分法可细分为如图4-2所示的目标市场。

该方法适用于影响需求的因素或变量较多，企业需要逐层逐级辨析并寻找适宜的市场部分的情况。

在进行市场细分时，能否视具体情况和实际需要使用适当的因素、变量及方法，直接影响着市场细分工作的质量和效率。因此市场营销人员在对市场实施细分之前，必须对有关问题进行认真的考虑，基于需求的实际差异，从顾客出发，操作上十分注重实实在在的市场调查和市场预测。

3. 市场细分的程序

网络市场细分作为一个过程，一般要经过如图4-3所示的程序。

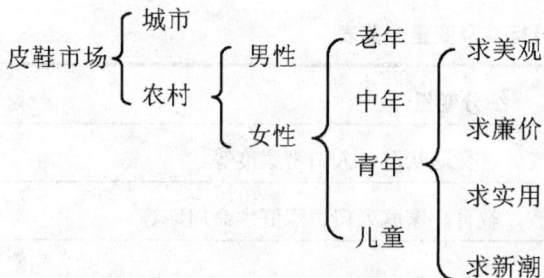

图4-2　系列因素细分法举例　　　　图4-3　市场细分程序

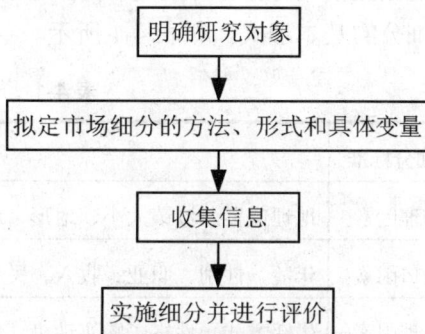

1)　明确研究对象

企业首先要根据战略计划规定的任务、目标及选定的市场机会等，确定将要分析的产品市场，进而确定是将这一产品的整体市场还是从中划分出来的局部市场作为细分和考察的对象。

2) 拟定市场细分的方法、形式和具体变量

企业首先根据实际需要拟定采用哪一种市场细分的方法，而后选择市场细分的形式，即决定从哪个或哪些方面对市场进行细分。最后还要确定具体的细分变量，将其作为有关的细分形式的基本分析单位。

3) 收集信息

企业对将要细分的市场进行调查，以便获得与已选细分方法、细分形式及细分变量有关的数据和必要的资料。

4) 实施细分并进行评价

企业运用科学的定性和定量方法分析数据，合并相关性高的变量，找出有明显差异的细分市场，进而对各个细分市场的规模、竞争状况及变化趋势等方面加以分析、测量和评价。

4．市场细分的标准

通过市场细分要素和变量来清理自己对市场的理解，这一点同样适用于网络市场。一种产品的整体市场之所以可以细分，是由于消费者或用户的需求存在差异性。市场是由以满足生活消费为目的的消费者构成的，消费者的需求和购买行为等具有许多不同的特性，这些不同的需求差异性因素便是市场细分的基础。由于引起消费者需求差异性的因素很多，在实际操作中，企业一般是综合运用有关标准来细分市场的，而不是单一采用某一标准。概括起来，市场细分的标准主要有四类，即地理因素、人口因素、心理因素和行为因素。以这些因素为标准来细分市场就产生出地理细分、人口细分、心理细分和行为细分四种市场细分的基本形式，如表 4-1 所示。

表 4-1　市场细分标准及变量一览表

细分标准	细分变量
地理因素	地理位置、城镇大小、地形、地貌、气候、交通状况、人口密集度等
人口因素	年龄、性别、职业、收入、民族、宗教、教育、家庭人口、家庭生命周期等
心理因素	生活方式、性格、购买动机、态度等
行为因素	购买时间、购买数量、购买频率、购买习惯(品牌忠诚度)以及对服务、价格、渠道、广告的敏感程度等

4.1.2　网络营销地理细分市场

地理细分是指按照消费者所处的地理位置、自然环境来细分市场，比如，根据国家、地区、城市规模、气候、人口密度、地形地貌等方面的差异将整体市场分为不同的细分市场。虽然计算机在虚拟空间上的地理位置对于网络用户似乎并不重要，但是对开展网络营销的组织来说却是很重要的，在一个组织决定为网上社区服务时，必须调查所选的地理目标市场中网络用户所占的比例。Internet 这个全球性的网络，虽然打破了常规地理区域的限制，但是不同地理区域之间的人口、文化、经济等差异将会长期存在。就目前我国区域经济的不平衡性，在上网人口的分布上明显呈现出东部沿海地区和中西部地区的不平衡性，这一特点也就构成了企业在网络市场细分过程中需要考虑的一个重要因素。

地理变量易于识别，是细分市场应予以考虑的重要因素，但处于同一地理位置的消费者需求仍会有很大差异。网络营销中重要的地理细分市场主要有美国、欧洲、日本、中国、韩国及东南亚较发达国家。美国的互联网普及率占世界首位，而韩国的互联网用户占全国人口的比例最大。中国拥有巨大的互联网市场，也具备中国特色，这使得很多国外的互联网公司不可能全盘照搬以前的经验在中国市场获胜，而需要根据地理位置等因素进行市场细分，实施本土化策略。

通常，还可以依据地理位置、城镇大小、地形和气候等标准进一步细分网络市场。

4.1.3　网络营销人口细分市场

人口细分是指总体市场以不同消费者和家庭需求为载体，因年龄、性别、职业、收入、宗教信仰以及国籍、民族的差别，形成一个个有差别的消费群体。不同消费群的偏好、购买力和需求重点不同，同一消费群中的不同消费者，既有共性，又有特性和差别，但其共性大于特性。通常在互联网市场发展初期，典型的潜在消费者具有年轻、大学毕业、高收入等基本特征，因此，互联网上最大的用户群是典型的高学历和高收入群体。如果你的目标市场在美国，人口细分市场会包括千禧一代市场、少数民族市场和网络观念领袖市场。如果你的目标市场定位在中国，则更多应关注改革开放后的中产阶级人群、"80 后"年轻人和追求独立自主与时尚的人群。

通常来讲，人口因素包括性别、年龄、收入、职业与教育等，除了上述方面，经常用于市场细分的人口变量还有家庭规模、民族、种族、宗教、国籍等。实际上，大多数企业通常采用两种或两种以上人口因素来细分市场。

有时候，网络市场的人口细分研究会细分出效忠群体，对其营销活动将会获得事半功倍的效果，能更好地发挥网络营销的特点。表 4-2 举例分析了网上玉石翡翠潜在消费市场的分析。

表 4-2　翡翠产品的网上销售人口细分市场分析

分　类	网上玉石翡翠潜在消费人群特征描述
网民	目标客户为网民，可以分为直接购买者、代人购买者和高学历高收入者
地区	以国内发达沿海地区为主，重点发展江苏、上海市场，其次发展其他财富和文化聚集区域
年龄	25～45 岁，自己购买爱好者；儿女孝顺老人者；送礼讨吉祥者
收入	月薪 3000 元以上，有经济基础者
文化	受中国传统文化影响较深，认同玉石文化，儒、道、佛人士及少数迷信玉石者
心理	趋吉避凶等转运需求；礼品馈赠；投资保值；身份显示；满足爱好
行为	网上直接购买；通过网络订单到实体店验货后购买
时间	传统节日期间，尤其农历年前后，以及重阳、端午
事由	小孩满月、老人寿辰、结婚送礼、恭贺喜庆、开业庆典、新居风水、佛教修行

4.1.4　网络营销心理细分市场

　　心理细分是指根据消费者所处的社会阶层、生活方式及个性特征对市场加以细分。在同一地理细分市场中的人可能显示出迥然不同的心理特征，企业可按照消费者的心理特征来细分消费者市场。心理因素十分复杂，包括生活方式、个性、购买动机、价值取向以及对商品供求状况和销售方式的感应程度等变量。互联网是把具有相同兴趣和目的的人聚集到同一社区的理想场所，其中最好的形式就是社区论坛，社区吸引网络用户，允许他们向其他人发表评论。通过社区来分析潜在消费者，从而通过有针对性的社区来分析网络市场和用户的特性，或者企业自己建立社区，提高客户的黏度，并获得客户的反馈信息。

1. 消费者心理细分应考虑的因素

1)　社会阶层

　　由于不同的社会阶层所处的社会环境、成长背景不同，因而其兴趣偏好不同，对产品或服务的需求也不尽相同。美国营销专家菲利浦·科特勒(Philip Kotler)将美国划分为七个阶层：上上层，即继承大财产，具有著名家庭背景的社会名流；上下层，即在职业或生意中因具有超凡活力而获得较高收入或财富的人；中上层，即对其"事业前途"极为关注，且获得独立企业家和公司经理等职业的人；中间层，即中等收入的白领和蓝领工人；劳动阶层，即中等收入的蓝领工人，和那些过着劳动阶层生活方式的人；下上层，即工资低，生活水平刚处于贫困线上，追求财富但无技能的人；下下层，即贫困潦倒，常常失业，长期靠公众或慈善机构救济的人。

2) 生活方式

人们消费的商品往往反映了他们的生活方式，因此品牌经营者可以据此进行市场细分。例如，大众汽车公司将消费者划分为"循规蹈矩的公民"和"汽车爱好者"。

3) 个性

个性是一个人心理特征的集中反映，个性不同的消费者往往有着不同的兴趣偏好。消费者在选择品牌时，会在理性上考虑产品的实用功能，同时在感性上评估不同品牌表现出的个性。当品牌个性和他们的自身评估相吻合时，他们就会选择该品牌。20世纪50年代，福特汽车公司在促销福特和雪佛莱汽车时就强调个性的差异。

2. 消费者心理细分的主要内容

1) 生活方式细分

生活方式是指个体在成长过程中，在与社会诸要素相互作用下，表现出来的活动兴趣和态度模式。来自不同文化、社会阶层、职业的人有着不同的生活方式。生活方式不同的消费者对产品有不同的需求。在现代市场营销实践中，有越来越多的企业根据消费者的不同生活方式来细分市场，并且为生活方式不同的消费者设计不同的产品和市场营销组合策略。

2) 个性细分市场

有的企业按个性因素来细分市场，设计出产品的品牌个性，以吸引那些相应个性的消费者。当企业品牌产品和其他竞争品牌的产品显而易见地相似，而其他因素又不能细分市场时，消费者个性细分市场便非常有效。

3) 购买动机细分

购买动机是一种引起购买行为的内心推动力。在购买动机中普遍存在的心理现象主要有：求实心理、求安心理、喜新心理、爱美心理、地位心理和名牌心理等。消费者购买动机不同，便产生出不同的消费者购买行为。购买动机主要有：求美动机、求廉动机、求实动机、求新动机、求名动机、求便动机、炫耀动机、好胜动机、嗜好动机、惠顾动机等。企业针对不同购买动机的消费者，在产品中突出能满足他们购买动机的特征或特性，并设计不同的市场营销组合策略，往往能取得良好的经营效果。

4) 购买态度细分

企业可以按照消费者对产品的购买态度来细分消费者市场。消费者对企业产品的态度有五种：热爱、肯定、不感兴趣、否定和敌对。企业对持不同态度的消费者群，应当酌情分别采取不同的市场营销组合策略。对那些不感兴趣的消费者，企业要通过适当的广告媒体，大力宣传介绍企业的产品，使他们转变为感兴趣的消费者。

消费者的心理统计信息有助于网络营销人员判断和描述细分市场，从而更好地满足消费者的需求，如Facebook、Myspace等社交网络就是很好地进行网民心理细分的渠道。在网页设计、网络购物等环节，不同消费者的心理导致的网络营销活动有很大的不同。例如，日本用户不喜欢过于轻浮、嘲弄语气的网站，相对严肃；欧美商务网站的风格往往是非常朴素和简洁。对于网络购物的态度，不同心理的人群也大不相同。例如，高收入的乐观主义者网上购物的比例是其他群体的两倍；另一方面，很少有低收入并且悲观主义者在网络上进行购物的，因此，这些悲观主义者不是网络营销企业理想的目标市场。那些早期使用新兴技术的人群是高收入的技术乐观主义者，他们通常是网络购物的第一批消费者。

4.1.5　网络营销行为细分市场

行为细分是指企业按照消费者购买或使用某种产品的时机、消费者所追求的利益、使用者情况、消费者对某种产品的使用率、消费者对品牌(或商店)的忠诚程度、消费者待购阶段和消费者对产品的态度等行为变量来细分消费者市场。

(1) 按消费者进入市场的程度，可将一种产品的消费者区分为经常购买者、初次购买者、潜在购买者等不同群体。

(2) 按消费数量来细分市场，可将许多产品的经常购买者进一步细分为大量用户、中量用户、少量用户三个消费群体。

(3) 根据对品牌的偏好状况，可将一种产品的消费者划分为单一品牌忠诚者、几种品牌忠诚者、无品牌偏好者。

Harris 公司的调查报告显示，70%的网络购物者可以分为两个细分市场：淘宝者和寻求便利的购买者。网络营销面对的是网民，网民的使用习惯自然成为细分市场划分的依据。因此，网络营销人员可以通过上网场所、网络接入速度、接收设备、在线时间和关注行业等进行行为细分，然后再根据网络用户特征、地理范围等进一步进行市场细分。例如，根据网民上网时间等行为特征，美国著名互联网数据分析统计公司——comScore 数字媒体调研公司和麦肯锡公司将网络市场划分为以下六个用户细分市场。

1. 简单者

他们需要端对端的便利服务，希望生活更加舒适，服务更加快捷。这些长期互联网用户的在线购买占所有在线交易量的 50%。他们每周的上网时间达到 7 个小时。

2. 冲浪者

他们浏览网页的次数是普通用户的 4 倍，喜欢寻求新的体验。要想得到冲浪者的忠诚度，网站就需要在设计、特色、产品和服务分类等方面不断创新，以建立一个强大的网络品牌。

3. 连接者

这类消费者总在寻找使用互联网的理由，其主要目的是通过网上聊天和电子邮件与他人联系。因此网站需要有强大的离线市场来吸引这些新客户。

4. 交易者

他们在网络上花费的时间最少，网站需要满足他们理性和情感的需求，才能吸引他们实现网上交易的行为。例如 ebay.com 网站。

5. 例行公事者

他们仔细在网上搜寻新闻和财经站点，花费大量时间在网站上浏览。

6. 运动者

他们喜欢色彩鲜艳、刺激的体育和娱乐网站。一些提供免费注册的网站最终能将运动者转化为付费用户。

4.2　网络目标市场的选择

可口可乐全数字化营销吸引青少年

据国外媒体报道，可口可乐为进一步吸引青少年目标受众，开展多站点全数字化的"Ahh 效应"(The Ahh Effect) 营销活动。这项营销活动以简单易懂、适宜手机的少量内容为特色，旨在吸引那些一贯没有耐心的青少年目标受众。

可口可乐已经垄断了"ahh"域名。当前，可口可乐拥有 61 个使用"ahh"变体为名称的域名，在每个域名后多加一个"h"加以区别，比如 ahh.com、ahhh.com、ahhhh.com 等。抢购域名是为"Ahh 效应"服务的。目前，有 17 个域名为活动域名，不过最终所有 61 个域名都将相应地拥有自己的内容——从视频到 GIF 图片到游戏等，旨在娱乐和吸引青少年受众，采用巧妙的方法加深他们对可口可乐是"超爽"饮品的概念。

可口可乐(北美)公司负责整合营销传播的高级副总裁皮奥·尚克尔(Pio Schunker)表示："我们一直在向青少年作宣传，但是从来没有使用过这种方法，坦白地讲是从来没有以这种规模和有趣的方法来宣传我们的产品。"

"Ahh 效应"是可口可乐首次以数字为主导的营销活动，尤为特别的是这次营销活动并不采用任何电视广告的形式。尚克尔表示："这是一项经过深思熟虑的决定。我们比以往任何时候都更大程度地推进数字化营销和社交营销，使品牌充满趣味，但同时也面临了更大的风险。"

尚克尔表示："所有营销内容都针对手机优化，因为手机已成了青少年生活中不可或缺的设备，事实上也是他们的第一块屏幕设备。"鉴于青少年目标受众普遍缺乏耐心，内容将以尚克尔所谓的"快餐"式的简短形式发送。尚克尔还表示："青少年可能仅花数秒时间来浏览有趣的视频和 GIF 图片来获取信息，可能会花上两三分钟的时间来玩一下简单的游戏，这种行为类似于他们消费 Tweet 消息、网帖和文本内容。"

尚克尔称："今年全年及以后，这些内容都将持续以新的内容条目更新，不断挖掘青少年的发现欲、激情以及对创新的渴望。"Wieden+Kennedy 将监督这个创新流程，内容将不仅来自于代理机构，而且还将来自于关注青少年的媒体合作伙伴(如 Alloy、Vevo 和 Break Media 等)、青少年自己(将邀请青少年提出自己的想法)以及创新型影响者社区(如加州帕莎迪纳艺术中心设计学院和萨凡纳艺术与设计学院)。

可口可乐将每两周一次决定如何完成每条内容，那些通过社交媒体点击率低和没有被分享的内容条目将被替换。尚克尔表示："这项营销活动将是一次实践试验，并将反复进行。我完全相信，这项营销活动将会基于我们从青少年那里学到的东西不断完善。"

(资料来源：http://www.tomx.com/Library/28382.htm)

4.2.1　网络目标市场的概念

所谓网络目标市场，也叫网络目标消费群体，是指企业商品和服务的网络销售对象。在网络营销策划过程中，对市场进行分析并准确确定目标市场是尤为关键的一步。一个有吸引力的在线细分市场必须是可以通过互联网实现的，市场规模大而且还处于上升趋势，同时具有潜在的高收益的市场。一个企业只有选择好了自己的网络服务对象，才能将自己的特长在网络市场中充分发挥出来，只有确定了自己的网络服务对象，才能有的放矢地制定网络经营策略。

企业选择网络目标市场，即选择适当的网络服务对象，是在网络市场细分的基础上进行的。只有按照网络市场细分的原则与方法正确地进行网络市场细分，企业才能从中选择适合本企业为之服务的网络目标市场。

4.2.2　网络目标市场模式选择

企业在对不同细分市场评估后，就必须对进入哪些市场和为多少个细分市场服务进行决策。一般来说，可采用的网络目标市场模式有五种，如图 4-4 所示。

1. 单一市场集中

公司选择一个细分市场集中营销是最简单的方式。大众汽车公司集中经营小汽车市场，通过密集营销，公司更加了解本细分市场的需要，并树立了特别的声誉，从而在该细分市场建立了巩固的市场地位。另外，公司通过生产、销售和促销的专业化分工，也获得了许多经济效益。如果细分市场补缺得当，公司的投资便可获得高报酬。但密集市场营销比一般情况风险更大。

2. 产品专门化

用此法集中生产一种产品，公司向各类顾客销售这种产品。例如，显微镜生产商向大学实验室、政府实验室和工商企业实验室销售显微镜。公司准备向不同的顾客群体销售不同种类的显微镜，而不去生产实验室可能需要的其他仪器。公司通过这种战略，在某个产品方面树立起很高的声誉。但如果产品(显微镜)被一种全新的显微技术代替，公司就会发生危机。

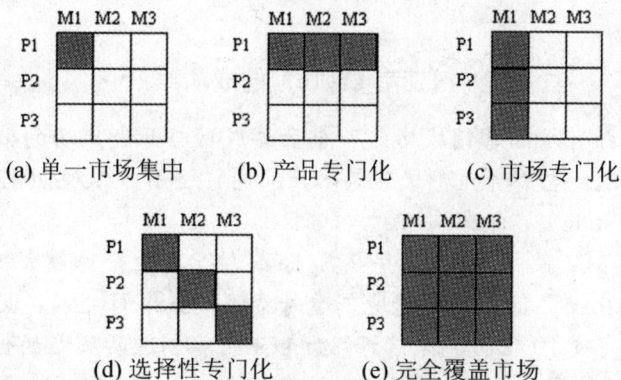

(a) 单一市场集中　(b) 产品专门化　(c) 市场专门化

(d) 选择性专门化　(e) 完全覆盖市场

图 4-4　目标市场模式示意

3. 市场专门化

市场专门化是指专门为满足某个顾客群体的各种需要而服务。例如，公司可为大学实验室提供一系列产品，包括显微镜、示波器、本生灯、化学烧瓶等。公司专门为这个顾客群体服务而获得良好的声誉，并成为这个顾客群体所需各种新产品的销售代理商。但如果大学实验室突然经费预算削减，它们就会减少从这个市场专门化公司购买仪器的数量，这就会产生危机。

4. 选择性专门化

采用此法选择若干个细分市场，其中每个细分市场在客观上都有吸引力，并且符合公司的目标和资源。但在各细分市场之间很少有或者根本没有任何联系，然而每个细分市场都有可能赢利。这种多细分市场目标优于单细分市场目标，因为这样可以分散公司的风险，即使某个细分市场失去吸引力，公司仍可继续在其他细分市场获取利润。

5. 完全覆盖市场

完全覆盖市场是指公司想用各种产品满足各种顾客群体的需求。只有大公司才能采用完全覆盖市场战略，如国际商用机器公司(计算机市场)、通用汽车公司(汽车市场)和可口可乐公司(饮料市场)。

小资料:

选择目标市场，明确企业应为哪一类用户服务，满足他们的哪一种需求，是企业在营销活动中的一项重要策略。所谓目标市场就是通过市场细分后，企业准备以相应的产品和服务满足其需要的一个或几个子市场。

4.3 网络营销市场策略

《江南 style》的成功

独特的市场定位和有效的营销战略是一个产品成功打开新市场的敲门砖，这不仅适用于有形产品，对于音乐、电影等无形文化艺术产品同样适用。纵观 2012 年全球音乐市场，都不能不提到《江南 style》。

《江南 style》的 MV 最初于 2012 年 7 月 15 日被上传至全球最大视频网站 YouTube，从那时起这首歌曲就在世界范围内不断地创造着奇迹。5 个月之内，《江南 style》MV 在 YouTube 的点击量已突破 10 亿次，凭借好评数和点击率创造两项新的世界吉尼斯纪录，同时摘得了英国、美国、法国等 35 个国家 iTunes 单曲榜第一名，许多外国媒体将这种现象形容为"耸人听闻"。为什么这首歌曲在短时间内风靡全球？其中一个重要因素是它成功的目标市场定位。

1. 定位精准，突破传统。独特的市场定位，是吸引目标消费者并满足其特定需求的最有效途径，也是所有产品市场营销活动的第一步，歌曲作为一款娱乐产品自然也不例外。与鸟叔在同一公司的艺人 Binbang、2NEI 等组合无一例外地走着视觉系路线，每次单曲均以电子乐搭配华丽的服装，而这一做法明显不适合已人到中年的鸟叔。

《江南 style》讲述的是主人公 Psy 模仿有钱人生活的搞笑故事。江南是韩国首都首尔著名的富人区，高楼大厦繁荣的景象与仅一江之隔的江北地区形成鲜明对比，而有朝一日生活在江南地区也成了很多韩国青年心中的理想与追求。Psy 正是抓住了现代年轻人的这种心理，在《江南 style》这首歌的歌词及 MV 中用更草根更平民的艺术形式将其展现了出来。对于追求财富、向往富饶的物质生活，但却苦于现实，得不到发泄的青年一代，这首歌无疑用一种轻松诙谐的方式唱出了大众的心声，引起了共鸣。有人指责这首歌内容低俗，但正是这样一个"低俗"的定位，为其赢得了更为广泛的消费群体。

2. 有效利用网络营销和名人效应。网络已经成为了一种优质的营销平台，其传播速度与范围早已超越传统媒介，而通过各种视频网站和社交网站的普遍化，网络的互动性特定逐渐加强，互联网作为高效营销手段的地位已日趋成熟稳固。

选择在 YouTube 上首先发布《江南 style》的 MV 是极为睿智的决断。全美地区使用率最高的视频网站即为 YouTube，占所有用户的 85% 以上。通过 YouTube 这一国际化的网络平台，第一时间将歌曲同步推至全球潜在消费者面前，为其风靡世界做了有效预热。随后原视频被各大社交网站和视频网站的转载则迅速扩大了这一热潮。另外，名人的推荐及转发对《江南style》来说都是一种低成本高效率的无形广告，尤其是明星大腕的推荐和参与，对这首歌的风靡起到了不可估量的推动作用。7月15日Psy新专辑公布当天，同一公司名下的男子组合BigBang即在其Facebook官方主页上对Psy专辑试听链接进行了转载。仅以Psy所属经纪公司YG娱乐为例，旗下BigBang、2NEI等艺人仅韩国粉丝数量就已过600万，一条转载就相当于在同一时间向几百万人进行了宣传，而当Facebook、Twitter、YouTube等网络平台同时开始运作时，其传播力可想而知。

效率高、成本低、受众广，是网络营销平台较于电商等传统媒介的最大优势，这一绝佳的新兴营销通道必将成为未来企业展开营销活动的主力军。

3. 放弃版权，成功实践病毒式营销。在全民讨论版权保护的当下，Psy反其道而行之，主动宣布放弃《江南style》MV的版权，让业内人士大跌眼镜。放弃版权也就意味着，任何人都可以不受限制地编辑相关视频作品上传网络。

《江南style》宽松的版权态度看似放弃了部分利益，其实却获得更多。全民模仿热潮不仅提高了其知名度和美誉度，更让Psy及其经纪公司在出场费、演出费等方面获得了巨大收益，远远超越版权费。著名营销专家刘杰克表示，"《江南style》创造了一种更佳的商业模式，放松版权态度，允许网络模仿和传播应成为网络时代的一种新的版权运作策略，这将帮助版权方极大地提升相关作品的影响力和覆盖范围，通过其他渠道取得更大的收益"。

(资料来源：权赫仁，郭梦孟. 论《江南Style》的成功. 第一财经日报.)

4.3.1 无差异市场营销策略

无差异市场营销策略，也称为大众推式营销，是指企业将产品的整个市场视为一个目标市场，用单一的营销策略开拓市场，即用一种产品和一套营销方案吸引尽可能多的购买者。无差异市场营销策略只考虑消费者或用户在需求上的共同点，而不关心他们在需求上的差异性。可口可乐公司在60年代以前以单一口味的品种、统一的价格和瓶装、同一广告主题将产品面向所有顾客，就是采取的这种策略。例如，在互联网上，出现在门户网站主页上的旗帜广告的目标就是吸引整个互联网市场。这种营销策略一般耗资巨大，所针对的市场区域为全部互联网市场并且是主流消费品，如果不是资金充裕或者产品市场容量广度不深的话，就不适合使用了。

4.3.2 差异化市场营销策略

差异化市场营销策略是将整体市场划分为若干细分市场，针对每一细分市场制定一套独立的营销方案。比如，服装生产企业针对不同性别、不同收入水平的消费者推出不同品牌、不同价格的产品，并采用不同的广告主题来宣传这些产品，就是采用的差异化营销策略。在世界著名的跨国公司中，宝洁公司是实行差异化营销的典型，它的洗衣粉有 11 个品牌，中国妇孺皆知的有强力去污的"碧浪"，价格较高；去污也强但价格适中的"汰渍"；突出物廉价美的"熊猫"等。它的洗发水则有 6 个品牌，有品位代表的"沙宣"、潮流一族的"海飞丝"、优雅的"潘婷"、新一代的"飘柔"等。此外，它还有 8 个品牌的香皂，4 个品牌的洗涤液，4 个品牌的牙膏，3 个品牌的清洁剂，3 个品牌的卫生纸等。

技术的发展、行业的垂直分工以及信息的公开性、及时性，使得越来越多的产品出现同质化时，寻求差异化营销已成为企业生存与发展的一件必备武器。著名战略管理专家迈克尔·波特(Michael E. Porter)是这样描述差异化战略的：当一个公司能够向客户提供一些独特的，其他竞争对手无法替代的商品，对客户来说其价值不仅仅是一种廉价商品时，这个公司就把自己与竞争厂商区别开来了。

1. 产品差异化

产品差异化是指产品的特征、工作性能、一致性、耐用性、可靠性、易修理性、式样和设计等方面的差异。也就是说，某一企业生产的产品，在质量、性能上明显优于同类产品的生产厂家，从而形成独自的市场。对于同一行业的竞争对手来说，产品的核心价值是基本相同的，所不同的是在性能和质量上，在满足顾客基本需要的情况下，为顾客提供独特的产品是差异化战略追求的目标。企业实施差异化营销可以从以下两个方面着手。

1) 特征

产品特征是指对产品基本功能给予补充的特点。大多数产品都具有不同的特征。其出发点是产品的基本功能，然后企业通过增加新的特征来推出新产品。在此方面实施最为成功的当数宝洁公司，以其洗发水产品来讲，购买飘柔洗发水的消费者，其消费目的无非是去头屑、柔顺、营养、护发、黑发，与其相适应，宝洁就推出了相应的品牌海飞丝、潘婷、沙宣、润妍。在开发其他品牌的产品时，宝洁公司也多采用此种策略。我国的饮料企业在推出新产品时也采用了此种策略，如农夫山泉的"有点甜"、农夫果园的"混合"果汁及"喝前摇一摇"、康师傅的"每日 C 果汁"、汇源果汁的"真鲜橙"的特点在消费者心目中都留下了很深的印象。可见，产品特征是企业实现产品差异化极具竞争力的工具之一。

2) 式样

式样是指产品给予购买者的视觉效果和感受。以海尔集团的冰箱产品为例，海尔冰箱的款式就有欧洲、亚洲和美洲三种不同风格。欧洲风格是严谨、方门、白色表现；亚洲风格以淡雅为主，用圆弧门、圆角门、彩色花纹、钢板来体现；美洲风格则突出华贵，以宽体流线造型出现。再如，我国的一些饮料生产厂家摆脱了以往的旋转开启方式，改用所谓的"运动盖"直接拉起的开瓶法也获得了巨大的成功。此外，对于一般的消费者而言，工作性能、一致性的质量、耐用性、可靠性、易修理性也是寻求差异的焦点。例如某种汽车由标准件组成，且易于更换部件，则该汽车易修理性就高，在顾客心中就具有一定的竞争优势。

2. 服务差异化

服务差异化是指企业向目标市场提供与竞争者不同的优异的服务。尤其是在难以突出有形产品的差别时，竞争成功的关键常常取决于服务的数量与质量。区别服务水平的主要因素有送货、安装、用户培训、咨询和维修等。售前、售后服务差异就成了对手之间的竞争利器。

IBM 根据计算机行业中产品的技术性能大体相同的情况分析，认为服务是用户的急需，故确定企业的经营理念是"IBM 意味着服务"。我国的海尔集团以"为顾客提供尽善尽美的服务"作为企业的成功信条，海尔的"通过努力尽量使用户的烦恼趋于零"、"用户永远是对的"、"星级服务思想"、"是销售信用，不是销售产品"、"优质的服务是公司持续发展的基础"、"交付优质的服务能够为公司带来更多的销售"等服务观念，真正地把用户摆在了上帝的位置，使用户在使用海尔产品时得到了全方位的满足。自然，海尔的品牌形象在消费者心目中也越来越高。

3. 形象差异化

形象差异化是指通过塑造与竞争对手不同的产品形象、企业形象和品牌形象来取得竞争优势。形象就是公众对产品和企业的看法和感受。塑造形象的工具有：名称、颜色、标识、标语、环境、活动等。以色彩来说，柯达的黄色、富士的绿色、乐凯的红色，以及百事可乐的蓝色、非常可乐的红色等都能够让消费者在众多的同类产品中很轻易地识别开来。再以我国的酒类产品的形象差别来讲，茅台的国宴美酒形象、剑南春的大唐盛世酒形象、泸州老窖的历史沧桑形象、金六福的福酒形象，以及劲酒的保健酒形象等，都各具特色。消费者在买某种酒的时候，首先想到的就是该酒的形象；在品酒的时候，品的是酒，但品出来的却是由酒的形象差异带来的不同的心灵愉悦。

差异化营销策略的优点是：小批量、多品种，生产机动灵活、针对性强，使消费者需求更好地得到满足，由此促进产品销售。另外，由于企业是在多个细分市场上经营，可在一定程度上减少经营风险；一旦企业在几个细分市场上获得成功，则有助于提高企业的形象及扩大市场占有率。企业采用差异化营销策略，可以使顾客的不同需求得到更好的满足，也使每个子市场的销售潜力得到最大限度的挖掘，从而有利于扩大企业的市场占有率。差异化营销策略大大提高了企业的竞争能力，企业树立的几个品牌可以大大提高消费者对企业产品的信赖感和购买率。多样化的广告、多渠道的分销、多种市场调研费用、管理费用等，都是限制小企业进入的壁垒，所以，对于财力雄厚、技术强大、拥有高质量的产品的企业，差异化营销是良好的选择。

差异化营销策略的不足之处主要体现在两个方面。一是营销成本过高，生产一般为小批量，使单位产品的成本相对上升，不具经济性。另外，市场调研、销售分析、促销计划、渠道建立、广告宣传、物流配送等许多方面的成本都无疑会大幅度地增加。这也是为什么很多企业做差异化营销,市场占有率扩大了,销量增加了,而利润却降低了的原因所在。二是可能使企业的资源配置不能有效地集中,顾此失彼,甚至在企业内部出现彼此争夺资源的现象,使得拳头产品难以形成优势。

4.3.3　集中性市场营销策略

实行差异化营销策略和无差异营销策略,企业均是以整体市场作为营销目标,试图满足所有消费者在某一方面的需要。集中性营销策略也称为微型市场营销策略,或者个性化市场定位,是集中力量进入一个或少数几个细分市场,实行专业化生产和销售。实行这一策略,企业不是追求在一个大市场角逐,而是力求在一个或几个子市场占有较大份额。如果发挥极致的话,它就是一个客户,就是一个目标市场。互联网的发展趋势就是个性化市场定位,例如,亚马逊网站就为每一位在网站上浏览或者购买图书的用户建立个人档案,网站追踪用户阅读的图书,根据他们过去的购买行为作出分析,从而实现其营销理念:在适当的时间和地点,准确地给予个人消费者想要的产品。而互联网技术恰恰使规模定制的个性化市场定位成为可能。

小资料:

> 差异化营销的关键是积极寻找市场空白点,选择目标市场,挖掘消费者尚未满足的个性化需求,开发产品的新功能,赋予品牌新的价值。

4.4　网络市场的定位策略

巧用市场定位卖苹果

某高校门前,一老妇守着两筐大苹果叫卖。因为天寒,问者寥寥。一教授见此情形,上前与老妇商量了几句,然后走到附近商店买来节日织花用的红彩带,并与老妇一起将苹果两两一扎,接着高叫道:"情侣苹果哟!两元一对!"经过的情侣们甚觉新鲜。用红彩带扎在一起的一对苹果看起来很有情趣,因而买者甚众,不消一会儿就卖光了,赚得颇丰,老妇感激不尽。

（资料来源: http://www.cqvip.com/qk/87383X/200411/10869097.html）

4.4.1　市场定位的含义

所谓定位,就是让品牌在消费者的心目中占据最有利的位置,使品牌成为某个类别或某种特性的代表品牌。网络营销的目标市场定位,是指根据所选定网络目标市场上的竞争者现有产品所处的位置和自身条件，在各方面为自己的产品创造一定特色，塑造并树立一定的市场形象，在目标客户心目中形成特殊的偏爱。市场定位并不是你对一件产品本身做些什么，而是你在潜在消费者的心目中做些什么。市场定位的实质是使本企业与其他企业严格区分开来，使顾客明显感觉和认识到这种差别，从而在顾客心目中占据特殊的位置。

4.4.2　市场定位的步骤

　　网络营销市场定位的关键是企业要设法在自己的产品上找出比竞争者更具有竞争优势的特性。竞争优势一般有两种基本类型：一是价格竞争优势，就是在同样的条件下比竞争者定出更低的价格，这就要求企业采取一切努力来降低单位成本；二是偏好竞争优势，即能提供确定的特色来满足顾客的特定偏好，这就要求企业采取一切努力在产品特色上下功夫。因此，企业市场定位的全过程可以通过以下三大步骤来完成。

　　(1) 分析网络目标市场的现状，确认本企业潜在的竞争优势。这一步骤的中心任务是回答以下三个问题：一是竞争对手的产品定位如何；二是目标市场上顾客欲望满足程度如何以及确实还需要什么；三是网络市场中针对竞争者的市场定位和潜在顾客真正需要的利益要求企业应该及能够做什么。要回答这三个问题，企业市场营销人员必须通过一切调研手段，系统地设计、搜索、分析并报告有关上述问题的资料和研究结果。通过回答上述三个问题，企业就可以从中把握和确定自己的潜在竞争优势在哪里。

　　(2) 准确选择竞争优势，对目标市场初步定位。竞争优势是指企业能够胜过竞争对手的能力。这种能力既可以是现有的，也可以是潜在的。选择竞争优势实际上就是一个企业与竞争者各方面实力相比较的过程。比较的指标应是一个完整的体系，只有这样，才能准确地选择相对竞争优势。通常的方法是分析、比较企业与竞争者在经营管理、技术开发、采购、生产、市场营销、财务和产品等七个方面究竟哪些是强项，哪些是弱项，借此选出最适合本企业的优势项目，以初步确定企业在目标市场上所处的位置。

　　(3) 显示独特的竞争优势和重新定位。这一步骤的主要任务是企业要通过一系列的宣传促销活动，将其独特的竞争优势准确地传播给潜在顾客，并在顾客心目中留下深刻的印象。为此，企业首先应使目标顾客了解、知道、熟悉、认同、喜欢和偏爱本企业的市场定位，在顾客心目中建立与该定位相一致的形象。其次，企业通过各种努力强化目标顾客形象，保持目标顾客的了解、稳定目标顾客的态度和加深目标顾客的感情来巩固与市场相一致的形象。最后，企业应注意目标顾客对其市场定位理解出现的偏差或由于企业市场定位宣传上的失误而造成的目标顾客模糊、混乱和误会，及时纠正与市场定位不一致的形象。

4.4.3 市场定位的策略

1. 竞争定位策略

竞争定位策略又称"针锋相对"定位策略,是指企业选择在目标市场上与现有的竞争者接近或重合的市场定位,要与竞争对手争夺同一目标市场的消费者。实行这种定位策略的企业,必须具备以下条件:能比竞争者生产出更好的产品;该市场容量足以吸纳两个以上竞争者的产品;比竞争者有更多的资源和更强的实力。

例如,美国可口可乐与百事可乐是两家以生产、销售碳酸型饮料为主的大型企业。可口可乐自 1886 年创建以来,以其独特的味道扬名全球,"二战"后,百事可乐采取了针锋相对的策略,专门与可口可乐竞争。半个多世纪以来,这两家公司为争夺市场而展开了激烈的竞争,而它们都以相互间的激烈竞争作为促进自身发展的动力及最好的广告宣传,百事可乐借机得到迅速发展。1988 年,百事可乐荣登全美十大顶尖企业榜,成为可口可乐强有力的竞争者。当大家对百事可乐—可口可乐之战兴趣盎然时,双方都是赢家,因为喝可乐的人越来越多,两家公司都获益匪浅。

2. "填空补缺式"定位

填空补缺式也叫避强定位策略,是指企业尽力避免与实力较强的其他企业直接发生竞争,而寻找新的尚未被占领的,但又为许多消费者所重视的市场进行定位。例如:"金利来"进入中国内地市场时,就是填补了男士高档衣物的空位。通常在两种情况下适用这种策略:一是这部分潜在市场即营销机会没有被发现,在这种情况下,企业容易取得成功;二是许多企业发现了这部分潜在市场,但无力去占领,这就需要有足够的实力才能取得成功。

在金融业兴旺发达的香港,"银行多过米铺"这句话毫不过分。在这一弹丸之地,各家银行使出全身解数,走出了一条利用定位策略突出各自优势的道路,使香港的金融业呈现一派繁荣景象。汇丰银行定位于分行最多、实力最强、全港最大的银行,是实力展示式的诉求。20 世纪 90 年代以来,汇丰银行为拉近与顾客的情感距离,将新的定位立足于"患难与共、伴同成长",旨在与顾客建立同舟共济、共谋发展的亲密朋友关系;恒生银行定位于充满人情味、服务态度最佳的银行,通过走感性路线赢得顾客心,突出服务这一卖点也使它有别于其他银行;渣打银行定位于历史悠久、安全可靠的英资银行,这一定位树立了可信赖的"老大哥"形象,传达了让顾客放心的信息;中国银行定位于有强大后盾的中资银行,这一定位直接针对有民族情结、信赖中资的目标顾客群。

3. "另辟蹊径式"定位

当企业意识到自己无力与强大的竞争者相抗衡,从而获得绝对优势地位时,可根据自己的条件取得相对优势，即突出宣传自己与众不同的特色，在某些有价值的产品属性上取得领先地位。例如，美国"七喜"汽水突出宣传自己不含咖啡因的特点，成为非可乐型饮料的领先者。

4. 重新定位策略

企业对已经上市的产品实施再定位就是重新定位策略。采用这种策略的企业必须改变目标消费者对其原有的印象，使目标消费者对其建立新的认识。一般情况下，这种定位目的在于摆脱困境，重新获得增长与活力。例如，美国强生公司的洗发液由于产品不伤皮肤和眼睛，最初定位于婴儿市场，当年曾畅销一时。后来由于人口出生率下降，婴儿减少，产品逐渐滞销。经过分析，该公司决定重新将产品定位于年轻女性市场，突出介绍该产品能使头发松软、富有光泽等特点，从而吸引了大批年轻女性。自行车——传统代步工具，20 世纪 50 年代美国年产销 400 万辆，后下降为年 130 万辆。重新定位：健身休闲用品，增加品种类型和花色。橘汁的传统定位：维生素 C 保健饮品(保健功能)；新定位：消暑解渴，提神，恢复体力的饮品。

4.4.4　产品定位方法

1. 特色定位法

特色定位法是指根据特定的产品属性来定位。产品属性包括制造该产品时所采用的技术、设备、生产流程以及产品的功能等，也包括与该产品有关的原料、产地和历史等因素。如龙井茶、瑞士表等都是以产地及相关因素定位，而一些名贵中成药的定位则充分体现了原料、秘方和特种工艺的综合。

2. 利益定位法

利益定位法是指根据需要满足的需求或所提供的利益来定位。这里的利益包括顾客购买产品时追求的利益和购买企业产品时能获得的附加利益，产品本身的属性及消费者获得的利益能使人们体会到它的定位。如大众汽车"气派"，丰田车"经济可靠"，沃尔沃车"耐用"，而奔驰是"高贵、王者、显赫、至尊"的象征，奔驰的电视广告中较出名的广告词是"世界元首使用最多的车"。如手机市场中，摩托罗拉向目标消费者提供的利益点是"小、薄、轻"，而诺基亚则宣称"无辐射"。如无铅皮蛋、不含铅的某种汽油等将其定为不含铅，间接地暗示含铅对消费者的健康不利。有一则广告说，七喜汽水"非可乐"，强调七喜不是可乐型饮料，意在响应美国当时的反咖啡因运动，暗示可乐饮料中含咖啡因，对消费者的健康不利。这种定位关键是要突出本企业产品的优势和特点，以及它对目标顾客有吸引力的因素，从而在竞争者中突出自己的形象。

3. 用途定位法

用途定位法是指根据产品使用场合及用途来定位。例如，"金嗓子喉宝"专门用来保护嗓子，"丹参滴丸"专门用来防治心脏疾病。为老产品找到一种新用途，是为该产品创造定位的好方法。尼龙从军用到民用，便是一个最好的用途定位例证。小苏打一度被广泛用作家庭的刷牙剂、除臭剂和烘烤配料等，现在国外开始把它作为冰箱除臭剂、调味汁和肉卤的配料、夏令饮料的原料之一等。各种品牌的香水，在定位上也往往不同，有的定位于雅致的、富有的、时髦的妇女，有的定位于追求时尚多变的青年人。如防晒霜被定位于防止紫外线将皮肤晒黑晒伤，而保持和补充水分的润肤霜则被定位于防止皮肤干燥。

4. 使用者定位法

使用者定位法是指根据使用者的类型来定位。企业常常试图把某些产品指引给适当的使用者(即某个细分市场)，以便根据该细分市场的看法塑造恰当的形象。康佳集团针对农村市场的"福临门系列彩电"，充分考虑农民消费者的需求特殊性，定位为质量过硬、功能够用、价位偏低，同时增加了宽频带稳压器等配件产品。例如，强生公司将其婴儿洗发液重新定位于常常洗头而特别需要温和洗发液的年轻女性,使其市场占有率由3%提高至14%。

5. 竞争定位法

竞争定位法是指根据竞争者来定位。可以接近竞争者定位，如康柏公司要求消费者将其个人电脑与IBM个人电脑摆在一起比较，企图将其产品定位为使用简单而功能更多的个人电脑；也可远离竞争者定位，如七喜将自己定位为"非可乐"饮料，从而成为软饮料的第三巨头。

6. 档次定位法

不同的产品在消费者心目中按价值高低有不同的档次。对产品质量和价格比较关心的消费者来说，选择在质量和价格上的定位也是突出本企业形象的好方法。企业可以采用"优质高价"定位和"优质低价"定位。在各种家电产品价格大战如火如荼的同时，海尔始终坚持不降价，保持较高的价位，这是"优质高价"的典型表现。例如，劳力士表的价格高达几万元人民币，是众多手表中的至尊，也是财富与地位的象征。拥有它，无异于暗示自己是一名成功的人士或上流社会的一员。

7. 形状定位法

形状定位法是指根据产品的形式、状态定位。这里的形状可以是产品的全部，也可以是产品的一部分。如"白加黑"感冒药、"大大"泡泡糖都是以产品本身表现出来的形式特征为定位点，打响了其市场竞争的一炮。

8. 消费者定位法

消费者定位法是指按照产品与某类消费者的生活形态和生活方式的关联来定位。以劳斯莱斯为例，它不仅是一种交通工具，而且是英国富豪生活的一种标志。90多年来，劳斯莱斯公司出产的劳斯莱斯豪华轿车总共才几十万辆，最昂贵的车价格高达34万美金。

9. 感情定位法

感情定位法是指运用产品直接或间接地冲击消费者的感情体验而进行定位。例如，"田田口服液"以"田田珍珠，温柔女性"为主题来体现其诉求和承诺，由于"田田"这一品牌名称隐含"自然、清纯、迷人、温柔"的感情形象，因而其感情形象的价值迅速通过"温柔女性"转为对"女性心理"的深层冲击。"田田"这一女性化特质的品牌名称，明确将一种感情形象的价值倾向作为其产品定位的出发点，并以此获得了市场商机。

10. 文化定位法

将某种文化内涵注入产品之中，形成文化上的品牌差异，称为文化定位。文化定位可以使品牌形象独具特色。例如，万宝路引入"男性文化"因素，改换代表热烈、勇敢和功名的红色包装；用粗体黑字来描画名称，表现出阳刚、含蓄和庄重；并让结实粗犷的牛仔担任万宝路的形象大使，强调"万宝路的男性世界"。通过不断塑造、强化健壮的男子汉形象，终于使万宝路香烟的销售和品牌价值位居世界香烟排名榜首。

11. 附加定位法

通过加强服务树立和加强品牌形象，称为附加定位。对于生产性企业而言，附加定位需要借助于生产实体形成诉求点，从而提升产品的价值；对于非生产性企业来说，附加定位可以直接形成诉求点。例如，"海尔真诚到永远"是海尔公司一句响彻全球的口号。

市场定位实际上是一种竞争策略，是企业在市场上寻求和创造竞争优势的手段，要根据企业及产品的特点、竞争者及目标市场消费需求特征加以选择。在实际营销策划中，往往是多种方法结合使用。

本 章 小 结

网络营销市场细分是指企业在调查研究的基础上，依据网络消费者的购买欲望、购买动机与习惯爱好的差异性，把网络营销市场划分成不同类型的群体，每个消费群体构成企业的一个细分市场。通常可以通过地理、人口、心理和行为等多种因素对网络营销项目进行分析和策划，并选择有一定购买力、能取得一定的营业额和利润、有足够的市场吸引力、符合企业的目标和资源的目标市场开展网络营销活动。在网络营销市场策略中，通常根据企业的资源能力、产品生命周期和竞争者的策略等因素来决定选择无差异市场营销策略、差异化市场营销策略和集中性市场策略等，并根据产品特点、使用场合及用途、顾客得到的利益等原则进一步明确网络市场中的产品定位，实施竞争定位、"填空补缺式"定位、"另辟蹊径式"定位和重新定位等策略。

思 考 题

1. 什么是网络市场细分？
2. 网络市场细分有哪些作用？
3. 网络市场细分应遵循哪些原则？
4. 什么是网络目标市场？
5. 如何选择网络目标市场？
6. 网络市场定位的原则和策略是什么？

案例分析题

2005 年是中国电子商务市场复苏的一年。细分市场，寻求更加稳定的个性化需求，小处着眼，成为如今电子商务发展的一大看点。现在的电子商务企业已经开始走向了更加理智和成熟的道路。北京八佰拜(800buy)互动技术有限公司不失时机地进入了电子商务市场的高端领域，开通了中国首家在网上以专业销售名牌钻石、翡翠和铂金等顶级珠宝饰品为主的电子商务网站——"800buy 珠宝新天地"(www.800buy.com)。而它的目标人群就是20～35 岁之间比较成功的年轻人士。

在众多电子商务网站大搞"一元起拍"的今天，800buy 珠宝新天地为什么会想到逆流而上，在网上销售名贵珠宝和手表呢？"在我看来，中国的市场非常大，只要有自己的特色就能取得一定的地位。"八佰拜 CEO 张毅女士解释道，"在中国的互联网发展过程当中，一些先驱用户是以学生为主体的，伴随着最近5～7 年互联网的发展以及经济的发展，这部分人群已经进入了他们收入的鼎盛时期。这部分中产阶级的快速成长，说明中国电子商务的高端消费时代已经到来。"

据了解，800buy 珠宝新天地在推出一个月来运营的情况非常好，每月的营业额在1000万元以上，仅仅在网站开通15 天内就产生了一次消费达到3.2 万元的消费用户，这在 B2C 网站纯粹个人消费历史上尚属首例。

分析：

(1)　八佰拜市场细分的依据是什么？选定的目标市场是什么？八佰拜的市场定位是什么？

(2)　假设你是八佰拜的 CEO，下一步将采取何种营销策略？

(资料来源：http://www.800buy.com.cn)

第5章 网络营销网站建设

【学习目标】

● 掌握企业网站建设的基本要素，了解有关网站推广及网站评价与网站诊断的知识。
● 利用常用网站建设的知识开展企业营销导向型站点策划。
● 能运用网站建设基本要素的知识进行案例分析。
● 掌握对具体营销网站进行评价与诊断的技巧和方法。

【引导案例】

信息技术的应用——引发了个性化旅游业发展

发达国家旅游业的发展经验表明，人均 GDP 达到 1000 美元，大众旅游时代将会很快到来，旅游市场需求也将转变。中国的 GDP 现已超过了这个数字，这说明中国的旅游已转向大众化。

当前我国旅游市场正处于由初级阶段向中高级阶段转化之中，旅游消费将渐趋自主性、理性化和个性化。从最开始的"追求看最多景点的"观光旅游逐渐转向"追求舒适"为主要目的的休闲度假旅游以及生态体验、体育健身等特色旅游；出游方式也将从目前"随团出游"逐渐转向自行组织、自驾私家车等。在这种背景下，传统的旅游已经不能满足市场需求，旅游个性化已是众多旅游公司考虑的问题。

针对上述问题，微申公司进行市场调查后认为，要想体现旅游个性化，利用电子商务是最好的选择。

通常，规划设计是为了完成某个目标而设计相关的实施步骤，提供一个可以达到目标的行动计划。在项目管理中，我们常称之为项目计划。其中包括任务的分解和人员的安排。电子商务网站的规划设计是为完成企业核心业务转向网站服务为目标，在企业的电子商务战略下，设计支持这种转变的体系结构，并分解该结构的内容和实施任务，选择实现这一系统的技术方案，给出系统建设的实施步骤和时间安排，组织好系统建设中的人员安排，预算系统建设的开销和收益等。

（资料来源：http://www.weiguol. Com/info/2005-1/2005118153642-htm，有修改）

5.1 网络营销站点建设的基本技术

戴尔公司网站功能的发展演变

创立于 1984 年的戴尔计算机公司，首创了具有革命性的"直线订购模式"。直线订购模式使戴尔公司能够提供最佳价值的技术方案，与大型跨国企业、政府部门、教育机构、中小型企业以及个人消费者建立直接联系。在美国，戴尔已经成为占这些领域市场份额第一的个人计算机供应商。戴尔在 1994 年就建立了自己的企业网站 www.dell.com，并在 1996 年开通电子商务功能，网站开通第一年在线销售额就达到了 100 万美元。现在该网站覆盖全球 86 个国家的站点，提供 28 种语言或方言、29 种不同的货币报价，目前每季度有超过 10 亿人次浏览，互联网成为该公司最主要的销售渠道。

根据戴尔公司网站上的介绍，"戴尔公司日益认识到互联网的重要作用贯穿于整个业务之中，包括获取信息、客户支持和客户关系的管理"。在 http://www.dell.com 网站上，用户可以对戴尔公司的全系列产品进行评比、配置，并获知相应的报价。用户也可以在线订购，并且随时检测产品制造及送货过程。在 Valuechain.dell.com 网站上，戴尔公司和供应商共享包括产品质量和库存清单在内的一整套信息。戴尔公司利用互联网将业内领先的服务带给广大客户。例如，全球数十万个商业和机构客户通过戴尔公司先进的网站 Dell.com 与戴尔公司进行商务往来。

可见，戴尔公司的网站是从最初的信息发布功能为主，到 1996 年实现在线销售功能，逐步发展到目前网站覆盖公司整个业务流程。许多公司的电子商务发展进程都将经历类似戴尔公司的网站演变历程。

(资料来源：戴尔公司网站中国站点，www.clell.com.cn)

网站是互联网提供的一种全新的营销工具，所以全球几乎所有大中型企业和机构都在建立自己的 Web 站点，以期吸引尽可能多的人访问，在满足用户需要的同时，实现自身的获利。如何让人们在浩如烟海的站点中，访问浏览你的站点甚至为你作宣传，如何利用自己的或别人的网站服务于企业营销是一个值得研究的课题。

企业网站既是企业在互联网上的代表，也是企业进行网络营销的重要工具和基础。在传统营销中，企业营销活动对外部中介的依赖性相当大，企业很少能和自己的顾客直接进行沟通和交易。互联网的出现改变了这种局面，为企业提供了全新的营销平台，企业有了自己和顾客直接沟通的通道——企业网站。

5.1.1 企业营销网站的功能

企业上网不一定从建立网站开始，但是，企业网站无疑是上网的重要标志，也就是开展电子商务的基础,没有这个基础,网络营销便无从谈起。我们将企业网站定义为主要为了让外界了解企业自身、树立良好企业形象并适当提供一定服务的网站。

建设企业网站,不是为了赶时髦,也不是为了标榜自己的实力,重要的在于让网站真正发挥作用,让网站成为有效的网络营销工具和网上销售渠道。网站的功能除了能充分利用网络资源外,主要表现在八个方面:品牌形象、产品/服务展示、信息发布、顾客服务、顾客关系、网上调查、网上联盟和网上销售等。

小资料:

一般而言,用户希望通过企业网站获得他们需要的信息,而不是欣赏网页的视觉效果。因此在美观与实用之间权衡取舍时,宁可取"实用"而舍"美观"。那么,可否两者兼顾?将 Flash 内容嵌入 HTML 文件中,或者为 Flash 版本同时设计一个 HTML 版本,可以兼顾美观与搜索引擎的检索效果。

5.1.2　营销网站的基本要素

一个优秀的网站需要有些基本的要素。从实际应用的角度出发,通过对大量网站进行研究和分析,我们归纳出了一个成功的营销网站所必须具备的八项基本要素。

1. 页面下载速度

网站页面的下载速度除了与服务器、网络带宽等因素有关,还与网站的结构、图片大小等有关。

1)　导航页不必显示太多信息

导航页的作用就是把用户最关心的、最近更新的、最热门的以及编辑想推荐和推广的内容,放到最显眼的位置。那么从这个角度讲,导航页就不必显示太多内容列表的信息。例如,首页是一个网站最基本的导航页,有的网站喜欢把所有栏目的前面 10 条信息都列在首页,当然,这样显得大气,但也会影响速度。所以在网站的布局中,导航页应多出现热门信息,如 48 小时热门新闻、最新产品、图片新闻、小编推荐等导航信息,这样不但可使网站的下载速度快,而且会使网站更具有吸引力。

2)　图片数据量一定要保证尽量小

对网站的下载速度影响最大的就是图片的下载,在网站的架构中,我们常常对页面的布局采用了很多图片,如页面边框、图片边框等。但是,优秀的设计师不会什么都使用图片来体现其设计效果,这样会影响下载速度,常见的页面和图片边框使用表格样式即可做出美观的效果。

特别是对大型的门户网站或电子商务网站,更应该注意页面的大小,在页面里尽量少加入图片。在用户传入图片时,一定要限制大小,一般应限制在 200 KB 以内,这样才不至于由于图片太大而影响下载速度。对于推荐到导航页的图片,编辑对图片的采用,一定要先用 Photoshop 进行处理，尽量保证在 10 KB 以内，不然会严重影响下载速度。

3)　网站的表格一定要减少嵌套

最好是横向将页面分成四个以上的独立表格，如一般页面都具有：顶部 Banner、导航条、内容部分、底部。所以在页面制作过程中，我们至少要将网站的页面分成四个独立的表格，因为下载是以表格为标准的，即将一个表格里的内容下载完之后才显示出内容来。其实，下载速度是一样的，不过采用独立的表格就会让我们感觉下载速度很快，因为内容一部分一部分地显示出来，我们会看先显示的内容，而不会去在意还没有下载完的内容。

2. 使用方便

如果有人问，最好用的网站是哪个？很多人会毫不犹豫地说：Google。用 Gmail 处理所有的私人和商业信件，用 Google Reader 阅读订阅的 Blog，用 Google Calendar 安排所有的日程，用 Google Docs 处理办公文档，用 Google Groups 进行团队沟通，用 Picasa 管理数码照片，用 Google Talk 进行日常沟通，甚至还用 Blogger 管理着另外几个 Blog。所有这一切，几乎都很难在国内找到替代品。

这让我们联想到营销网站。如果营销网站的功能设计不到位，从信息咨询到产品展示，从商品到研究，到博客，到论坛，到资源，能想到的都想到了，为什么还是没有用户青睐度呢？不难看出，使用的方便性和各个功能之间的联系应该是一个很大的原因。程序也可能影响网站整合的进度，因而做好程序的本地化和本站的功能改进是营销网站值得考虑的。

3. 系统正常运行

网站正常运行除了网站内容及功能的正常运行以外，还包括网站服务器的正常工作。作为一个营销网站，确保企业服务器的安全，保证其正常地运行，是网络管理工作中的首要问题。那么如何才能切实有效地保护服务器的安全呢？可大体从以下七点来建立防护体系：①确立强有力的网络安全体系；②建立必要的防护基础；③定期做好数据备份工作；④加强客户端的管理；⑤对远程访问的管理；⑥及时升级补丁；⑦实时检查安全设备及端口。

4. 无错误链接

网页上的错误链接常常是访问者感到最为不满的抱怨之一，同时也严重影响了用户对网站的信心。网络媒体时代竞争日益激烈，如何在这种情况下掌握网络营销趋势同时又能够有效地引导网民的访问和阅读方向，建立有特色的营销发布平台，成为营销网站的关注点。在以"特色"为目标的前提下，网络管理员在将其主页放到 Web 站点上之后，还必须定期对其进行检查，及时修改错误信息，以确定它们目前是否有效。同时还要将以下内容放在网页上："若客户在浏览本站时，发现有文字或者图片链接无法打开或出现文章排版恶劣和编辑错误，请将链接地址发送到邮箱×××@yyy.com 或者直接在线留言。我们会及时处理，谢谢您对本站的支持。"

5. 联系信息方便

当前的网站一般都提供了电子邮件、留言板、即时信息等，但是有时顾客更倾向于电话和传真等通信方式，因此邮政地址和公司各分支机构的地址等信息也能为用户带来更大的方便。如果网站可以同时提供 800 免费服务电话和其他联系方式，相信不仅可以体现出公司的实力，而且更能充分体现出良好的顾客服务。

6. 保护个人信息

网络逐渐改变着人们的沟通方式，而垃圾邮件发送者也开始将注意力转移到网络工具上，黑客们利用网络上的个人信息实施各种恶意攻击行为，包括诱骗用户安装恶意程序、登录恶意网站以及在用户的计算机和网络中散播恶意软件等，以上情况造成大多数客户不愿登记个人信息成为注册会员。如果网站没有明确地说明和承诺要保护个人信息，会流失许多客户和访问者。

7. 兼容性好

用户可能使用从 IE5.0 到 IE8.0 不同版本的浏览器，还有的是用 Netscape 或其他不多见的软件，许多公司的一些电脑依然是低分辨率的显示器。网站的设计者应该从用户的需求出发，"建议采用 800 像素×600 像素，IE5.0 以上的浏览器浏览本网站"，不少网站都有这样的"重要提示"。有些网站甚至采用游动字幕的形式，或在标题栏(Title)嵌入以提请访问者高度注意。

8. 遵守商业道德

重视商业道德意识在世界各地不断兴起，并被赋予了更广泛的含义。越来越多的网站意识到，要成功就必须赢得客户的信赖，要维持正常的公司治理，就要保证网站有效地遵守法律法规，遵守商业道德，有效控制利益冲突和矛盾。网站遵守商业道德，不仅是保护用户个人信息，尊重用户的个人信息，还要不首先向用户发送商业信息，只有经过用户的许可才可以通过电子邮件等手段向用户发送相关信息，一个优秀的网站绝不会向用户发送未经许可的商业邮件。

5.1.3 营销网站的类型

企业网络营销网站可分为一般性的营销网站和交易型营销网站。站点的分类方法有以下四种。

1. 按商务运作方式分类

按商务运作方式分类，营销网站可分为以下两种类型。

1)　完全网络营销网站

全网络营销网站的营销方式指交易双方可以通过网络营销实现完整的、全部的交易行为和交易过程。也就是说,买、卖双方从相互获得信息开始直至网上付款交割,全部交易行为和交易过程可以完整地、全部地在网站上完成,如图 5-1 所示。

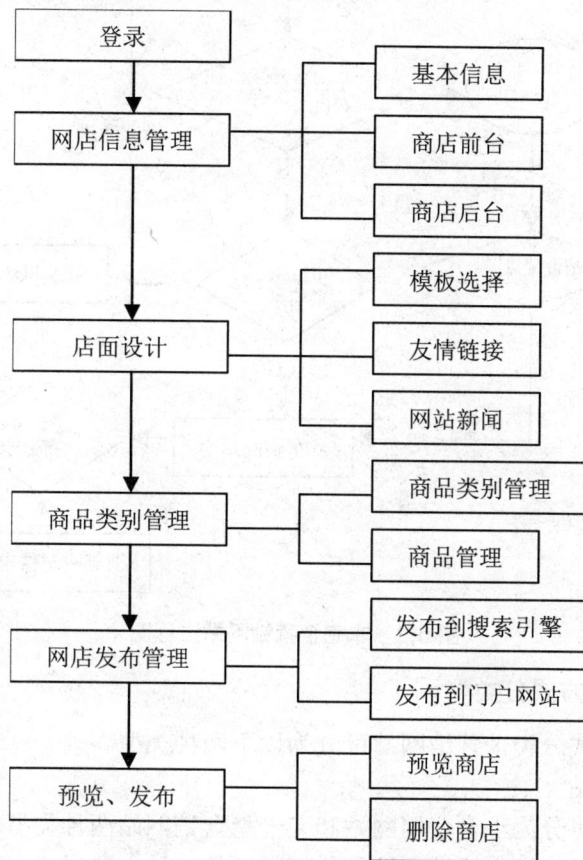

图 5-1　完全网络营销网站流程图

2)　非完全网络营销网站

非完全网络营销是指在网络营销中,不能完整地实现全部的交易行为和交易过程,其中部分交易行为和交易过程要依靠传统的交易方式来完成。在当前网络营销的整体环境尚不是十分健全的情况下,非完全网络营销方式是实现由传统交易向网络交易转化过程中的一种稳妥的、过渡性的交易方式,是新老网站交替和转化中一种不可或缺的方式,如图 5-2 所示。

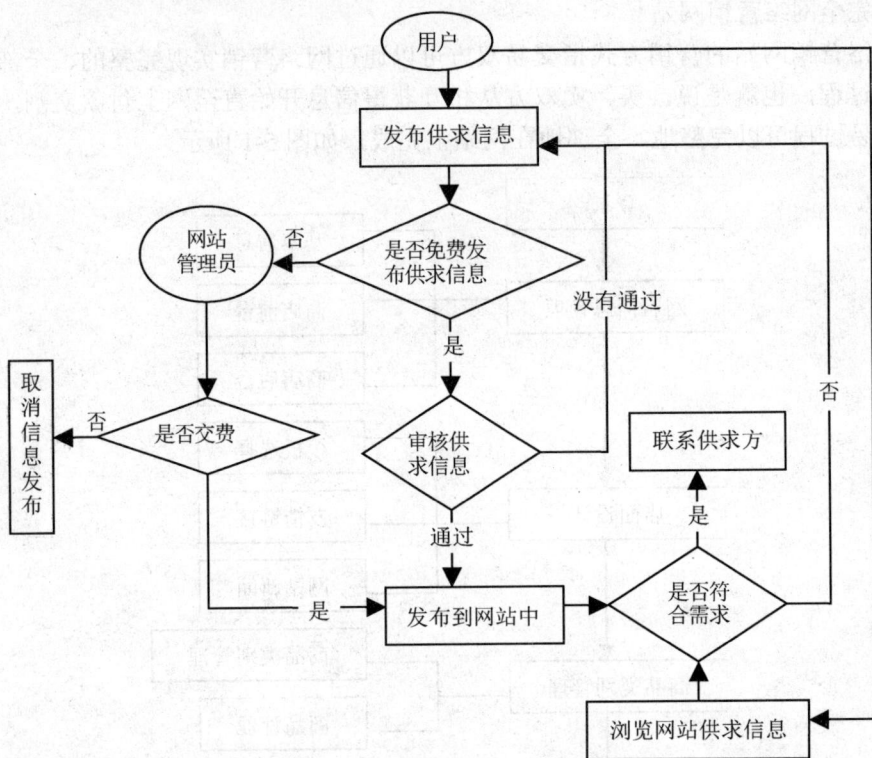

图 5-2 非完全营销网站流程图

2. 按商务活动的方式分类

按商务活动的方式分类,营销网站可分为以下两种类型。

1) 直接营销网站

直接营销网站又可分为综合营销网站和专一型营销网站两种类型。

(1) 综合营销网站。综合营销网站是营销网站的一种主要形式。所谓"综合",是涵盖以下两方面的内容。

① 多维式综合,即俗称的门户网站。为了探询网站的盈利之路,大多数门户网站近来纷纷开始由新闻型网站向新闻商务型网站转化,不仅增加了"网上商城",而且增加了"网上拍卖"、"企业信息"频道等,出现了一种多维综合化的发展势头。

② 多行业综合网站。该类综合性营销网站是以行业为标准划分的,一般涵盖冶金、建材、粮食、食品、化工、纺织、机械、环保、交通、安全防护、包装、印刷及休闲等众多行业,具有综合性的特点。各类、各行业的交易对象,皆可进入该网站完成交易过程。

(2) 专一型营销网站。营销网站的专一化已经成为了一种发展趋势,经济的发展要求市场进行细分,网上市场的发展同样要求市场进行细分。顺应这种要求,一大批专业化营销网站应运而生。专一化营销网站之所以能得到较快的发展，是由于它把有限的人力、财力、物力、企业的潜力、社会的关注集聚在某一方面，力求从某一局部、某一专业进行渗透和突破，形成局部优势，进而通过局部优势的能量累积，在竞争中取得全局的主动地位和有利形势。

2)　间接营销网站

间接营销网站是指提供信息服务或平台的营销网站。尽管这类网站也具有一般营销网站的许多特点，但并不提供商务交易功能，交易双方无法在网站完成全部交易过程，双方实现信息对接后的后续过程往往需要采取传统营销的方式加以完成。这种综合信息服务型营销网站的主要特点是信息量大，潜在客户资源丰富，能够吸引庞大的客户群。

3. 按交易特点分类

按交易特点分类，营销网站可分为以下九类。

1)　价格对比营销网站

网上商店日益增多，商品琳琅满目，这就存在消费者进行挑选和比较的可能性。但是，消费者要想在众多的网站上找到最实惠的产品并不容易，于是价格对比营销网站便诞生了。价格对比营销网站普遍采用的是比较购物模式。

2)　商品采购网站

网上采购是现代商业发展的一个新特点。当前，跨国公司的一个共同发展趋势是：通过网上采购，降低采购成本。因此，可以说网站已经成为现代企业寻找合格供应商、购买大宗原材料的主流市场。

3)　拍卖营销网站

网上拍卖具有巨大的发展空间。由于网上拍卖市场广阔，交易灵活，因此众多商品纷纷被上网拍卖。例如，电子海湾网站不仅创建了高价艺术品、古董、稀有收藏品交易网站，而且还提供了"Premier 认证服务"，卖家保证其拍卖物品的真实性。假如卖家和买家发生纠纷，电子海湾网站将向买家支付与拍卖物品等值的赔偿金，最高赔偿金额可达 5 万美元。

4)　旅游营销网站

WTO 发布的《旅游电子商务最新报告：旅游目的地和企业实用指南》指出，旅游和互联网是一对理想的伙伴。旅游网络营销改变了传统的旅游经营方式，它减少了销售环节，降低了运营成本，提高了工作效率，能为客户提供更低价、更优质的服务。正因为如此，旅游网站发展很快。例如，香港中华旅游商贸网不仅较好地实现了旅游和营销的整合，而且还开设了"会展中心"、"网上书店"和"网上商务中心"等栏目。

5)　广告整合营销网站

广告整合营销网站是通过广告达到商业目的的一种营销网站。网站技术的发展不仅开辟了网络广告的广阔空间，而且还开辟了多种在线购物形式。例如，美国全国广播公司(NBC)

旗下的有线电视购物频道"ShopNBC",栏目内容十分丰富,涵盖了从渔猎到赛车等许多服务和产品。其中"Bass Pro Shops 户外世界"主要针对喜欢钓鱼或者打猎的客户,而"Peed Shop"则主要面向喜欢赛车的朋友,此外还有面向一般消费者的购物节目。这些网站将营销广告和购物有机地整合在一起,成为网络营销中的一个新亮点。

交换链接是广告整合营销网站的一个特点。如果说"链接"是互联网站上最实用、最有特色的技术,那么"交换链接"应当是开展网上营销最经济、最便利的手段。网站之间通过交换图片或文字链接,使本网站访问者可以很容易到达另一个网站(对新网站尤其重要)。这样可以提高访问量,扩大知名度,实现信息互通、资源共享。

6) 保险营销网站

网络保险,是未来中国保险业不可忽视的发展空间。目前,网络保险已成为国际保险市场的新热点。通过网络,保险公司可以推介自己的产品和服务。想购买保险的人可通过点击不同的网站,查询各个保险公司的产品和报价,比较各种保险产品,还可通过网络电话或电子邮件向保险公司提出咨询。决定投保时,客户可在网上通过公司的网页发出要约,并将保险费通过网上银行划入保险公司的账户。整个投保过程简捷迅速,免去了营销员反复上门"推销"的麻烦。

7) 证券营销网站

网上证券交易是一种全新的交易方式,是网络营销的一个新领域。我国股票市场发展的巨大潜力和经济的良性发展,为网上证券的在线交易奠定了基础。股民的激增,为网上证券市场的形成奠定了现实基础。我国股民与网民又都集中在发达经济带,具有融合性和趋同性。中国证监会推出了网上公布年报和《网上证券委托管理暂行办法》等相关法规,网上证券交易顺理成章地迅速发展起来。

8) 房地产营销网站

当前,我国房地产市场非常火爆,相关网站纷纷建立。这些房地产网站开展了房屋买卖、空置房无底价拍卖、旧房包装上市等多项网络营销业务。网上房市可谓丰富多彩,包括融侨等房地产公司与"搜房"、"房产之窗"等。大型房地产营销网站包罗了房地产新闻、房屋买卖和租赁、政策法规、房产金融等全面的房产信息和服务内容。各大房地产开发商通过专业图形工作站的建立,图文并茂地展示麾下楼盘的崭新形象。例如,金丰易居投资股份有限公司依托 200 余个有形经营网点,向网上房屋置换、销售、租赁等进军,使网上商品房出现了旺销的势头。网上房地产市场的旺销,也带动了网下房地产市场的发展。

9) 技术交易营销网站

技术交易是网络营销交易的重要内容。由于我国技术市场基础较好,因此网上技术市场发展较快。当前全国技术市场网络框架体系已初具规模,现已建成"中国技术市场信息港",形成了技术市场的法律、监督体系,覆盖了全国网上网下整合的技术市场交易服务体系。

4. 企业网站的分类

根据行业特性的差别，以及企业的建站目的和主要目标群体的不同，大致可以把企业网站分为如表 5-1 所示的几种类型。

表 5-1　企业网站的分类

类　　型	应用对象	内　　容	通俗称法
基本信息型	主要面向客户、业界人士或者普通浏览者，以介绍企业的基本资料、帮助树立企业形象为主	这样的网站一般以介绍产品为主，也可以适当提供行业内的新闻或者知识信息	这种类型的网站通常也被形象地比喻为企业的"Web Catalog"
电子商务型	主要面向供应商、客户或者企业产品(服务)的消费群体，以提供某种直属于企业业务范围的服务或交易，或者为业务服务的服务或者交易为主	这样的网站可以说是正处于电子商务化的一个中间阶段，由于行业特色和企业投入的深度、广度的不同，其电子商务化程度可能处于从比较初级的服务支持、产品列表到比较高级的网上支付的其中某一阶段	通常，这种类型的网站可以被形象地称为"网上××企业"。例如，"网上银行"、"网上酒店"等
媒体广告型	主要面向客户或者企业产品(服务)的消费群体，以宣传企业的核心品牌形象或者主要产品(服务)为主	这种类型的网站无论从目的还是实际表现手法上相对于普通网站而言，更像一个平面广告或者电视广告	用"多媒体广告"来称呼这种类型的网站更贴切

5.2　网络营销型企业网站建设的原则

建设以网络营销为导向的企业网站的一般原则可以归纳为：系统性、完整性、友好性、简单性和适应性等原则。

1. 企业网站的系统性原则

企业网站建设不是孤立的，它是网络营销策略的基本组成部分。网站建设不仅影响着其营销功能的发挥，而且也对多种网络营销产生直接和间接的影响，因此在网站策划建设过程中应用系统的、整体的观念来看待企业网站。

2. 企业网站的完整性原则

与一般的信息传递渠道相比，企业网站可以是包含最完整内容的网络营销信息源，为用户提供的信息和服务，通常是由网络营销信息传递的一般原则所决定的。企业网站的完整性包括：企业网站的基本要素合理、完整，网站的内容全面、有效，网站的服务和功能适用、方便。

3. 企业网站的友好性原则

归根结底，企业网站是为了更好地发挥其网络营销价值。友好性是以网络营销为导向的企业网站优化思想的体现，具体包含三方面的内容：对用户友好——满足用户需求、获得用户信任；对网络环境友好——适合搜索引擎检索、便于积累网络营销资源；对经营者友好——网站管理维护方便、提高工作效率。

4. 企业网站的简单性原则

简单，是企业网站专业性的最高境界。从网络营销信息的传递原理来看，简单也就是最短的信息传递渠道，使得信息传递效率最高，噪声和屏障影响最小。简单性有点抽象，且没有具体标准，是相对于复杂性而言的，往往在不同的方案对比中才能分辨出简单和复杂。比如用最少的点击次数获得有效的信息，而不是将信息隐藏在多级目录之下，就是简单的表现。

5. 企业网站的适应性原则

网络营销是一项长期的工作，不仅仅网站的内容和服务在不断地发展变化，企业网站的功能表现形式也需要适应不断变化的网络营销环境。随着经营环境和经营策略的改变，对企业网站进行适当的调整是必要的，否则会阻碍网络营销的正常发展。当经营环境发生重大变化时，如对网络营销提出更高的需求层次，还需要对企业网站进行全新的升级改造。

关于企业网站建设问题看起来并不复杂，无非是更多地站在用户应用的角度、搜索引擎友好以及管理维护的角度来考虑问题，但在实际上往往很难做到这一点。这也就是为什么真正符合网络营销思想的企业并不多见的原因。即使是一些大型企业网站和知名企业网站，甚至是从事网络营销相关服务的企业网站也存在种种问题。存在这种状况的主要原因在于，一个网站建设需要多个环节，从网站策划到开发、设计、信息发布等通常不是一个人可以完成的，策划人员提交的方案在实施过程中往往难以被完全实现。由于技术开发人员、网页设计人员对网络营销的理解和思想的偏差，如果建设过程中缺乏有效的控制，最终会偏离当初的策划思想，使得网站建设更多地带有技术人员或者设计人员的个性特色。比如，对于可观性与实用性的关系问题、网页文本格式与图片格式的使用问题，以及静态网页与动态网页等，还有许多网站用大幅图片或 Flash 画面所组成的"欢迎光临点击进入"之类的"首页"，都表现出对网络营销导向企业网站的核心思想缺乏必要的了解，或者在认识上存在差异。

5.3　企业网络营销站点建设步骤

我国婚庆公司网站类型

目前，在国内的婚庆类网站中主要有三种形式。

- 专门作婚庆服务的网站。这类网站多是宣传性的网站，不存在电子商务的交易流程，如郑州喜世婚庆(www.xswedding.com/)，它在国内传统婚庆市场上做得很好，它的网站主要就是起宣传性的作用。
- 专门作婚庆类产品的网站。这类网站一般是 B2C 模式中的戴尔直销模式，但有的可以进行在线交易，如青岛杰宇礼仪用品公司(www.qdjieyu.com)。
- 婚庆类门户网站。这类网站分两种：一种是既提供婚庆类产品的在线交易，又提供婚庆类的服务，如我的结婚网(www.mymarry.com)；另一种是提供婚庆类产品，但不提供产品的在线交易，如宁夏婚庆网(http://www.nxhqw.com)等。

金缘婚典属于第三种类型，定位于做一个婚庆类的门户网站，让消费者在网站上可以享受到婚庆用品的"一站式"服务和婚庆的"一条龙"服务，它提供的婚庆产品和婚庆服务是其传统婚庆产业在业务和营销手段上的延伸。

金缘婚典提供的婚庆产品分为有形的婚庆产品和无形的婚庆产品。其中，有形的婚庆产品又分为针对个人用户的婚庆用品(B2C)和针对婚庆公司的婚庆产品(B2B)；无形的婚庆产品主要是提供婚庆服务，它分为婚庆咨询服务和婚庆策划实施服务。另外，金缘婚典还提供了其他一些非营利性的增值服务内容，如婚介、婚姻生活指南等。

其中，针对个人用户的婚庆用品、婚庆服务这种无形的婚庆产品主要立足于新乡本地市场，同时积极开拓周边地区市场；针对婚庆公司的婚庆产品(如舞台道具等)则立足新乡市场，积极开拓周边地区市场(如郑州、洛阳和焦作等地)，同时开发国内市场。

5.3.1　站点建设概述

在确定好企业网络营销站点目标，规划好站点应具备的功能和风格以后，就可以着手进行企业网络营销站点的建设了。企业网络营销站点建设涉及计算机的硬件和软件、通信网络、网络营销站点域名申请、网络营销站点准备、网站内容设计与制作以及网站的推广和维护。

企业网络营销站点是通过通信网络连接到 Internet 上的，它主要是通过 Web 服务器来实现与 Internet 的信息交互和沟通。企业网络营销站点建设的基础是建设支持 WWW 的 Web 服务器。Web 服务器主要提供服务器中的信息在 Internet 上的传输功能。目前用得比较多的几种 Web 服务器及它们的配置如表 5-2 所示。

表 5-2　常用 Web 服务器及其配置

名　称	操作系统	支持的交互语言	费　用
IIS(微软公司)	Windows NT	ASP、Java 等	与 NT 服务器捆绑
Dominos(IBM)	Windows NT，UNIX	CGI 等	与 Lotus 捆绑销售
Apache	Linux，UNIX 等	Perl、CGI 等	免费

建设企业网络营销站点的步骤为：第一，结合企业性质申请域名(有关站点域名和品牌的关系与管理将在后面的网络营销产品品牌策略中详细介绍，这里只介绍一下域名申请步骤)；第二，根据企业实际情况准备 Web 服务器；第三，准备站点信息内容，设计开发的资料；第四，设计和开发站点主页；第五，试运行并测试站点主页；第六，进行站点维护和推广。下面按步骤分别进行详细介绍。

5.3.2　站点域名的申请

1. 首先选择是自己注册还是委托注册

国际域名(.com、.net、.org)一般需要委托注册。国外域名可以直接到 CNNIC(http://www.cnnic.net.cn)上进行注册，也可以委托其他专业公司注册(如国内第一代理注册公司创联 http://www.net.cn)。

2. 选择域名，最好是选择多个

检索确认要注册的域名是否被人注册。如果选择的域名已经被注册，但企业又特别想注册，可以了解域名注册后公司的业务情况，如果属于域名抢注，一方面可以协商转让；另一方面可以起诉恶意抢注。值得注意的是，为防止域名被他人侵犯，最好一次多注册几个域名，以免被他人仿造，如在国际域名注册的同时也应该在中国.cn 域名下进行注册。

3. 登记注册

注册时最好使用在线注册方式，即直接通过互联网进行注册。注册时将选择好的域名以及企业有关资料发送给注册机构或者代理机构。注册国内域名的企业，必须提供营业执照(副本)复印件或企业法人证书，或企业单位依法注册登记文件的复印件(全部一式两份)。

4. 域名变更

如果企业情况发生变化，可以申请对域名进行变更。企业可以通过互联网直接要求域名管理机构或者代理机构对域名进行转移、修改，或者办理域名过户手续将域名转交给他人。国际域名允许转让，有的域名如 http://www.business.com 的转让价格高达 750 万美元；而国内域名一般不允许有价转让。

5.3.3　站点建设的准备

1. Web 服务器建设

企业建设自己的 Web 服务器时需要投入大量资金，包括架设网络、安装服务器、租用通信网络运转。因此，一般企业建设 Web 服务器时，都是采取服务器托管、虚拟主机、租用网页空间、委托网络服务公司代理等方式进行。对于一些目前没有条件或暂时没有建立网站的企业也可以马上开展网络营销。企业建设自己的 Web 服务器的方法可参考前面的介绍，这里主要介绍目前常用的费用低廉的几种形式。

1)　服务器托管

这种方式是企业建设自己的网站，拥有自己独立的网络服务器和 Web 服务器，只不过服务器托放在 ISP(网络接入服务商)公司，由 ISP 代为进行日常运转管理。企业维护服务器时，可以通过远程管理软件进行远程维护。企业可以租用 ISP 公司提供的服务器，也可以自行购买服务器。采取这种方式，企业可以拥有自己独立的域名，同时可以节省企业架设网络和租用设备的高昂费用。

2)　虚拟主机

一般来说，企业要在网上用自己的独立域名建立网站，必须投资一台价格不菲的服务器，而且要架设专线，由专人维护，这对于一些中小企业来说往往难以一步到位。虚拟主机则是利用专业的 ISP 提供的主机为企业开设一个网站，该网站在外界看来就如同企业自己建立的一样，费用低廉，而且拥有高速的网络出口。采取这种方式，公司的网页将具有独立的域名，如 http://www.company.com.cn 或 http://www.company.com。ISP 服务商负责域名服务器的建立和域名的解析。域名可以由 ISP 代理申请，也可由用户向 CNNIC 申请国内域名或向 InterNIC 申请国际域名。虚拟主机的数据上载、更新等日常维护工作由用户来完成，用户可以通过 FTP 的方式自主维护网页。网页直接存放在 ISP 的主节点服务器上，该服务器同时联通 Internet 和中国多媒体通信网，因此企业网页将是两个网络都可以访问的。关于虚拟主机的收费标准，由于不同的网络服务商提供的服务不尽相同，因此价格差别也很大。一般来说，网络服务商的知名度越大，收费往往就越高，因此建议企业根据自己的实际情况选择合适的 ISP/ICP(网络内容提供商)。

3)　租用网页空间

和虚拟主机类似但更简单的方法是租用网页空间，甚至不需要申请正式域名，而向网络服务商申请一个虚拟域名，将自己的网页存放在 ISP 的主机上，用户可自行上传下载、维护网页内容，自行发布网页信息。一般来说，租用网页空间的费用较虚拟主机更为低廉。如金企(http://www.goldenter.com.cn)提供的企业名片服务。

4)　委托网络服务商代理

如果企业缺乏网络营销的专门人才，最简单的方法就是把产品或服务的网上推广委托给专业公司代理。由于类似的网络服务公司有很多，服务内容和收费方法也有很大差别，因此在选择代理人的时候要慎重。如中国商品交易市场(http://www. moftec. gov)提供的虚拟市场服务。

2. 准备站点资料

当选择好 Web 服务器后，网络营销站点建设的重点便是根据站点规划来设计 Web 主页(用 HTML 语言设计的包含多媒体信息的页面)。如果要建设一个能提供在线销售、网上推广产品或服务、发布企业最新信息，以及提供客户技术支持等功能的网络营销站点，则需要准备以下一些资料：首先，要策划网站的整体形象，统筹安排网页的风格和内容；其次，要准备公司的简介、产品的资料、图片、价格等需要反映在网上的信息；最后，准备一些公司提供增值服务的信息资料，如相关产品技术资料、市场行情信息等。准备资料时，要注意网站上的网页是多媒体，它可以包含文字、图像、动画、音频、视频等信息。

3. 选择站点开发工具

自行开发设计网站时，必须准备相关工具软件进行开发设计。一般来说，需要的工具软件为：主页设计工具软件，如微软的 FrontPage；图像处理软件，如 Adobe 公司的 Photoshop；声音、影视处理软件；交互式页面程序设计软件，如微软的 ASP 开发系统、支持 CGI 的 Perl 开发系统等。对于一些具有交互功能的动态主页(即具有能接收数据和读写数据等数据处理功能的主页)，最好是请专业计算机人员开发设计；而对于一些简单的提供静态信息的 Web 页，在已有模式存在的情况下，可以由企业内部员工通过培训来设计。

5.3.4　站点的设计与开发

营销站点的设计与开发包括功能性元素和表征性元素的设计与开发，下面将分别进行详细的介绍。

1. 功能性元素的作用与运用

功能性的设计元素用于使消费者快速完成任务以及通过网站完成相关的活动。功能性元素必须同时满足"目的型"和"体验型"的消费者，其中目的型消费者是指那些带有特定的目的，如获得某些信息、完成某项任务的消费者；而体验型消费者却是不带特定的目的、更注重上网的体验过程，并从中获得乐趣的网上冲浪者。功能性元素明显地对目标导向型的消费者来说更重要些。功能性元素包括达到定制页面点击鼠标的次数、客户定制选项的价格更新、下拉菜单的数量、存储用户选择以便将来参考、弹出式窗口、无线按钮的数量、复选框的数量等。

1)　达到定制页面点击鼠标的次数

网页设计者应该尽量减少客户到达定制页面点击鼠标的次数，以便于客户尽快找到自己所需的信息，从而提高使用效率，快速地完成任务。所以应该合理地组织网站的页面，按照重要性和通用性建立等级结构，将信息按等级结构组织，既符合人们的认知习惯，也便于用户决定基本的导航结构，这样就使得组织体系符合用户的期望。好的组织结构让访问者觉得这是一种很自然的合理次序，既不妨碍他们浏览网站，更不会误导他们，从而减少用户达到定制页面点击鼠标的次数，提高访问者完成特定任务的效率。

2)　客户定制选项的价格更新

新的交互运作机制将极大地改变产品价值的确定方法。更重要的是，由于价值的确定每时每刻都在变化，价格的确定也必将转向实时而灵活的方式。所以及时更新客户定制选项的价格是非常重要的，只有这样客户才会觉得网站上的价格具有现实的意义，也会对网站形成信赖感，从而成为网站的长期客户。同时，每次更新的价格尽量要在主页上向客户作提示。

3)　下拉菜单的数量

下拉菜单的数量应该合适，既要让客户觉得网站内容清晰明了、层次分明，不会迷失方向，又能快速地查找到所需要的信息。

4)　存储用户的选择以便将来参考

存储用户的选择，有利于企业有针对性地对客户进行营销，投其所好。通过对客户以往的选择进行分析，有助于企业把握客户的行为模式，并以此作为参考，采取下一步的行动。如果客户对某个分区感兴趣，应提示其添加到收藏夹中，以后客户就可绕开网站首页，直接登录收藏夹中的分区。

5)　弹出式窗口

弹出式窗口是带有侵犯性的。当窗口自己弹出而没有受到用户控制的时候，用户会感到自己的隐私受到侵犯。如果弹出式窗口在错误的时间或用错误的方式展示给客户，客户可能会较早地退出网站，那么这些窗口就可能是一大错误。但是如果客户在恰当时间看到它，弹出式窗口就可以提供有用的信息或者至少有益无害。人们对弹出式窗口的烦恼程度依用户心情和环境而定。除了个别用户的忍受程度因素外，还有另外两个方面影响烦恼程度：一是连接速度，二是弹出式广告是覆盖的还是非覆盖的。如果用户采用拨号上网，弹出式广告就是一个大问题，因为广告占用了有价值的带宽，结果减缓了下载有价值数据的传输速度，特别是弹出式广告通常是 Flash 激活型，或是大量使用图形文件。另外，覆盖型弹出式窗口要比非覆盖型弹出式窗口更令人讨厌。所以在设计的时候要充分考虑客户的接受能力，尽量控制弹出式窗口的数量。

6)　按钮和复选框的数量

按钮和复选框的数量等因素对客户快速完成任务以及通过网站完成相关的活动也有影响。按钮和复选框应该按某种类别进行排列，以便于客户快速找到所需要的选项，数量应该控制在适当的范围内，以免客户产生抱怨的情绪。

2. 表征性元素的作用与运用

表征性的网站设计元素则是用来提升美观和表现网站的个性。网站表征性设计元素对所有参与者都很重要，尤其是对那些"体验型"的消费者。表征性元素包括图像、色彩、网页布局、字体、导航菜单的位置、下面分别对其进行介绍。

1) 图像

图像对站点的设计具有重要的意义。图像的优点在于可以给广大的计算机用户带来简单易用的图形界面，也有助于站点风格的形成；缺点是往往占用较大的页面存储空间，受传输率的限制，而且主页设计时图形的大量应用又可能成为阻碍商务站点成功的因素。根据图形在页面中所起的作用，大概可将其分为以下几种情况。

(1) 网页内容的重要组成部分。在介绍公司产品的时候需要展示产品的形状和样式，以便客户对产品有个较为直观和形象化的印象。在这种情况下，图片是任何文字都代替不了的，它们是页面不可缺少的组成部分。但该类图片一般都是大文件，因此在设计页面时，不能在一个页面上放置多幅图片，可用新开图片窗口的办法来解决。

(2) 修饰作用。在站点上，用动画向访问者提示待下载的软件，或者用小动画提醒访问者更新的内容或重点内容。在这种情况下，小动画对凸显页面的风格，以及向读者推荐有价值的内容方面，有非常大的作用。虽然这类小动画文件一般不大，但也不要滥用，否则不但起不到应有的作用，反而使页面凌乱。

(3) 改善页面的布局或风格。根据网页内容的不同，通过艺术造型和设计布局，利用一系列与公司形象、产品、服务有关的图像、文字信息，组成一幅生动的画面，向浏览者展示一种形象、一个氛围，从而吸引浏览者进入并浏览。但图形的数量不宜太多，同时应控制图形的大小，以免占用宝贵的页面空间，耗费访问者的带宽资源。

(4) 使用误区。例如，我国企业在建设网站时，往往在主页上放置了大量企业领导的照片，或者在主页上放置一幅公司厂区或办公大楼的照片。其实建网站的目的是推销产品，进行客户支持，因此一切都应当围绕此目的进行，像该类照片不但占用宝贵的页面空间，而且一般都不会引起访问者的兴趣。在设计主页时，应该谨慎地使用图形图像。除非必要，应避免使用该类多媒体素材。尤其应该防止这样的倾向，由于图形图像的存在，造成大文件页面的产生。如果网页中的插图以超链接的形式提供，则可避免大文件的产生。造成这种情况的主要原因可能在于网站建设和主页设计人员力图按印刷品上的信息组织方式组织网上的信息。其实，网上信息的组织与印刷品上的信息组织是不完全一致的，尽管如果能与印刷品保持一致确实比较理想，但页面文件过大将大大增加页面的下载时间，相对于较长的等待时间，读者可能更愿意接受改良后的页面。在很多情况下，简洁并不是什么坏事情，一个自然简洁的主页，反而更能引起读者的兴趣。

2)　色彩

随着信息时代的到来，网络也开始变得多姿多彩。人们不再局限于简单的文字与图片，他们要求网页看上去漂亮、舒适。所以网页设计者不仅要掌握基本的网站制作技术，还需要掌握网站的风格、配色等设计艺术。色彩在人们的生活中是有丰富的感情和含义的。比如，红色让人联想到玫瑰，联想到喜庆，联想到兴奋；白色让人联想到纯洁、干净、简洁；紫色象征着女性化、高雅、浪漫；蓝色象征高科技，稳重、理智；橙色代表了欢快、甜美、收获；绿色代表了充满青春的活力、舒适、希望；等等。所以色彩在网站设计中占有相当重要的地位。

(1)　色彩的基本知识。颜色是由光的折射而产生的。其中红、黄、蓝是三原色，其他的色彩都可以用这三种色彩调和而成。网页 HTML 语言中的色彩表达即是用这三种颜色的数值来表示。例如：红色是 Color(25500)，十六进制的表示方法为(FF0000)，而白色为 FFFFFF。我们经常看到的"BgColor=#FFFFFF"就是指背景色为白色。颜色分非彩色和彩色两类。非彩色是指黑、白、灰系统色。彩色是指除了非彩色以外的所有色彩。任何色彩都有饱和度和透明度的属性，属性的变化产生不同的色相，所以至少可以制作出几百万种色彩。那么，网页制作用彩色还是非彩色好呢？专业研究机构的研究表明：彩色的记忆效果是黑白的 3.5 倍。也就是说，在一般情况下，彩色页面较完全黑白页面更加吸引人。

(2)　网站中各元素的颜色选择。①背景色彩。在制作网页时首先要确定背景的色彩，因为背景色彩是最先也是最持久地向浏览者传达网站形象的因素，往往对站点的风格起到画龙点睛的作用。它们与公司标志一起影响站点风格的同时，往往成为公司形象设计的组成部分。例如，IBM 公司的蓝色、柯达公司的黄色、可口可乐公司的红色等。不过需要说明的一点是，虽然背景色彩基本不占用页面文件的空间，但背景图案占用文件的存储空间。②文字色彩。设计时要考虑背景颜色与前景文字的搭配等问题。一般的网站侧重的是文字，所以背景可以选择纯度或者明度较低的色彩，而文字则采用较为突出的亮色，让人一目了然。当然，为了让浏览者对网站留下深刻的印象，若背景用的是很亮的色块，那么文字就要选暗一些的，这样文字才能跟背景分离开来，便于浏览者阅读。③徽标和横幅。徽标和横幅是宣传网站最重要的部分之一，为了使它们突出，我们可将徽标和横幅做得鲜亮一些，使其色彩跟网页的主体色分离开来。④导航、小标题的色彩选择。导航、小标题是网站的指路灯，所以我们可以使用稍微具有跳跃性的色彩，以吸引浏览者的视线，让他们感觉网站清晰明了、层次分明，想往哪里走都不会迷失方向。⑤链接颜色设置。一般应该使链接的颜色与文字的颜色区别开来。设置独特的链接颜色能让人感觉到独特性，自然而然好奇心会驱使用户移动鼠标，点击鼠标。

(3)　使用建议。如果能将色彩融入公司的整体企业识别中，则会大大加强网站对浏览者感官的冲击。同时在色彩的使用上，一定要与所要表达的主体相一致，如果能与公司的文化保持一致则更为理想。

小资料:

> 每一个企业的目标客户群都不一样,其网站设计风格应如何考虑个性化设计呢?
>
> 例如,一家生产仪表的公司,主要出口对象是德国,其网站设计可参考如下风格。
>
> (1) 网站风格肯定不能太花哨,要沉稳、简练,风格较欧化一点儿。
>
> (2) 颜色的选择一定不能太跳,以较暗的中性色彩为主。
>
> (3) 语言版本以三个为好,首页应该是英文,然后有德文和中文的版本。
>
> (4) 对浏览器的支持要好,德国有 20%的用户使用 Netscape 的浏览器,应该至少有 IE 和 Netscape 的自适应处理。
>
> (5) 国外的显示器一般较大,综合考虑,分辨率以 800 像素×600 像素为主,但在 1024 像素和 1152 像素、1280 像素下都要有好的表现,这就需要设计人员的真功夫了。
>
> (6) 考虑到国外的网速较快,企业网站本身资料不多的情况下,可以有一定的 Flash 动画。当然要恰到好处,不能为动画而动画,要考虑到整体风格。
>
> (7) 网页文件不宜太大,但太小也不合适,以中度为好,首页大小限制在 40~50 kB 之间。
>
> (8) 功能上以简单实用为主,具体就要看企业自身的产品线和实际需求了。

3) 网页布局

一般来说,企业网站首页的布局比较灵活,着重设计。这里所说的布局主要是指内页的版面布局。中、小型企业网站的内页布局一般比较简单,即内页的一栏式版面布局。从排版布局的角度而言,还可以设计成等分两栏式、三栏式、多栏式,不等分两栏式、三栏式、多栏式等,但因为浏览器宽幅有限,一般不宜设计成三栏以上的布局。

在版面布局中主要是考虑导航、必要信息与正文之间的布局关系。比较多的情况是采用顶部放置必要的信息,如公司名称、标志、广告条以及导航条,或将导航条放在左侧,右侧是正文,而在底部提供公司的联系信息等,这样的布局结构清晰、易于使用。当然,用户也可以尝试这些布局的变化形式,如左右两栏式布局,一半是正文,另一半是形象的图片和导航;或正文不等分两栏式布置,通过背景色区分,分别放置图片和文字等。在设计中,注意多吸取好的网站设计精髓。

4) 字体

显示互联网上,文字传播了大量的信息。认真处理网页上的文字内容与表现方式,是显示网页制作水准的第一步。使用的字体要简洁、易于辨认,稀奇古怪或龙飞凤舞的字体如果长篇纳入,反而不利于读者阅读,最好使用通用标准字体。如果一定要用艺术字的话,最好做成图,这样用户机器上的字体才会与设计的一致。另外,使用的字体大小要适中,字体太小,阅读吃力;字体太大,字距太长,会打破一个字原有的整体感,也不利于阅读。同时,文字的大小传递氛围,在可能有负面作用的环境中(比如出错或者免责声明),用户会认为大字体是有侵犯性的。

5)　导航菜单的位置

导航菜单是网站的指路灯，其重要性不言而喻，它对于引导访问者找到自己需要的信息有着无可比拟的作用。导航条的放置位置没有定式，既可以在网页顶端或底部进行水平放置，也可以在左边或右边进行垂直放置，甚至还可以用 JavaScript 制作弹出窗口式的专门的导航窗口。但由于人们习惯于从左到右、从上到下阅读，所以主要的导航菜单应放置在页面的左边。对于较长的页面来说，在最底部设置一个简单的导航也是很有必要的。但无论是哪种放置，都得遵循"一致"原则，使用户只要使用了一次导航菜单就等于学会了整个网站的导航菜单的操作。导航菜单的独特放置容易形成网站的个性和风格，会给使用者留下深刻印象。

其他的表征性元素如网站的徽标和横幅、显著的在线支持和信息密度等都对形成网站个性、美化网页起到重要的作用。一般不仅要把徽标放在最醒目的位置，而且要始终如一。因为它为其他网页对本站的访问链接提供了直观的感觉。由于人们习惯性地先看左边，因此左侧的信息密度非常关键，一般应将重要信息置于页面左侧。同时在线支持的显著性能给使用者带来良好的体验感受。

3. 网络营销站点建设考虑的因素

Web 网站是由众多的 Web 页面组成的，这些页面设计得好坏，直接影响到这个站点能否受到用户的欢迎。判断一个主页设计得好坏，要从多方面综合考虑，不能仅看它设计得是否生动漂亮，而应该看这个站点能否最大限度地替用户考虑。下面是 Web 主页设计时应考虑的问题。

1)　提供联系地址

设计 Web 主页就是为了给访问者提供信息，因为如果一位用户对其信息感兴趣的话，就希望能够与 Web 站点的有关人员进行联系，如索取有关的资料或对该站点的建设提出建议等。这种情况对于商业 Web 站点来讲尤其重要，客户与商业站点的联系可能比普通的站点更多。现在许多公司和组织都没有在它们的 Web 主页上提供自己的联系地址和电话号码，或者有的只留有 E-mail 地址，没有电话号码、传真号码和通信地址等。E-mail 虽然方便，但有些事情人们可能不希望通过 E-mail，而希望通过电话或传真进行联系，这时就需要知道有关的电话号码或传真号码等。

2)　加强页面内容针对性

一个站点上的每一个页面都应该能完成某一项工作，因此，应在来访者所见到的每一个页面上提供有用的内容，删除无用的信息。在高一层的页面中应展示尽可能多的内容，以简洁的方式提供文本信息，并为动态变化的内容提供浏览提示。

3)　注意页面色彩协调

在设计页面时应尽量避免选择使页面难以辨认的背景颜色，页面内容的色彩应该与背景颜色协调一致。现在一些主页最常见的问题是使用彩色文本与黑色背景，这种页面的可视效果很差。还有一些页面甚至采用黑色的文本和黑色的背景，让用户根本无法进行浏览。产生这种问题的原因并不一定是在设计时就想这样，主要是设计人员没能对页面进行足够的检查。由于各种系统处理色彩的方式不一样，如 Mac 和 PC 就不一样，而且不同的浏览器如 Microsoft Internet Explorer 和 Netescape Navigator 等，处理色彩的方式也不完全一样，在一些系统上看上去效果很好的主页，在其他的系统上就可能变得可视效果很差。因此在编写一个主页后，要事先将其放到各种操作系统、各种浏览器环境中去试用，以检测会不会出现这方面的问题。

4) 注意页面的通用性

由于 Internet 是开放式的，许多不同类型的计算机和软件都可以在 Internet 上使用，因此设计主页时应充分考虑到是否不同型号的计算机和不同软件都可以访问到网站。为保证通用性，最好不要采用非标准技术。有一些 Web 设计人员在设计主页时喜欢使用最新的技术，这当然不能说不好，但要看这种新技术是否能在各种流行的浏览器中得到支持。许多 Web 页面中都大量使用了非标准的和只有某种特定的浏览器能够支持的一些新特性，这样做的结果就使得 Web 主页在许多系统中都失去了原来的浏览效果。

5) 按 Web 格式设计网页

开发人员一般都要为 Web 站点开发内容，但有时也有一些数据是由其他的数据形式直接转换来的，尤其是对于那种许多内容是从企业原有数据库中提取过来的情况。由于没有针对 Web 的特点进行处理就直接将这些数据放到 Web 上，因此结果往往不是很令访问者满意。许多站点由于直接使用了其他格式的数据，因此有些数据无法用浏览器查看。例如，许多站点将纸质杂志的内容以它们原有的格式放到 Web 上，但普通的浏览器根本无法浏览这种格式的文件。要浏览这种格式的文件，用户就不得不先将它们下载，然后再使用专门的处理程序进行浏览。

6) 注意页面图片的使用

一是避免使用雷同的图形。如果一个 Web 站点中使用的图形曾经有许多站点都使用过，那么访问者必然对其感到腻味，这个站点就很难有吸引力。二是使用容量较小的图形。一般而言，放到 Web 主页上的图形应该尽量小些，这样可以节省用户的下载时间。如果一个图形超过了 100 kB，一般就很难被人接受了。在使用图形时还要考虑到另外一个问题，即由于受线路速度的限制，现在许多访问者在浏览时都关闭了自动下载图像的功能。因此，应该把每个页面上所有图片的总规模控制在 30 kB 以内，同时，利用现有的技术使页面的访问时间尽量缩短。

7) 注意页面质量

页面设计中经常出现的错误是拼写和语法错误。如果一个 Web 站点有拼写和语法错误，肯定会给访问者留下不好的印象。这个问题虽小，但却会经常出现。因此 Web 站点的内容也应该像报纸、杂志的出版那样，要有专门的人进行文字的校对，这样才能最大限度地避免此类问题。另外，还应该通过测试每一个链接，校验 HTML 文档的语法和结构，以减少页面的链接错误和语法错误，从而保持网站良好的形象。

8)　注意顾客忠诚度

顾客忠诚度对于电子商务来说至关重要。据 Bain＆Company(http://www.bain.com/)和 Mainspring(http://www.mainspring.com/home)的最新报道，对于一个网上商店而言，顾客平均要购物 4 次，商店才能收回为获得这些顾客所付出的成本，只有在一个网上杂货店购物 18 个月才能盈利，重复购买的消费者在网站购物的第三年的花费占销售总额的 67%还多。虽然这些数字仅反映了愿意提供资料的少量网站的状况，但仍然有一定的说服力。那么，应该怎样建立顾客忠诚度呢？必须提供客户需要的内容，给客户带来切实的利益和价值，并以客户乐意接受的方式提供，且应该是即时的。在利用顾客信息的时候要公开、诚实，让你的顾客知道你将如何利用他们的资料。Cyber Dialogue 的研究发现：只要有所获得，多数人不介意他们的信息被用于与营销有关的推广、广告定位、购买行为等。

9)　注意网页可操作性与顾客能力的匹配

网络区别于其他媒体的重要特点是双向互动性，这就需要顾客具有控制互动的技巧和能力，同时网站的可操作性也给顾客带来了挑战。这就存在网页的可操作性与顾客能力的匹配问题，即挑战与顾客技巧的匹配问题。当技巧超过挑战，顾客将会感到无聊；当挑战超过技巧，顾客将会感到焦虑；当可操作性和顾客能力匹配时，顾客的好奇心被激发，体会到对计算机互动的控制感，从而达到内在的愉悦。那么怎样使两者匹配呢？应该确定目标顾客，对其进行研究，设计时考虑顾客的能力。使用新技术时应考虑顾客的承受能力，并能提供方便的导航服务。

10)　注意网络礼仪

Internet 作为一个新人类的虚拟社区，有着一套自己的价值观和网络礼仪。在设计网页时，要注意不要对别人进行侮辱或是自我炫耀，不要发表未经所有者授权的具有版权的材料，不要随便发布没有经过许可的页面链接等。在 Internet 上，访问者特别注重保护自己的隐私，因此不要随便公开访问者的注册信息。

4. 网站管理系统开发

网站管理系统一般是运行在 Web 服务器上的网站管理软件，现在有许多支持网站管理的软件。由于不同网站的模式不一样，页面内容也不一样，因此针对不同的网站需要开发出不同的管理系统。如新浪网中的新闻网站可以每天实时进行新闻内容更新，这时就需要开发出专门针对新浪网站的页面发布管理软件，否则用人工负责管理维护的工作量太大。

另外为了解网站运转情况，还需要对网站访问情况进行跟踪和审计。网站跟踪主要用来具体衡量网络营销收益，帮助企业选择有效的营销工具。通常，使用直接寄送宣传品的行销方式，假设用户使用了较好的商业宣传品，大概可以使 3%收到宣传品的观众转变成真正的客户。但是在互联网上，一般只能得到 0.2%的转化率，因此收集并分析网站的服务状况及跟踪用户的使用情况是非常必要的。网站跟踪主要包括以下几方面内容：①谁在访问

WWW 网站(如域名或 IP 是什么等)? ②每天、每周及每月的访问人数及页次(Hits),哪一页被访问的次数最多? ③每天的哪一段时间网站的访问量最大? ④从哪些链接来的访问者最多? ⑤哪些是平均数最多的访问者(如男性、女性或其他)? 许多 ISP 都提供 WWW 网站跟踪报告,但要注意的是他们是否能提供完整包含上述信息的跟踪报告。有很多 ISP 只能提供诸如访问人数等简单的报告,这对于完整地分析网站显然是不够的。因此,企业可以根据实际需要开发专门的跟踪系统软件,市场上也有许多成熟的相关商业软件供企业选择。

5.3.5 站点的维护

站点开发成功后,最重要的事情是负责站点推广和日常运转的维护。站点推广有许多方法,常用的有:搜索引擎、付费广告、新闻邮件、免费广告、免费咨询服务、友情链接等。这部分内容将在后面章节进行详细、系统的介绍。这里只详细介绍站点维护的有关内容。

国内许多站点都有一个通病,就是站点内容不及时更新,有的站点建成一两年了,一次也没有修改过,这样的 Web 站点应该说是一种"信息垃圾"。站点管理员应该定期对站点进行必要的更新和维护,并且注明最后一次修改或更新的时间,这样访问者就可以知道站点内容的及时性和可靠性。

经常性的维护是消除失效的链接。人们对一个 Web 站点的最大抱怨就是它的失效超链接(URL)了。在将每个链接放到主页上之前,应该先对其有效性进行验证。在一些站点上有的内容到了一定的时间会自动失效,其超链接也会在一定时间之后自动失效,因此需要定期检查以确定是否还有效。

当网站需要变更的时候,应该把那些"枯枝烂叶"根除并种下"新的花草",然而大多数人更愿意花费时间从头开始创建新内容,而不是维护原有资料。在实践中,维护往往是改进网站内容的经济途径,因为有许多旧的页面仍可以保持原有内容,只要链接到新页面上就可以了。当然,有些页面在过期之后,是应该被彻底地从服务器上清理掉的。

5.4 网站评价与网站诊断

网页设计案例——艺海拾贝网站设计

1. 标题设计

每一个网站都有一个响亮的名字和独具风格的标志,例如著名的 Yahoo! (雅虎)、搜狐等。好的标题能简洁明了地体现出这个网站的主题,同时具有吸引力。标志也同样要设计得简单而独具特色。"艺海拾贝"是一个主要介绍严肃艺术的网站。

2. 网页模块

网页中的内容分为若干个板块,以利于规划网页的组织结构。网站网页主要包含五个部分："经典画廊"、"交响之魂"、"集邮天地"、"奇文共赏"和"留言板"。前四个部分包含很多内容，还可向下细分。

1) 经典画廊

这部分介绍西方经典绘画，由于内容很多，按历史顺序，分为几个时期来分别介绍，如文艺复兴时期、近现代等，每个时期基本以一页网页来介绍，内容多的时期再向下细分。主要形式是对很经典的西方绘画以文字说明的方式向网友介绍，内容对每一个人都适合。在这个部分可下载大幅的精美图片。

2) 交响之魂

这部分介绍交响乐，考虑到内容要兼顾几类用户群，可划分为"CD 圣经"、"交响随想"和"入门园地"三个部分来进行介绍。"CD 圣经"的形式和"经典画廊"的类似；"交响随想"是一些听交响乐的心得体会的文章，适合于资深爱好者访问；"入门园地"则介绍一些推荐的入门曲目和一些关于交响乐的小常识。

3) 集邮天地

这部分介绍集邮知识，分为"邮品分类欣赏"、"集邮知识"和"邮品交流"三部分。也是分别针对不同层次的爱好者。在邮品交流中有一个 CGI 程序实现网友邮品信息的传送。

4) 奇文共赏

这部分原来已有现成的电子书籍，因此只需建立一下链接，修改一下页面风格就可以了。另外再附加一个投稿功能，为想发表自己文章的人提供便利。内容结构分析好后，就可以设计网页的结构了。

3. 网页结构设计

在前面内容分块的基础上，网页按树状结构安排，整个网页共有 4～5 个层次，网页之间的关系将由文档之间的链接表现出来。

4. 目录结构设计

有一个清晰的目录结构对设计网页是很有益处的。虽然在存取文件时不把文件存在特定的地方，会暂时节省定位目录的时间，但一个零乱无比的目录系统只会成倍地增加网站建设者的工作量，特别是这样零乱地工作到最后。那时也许就会为寻找一个文件花去很多宝贵的时间，特别是当一个超级链接掉链时，查找起来更是困难重重。在开始建设网页之初，就应该合理地规划好目录结构。

由于目录和网页的结构都是树状结构，一般一个节点一一对应地创建一个子目录，子节点的网页就存在父节点对应的目录中。另外，一般把网页所用的全部图片统一存在一个目录里，以便于图片的共享。如果图片过多，这个目录最好也能分门别类地创建子目录。在做好各部分的网页后，就存在相应的目录下面。

根据网络营销研究与咨询的实践经验，大部分企业(包括互联网公司和电子商务网站)的网络营销问题都与网站专业水平不高有很大关系，网站评价与网站诊断为发现网站的问题、修订网络营销策略提供了依据，因此网站评价与网站诊断在网络营销应用中的地位显得越来越重要。本节将介绍网站评价对网络营销的价值以及部分专业机构的网站评价方法，并对网络营销学习者进行网站诊断提出一些建议。

5.4.1 网站评价对网络营销的价值

企业网站是综合性网络营销工具，这足以说明网站在网络营销中的作用。但现实情况是，大部分网站因为专业水平不高而没有发挥出其网络营销价值。在网站建设之前获得专业的策划并在网站建设过程中获得专业的控制，是最理想的发挥网站网络营销价值的方案。但实际情况是，大多数网站在建设过程中都缺乏对网络营销思想的理解，网络布局和内容对于营销思想欠考虑。如果在网络营销过程中发现网站的效果不佳，或者希望进一步改善网站的表现，最好能进行一次全面的网站诊断和评价，然后以网站综合评价分析结果为基础制定更加有效的网络营销经营策略。

1. 网站诊断评价对网络营销的价值体现

网站专业性评价不仅是对企业网站建设水平的检验，更重要的价值在于将网站综合分析结果作为网络营销策略升级的依据。专业的网站评价分析可以发挥多方面的作用，具体如下。

- 全面的网站诊断评价有利于及时了解网站的问题，帮助企业少走弯路，降低贻误时机可能造成的损失。
- 网站的功能、结构、内容要素等决定了哪些推广策略更有效，网站专业性评价为制定有效的网站推广策略提供决策依据。
- 网站专业性评价可以获得专业网络营销人士的分析建议，对有效开展网络营销工作具有指导意义。
- 网站专业性评价结果为改善网站基本要素的表现以及网站升级再造提供参考。
- 了解网站的专业性与主要竞争者相比的优势和差距，采用第三方中立的网站评价更有公正性。
- 综合性网站诊断评价报告是检验网站前期策划以及网站建设专业水平的依据之一。

2. 网站专业性评价的时机

在网络营销的哪个阶段进行网站专业性评价最理想？网站专业性诊断评价的时机可以分为两种情况：一种是在网站建设完成正式发布之前进行评价，另一种是在网站经营到某个阶段后根据网络营销策略的需要进行评价。

1) 企业网站正式发布之前的专业性诊断评价

了解网站的专业水平，最理想的状况是，在企业网站正式发布之前进行一次全面的专业性诊断评价。这里所指的网站发布，包括企业第一次完成网站建设，也包括企业对原有网站进行升级改造完成之后的重新发布。企业网站在建成后的一定时期内，网站在技术功能等方面具有一定的稳定性，网站一旦正式运营则不太方便从网站结构、功能等方面进行重大调整。如果网站建设在某些方面存在重大缺陷，则无疑会对它的正常运营带来不利影响。因此在网站正式发布之前进行一次综合性网站诊断评价是非常必要的，这有利于企业及时了解网站的问题，少走弯路，降低贻误时机可能造成的损失。

如果企业网站是外包给网站建设服务商来完成的，那么网站评价也是企业对网站建设服务商提供的网站建设服务项目的检验。此外，专业机构提供的网站专业性综合评价报告中有关竞争者对比分析的内容，有助于企业了解网站的专业性与主要竞争者相比的优势和差距，且基于第三方中立的观点更有公正性。

2)　企业网站运营过程中的诊断评价

随着网络营销应用的深入，对企业网站功能、内容、服务等方面的要求也会越来越高，并且企业竞争者的网络营销水平也可能在不断提高，这就对企业网站的专业性提出了更高的要求。因此，除了网站发布之前的专业性综合评价之外，在网站运营过程中，企业还应根据网络营销策略的需要适时地对其进行调整。其中重要的基础工作之一，就是对企业网站的专业性进行全方位的评价诊断，因为网站是网络营销策略的基础，网站的功能、内容、结构等影响甚至决定了网络营销的策略及效果。

归纳起来，在企业网站发布之后的运营过程中，在下列任何一种情况下，都有必要对企业网站进行全面的诊断评价，并根据网络营销专业人士的建议对企业网站进行必要的改进。

(1)　网站发布初期。专业的网站诊断评价便于及时发现网站建设中的问题并作出调整，以免不合理的因素对网站运营造成不利影响。

(2)　当网站进行了常规的推广，甚至采用多种付费推广之后并没有取得明显效果时。

(3)　当发现网站的 PR 值远比主要竞争者低时，比如网站的 PR 值低于 4。

(4)　当网站在搜索引擎中的表现不佳时，比如搜索引擎收录网页数量少，或者收录网页质量不高(如检索结果中信息不正确、没有合理的摘要信息等)时。

(5)　网站运营进入稳定期，难以再进一步提高访问量时。

(6)　当需要重新制定更加有效的网络营销策略时。

(7)　当企业网站有必要进行升级改造时。

(8)　竞争者的网站专业性水平远远领先时。

对于网站发布之后运营过程中的评价，这里列举了多种情况，大都可以归纳为一点：如果希望全面提升网络营销效果，那么对企业网站的专业水平进行全面的评价分析是必不可少的步骤，这一综合评价分析结果是网络营销策略升级的基本依据。

5.4.2 不同机构的网站评价指标体系简介

网站评价可以自行评价也可以采用第三方机构评价，无论采用哪种方式，前提都是首先建立一套完整的网站评价指标体系。由于网站评价指标体系的建立比较复杂，涉及广泛的专业知识，而且与指标制定者的专业背景有很大关系，因此对一般网站而言，很难自行建立起完整的评价体系，所以一般采用第三方评价模式。不同评价机构所制定的网站评价指标也有很大的差异，有些注重网站的外在表现，有些注重网站的功能，只有从网络营销角度对网站进行全面评价才能真正为网络营销策略提供支持。

下面对国内权威机构"中国 B2B 研究网(www.b2byj.com)"的网站评价方法和网站评价指标体系作简要介绍。

1. 中国 B2B 研究网的网站评价方法

中国 B2B 研究网(www.b2byj.com)根据网站建设在营销效果上的体现，每个月针对国内几百家知名企业网站进行评估，评出各行业 B2B 企业在网站建设方面的佼佼者。能够入选电子商务 B2Btop10 排行榜的都属于公司网站，涉及各大行业，很多都是大家耳熟能详的知名企业。

中国 B2B 研究网对每个网站的多方面因素进行考核。主要指标如下：。

(1) 网站信息质量高低。网站提供的信息质量和信息呈现方式；公司业务的介绍情况；是否有关于产品和服务的信息；是否有完整的企业信息和联系信息；是否有产品说明或评估工具，以区别于其他同类产品。

(2) 网站导航易用度。网站信息是否组织良好，尤其当公司拥有庞大用户群的时候；是否有站内搜索引擎；网站各部分是否能很方便地进行链接互通。

(3) 网站设计优劣。网站设计的美观及愉悦程度；文本是否容易阅读；图片是否使用适当；是否创造性地采用了音频与视频手段增强宣传效果。

(4) 电子商务功能。网站能否实现在线订购、支付。

(5) 网站的特色应用。网站是否有社区或论坛；是否有计算器或其他可以增强用户体验的工具；访问者能否注册电子邮件通信；用户能否通过网站获得实时帮助(如在线拨号或聊天系统)；网站是否有通往相关信息互补性资源的链接。

入选"2012 年 11 月份电子商务 B2Btop10 排行榜"的情况如下。

根据电子商务网站排行榜数据显示，2012 年 11 月份电子商务 B2Btop10：阿里巴巴、慧聪网、中国制造网、中国供应商、敦煌网、马可波罗网、一呼百应、八方资源网、网络114、勤加缘网，如图 5-3 所示。

最近一周排名趋势		最近一月排名趋势		最近三月排名趋势							
本周排名	排名变化	名称	用户覆盖数	一周变化	用户日均访问页面	一周变化	访问量指数	一周变化	图表	Alexa	访问
1	-4 ↓	阿里巴巴	11360	7%	9.96	4%	113145.6	10%			
2	-16 ↓	慧聪网	1240	9%	4.61	-6%	5716.4	3%			
3	86 ↑	中国制造网	1040	3%	5.70	-13%	5928	-10%			
4	-19 ↓	中国供应商	870	8%	5.00	-4%	4350	4%			
5	134 ↑	敦煌网	810	→	9.30	-15%	7533	-15%			
6	137 ↑	马可波罗网	490	10%	3.90	-27%	1911	-17%			
7	770 ↑	一呼百应	340	-12%	7.70	-20%	2618	-32%			
8	-3 ↓	八方资源网	334	94%	5.60	-19%	1870.4	75%			
9	407 ↑	网络114	330	4%	4.50	-24%	1485	-20%			
10	273 ↑	勤加缘网	321	1%	7.90	-10%	2535.9	-9%			

图 5-3　2012 年 11 月份电子商务 B2Btop10 排行榜

(资料来源：中国 B2B 研究网 www.b2byj.com)

第一名：阿里巴巴。阿里巴巴是全球企业间(B2B)电子商务的著名品牌，汇集海量供求信息，是全球领先的网上交易市场和商人社区。它是首家拥有超过 1400 万网商的电子商务网站，遍布 220 个国家和地区，成为全球商人销售产品、拓展市场及网络推广的首选网站。

第二名：慧聪网。慧聪网是中国领先的 B2B 电子商务平台，为客户提供全面的 B2B 行业资讯、供应、求购、库存信息，是企业寻求电子商务网络贸易信息的首选行业门户。

第三名：中国制造网。中国制造网内贸站为买卖双方提供信息管理、展示、搜索、对比、询价等全流程服务、同时提供第三方认证、广告推广等高级服务。帮助供应商在互联网上展示企业形象和产品信息、帮助采购商精准、快速地找到诚信供应商。

第四名：中国供应商。中国供应商是中国政府为推动中国制造业及对外贸易产业重拳打造的电子商务平台。它是在国务院新闻办公室网络宣传局、中华人民共和国商务部市场运行司及国家发展和改革委员会国际合作中心的指导下，由中国互联网新闻中心推出的唯一的国家级电子商务平台。

第五名：敦煌网。敦煌网是聚集了中国中小供应商一个电子商务平台，为国外中小采购商提供采购服务。

第六名：马可波罗网。马可波罗是全球最大、最专业、最精确的采购搜索引擎，它以采购需求为导向，通过深度数据挖掘匹配、人工智能干预筛选，较大地提高了工作效率，使采购人员在最短的时间内以最低的成本，采购最好的产品及服务。

第七名：一呼百应。一呼百应的商人搜索功能，是全球最大专业 B2B 商贸搜索引擎，从事专业中小企业产品上下游供求信息搜索平台，收录全国 2000 多万家中小企业的数据，1 亿多条中小企业产品上下游产业链供求信息。

第八名：八方资源网。八方资源网倡导自由的网上贸易，为全球 220 个国家和地区的商人提供在线贸易服务。它融供应商机、求购信息、企业目录于一体，正在成为全球商人销售产品、开展网上贸易及网络推广的首选电子商务网站。

第九名：网络 114。网络 114 是中国最大的网上企业黄页，目前收录了 500 万企业名录信息，并提供企业的供应、需求、应急登记，更新迅速。

第十名：勤加缘网。勤加缘网是由广州勤加缘科技实业有限公司运营的 B2B 电子商务网站，致力于向企业提供精确高效的电子商务服务；其以极高效执行力的公司团队，有效的管理和宣传机制成为行业领先的 B2B 电子商务服务提供商。

2. 新竞争力网络营销管理顾问网站评价指标体系简介

新竞争力网络营销管理顾问的网站评价指标体系针对不同类型的网站而制定，包括 B2B 电子商务网站评价、B2C 电子商务网站评价和一般企业网站评价。其中企业网站专业性评价系统共有 10 个类别 120 项评价指标，包括网站整体策划设计、网站功能和内容、网站结构、网站可信性、同行比较评价等 10 个方面，每类指标包含若干项详细评价指标。新竞争力网站专业性评价指标体系以网络营销导向的企业网站建设为基本思想，在几年来对数千个网站进行深入研究的基础上逐渐完成。新竞争力的网站评价全面反映了网站的专业水平，对制定和修正企业网络营销策略提供了重要的参考依据。

与其他机构的网站测评体系相比，新竞争力网站专业性评价指标体系主要有如下特点。

1) 注重网站的网络营销价值而不是外在表现

一般网站测评主要从网站视觉、页面布局等外在的因素来评价，评价的结果表明了一个网站给人的"感觉"，而不是从网络营销的角度分析网站的专业水平，因此对于企业修正网络营销策略没有实质性的价值。而新竞争力网站专业性综合评价则从网站总体策划、网站结构、内容、技术功能、服务、网络营销功能、竞争者分析等多个方面进行全面的评价，评价结果对于企业制定网络营销策略具有重要价值。

2) 网站评价指标体系全面、合理

新竞争力网站评价体系建立在对数以千计的网站进行系统研究的基础之上，评价指标体系全面、合理，并且对众多网站的评价也证实这个指标体系的有效性。

3) 针对不同类别的网站采用相应的评价指标体系

尽管一些基本要素对所有网站都是类似的，但不同类别的网站具有不同的特点。如 B2B 电子商务网站、B2C 电子商务网站和一般企业网站在网站的经营思想、网络营销功能、技术功能、网站内容表现形式等方面存在一定的差异，因此对不同类别的网站需要采用相应的评价指标体系。

4)　在线评价与专家评价相结合

新竞争力网站专业性综合评价体系由在线评价与专家评价两个部分组成，其中在线评价根据新竞争力自行开发的网站专业性评价系统，对部分指标采用在线评测的方式来实现。但由于大部分指标不可能通过程序自动实现，因此还需要资深网络营销专业人士的专业知识和经验进行分析和评价。

5)　专业的分析建议

新竞争力网站专业性综合评价报告由资深网络营销专业人士完成，在对网站全面研究的基础上，提出有针对性的分析建议，这些建议可以直接应用于改进网站专业水平、制定更加有效的网络营销策略。

6)　公正性与可信性

新竞争力是中立的研究型网络营销顾问机构，公司本身不提供网站建设服务，对所有参与评价的网站采用统一的标准，最大可能地避免了主观性和倾向性，因此评价结果的公正性和可信性更高。

5.4.3　自行实施网站诊断的建议

尽管第三方提供的网站专业评价对网络营销策略具有重要价值，但在网络营销实际工作中，由于受到种种因素的限制，企业不可能总是有机会获得专业机构的评价，那么进行一定层次上的自行评价就显得更为现实。不过，在实际工作中，对网站进行全面的诊断是有一定难度的，尤其是对于初学者，往往会感到无所适从。因为网站评价诊断是一项综合性很强的网络营销工作，不是简单的网站外观的评论。网站外在的因素，尤其是视觉效果，对于网络营销导向的网站来说，并不是最重要的，而且也不容易形成完整的评价体系。

从网络营销角度来进行网站评价诊断，不仅需要对网站建设的基本要素和流程有所了解，还需要对网站运营管理有一定的认识。因此本章对网络营销导向的企业网站问题进行了多角度的研究，包括网站基本要素、网站易用性、可信度、网站优化以及网站评价等方面，掌握了这些知识也就具备了从网络营销的角度对网站进行诊断评价和研究的基础。

在本章对企业网站的研究内容中，尽管并没有完整地列出网站评价指标体系，但是上述对企业网站各个方面的研究实际上已经回答了企业网站应该包含哪些内容。把这些内容进行简单的归纳，就可以从中找出适用于自行评价网站的指标和方法。

初学者对网站进行初步诊断可以从四个方面开始：网站规划与网站栏目结构、网站内容及网站可信度、网站功能和服务、网站优化及运营。

1. 网站规划与网站栏目结构

● 　网站建设的目标是否明确？网站要为用户提供哪些信息和服务？

● 　网站导航是否合理？用户通过任何一个页面都可以回到上级页面以及首页吗？

● 　各个栏目之间的链接关系是否正确？

- 通过最多三次的点击，是否可以通过首页到达任何一个内容页面，是否可以通过任何一个页面到达站内其他任何一个网页？
- 是否有一个简单清晰的网站地图？
- 网站栏目是否存在过多、过少，或者层次过深等问题？

2. 网站内容及网站可信度

- 是否提供了用户需要的详尽信息，如产品介绍和联系方式？
- 网站内容是否更新及时？过期信息是否及时清理？
- 网站首页、各栏目首页以及各个内容页面是否分别有能反映网页核心内容的网页标题？是否整个网站都用一个网页标题？
- 网站首页、各栏目首页以及各个内容页面的 HTML 代码是否有合理的 META 标签设计？
- 是否提供了产品销售信息、售后服务信息和服务承诺？
- 公司介绍是否详细，是否有合法的证明文件(如网站备案许可)？

3. 网站功能和服务

- 网站是否可以稳定运行？访问速度是否过慢？
- 为用户提供了哪些在线服务手段？
- 用户真正关心的信息是否可以直接在网站首页找到？
- 网站是否可以体现出产品展示、产品促销、顾客服务等基本的网络营销功能？

4. 网站优化及运营

- 网站总共有多少个网页？被主流搜索引擎收录的网页数量是多少？占全部网页数量的百分比是多少？是否有大量网页未被收录，或者在搜索结果中表现不佳？
- 网站的 PR 值是多少？如果首页 PR 值低于 3，那么是什么原因造成的？是否有某些栏目页面 PR 值为 0？
- 网站在搜索引擎优化方面是否存在不合理的现象？是否有搜索引擎作弊的嫌疑？
- 网站是否采用静态网页？如果采用动态网页技术，是否进行了合理的优化？
- 对搜索引擎的友好性，网站首页、各栏目首页以及各个内容页面是否有合理的有效文字信息？
- 网站访问量的增长状况如何？网站访问量是否很低？如果网站访问量过低，是不是因为网站优化不佳造成的？
- 与主要竞争者相比，网站在哪些方面存在明显的问题？

通过对上述问题进行认真的分析和思考，就不难发现网站是否存在与网络营销导向不相适应的问题。

5.4.4　网络营销效果综合评价体系

在网络营销活动中，对网络营销效果进行评价是一项必不可少的工作。网络营销的整体效果是通过各种方法的综合作用产生的，整体效果如何，是否实现了网络营销计划的目标，除了对各种具体方法进行评估之外，还需要通过对网络营销效果进行综合评价来检验。

网络营销效果综合评价的战略意义在于：它不仅是对一个时期网络营销活动的总结，也是制定下一个阶段网络营销策略的依据。因为通过各种专业的评价和分析数据，可以及时发现网络营销应用中的问题，从而为提高下一阶段的网络营销效果提供决策依据。

进行网络营销效果的综合评价并不是一件简单的事情。尽管各项具体的网络营销活动和网络营销职能管理的内容和方法比较清晰，但对于网络营销效果的综合评价还存在一定的难度。因为网络营销综合评价不只是各项具体的网络营销职能管理的简单汇总，还需要与企业总体营销战略评价相结合，这必然要涉及更多的内容。也正因为如此，网络营销效果综合评价体系在实际应用中还不完善。

在目前的网络营销实践中，对网络营销效果的评价体系主要分解为下列四个方面的内容：网站建设专业性的评价；有关网站推广效果的评价；网站访问量指标的评价；各种网络营销活动反应率指标的评价。下面分别予以简单介绍。

1. 网站建设专业性的评价

网站建设是网络营销的基础，是网络营销信息传递的主要渠道之一。通过对网站结构、网站内容、服务、功能可信度等基本要素进行综合评价，可以反映一个网站在某一阶段是否具有明确的网络营销导向，以及网站基本要素中存在哪些影响网络营销效果的因素。基于网络营销导向的网站评价指标体系，不仅可以做到对网站专业性的定性描述，也可以作为对网站建设阶段工作的定量评价。因此，网站建设的专业性成为网络营销阶段评价的基本内容之一。

2. 有关网站推广效果的评价

网站推广的效果是对网站建设的专业性，尤其是对网站优化水平的综合反映，也在一定程度上说明了网络营销人员为之付出的努力，而且可以在一定程度上进行量化分析。网站推广可分为四个阶段：策划建设阶段、网站发布初期、网站增长期、网站稳定期。在网站推广运营的不同阶段有明显的阶段特征，相应地对每个阶段也有不同的评价内容。例如，网站建设完成后需要对网站专业性进行评价，而网站访问量进入快速增长期后则需要对访问量增长率、各种推广手段的有效性等进行评价。

从网站推广的总体效果来看，网站推广效果的评价指标包括：网站被主流搜索引擎收录和排名状况；获取其他网络链接的数量和质量；网站访问量和注册用户数量等。

1) 网站被主流搜索引擎收录和排名状况

网站被主流搜索引擎收录和排名状况，可以从以下三个方面进行评价。

- 网站被各个主要搜索引擎收录的网页数量。网页被收录的数量越多，意味着被用户发现的机会越大——这也是搜索引擎目标层次原理中的第一阶段，即增加网站的搜索引擎可见度。通过对搜索引擎收录的网页数量进行评价，可以反映网站的内容策略是否得到有效的实施，因为内容贫乏的网站自然不可能产生大量高质量的网页。因此对搜索引擎收录网页数量的比较，往往可以反映出不同竞争者网站之间网页推广资源的差异。

- 被搜索引擎收录的网页数量占全部网页数量的比率。理想的情况是网站所有的网页都被搜索引擎收录，但实际上一些网站由于在网站栏目结构、链接层次和网页URL 设计等方面的问题造成大量网页无法被搜索引擎收录，这样网站内部网页资源的价值就无法通过搜索引擎推广表现出来。网站被搜索引擎收录的网页比率越接近 100%，就说明网站基于搜索引擎自然检索推广的基础工作越扎实。

- 在搜索引擎检索结果中有较好的表现。在前两项评价的基础上，还有必要对网站在主流搜索引擎检索结果的表现进行评价，尤其是利用网络的核心关键词进行检索时，与竞争者相比，网站在这些关键词检索结果页面中的优势地位如何。因为在一定程度上搜索引擎推广可以理解为竞争者为有限的搜索结果推广而竞争，只有优于竞争者才能获得用户的点击。关键词是指为网络通过搜索引擎自然检索带来较高访问量的关键词，也指"长尾理论"中反映在头部的部分重要关键词。由于用户检索行为的分散性，不可能对用户检索的所有关键词进行分析评价。

2) 获得其他网络链接的数量和质量

在常用的网站工作中，获得相关网站的链接是常用的推广方法之一，因此其他网站链接的数量和质量在一定程度上可以表明网络营销人员为推广工作所作的努力，尤其可以反映网站在行业中受到其他网站关注的程度。不过网站链接的数量与网站访问量之间并没有严格的正比关系，有些相关网站链接可能带来明显的访问量，而有些链接对网站推广的效果并不显著。不过，从网站链接在搜索引擎优化中的意义来考虑，高质量的网站链接仍然是有价值的。

3) 网站访问量和注册用户数量

评价网站推广效果时，常使用网站访问量和注册用户数量等指标来进行。网站访问量是网络营销取得效果的基础，在一定程度上反映了网站获得顾客的潜在能力。网站访问量指标则直接反映了网站推广的效果。注册用户数量反映了通过网站推广获得的网站营销资源，如注册用户资料时开展 E-mail 营销。对网站访问数据的统计分析也是网络营销管理的基本方法和基本内容。

3. 网站访问量指标的评价

在网络营销评价中，网络访问统计分析是重要的方法之一。通过网站访问统计报告，不仅可以了解网站营销评价体系中最具有说服力的量化指标，而且可以从统计数字中发现许多有说服力的问题。网站访问量统计分析无论对某项具体的网络营销活动还是网络营销的总体效果都有参考价值，也是网络营销评价体系中最具有说服力的量化指标。虽然获得用户访问并非网络营销的最终目标，不过访问量直接关系到网络营销的最终效果，因此网站访问量指标可以看作是网络营销的中间效果。

通常所说的网站流量是指网站的访问量，是用来描述访问一个网站的用户数量以及用户所浏览的网页数量等指标。常用的统计指标包括网站在一定统计周期内(如每天、每周或者每月)的独立用户数量、总用户数量(含重复访问者)、网页浏览数量、每个用户的页面浏览数量和用户在网站的平均停留时间等。

4. 各种网络营销活动反应率的评价

在网络营销活动中，有些活动的效果并不表现为访问量的增加而是直接达到销售促进的效果，因此便无法用网站访问量来进行评价。例如，企业进行促销活动时，采用电子邮件方式发送优惠券，用户下载之后可以直接在传统商场消费时使用，而无须登录网站，这时网络促销活动的效果对网站流量就不会产生明显的增加，因此只能用该活动的反应率指标来评价，如优惠券的下载数量、在商场中兑现的数量等。

另外，由于点击率通常比较低，而网络广告对于那些浏览而没有点击广告的用户同样产生影响，因此用网络广告对网站流量增加评价方式会低估网络广告的价值。对于这些通过网站访问量无法评估的网络营销活动，通常采用对每项活动的反应率指标来进行评估，如网络广告的点击率和转化率、电子邮件的送达率和回应率等。

关于网络营销的投资收益率(ROI)分析等综合评价方法，由于不同的企业网站对网络营销效果的目标、采用的网络营销方法和效果评价方法有较大差异，因此目前还没有一套广泛通用的评价方法，本书对此暂不作介绍。

5.5　网络营销网站推广

BodyBuilding.com 网站的搜索引擎推广案例

健美塑身产品零售网站 BodyBuilding.com 是美国网络零售商 400 强中排名第 160 位的零售网站，其 2004 年的销售额是 3200 万美元，预计 2005 年的总销售额将达到 4800 万美元。美国网上零售业竞争激烈，大部分零售网站都会投入很大一部分甚至全部网站营销预算到搜索引擎营销中以推广网站。不过 BodyBuilding.com 不投入分文搜索引擎营销费用，也一样能够在搜索结果中获得很好的表现，从而获得大量的访问者，它每天都能吸引16万独立访问人数。带来这一巨大访问量的原因是网站发表了接近10 000篇关于健康、营养、体重、塑身以及其他相关主题的网络文章。BodyBuilding的CEO瑞安德卢卡Ryan DeLuca说："我们没有做任何付费搜索引擎推广，不过我们拥有400多个写手，他们很多是各种主题领域的专家，他们为网站贡献这些专业文章内容。目前网站文库大约有1.6万网页，并且数目一直在增加，这些文章是为了获得良好的广告效应。"

以前BodyBuilding.com推广的主要方法是依靠自然排名的搜索引擎优化和一些E-mail营销手段，目前网站访问量主要来自那些对健身、塑身感兴趣的人，他们网站阅读专业文章，文章中提到的产品将激发读者在该网站进行在线购买。由于内容的专业性，使得网站的购物者忠诚度很高，他们实施在线购买都是基于理性的选择。因此对健身塑身感兴趣的访问者厚度采用口碑营销策略而不是付费搜索引擎广告来驱动网站访问量。网站内容推广策略在获得用户访问量的同时可以创造良好的品牌形象，在这个过程中搜索引擎发挥了重要作用，高质量的网站内容加上合理的搜索引擎优化推广是成功的保证。

(资料来源：新竞争力，http://www.jingzhengli.cn/report/F2005/1004.htm)

网络营销网站推广的目的在于让尽可能多的潜在用户了解并访问网站，从而利用网站实现向用户传递营销信息的目的。用户通过网站获得有关产品和公司的信息，为最终形成购买决策提供支持。网站推广是网络营销的基本职能之一，是网络营销工作的基础。尤其对于中小型企业网站，用户了解企业的渠道比较少，网站推广的效果在很大程度上也就决定了网络营销的最终效果，因此网站推广在网络营销中的重要性尤为显著。

5.5.1　网络营销网站推广常用方法概述

网络营销网站推广的策略，是对各种网站推广工具和资源的具体应用。制定网站推广策略是在分析用户获取网站信息的主要途径的基础上，策划推广网站的有效方法。根据网络营销实践经验，以及中国互联网络信息中心(CNNIC)近年来发布的《中国互联网络发展状况统计报告》等研究报告，用户获得网站信息的主要途径包括搜索引擎、网站链接、口碑传播、电子邮件、媒体宣传等方式。每种网站推广方式都需要相应的网络工具和资源。表5-3列出了常用的网站推广方法以及相关的网络工具和资源。

表5-3　常用网络营销网站推广方法及相关网络工具和资源

网站推广方法	相关推广工具和资源
搜索引擎推广方法	搜索引擎和分类目录
电子邮件推广方法	潜在用户的E-mail地址
资源合作推广方法	合作伙伴的访问量、内容、用户资源等

续表

网站推广方法	相关推广工具和资源
信息发布推广方法	行业信息网站、B2B 电子商务平台、论坛、博客网站、社区等
病毒性营销方法	电子书、电子邮箱、免费软件、免费贺卡、免费游戏、聊天工具等
快捷网址推广方法	网络实名、通用网址，以及其他具有类似功能的快捷寻址服务
网络广告推广方法	分类广告、在线黄页、网络广告媒体、无线通信工具等
综合网站推广方法	网上、网下各种有效方法的综合应用

小资料：

我国台湾某纸巾厂为了推广自己的企业网站，在相关网站添加友情链接，并在本企业网站设置游戏，网民通过玩游戏记住了该网站并留下深刻印象。

通过相关网站的友情链接，不仅推广了自己的企业网站，更重要的是网民通过玩游戏记住了本企业不同规格纸巾的功能。此例说明，网络网站推广的互动性可使消费者在不知不觉中接受企业的品牌信息，避免传统广告对消费者进行强行灌输，能够更好地起到促销作用。

通过表 5-3 可以看出，网站推广的基本工具和资源都是一些常规的互联网应用的内容。但由于每种工具在不同的应用环境中会有多种表现形式，因此建立在这些工具基础上的网站推广方法相当多，这就大大增加了用户了解网站的渠道，也为网站推广提供了更多的机会。

除了这些常规网站推广方法之外，一些网站(通常是非传统企业网站，如软件下载、交友社区、电子商务等类别网站)也采用一些非常规的手段，如大量地弹出广告、浏览器插件、更改用户浏览器默认主页、强制性安装的软件(2005 年之后受到舆论指责的流氓软件)、垃圾邮件、不规范的联盟网站等。这些方式对网站访问量的增长虽然有明显的拉动作用，但由于对用户正常上网造成一定的影响甚至危害，因此在正规的网络营销中并不提倡这些方法。

5.5.2　网络营销网站推广的阶段及其特征

在网站运营推广的不同阶段，网站推广策略的侧重点和所采用的推广方法也存在一定的区别，因此有必要对网站推广的阶段特征及相应的网站推广方法进行系统的分析。

通过对大量网站推广运营的规律的研究，从网站推广的角度来看，一个网站从策划到稳定发展需要经历四个基本阶段：网站策划与建设阶段、网站发布初期、网站增长期和网站稳定期。

1. 网络营销网站推广的阶段特征

1)　网站策划与建设阶段网站推广的特点

在这一阶段，真正意义上的网站推广并没有开始，网站没有建成发布，当然也就不存在访问量的问题。不过这个阶段的"网站推广"仍然具有非常重要的意义,其主要特点表现在以下几个方面。

(1) "网站推广"很可能被忽视。大多数网站在策划和设计中往往没有将推广的需要考虑进来,这个问题很可能是在网站发布之后才被认识到,然后才回过头来考虑网站的优化设计等问题,这样不仅浪费人力,也影响了网站推广的时机。

(2) 策划与建设阶段的"网站推广"实施与控制比较复杂。一般来说,无论是自行开发,还是外包给专业服务商,一个网站的设计开发都需要由技术、设计、市场等方面的人员共同完成,不同专业背景的人员对网站的理解会有比较大的差异。例如,技术开发人员往往只从功能实现的方面来考虑,设计人员则更为注重网站的视觉效果。如果没有一个具有网络营销意识的专业人员进行统筹协调,最终建成的网站很可能同网络营销导向有很大差别。因此在这个过程中,对策划设计人员的网络营销专业水平有较高的要求,这也是为什么一些网站建成之后和最初的策划思想有差异的主要原因所在。

(3) 策划与建设阶段的"网站推广"效果需要在网站发布之后得到验证。在网站建设阶段所采取的优化设计等"推广策略",只能凭借网站建设相关人员的主观经验来进行,是否真正能够满足网站推广的需要,还有待于网站正式发布一段时间之后的实践来验证。如果验证的结果与期望目标存在差异,还有必要作进一步的修正和完善。也正是因为这种滞后效应,更加容易让设计开发人员忽视网站建设对网站推广影响因素的考虑。

这些特点表明,网站推广策略的全面贯彻实施,涉及多方面的因素,需要从网络营销策略整体层面上考虑,否则很容易陷入网站建设与网站推广脱节的困境。目前这种问题在企业中是普遍存在的,这也是企业网站往往不能发挥作用的重要影响因素之一。

2) 网站发布初期推广的特点

网站发布初期通常是指从网站正式对外宣传之日开始半年左右的时间。网站发布初期推广的特点表现在以下几个方面。

(1) 网络营销预算比较充裕。企业的网络营销预算,应用于网站推广方面的,通常在网站发布初期投入较多,这是因为一些年度(季度)使用费支出通常发生在这个阶段。另外,为了在短期内获得明显的成效,新网站通常会在发布初期加大推广力度,如发布广告和新闻等。

(2) 网络营销人员有较高的热情。这种情感因素对网站推广会产生很大影响。在网站发布初期,网络营销人员非常注重尝试各种推广手段,对网站访问量和用户注册数量的增长等指标非常关注。如果这个时期网站访问量增长较快,达到了预期目的,对网站营销人员来说是很大的激励,可能会进一步激发工作热情;反之,如果情况不太理想,很可能会影响其积极性,甚至对网站推广失去信心,此后很长一段时间可能不愿继续尝试其他推广方法,一些企业的网络营销工作也可能就此半途而废。所以工作人员的情感因素也是网站推广效果的重要影响因素之一。

(3) 网络推广具有一定的盲目性。尽管营销人员有较高的热情,但由于缺乏足够的经验和必要的统计分析资料，加之网站推广的成效还没有表现出来，因此无论是网站推广策略的实施还是网站推广效果方面都有一定的盲目性。因此宜采用多种网站推广方法，并对效果进行跟踪和控制，逐渐发现适合网站特点的有效方法。

(4) 网站推广的主要目标是用户的认知程度。推广初期网站访问量快速增长，获得更多用户的了解是主要目标，即获得尽可能多用户的认知，而产品推广和销售促进通常居于次要地位。在采用的方法上，主要以新闻、提供免费服务和基础网站推广手段为主。

这些特点为制订网站发布初期的网站推广计划提供了思路：尽可能在这个阶段应用各种常规的基础网络营销方法，同时要注意合理利用营销预算。因为有些网络营销方法是否有效尚没有很大的把握，过多地投入可能会导致后期推广资源的缺乏。在这个阶段所采用的每项具体网站推广方法，都有相应的规律和技巧，这些内容将在介绍网站推广的具体方法时详细介绍。

3)　网络增长期推广的特点

经过网站发布初期的推广，网站拥有了一定的访问量，并且访问量仍在快速增长中。这个阶段仍然需要继续保持网站推广的力度，并通过前一阶段的效果进行分析，发现最适合本网站的推广方法。

网站增长期推广的特点主要表现在以下方面。

(1) 网站推广方法具有一定的针对性。与网站发布初期的盲目性相比，由于尝试了多种网站推广方法，并取得了一定的效果，这个阶段对于那些网站推广方法更为有效，积累了一些实践经验，因此在做进一步推广时往往更有针对性。

(2) 网站推广方法的变化。与网站发布初期相比，增长期网站推广的常用方法会有一些变化。如果已经购买了年度服务费的推广服务，除非要继续增加付费推广项目，否则在这些方面无须更多的投资。但这并不是说就不需要网站推广活动了，相反，为了继续获得网站访问量的稳定增长，需要采用更具有针对性的网站推广手段，有些甚至需要独创性才能达到效果。

(3) 网站推广效果的管理应得到重视。网站推广的直接效果之一就是网站访问量的上升，网站访问量指标可以通过统计分析工具获得。对网站直接访问量进行统计分析可以发现哪些网站推广方法对访问量的增长更显著，哪些方法可能存在问题，同时也可以发现更多有价值的信息，如用户访问网站的行为特点等，以跟踪分析网站访问量的增长情况。

(4) 网站推广的目标将由用户认知向用户认可转变。网站发布初级阶段的推广获得了一定数量的新用户，如果用户肯定网站的价值，将会重复访问网站，以继续获得信息和服务。因此在网站增长期的访问用户中，既有新用户，也有重复访问者。网站推广要兼顾两种用户不同的需求特点。

网站推广增长期的特点反映了一些值得引起重视的问题，作为网络营销专业人员，仅靠对网站推广基础知识的了解和应用已经明显力不从心了。这个阶段对推广网站的方法、目标和管理都提出了更高的要求，有时甚至需要借助专业机构的帮助才能取得进一步的发展。这个阶段对网站进入稳定发展阶段具有至关重要的影响。如果没有专业的手段而任其自然发展，网站很可能在较长时间内只能维持在较低的访问量水平上，最终限制了网络营销效果的发挥。

4) 网络稳定期推广的特点

网络从发布到进入稳定发展阶段，一般需要一年甚至更长的时间。稳定期的主要特点如下。

(1) 网站访问量增长速度减慢。网站进入稳定期的标志是访问量增长速度明显减慢，采用一般的网站推广方法对访问量的增长效果并不明显，访问量可能在一定数量水平上下波动，有时甚至会出现一定的下降。但总体来说，正常情况下网站访问量应该处于历史上较高的水平，并保持相对稳定。如果网站访问量有较大的下滑，应该是一种信号，需要采取有效的措施来解决。

(2) 访问量增长不再是网站推广的主要目标。当网站拥有一定的访问量之后，网站营销的目标将注重用户资源的价值转化，而不仅仅是访问量的进一步提升。访问量只是获得收益的必要条件，但仅有访问量是不够的。从访问量到收益的转化是一个比较复杂的问题，这些通常并不是网站推广所能完全包含的，还取决于企业的经营策略和企业的赢利模式。

(3) 网站推广的工作重点将由外向内转变。也就是将以吸引新用户为重点的网站推广工作逐步转向维持老用户和对网站推广效果进行管理等方面。这是网站推广的周期中比较特殊的一个阶段，其特点与网站建设阶段在一些方面有一定的类似，即将专业知识和资源面向网站运营的内部。而这些工作往往没有非常通用的方法，这对网络营销人员个人的专业水平提出了更高的要求。

网站稳定期推广的特点表明，网站发展到稳定阶段并不意味着推广工作的结束，仅仅意味着初期的推广工作达到阶段目标。网站推广是一项永无止境的工作，保持网站的稳定并谋求进入新的增长期仍然是一项艰巨的任务。

为了更清晰地表达网站推广的阶段特征，下面用表 5-4 中的摘要描述各个发展阶段网站推广的特点。

表 5-4　不同发展阶段的网络营销网站推广的特点

发展阶段	网站推广的阶段特点
网站策划建设阶段	对主要人员的经验和知识要求比较高，建设过程控制比较复杂；网站推广意识不明确，经常被忽视；效果需要长期验证，这种滞后效应容易导致忽视网站建设对网站推广的影响因素
网站发布初期	有营销预算和人员热情的优势；可尝试多种常规的网站推广方法；网站推广具有一定的盲目性，需要经过后期的逐步验证；尽快提升访问量是主要推广目标

发展阶段	网站推广的阶段特点
网站增长期	对网站推广方法的有效性有一定的认识，因而可采取更适用的推广方法；常规方法已经不能完全满足网站推广目标的要求；网站推广的目的除了访问量的提升，还应考虑与实际收益的结合；需要重视网站推广效果的管理
网站稳定期	访问量增长缓慢，可能有一定的波动；注重访问量带来的实际收益，而不仅仅是访问量的进一步提升；内部运营管理成为工作重点

2. 网络营销网站推广四个阶段的主要任务

在网站发展的不同阶段，网站推广的特点不同，这些特点决定了该阶段网站推广的任务会有所不同。为了制定有效的网站推广策略，还需要进一步明确这四个阶段网站推广的任务和目的。

有关网站推广四个阶段的主要任务总结如表 5-5 所示，供策划网站推广时参考。

表 5-5　网站推广四个阶段的主要任务

发展阶段	网站推广的主要任务
网站策划建设阶段	网站总体结构、功能、服务、内容、推广策略等方面的策划方案制定；网站开发设计及其管理控制；网站优化设计的贯彻实施；网站的测试和发布准备等
网站发布初期	常规网站推广方法的实施；尽快提升网站访问量；获得尽可能多的用户的了解
网站增长期	常规网站推广方法效果的分析；制定和实施更有效的、针对性更强的推广方法；重视网站推广效果的管理
网站稳定期	保持用户数量的相对稳定；加强内部运营管理和控制工作；提升品牌和综合竞争力，为网站进入下一轮增长做准备

小资料：

策划是否等于计划和策略

严格地讲，策划不等于计划、策略。策划的重点是制定目标、方向，研究"做什么"，需要有创意；计划的重点是制定实施策划的具体方案，研究"怎么做"，不一定有创意。策略、出点子多指方法、手段、计谋；决策则是对方案的选择决定。因此，策略和计划都是策划的组成部分，一个完整的企业策划应该包括策略、点子和计划。

本 章 小 结

网站是网络营销的基础，也是开展网络营销最主要的工具之一。建设一个好的企业网站，目的在于让网站真正发挥作用，让网站成为有效的网络营销工具和网上销售渠道。网站的功能主要表现在八个方面：品牌形象、产品/服务展示、信息发布、顾客服务、顾客关系、网上调查、网上联盟和网上销售。一个好的企业网站既有它的特点，也有网站的设计原则与科学完善的内容。企业网络营销网站可分为一般性的营销网站和交易型营销网站。

网站专业性诊断评价的时机可以分为两种情况：一种是在网站建设完成正式发布之前进行评价，另一种是在网站经营到某个阶段后根据网络营销策略的需要进行评价。网站评价的前提都是首先建立一套完整的网站评价指标体系。从网络营销角度上对网站进行全面评价才能真正为网络营销策略提供支持。企业网站专业性评价系统共有 10 个类别 120 项评价指标，包括：网站整体策划设计、网站功能和内容、网站结构、网站可信性、同行比较评价等 10 个方面。初学者对网站进行初步诊断可以从下列四个方面开始：网站规划与网站栏目结构、网站内容及网站可信度、网站功能和服务、网站优化及运营。

网站推广的策略，是对各种网站推广工具和资源的具体应用。制定网站推广策略是在分析用户获取网站信息的主要途径的基础上，发现网站推广的有效方法——信息发布推广方法、病毒性营销方法、快捷网址推广方法、网站广告推广方法、综合网站推广方法。

思 考 题

1. 一个完整的企业网站应包括哪些基本要素？
2. 网络营销导向站点建设的一般原则有哪些？
3. 网站建设的具体步骤有哪些？
4. 简述网站推广的阶段及其特征。
5. 网站的诊断可以从哪几个方面进行？

案 例 分 析 题

耐克公司总部位于美国俄勒冈州比佛顿，致力于设计、销售以及经营各类体育和健身运动所需的运动鞋类、服装、装备及配饰，处于行业内的领先地位。耐克公司全资拥有的子公司包括：Converse 公司，主要设计、销售和经营运动鞋类、服装及配饰；Cole Haan 控股公司，主要设计、销售和经营高档鞋类、手提包、配饰及外套；位于英国的全球领先足球品牌 Umbro 有限公司，以及 Hurley 国际公司，主要设计、销售和经营极限运动鞋类及适合年轻人生活方式的鞋类、服装及配饰。

分析：

请登录耐克网站，利用网络营销知识针对该网站进行评价与诊断，并提出改进建议。

第6章 网络消费者行为

【学习目标】

- 了解网络市场的构成要素和客户资源。
- 掌握网络消费者的行为特征。
- 掌握网络消费者忠诚度的基本内涵，以及如何提高网络消费者满意度和忠诚度的方法和技巧。

【引导案例】

网吧网民行为特征显著 游戏娱乐是主流应用

根据 iResearch 艾瑞咨询的网民连续用户行为研究系统 iUserTracker 对 20 000 台网吧电脑的长期监测数据显示，网吧网民与家庭及工作单位网民的网络访问行为有显著差异。网吧网民中，用户数最高的服务集中于游戏和娱乐两大类。游戏运营、游戏资讯等服务都进入网吧网民最常使用的 20 类服务中；视频分享、视频搜索等娱乐类服务的排名也比在家庭及工作单位网民中有大幅提升。相反，电子邮箱、新闻资讯、电子商务等家庭及工作单位网民中的基本应用在网吧网民中的使用率不高，排名均大幅下滑。

与家庭及工作单位网民相比，网吧网民的性别及年龄分布更为集中，其中 3/4 的网吧网民为男性，将近一半的用户年龄为 19～24 岁，两者的比例均比家庭及工作单位网民高出 17 个百分点以上。网吧网民在发达地区的比例较高，其中华东地区占 30.1%，华北地区占 27.9%，比这两个地区的家庭及工作单位网民比例高将近 10 个百分点。

(资料来源：http://news.iresearch.cn/viewpoints/89916.shtml)

6.1　21世纪的网络市场

2011年中国网络青少年网瘾调查数据报告

中国青少年网络协会近日发布了《2011 年中国网络青少年网瘾调查数据报告》。报告显示，2011 年我国网络青少年网瘾的比例高达 26%，网瘾倾向比例高达 12%。

本次报告网瘾评判标准的前提为：上网给青少年的学习、工作或现实中的人际交往带来不良影响；充分条件为：(1)总是想着去上网；(2)每当因特网的线路被掐断或由于其他原因不能上网时会感到烦躁不安、情绪低落或无所适从；(3)觉得在网上比在现实生活中更快乐或更能实现自我。网瘾倾向定义为：(1)实际上网时间往往比自己预期的时间长；(2)向亲人隐瞒自己的上网时间。

报告显示，目前网瘾青年上网的主要目的是打游戏、浏览新闻和听音乐。

在所有参与调查的青少年中，13～17 岁青少年网瘾比例最高，为 30.5%；其次为 18～23 岁青少年网民，网瘾比例为 26.6%。在性别分布方面，男性网民的网瘾比例大于女性，为 27.6%，而女性为 19.9%；在学历方面，中专及以下学历网民网瘾比例最高，为 13.2%；在上网设备方面，使用台式机和笔记本电脑的青年所占的比例最大，分别为 74.5% 和 46.1%。网瘾比例在年龄、性别、学历和上网设备方面均有显著差异。另外，女性网民网瘾倾向比例高于男性，更容易造成网瘾。

(资料来源：http://d.youth.cn/shrgch/201208/t20120807_2337374.htm)

随着互联网及万维网的盛行，利用无国界、无区域界限的互联网来销售商品或提供服务成为买卖通路的新选择，互联网上的网络市场成为 21 世纪最有发展潜力的新兴市场。从市场运作的机制来看，网络市场除有无店铺的经营方式，无存货的经营形式，成本低廉的竞争策略，无时间限制的全天候经营，无国界、无区域界限的经营范围等几个基本特征外，还有几个新的特征应该引起重视：①树立网络先锋形象；②发展网络公共关系；③在网上与投资者保持良好关系；④选择最合格的顾客群体；⑤与客户及时地在线交流；⑥让客户记住公司的网络通道。

6.1.1　网络营销市场的要素

决定网络营销市场的现状和发展趋势的市场要素有以下几个方面。

1. 消费者主体

网络市场的消费主体是指通过互联网购买商品和服务的消费者，以及各类消费组织的总和。网络市场上的消费主体不同于一般传统营销的消费群体，它们具有典型的时代特点。

1) 年轻有经济实力的消费个体

有资料表明，全球的网络用户年龄一般为 18～35 岁，受教育程度普遍较高，大约有 60% 以上的网络用户受过高等教育；收入较高，年平均收入超过 5000 美元，且 40% 的家庭拥有计算机。在我国，根据中国互联网络信息中心对上网计算机、用户人数等的调查，网络用户的年龄为 21～35 岁的年轻人，占 79.2%。其中，具有中专、大专、本科或以上学历的人数占调查人数的 81.8%，且网络用户所从事的职业以计算机、科研、厂矿企业、国家机关、教育和邮电通信等部门和行业为主。

2) 接受新事物快，注重自我和理性消费

网络用户注重理性消费，讲求效率，个性突出。这些网络用户喜欢用信用卡来规划自己的个人月消费，对商品或服务的要求比较高。由于对新鲜事物有着孜孜不倦的追求，这些网络用户爱好广泛，不时到网上冲浪，对各类新闻、股票报价、网上娱乐活动都表现出浓厚的兴趣。同时，他们的需求期望较高，希望能够在任何时间、任何地点都能以最低的价格得到他们所需要的任何产品或服务。

2. 消费需求(购买欲望)

从消费心理上讲，满足个性化的需要，具有主动消费的超前意识，追求新颖、独特的消费方式，实现日趋理性的消费行为及向往方便快捷的消费服务等具有时代特征的消费需求，已成为网络用户参与网络营销的主要原因。

3. 消费行为

消费者的网上购物行为是与消费者的网上购买过程紧密联系的。消费者的网上购买过程可以分为以下三个阶段。

(1) 产生购买的需求及购买欲望。

(2) 在网上进行查询和信息收集。

(3) 做出购买决策，实施网上购买。

4. 购买力

购买力是指消费者购买商品的能力。购买力与消费者的个人收入及其所在国家或地区的经济发展水平、人均国民收入有很大关系。网络用户的特点和网络经济所带来的巨大效益决定了网络消费购买方。随着上网人数和企业的增多、网上销售商品范围的不断扩大及网络消费便利程度的不断增加，网络购买力将急剧增加。

6.1.2　网络市场的客户资源

在网络经济时代，竞争的关键不再是拥有产品，而是拥有客户。市场竞争实质上就是一场争夺客户资源的竞争，在这场竞争中，拥有客户就意味着拥有市场，没有客户的存在，公司的财产也就失去了价值。而谁赢得客户的倾心和回报，谁就能获得竞争优势，立于不败之地。为此，以客户为中心，注重掌握客户资源，不断满足客户需求并为客户创造价值，与客户建立和保持一种长期、良好的合作关系，赢得客户信任，就成为网络营销成功与否的关键。

1. 网络市场的客户特征

目前，互联网终端用户的年龄结构、性别比例、职业状况、政治见解等都是市场学、社会学等许多研究领域所关心的话题。美国 Georgia 技术研究所的 Graphic 图形化、Visualization 可视化和 GVU(Usablity 可用性)，每 6 个月给出一个关于互联网用户非常详细的统计描述。

GVU 对 WWW 用户曾进行过调查，调查结果表明，互联网用户都各自有一些独特的、不同于他人的喜好。头脑冷静、擅长理性分析是网络用户的另一个显著特点，对新鲜事物孜孜不倦的追求是网络用户的又一大特色。另外，好胜而缺乏耐心也是网络用户的共同特征。网络用户的上述特点使他们更加注重自我，而不是那种大众化就能打发了的人。

2. 中国互联网使用状况的变化

(1) 宽带用户持续大幅增长。

(2) 在上网用户中，学生增多。

(3) 用户上网更加方便。

(4) 收费邮箱增多，垃圾邮件也增多。

(5) 对互联网的使用更加广泛。

(6) 搜索引擎已成为热点。

(7) 网上购物更加方便快捷。

(8) 网民法律意识增强。

3. 我国网络市场的客户资源现状

1) 我国网上市场的规模

虽然中国互联网起步较晚，但自 1994 年接入互联网后，我国的网上市场便得到了快速发展，并且形成了一定的网上市场规模。目前，全国有五大互联网主干网，并且都与国外互联网进行互联，连接的国家有美国、加拿大、澳大利亚、英国、德国、法国、日本、韩国等，占主导地位的是中国网通和中国电信支持的中国公用计算机互联网。与国外相比，我国的互联网的带宽还相差很大，而且不同主干网之间互联带宽很窄，难以跨网访问。

2) 我国网民的上网使用特征

随着家庭电脑的普及，越来越多的用户选择在家中上网，占上网用户总数的 44%，有 47%的用户在单位上网。由于上网费用比较昂贵，一般用户对上网费用都比较敏感，上网费用自费的占 46%，其他的一般都尽量利用公费上网。总的来说，中国网民的群体特征是，男性多于女性，未婚，30 岁以下为主。尽管中国网民绝对数较大，但在人口中所占的比例仍很小，甚至落后于越南。老年人上网在中国来说比较少见，而在美国则相当普遍。

3) 上网企业的目的

与国外发达国家相比，我国上网企业的规模还相当小，利用互联网开展商业应用的企业则更少了。根据对北美洲 5000 多家企业的调查，企业上网除了因为用于展示产品信息外，还用于销售产品与服务、购买产品与服务和为顾客提供服务与支持活动。

当一个中国网民打开电脑开始聊天的时候，一个美国网民可能正在查找他的一个商业伙伴办公地的行车路线，而一个法国网民可能正在自己的博客上"奋笔疾书"。调查表明，聊天是中国网民上网最爱干的事情之一，而美国人上网最常做的事是查询商务信息，法国的博客人数则在不久前超过了 600 万，这就是说平均大约 10 个法国人中就有 1 个有自己的博客。

4) 我国网络用户面临的问题

中国互联网建设仍面临许多问题。相当一部分中国的年轻人上网主要用于聊天，在聊天上占用了大量的时间，聊天的内容大都是无聊的闲谈，真正聊学习、经济、商业和科技的极为少见，浪费了互联网资源；有相当一部分企业将自己的网站作为一个门面来装饰，没有真正利用互联网的优势进行商业运作；网络运行费用目前仍偏高；网络信息安全和个人私密等法律问题还没有得到真正的解决。

不同的上网习惯不仅反映出一个国家互联网的发展水平，也反映出了一个国家的网络质量、网民的素质和网络文化。网民普及率很高的美国是名副其实的网络大国，从购物到旅行、从投资到理财，样样都离不开互联网。网络彻底改变了美国人的生活。电脑在美国家庭相当普及，几乎家家都有一两台台式机或笔记本电脑；所有的机场、旅馆、图书馆都有无线上网设备或有线上网端口，很多美国人出差都习惯性地带上笔记本电脑，大有"将上网进行到底"的架势。正是因为电脑十分普及、上网十分方便，因此美国的网吧并不多见。

6.2　网络消费者行为的基本特征

光棍节淘宝一天成交额 191 亿元，刷新中国电商行业纪录

【难以置信的数字】
- 2009 年，淘宝在 11 月 11 日发起"品牌商品五折"活动，当天销售额达 1 亿元。
- 2010 年，11 月 11 日当天的促销活动，淘宝总销售额增至 9.36 亿元。
- 2011 年，这一数字再度被刷新，光棍节成交额疯狂飙升至 52 亿元。
- 2012 年，11 月 11 日 13 时 38 分，不到 14 小时成交额突破 100 亿元，24 小时活动结束后，这一数字定格在 191 亿元。

淘宝疯狂——一天成交额 191 亿元

零点过后的第一分钟，1000 万用户"涌入"天猫、淘宝网购平台；14 小时不到，成交额突破 100 亿元，活动结束，总成交额达 191 亿元，其中天猫 132 亿元，淘宝 59 亿元。而在单体店方面，昨晚 18 时 47 分，杰克琼斯天猫官方旗舰店支付宝成交额破亿元，成为首个破亿的店面。——"光棍节"零点开启的这场网购狂欢节，再度刷新中国电商行业纪录。

(资料来源: http://365jia.cn/news/2012-11-12/A054BCBC9EF7BE1E.html)

6.2.1　网络消费者

1. 消费者行为分析

消费品就是用于个人消费和家庭消费的商品。消费者就是购买商品为满足自己物质和精神需要的个体和家庭。消费者购买行为是指消费者为满足其个人或家庭生活需要而发生的购买商品的决策或行动。消费者市场就是由消费者构成的市场。消费者市场分析的主要内容包括消费者行为模式分析、影响消费者购买行为的主要因素分析以及消费者的购买决策过程分析。影响消费者购买行为的主要因素有以下几个方面。

1) 个人因素

个人因素是消费者购买决策过程最直接的影响因素，也是最易识别的因素。它包括消费者的年龄与人生阶段、职业、经济状况和生活方式。

(1) 年龄与人生阶段。年龄不同的消费者，需要与欲望是有所不同的，即使是相同的，其需求量也有较大的差别。

(2) 职业。职业对消费的影响常常是显而易见的。

(3) 经济状况。经济状况包括收入、储蓄、资产、债务、借贷能力以及对待消费与储蓄的态度等。消费者的经济状况既与个人能力有关，也与整个经济形势有关。

(4) 生活方式。生活方式就是人们在活动、兴趣和思想见解上表现出的生活模式。根据研究的目的不同，生活方式可以从不同的角度进行划分。

2) 心理因素

这里所说的心理因素主要包括动机、知觉、学习、个性、价值观念、信念与态度等，它们对消费者购买决策过程都有较大的影响。

(1) 动机。动机是引起人们为满足某种需要而采取行动的驱动力量。行为科学认为，一般来说，最缺乏的需要常常是行为的主要动机。因此，关于消费者动机的研究主要集中地转为对其需要的研究。

(2) 知觉。按照心理学说法，对事物各种属性的各个部分及其相互关系的综合反映，称为知觉。对客观事物的综合可能是正确的，也可能是片面的，甚至错误的(错觉)。知觉是接受刺激的第一道程序，它对刺激进行筛选、组织、归类和抽象，找出它们之间的关系，再赋予一定的意义，然后形成经过提炼的信息，指导人的行动。

(3) 学习。学习是指人们经过实践和经历而获得的，能够对行为产生相对永久性改变的过程。

(4) 个性。每个消费者的个性都不同，个性是个人独特的心理特征和品质的总和，它决定着人的行为方式。

(5) 价值观念。价值观念对消费者行为有很大的影响。具有相同或相似观念的消费者对价格和其他营销刺激因素往往会有相同或相似的反应。价值观与人们的消费模式也存在一定的对应关系。

(6) 信念与态度。信念与态度是同价值观念紧密相关的概念。信念是人们关于周围事物的知识的有效性的组织模式。

小资料：

"销货名片"的启示

据报载，济南大园商场家电部对前来购物的顾客，售货员都要送一张销售专用名片，名片上标有当班售货员姓名、商品销售地点、联系电话和维修调换等诸项规定。一旦消费者遇到难题，便可凭名片直接找营业员联系解决。"销货名片"的设计者、经营者，"情"字当先，服务至上，对顾客负责到底，向客户洒去缕缕亲情，让消费者真正品尝到了当"上帝"的滋味，赢得了顾客的青睐。因此，该商场的生意很兴隆。

3) 社会因素

影响消费者行为的第三组因素是社会因素，主要包括消费者相关群体、家庭、社会阶层、角色与地位等。相关群体主要指社会关系群体，包括家庭、学校、朋友、邻居、同事、社会团体等。所谓社会阶层，是指具有相似社会经济地位、价值观念和生活方式的人们组成的群体。

4) 文化因素

社会文化常常直接或间接地影响消费者的兴趣、爱好、思想等，进而影响消费者行为。生活在不同文化环境的人，其价值观念、行为方式、行为习惯、行为准则等也就不同。社会文化分为地理文化、种族文化、民族文化、宗教文化等。因此不同的地理区域、不同的种族、不同的民族、有不同宗教信仰及风俗习惯的消费者，他们的消费行为是大相径庭的。一个总的趋势是：社会生产力发展水平越高，社会文明的发育程度越高，社会文化对于消费者行为的影响的积极、进步因素就越多，社会整体的消费水平和消费质量就越高。

5) 产品因素

网络市场不同于传统市场，网上销售的产品，首先要考虑其新颖性，以引起消费者的注意。因为网上消费者以青年人为主，他们追求商品的时尚和新颖。其次，要考虑产品购买的参与程度。对消费者参与程度比较高，且需要消费者现场体验后购物的产品，一般不宜在网上销售。但这类产品可以采用网络营销推广的功能来扩大产品的宣传，来辅助传统营销活动。

价格是消费者在购买商品时要考虑的因素，而且是一个非常重要的因素。网上营销的价格，对互联网的用户而言是完全公开的，价格的制定要受到同行业、同类产品价格的约束。因为互联网为消费者提供了一个广阔的比较空间，制约了企业通过价格来获得高额垄断利润。现在越来越多的企业通过 E-mail 进行议价，在自己的网站上设立"价格讨论区"，并在网上通过智能化议价系统直接议价，或者通过其他平台进行竞价、拍卖等。

6) 购物的便捷性

方便快捷的购物方式是消费者购物首先考虑的因素之一。如图 6-1 所示，影响网民网络购物消费的主要因素就是便捷性。消费者选择网上购物的便捷性主要体现在以下两个方面。

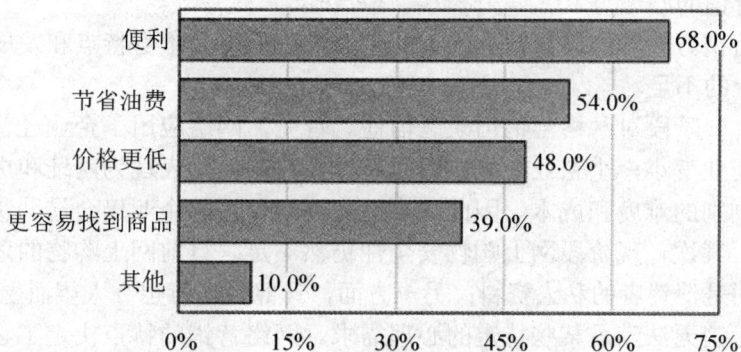

图 6-1 　网民增加网络购物消费的因素

一是时间上的便捷性。网上虚拟市场一年 365 天、一天 24 小时全天候提供销售服务，随时准备接待顾客，而不受任何限制。二是商品挑选范围的便捷性。消费者足不出户就可以在很大范围内选择商品。对个体消费者来说，购物可以"货比多家"，精心挑选。对单位采购进货人员来说，其进货渠道和视野也不会再局限于少数几个定时、定点的订货会议或几个固定的供应厂家，而是会大范围地选择品质最好、价格最便宜、各方面最适用的产品，这是传统购物方式难以做到的。

7) 安全性

影响消费者进行网络购物的另一个重要因素，就是安全性和可靠性问题。对于现阶段的网络营销来说，很多问题可归结到安全问题上。1999 年 1 月，美国曾有人利用在新闻组中查到的普通技术手段，轻而易举地从多个商业站点窃取了 80 000 余个信用卡账号和密码，并标价 26 万美元出售。因此，对网上购物的各环节，都必须加强安全和控制措施，保护消费者购物过程中的信息传递安全和个人隐私，以树立消费者对网站的信心。特别是网络购物与传统营销购物不同，在网上消费一般需要先送货后付款，这种购买方式，就更决定了网络购物安全性、可靠性的重要。

2. 消费者心理分析

消费者的心理是指顾客在成交过程中发生的一系列极其复杂、极其微妙的心理活动，包括消费者对商品成交的数量、价格等问题的一些想法及如何付款、选择什么样的支付条件等。

1) 网络营销的心理优势和吸引力

对网上购物的研究表明，消费者之所以选择这种购物方式，心理因素是主要动因。网络营销在以下方面具有与众不同的心理优势：网络营销是一种以消费者为导向、个性化的营销方式；网络营销具有极强的互动性，是实现全程营销的理想工具；网络营销能满足消费者对购物方便性的需求；网络营销能满足价格重视型消费者的需求。

2) 网络营销的心理

作为新兴营销方式，网络营销有强大的生命力，但就其本身特点和发展现状而言，它仍存在着心理上的不足。

(1) 消费者现阶段对网络营销仍缺乏信任。首先，网络应用于企业经营时一个突出的特点是能使大企业变小，小企业变大，即所有企业在网上均表现为网址和虚拟环境。这就增大了消费者判别的难度和成本。因此许多进行网络营销的企业仍会借助实体设施来提高信誉和知名度。其次，现阶段网上购物安全性仍然不足。目前网上购物的危险主要源于两个方面：一方面是消费者的私人资料；另一方面，计算机病毒也令人望而生畏。

(2) 网络营销无法满足某些特定的心理需求。网络营销的特点决定了它不能满足某些特定的消费心理需求。由于网上购物可替代部分人际互动关系，也就不可能满足消费者在这方面的个人社交动机。例如，家庭主妇或朋友间希望通过结伴购物来保持与左邻右舍的关系或友情等。此外，虚拟商店也无法使消费者因购物而受到注意和尊重。消费者无法以购物过程来显示自己的社会地位、成就或支付能力。而且网络商品的价格欠缺灵活，会令某些喜欢在现场讨价还价的消费者大失所望。

3. 网络消费者的特征与分类

1) 网络消费者的特征

消费者行为以及购买行为永远是营销者关注的热点问题，对于网络营销者也是如此。网络消费者是网络营销的主要对象，也是推动网络营销发展的主要动力，他们的现状决定了今后网络营销的发展趋势和道路。要搞好网络营销工作，就必须对网络消费者的群体特征进行分析并分类，以便采取相应的对策。网络消费者群体主要具备以下四个方面的特征。

(1) 注重自我。目前网络用户多以年轻、高学历者为主，他们有自己独立的见解和想法，对自己的判断能力也比较自信，他们的具体要求也越来越独特，而且变化多端，个性化越来越明显。因此，从事网络营销的企业应想办法满足其独特的需求，尊重用户的意见和建议，而不是用大众化的标准来寻找大批的消费者。

(2) 头脑冷静，擅长理性分析。由于网络用户是以大城市、高学历的年轻人为主，不会轻易受舆论左右，对各种产品宣传有较强的分析判断能力，因此从事网络营销的企业应该加强信息的组织和管理，加强企业自身文化的建设，诚信待人。

(3) 喜好新鲜事物，有强烈的求知欲。这些网络用户爱好广泛，无论是对新闻、股票市场还是网上娱乐都具有浓厚的兴趣，对未知的领域永远抱有好奇心。

(4) 好胜，但缺乏耐心。因为这些用户以年轻人为主，因而比较缺乏耐心。当他们搜索信息时，比较注重搜索所花费的时间，如果某站点链接、传输的速度比较慢，他们一般会马上离开。

网络用户的这些特点，对于企业加入网络营销的决策和实施过程都十分重要。营销商要想吸引顾客，保持持续的竞争力，就必须对本地区、本国以及全世界的网络用户情况进行分析，了解他们的特点，制定相应的对策。

2)　网络消费者的分类

进行网上购物的消费者可以分为以下几种类型。

(1)　简单型。简单型的顾客需要的是方便、直接的网上购物。他们每月只花少量时间上网，但他们进行的网上交易却占了一半。零售商们必须为这一类型的人提供真正的便利，让他们觉得在你的网站上购买商品将会节约更多的时间。

(2)　冲浪型。冲浪型的顾客约占网民的 8%，而他们在网上花费的时间却占了 32%，并且他们访问的网页数是其他网民的 4 倍。冲浪型网民对常更新、具有创新设计特征的网站很感兴趣。

(3)　接入型。接入型的顾客是刚触网络的新手，他们很少购物，而喜欢网上聊天和发送免费问候卡。那些有着著名传统品牌的公司应对这群人保持足够的重视，因为网络新手们更愿意相信生活中他们所熟悉的品牌。

(4)　议价型。议价型顾客有一种趋向购买便宜商品的本能，著名的 eBay 网站一半以上的顾客属于这一类型，他们喜欢讨价还价，并非常希望在交易中获胜。

(5)　定期型和运动型。定期型和运动型的网络使用者通常都是被网站的内容所吸引。定期型网民常常访问新闻和商务网站，而运动型的网民喜欢运动和娱乐网站。

目前，网上销售商面临的挑战是如何吸引更多的网民，并努力将网站访问者变为消费者。笔者认为，网上销售商应将注意力集中在其中的一两种类型上，这样才能做到有的放矢。

6.2.2　网络消费者的需求与购买动机

由于互联网商务的出现，消费观念、消费方式和消费者的地位正在发生着重要的变化，互联网商务的发展促进了消费者主权地位的提高。网络营销系统巨大的信息处理能力，为消费者挑选商品提供了前所未有的选择空间，使消费者的购买行为更加理性化。

1. 网络消费需求的特征

网络消费需求主要有以下八个方面的特点。

1)　消费者消费个性回归

在近代，由于工业化和标准化生产方式的发展，消费者的个性被淹没于大量低成本、单一化的产品洪流之中。随着 21 世纪的到来，这个世界变成了一个计算机网络交织的世界，消费品市场变得越来越丰富，消费者进行产品选择的范围全球化，产品的设计多样化，消费者开始制定自己的消费准则，整个营销市场又回到了个性化的基础之上。很少有两个消费者的消费心理是一样的，每一个消费者都是一个细小的消费市场，个性化消费成为消费的主流。

2) 消费者需求的差异性

不仅是消费者的个性消费使网络消费需求呈现出差异性，对于不同的网络消费者，因其所处的时代、环境不同，也会产生不同的需求。不同的网络消费者，即便在同一需求层次上，他们的需求也会有所不同。因为网络消费者来自世界各地，有不同的国别、民族、信仰和生活习惯，因而会产生明显的需求差异性。所以，从事网络营销的厂商，要想取得成功，就必须在整个生产过程中，从产品的构思、设计、制造，到产品的包装、运输、销售，认真思考这些差异性，并针对不同消费者的特点，采取相应的措施和方法。

3) 消费的主动性增强

在社会化分工日益细化和专业化的趋势下，消费者对消费的风险感随着选择的增多而上升。在许多大额或高档的消费中，消费者往往会主动通过各种可能的渠道获取与商品有关的信息并进行分析和比较。或许这种分析、比较不是很充分和合理的，但消费者能从中得到心理的平衡以减轻风险感或购买后产生的后悔感，增加对产品的信任程度和心理上的满足感。消费主动性的增强来源于现代社会不确定性的增加以及人类需求心理稳定和平衡的欲望。

4) 消费者直接参与生产和流通的全过程

传统的商业流通渠道由生产者、商业机构和消费者组成，其中商业机构起着重要的作用，生产者不能直接了解市场，消费者也不能直接向生产者表达自己的消费需求。而在网络环境下，消费者能直接参与到生产和流通中来，与生产者直接进行沟通，减少了市场的不确定性。

5) 追求消费过程的方便和享受

在网上购物，除了能够满足实际的购物需求以外，消费者在购买商品的同时还能得到许多信息，并得到在传统商店没有的乐趣。今天，人们对现实消费过程出现了两种追求趋势：一部分工作压力较大、紧张程度高的消费者以方便性购买为目标，他们追求的是时间和劳动成本的尽量节省；而另一部分消费者，由于劳动生产率的提高，自由支配时间增多，他们希望通过消费来寻找生活的乐趣。今后，这两种相反的消费心理将会在较长的时期内并存。

6) 消费者选择商品的理性化

网络营销系统巨大的信息处理能力，为消费者挑选商品提供了前所未有的选择空间。消费者会利用在网上得到的信息对商品进行反复比较，以决定是否购买。对企事业单位的采购人员来说，可利用预先设计好的计算程序，迅速比较进货价格、运输费用、优惠、折扣、时间效率等综合指标，最终选择有利的进货渠道和途径。

7) 价格仍是影响消费心理的重要因素

从消费的角度来说，价格不是决定消费者购买的唯一因素，但却是消费者购买商品时肯定要考虑的因素。网上购物之所以具有生命力，重要的原因之一是因为网上销售的商品价格普遍低廉。尽管经营者都倾向于以各种差别化来减弱消费者对价格的敏感度，避免恶性竞争，但价格始终对消费者的心理产生重要的影响。因此消费者可以通过网络联合起来向厂商讨价还价，产品的定价逐步由企业定价转变为消费者引导定价。

8) 网络消费仍然具有层次性

在网络消费的开始阶段，消费者偏重于精神产品的消费；到了网络消费的成熟阶段，消费者完全掌握了网络消费的规律和操作，并且对网络购物有了一定的信任感后，才会从侧重于精神消费品的购买转向日用消费品的购买。

小资料：

如何识别用户需求

国外的商务网站建设比我国起步要早，它们是如何做的呢？斯坦福大学设计师马尼·莫里斯(Marney Morris)的观点是："首要的事情是，客户为王。所以如果你从客户出发，你就会了解他们在哪里、在干什么、缺少什么、需要什么，以及任何属于此类的事情。当我们开始一个项目时，我们定义客户是谁、技术的优势和局限性有哪些(因为每个项目都有这两项内容)以及客户的期望是什么。而且我们常常提出目标——可能客户增加了10%，销售量增加了10%实际的可量化的目标。许多 Web 站点不是面向目标，而这正是我要告诉人们的开始之所在。"

2. 网络消费者的购买动机

所谓动机，是指推动人进行活动的内部原动力，即激励人们行为的原因。人们的消费需求都是由购买动机引起的。网络消费者的购买动机，是指在网络购买活动中，能使网络消费者产生购买行为的某些内在的动力。我们只有了解消费者的购买动机，才能预测消费者的购买行为，以便采取相应的促销措施。由于网络促销是一种不见面的销售，消费者的购买行为不能直接观察到，因此对网络消费者购买动机的研究就显得尤为重要。

网络消费者的购买动机基本上可以分为两大类：需求动机和心理动机。

1) 需求动机

网络消费者的需求动机是指由需求而引起的购买动机。要研究消费者的购买行为，首先必须研究网络消费者的需求动机。美国著名的心理学家马斯洛把人的需求划分为五个层次，即生理的需求、安全的需求、社会的需求、尊重的需求和自我实现的需求。需求理论对网络需求层次的分析具有重要的指导作用。而网络技术的发展使现在的市场变成了网络虚拟市场，但虚拟社会与现实社会毕竟有很大的差别，所以在虚拟社会中人们希望满足以下三个方面的基本需要。

(1) 兴趣需要。即人们出于好奇和能获得成功的满足感而对网络活动产生兴趣。

(2) 聚集。通过网络给相似经历的人提供了一个聚集的机会。

(3) 交流。网络消费者可聚集在一起互相交流买卖的信息和经验。

2) 心理动机

心理动机是由于人们的认识、感情、意志等心理过程而引起的购买动机。网络消费者购买行为的心理动机主要体现在理智动机、感情动机和惠顾动机三个方面。

(1) 理智动机。理智动机具有客观性、周密性和控制性的特点。这种购买动机是消费者在反复比较各在线商场的商品后才产生的，因此，这种购买动机比较理智、客观而很少受外界环境的影响。这种购买动机的产生主要用于耐用消费品或价值较高的高档商品的购买。

(2) 感情动机。感情动机是由人们的感情所引起的购买动机。这种动机可分为两种类型：一种是由于人们喜欢、满意、快乐、好奇而引起的购买动机，它具有冲动性、不稳定的特点；另一种是由于人们的道德感、美感、群体感而引起的购买动机，它具有稳定性和深刻性的特点。

(3) 惠顾动机。惠顾动机是建立在理智经验和感情之上，对特定的网站、国际广告、商品产生特殊的信任与偏好而重复、习惯性地前往访问并购买的一种动机。由惠顾动机产生的购买行为，一般是网络消费者在做出购买决策时心目中已首先确定了购买目标，并在购买时克服和排除其他同类产品的吸引和干扰，按原计划确定的购买目标实施购买行为。具有惠顾动机的网络消费者，往往是某一站点的忠实浏览者。

6.2.3 网络消费者的购买过程

消费者购买行为是指消费者在购买动机的支配下，为满足某种需要而进行的购买商品的活动，一般可分为经常性购买、选择性购买和探究性购买。网络消费者的购买过程，也就是网络消费者购买行为形成和实现的过程。这一过程不是简单地表现为买或不买，而是一个较为复杂的过程，如图 6-2 所示。

与传统的消费者购买行为相类似，网络消费者的购买行为早在实际购买之前就已经开始，并且延长到实际购买后的一段时间，有时甚至是一个较长的时期。从酝酿购买开始到购买后的一段时间，网络消费者的购买过程大致可以分为五个阶段：诱发需求、收集信息、评估比较、购买决策和购后评价。

1. 诱发需求

网络购买过程的起点是诱发需求。消费者的需求是在内外因素的刺激下产生的。当消费者对市场中出现的某种商品或某种服务产生兴趣后，才可能产生购买欲望，这是消费者做出购买决定过程中所不可缺少的基本前提。如不具备这一基本前提，消费者也就无从做出购买决定。

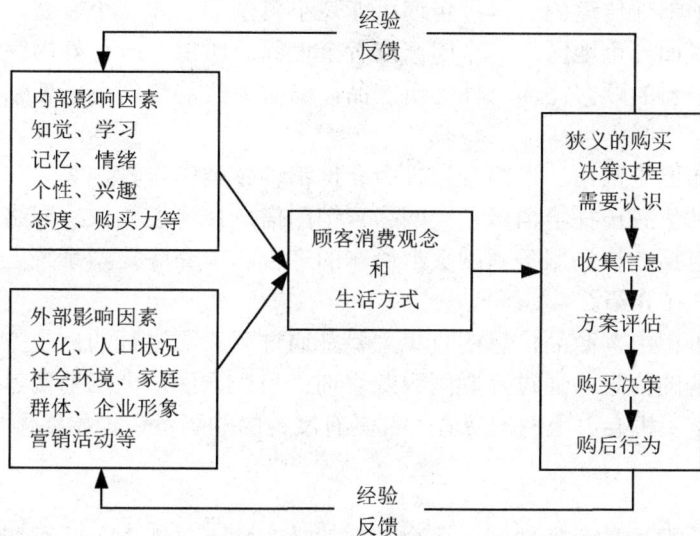

图 6-2 消费者购买决策过程

在传统的购物过程中，诱发需求的动因是多方面的。人体内部的刺激，如饥饿、口渴的刺激，可以引发对食物、饮料的需求。外部的刺激也可以成为"触发诱因"，如看到同事穿了一件新西服，感到非常得体、潇洒，手感也非常好，因而产生了自己也要买一件的想法。但对于网络营销来说，诱发需求的动因只能局限于视觉和听觉。文字的表述、图片的设计、声音的配置是网络营销诱发消费者购买的直接动因。从这方面讲，网络营销对消费者的吸引具有相当的难度。这就要求从事网络营销的企业或中介注意了解与自己产品有关的实际需求和潜在需求，了解这些需求在不同时期的不同程度，了解这些需求是由哪些刺激因素诱发的，进而巧妙地设计促销手段去吸引更多的消费者浏览网页，诱导他们的需求。

2. 收集信息

当需求被唤起之后，每一个消费者都希望自己的需求能得到满足。所以，收集信息，理解行情，成为消费者购买过程的第二个环节。这个环节的作用就是汇集商品的有关资料，为下一步的比较选择奠定基础。

在购买过程中，收集信息的渠道主要有两个：内部渠道和外部渠道。内部渠道是指消费者个人所储存、保留的市场信息，包括购买商品的实际经验、对市场的观察以及个人购买活动的记忆等；外部渠道则是指消费者可以从外界收集信息的通道，包括个人渠道、商业渠道和公共渠道等。

个人渠道的提供主要来自消费者的亲戚、朋友和同事的购买信息和体会。这种信息和体会在某种情况下对购买者的购买决策起着决定性的作用，网络营销者决不可忽视这一渠道的作用。在没有实物作为信息载体的情况下，人们对网上商品的质量、服务的评价主要是通过语言和电子邮件传递的。这种传递可能是小范围的，如一个家庭、一个单位；也可能是很大的范围，如一个地区、一个国家或者全世界。所以，一件好的商品，一次成功的销售可能带来若干新的顾客；而一件劣质产品，一次失败的销售可能使销售商几个月甚至几年不得翻身。

商业渠道，如展览推销、上门推销、中介推销、各类广告宣传等，主要是通过厂商有意识的活动把商品信息传播给消费者。网络营销的信息传递主要依靠网络广告和检索系统中的产品介绍，包括在信息服务商网页上所作的广告、中介商检索系统上的条目以及自己主页上的广告和产品介绍。

在网络购买过程中，商品信息的收集主要是通过互联网进行的：一方面，上网消费者可以根据已经了解的信息，通过互联网跟踪查询；另一方面，上网消费者又不断地在网上浏览，寻找新的购买机会。上网消费者大都具有敏锐的购买意识，始终领导着消费潮流。

3. 评估比较

消费者需求的满足是有条件的，这个条件就是实际支付能力，没有实际支付能力的购买欲望只是一种空中楼阁，不可能导致实际的购买。为了使消费需求与自己的购买能力相匹配，比较、选择是购买过程中必不可少的环节。消费者对各渠道汇集而来的资料进行比较、分析、研究，了解各种商品的特点和性能，从中选择最满意的一种。一般来说，消费者的综合评价主要考虑产品的功能、可靠性、性能、样式、价格和售后服务等。通常，一般消费品和低值易耗品较易选择，而消费者对耐用消费品的选择则比较慎重。

1) 网络购物不直接接触实物

消费者对网上商品的比较依赖于厂商对商品的描述，包括文字的描述和图片的描述。网络营销商对自己的产品描述得不充分，就不能吸引众多的顾客。而如果厂商对产品的描述过分夸张，甚至带有虚假的成分，则可能永久地失去顾客，因为虚拟市场上的厂商和顾客可能是"早晚鸡犬相闻，老死不相往来"。对于这种分寸的把握，是每个从事网络营销的厂商都必须认真考虑的。

2) 对于消费者而言，存在网络广告可信度的问题

近年来，在传统媒体上所出现的虚假广告现象也不可避免地出现在网络广告上，消费者应当从不同角度考察网络广告的可信度。

(1) 看发布渠道。一般来说，在著名站点上发布广告的厂商，其经济实力较强，可信度较高；反之，其可信度较低。

(2) 看广告用语。语言是广告对外传播信息的一种主要的表达形式，客观地、实事求是地反映商品的特点是网络广告的基本要求。广告用语的夸张、煽动性是一种哗众取宠、愚弄网民的行为。

(3) 看主页内容更换的频率。网络营销成功的企业，其主页内容必定经常更换，不时

推出新的信息和产品。而不重视网络营销的企业,对主页的内容漠不关心,经常是以老面孔展现在网民面前。

(4) 尝试性购买。对于一个不熟悉的网络推销站点,若要购买其商品,可以先作一次或几次尝试性购买,了解厂商的产品质量和服务质量,然后再进行大规模购买。

4. 购买决策

网络消费者在完成了对商品的比较、选择之后,便进入到购买决策阶段。网络购买决策是指网络消费者在购买动机的支配下,从两件或两件以上的商品中选择一件满意商品的过程。购买决策是网络消费者购买活动中最主要的组成部分,它基本反映了网络消费者的购买行为。

与传统的购买方式相比,网络购买者的购买决策有许多独特的特点。首先,网络购买者理智动机所占比重较大,而感情动机的比重较小。这是因为消费者在网上寻找商品的过程本身就是一个思考的过程。对任何一件新产品的出现,消费者都不用担心买不到,他有足够的时间仔细分析商品的性能、质量、价格和外观,从容地做出自己的选择。其次,网络购买受外界影响较小。购买者常常是独自坐在计算机前上网浏览、选择,与外界接触较少,因而决策范围有一定的局限性,大部分的购买决策是自己做出的或是与家人商量后做出的。正是因为这一点,网上购物的决策行为较之传统的购买决策行为要快得多。

对于网络营销商而言,要在没有实物的情况下把消费者口袋里的钱掏出来,并非一件容易的事。网络消费者在决策购买某种商品时,一般必须具备三个条件:第一,对厂商有信任感;第二,对支付有安全感;第三,对产品有好感。所以,树立企业形象、改进货款支付办法和商品邮寄办法、全面提高产品质量,是每一个参与网络营销的厂商必须重点抓好的三项工作。这三项工作抓好了,才能促使消费者毫不犹豫地做出购买决策。

5. 购后评价

消费者购买商品后,往往通过使用商品来对自己的购买选择进行检验和反省,重新考虑这种购买是否正确、效用是否理想,以及服务是否周到等问题,这种购后评价往往决定了消费者今后的购买动向。

消费者在购买和试用某种产品后感到满意或很满意,他们就可能重复购买这种产品,并且会对别人说这种产品的好话。反之,消费者在购买或试用某种产品后感到不满意或很不满意,他们以后就不会再去购买这种产品,而且会对别人说这种产品的坏话。所以商界中流传着这样一句话:"一个满意的顾客就是我们最好的广告。"在这里,"满意"的标准是产品的价格、质量和服务与消费者预料的符合程度。产品的价格、质量和服务与消费者的预料相匹配,消费者就会感到心理上的满足;否则,就会产生厌烦心理。购后评价为消费者发泄内心的不满提供了一条非常好的渠道,同时也为厂商改进工作收集了大量第一手资料。

6.2.4 网络顾客的服务策略

网络营销传播的出发点和终结点均是消费者(顾客)导向的(Consumer-Oriented)，这是整合营销的基本要求。整合营销主张"消费者想要的是什么"，而不是寻求"我们想要的消费者"。这不仅应实实在在地体现到网络营销传播过程中的每一个环节，而且应持续不断地贯穿于每一轮网络营销传播的始终。随着整合营销在网络营销中的运用，"消费者为王"已不再是一句空洞无物的口号。网络商业服务把消费者推上了权利的宝座，给予消费者从未有过的选择自由，同时也使得拥有消费者数量成为判断商家卖力的标准。这个时候，消费者是无价之宝，是一个网站发展的主要基础和重要保证，谁拥有消费者，谁就拥有未来。

客户关系体现在与客户的每一次信息交流中，这些交流都可能增加或削弱客户与企业之间的合作愿望。但企业与客户的每一次交流还是有意义的，要让潜在的客户和现有的客户意识到企业会对他们的需求做出反应并尽可能使他们满意，让客户认识到企业是他们值得依赖和值得长期合作的。客户服务主要包括以下几方面。

1. 客户支持

企业通过网站、E-mail 电话、传真、语言应答系统对客户的要求做出有效的反馈管理，包括服务需求管理、客户管理、联系和活动管理、客户调查、退货确认和其他服务。

2. 现场服务

没有什么比上门解决实际问题更能够培养客户对公司的忠诚了。现场服务是外部客户服务的延伸，当顾客提出产品维修与保养的要求时，企业需派人到客户家中解决实际问题。

3. 产品质量跟踪

收集客户对产品质量、缺陷的反馈意见，迅速查明问题并找到合适的解决办法，以提高产品质量。

4. 连带销售

企业在进行客户支持、产品质量跟踪、现场服务以及其他信息交流时，如发现顾客有特殊需要，也可以连带销售其配套产品或延伸产品。

5. 客户需求特征分析

客户关系强调的是基于历史交易情况来区分客户。营销人员需要深入分析企业主要客户群的基本特点和需求特征，挖掘客户的潜在价值，找出有价值的客户群，帮助企业进行市场细分并提供个性化服务。

6.3　网络消费者忠诚度分析

潜在顾客搜寻管理软件——LikeMinds 软件

LikeMinds 软件是 Macromedia 公司开发的一种个性化软件。该软件把网站与用户的每一次交流变成网站与用户之间交互性销售过程中的每一步，它利用个人点击情况、购买历史数据、明显的偏好和产品的相似性来向网站的访问者推荐能十分准确满足他们需要的产品，从而帮助访问者来尝试和购买产品。另外，该软件还能向企业提供关于顾客偏好的报告和向顾客推荐产品的有效性。通过这一系列个性化的操作，LikeMinds 软件不仅可以为在线购物者提供更多的方便，建立起企业作为在线商家的信誉，而且可以使网站的浏览者变成企业忠诚的顾客。

LikeMinds 软件之所以能帮助企业建立起顾客的忠诚，原因还在于其精确性。Macromedia 公司开发了一种合作过滤技术的专利产品——"点击一次即结束"的个性化技术。这种合作过滤技术能够检查用户的行为(消极的或积极的)，寻找有类似行为的其他用户，从而为每位用户创建一个关系群(一个关系群是指与该用户非常相似的一群用户的集合)。这样，企业就可以利用为每位访问者建立起的独有的关系群进行实时的产品推荐，从而更好地满足顾客的个性化口味。

(资料来源：凯瑟琳·辛德尔，忠诚营销[M]，北京：中国三峡出版社，2001)

6.3.1　网络消费者忠诚度概述

1. 网络消费者忠诚度的重要性

近年来，随着卖方市场逐渐转变为买方市场，消费者也取代了企业成为商业活动的主导者。与之相随的技术、信息的加速扩散导致企业在产品和服务提供上差别甚微，而越来越多地表现出对消费者选择的依赖性，消费者成为企业经营成败的决定因素。相应地，企业重心从"产品中心(Product-center)"转化为"消费者中心(Customer-center)"。但是，不同消费者对企业的意义是不同的，著名的"80/20/30"原则早已揭示出真正能为企业带来利润的只有 20%的消费者(基本上都是企业的忠诚消费者)。基于此，企业对消费者，特别是对忠诚消费者重要性的认识日益提高。在传统商务领域，对于消费者忠诚作用的研究已经很多，比如美国学者雷奇汉(Frederick F. Reichheld)和赛塞(W. Earl Sasser，Jr)的研究结果表明，消费者忠诚率提高 5%，企业的利润就能增加 25%～85%。电子商务出现后，大多数网上企业将大部分精力放在了吸引新消费者上，而忽视了对消费者忠诚的培育。事实证明，电子商务中消费者忠诚的重要性比在传统经济下"有过之而无不及"。在网络环境下，忠诚消费者的作用主要表现在以下几个方面。

1) 忠诚消费者的利润创造作用

首先，消费者参与企业价值的创造。在网络环境中，消费者不再是各种活动的被动接受者，消费者在与企业的交往中已经由被动转为主动，特别是那些忠诚的消费者，他们积极参与企业价值的创造和竞争活动，逐渐成为企业价值的共同创造者。他们与企业的关系更加密切，已经成为企业新的竞争力资源。例如，微软在 Windows 2000 改进版的测试中，花费 5 亿美元邀请 65 万多名消费者参加，共同探讨改进产品性能的方法。在这项活动中，有些消费者甚至自己掏钱参与。通过这次尝试，许多消费者充分认识到 Windows 2000 新版本可以给他们的工作带来更大的便利；同样，通过这样的测试，微软公司也改进了产品的性能，克服了产品早期版本的诸多缺点，赢得了消费者的认可，从而也增加了用户对微软公司的进一步忠诚。

其次，忠诚消费者会产生更多的利润回报。消费者购买商品时所支付的超过商品成本的那部分价格就是消费者提供给公司的利润回报。很明显，消费者保留的时间越长，购买的次数越多，企业从该消费者身上获得的回报也就越多。而且，消费者单次购买的消费量会随时间变长而增加，这在电子商务中表现得尤为明显：网站的初次登录者可能是有目的地前来搜寻某种商品，而随着对网页熟悉程度的提高，他对公司网站上销售的产品也有了更多的了解，在选购裙子的同时可能会顺带购买一双皮鞋。当消费者对该网站的信赖度进一步提高后，他可能在以后的网上购物活动中都将这一家网站作为首选。这样一来，公司就可以在这位消费者身上实现更多的向上销售和交叉销售，获得更多的利润回报。

最后，忠诚消费者的利润率会更高。忠诚消费者对价格并不敏感，大多数情况下他们支付的价格实际上比新消费者要高。忠诚消费者不像新消费者一样喜欢优惠券等折价措施，在商店对部分商品降价时，老消费者购物筐中的降价商品所占的比重要远远低于新消费者。网上购物时，大多数购买者往往因为购物的方便而愿意支付一定程度的溢价。这主要是因为忠诚消费者在维系同企业的关系的过程中常常能获得较高的价值(譬如，独特的产品与情感需求的满足)，因而他们不像新消费者那样十分在意价格。因此，忠诚消费者的利润率相对较高。

2) 忠诚消费者的成本降低作用

第一，培养忠诚消费者能降低企业的消费者获取成本。企业在获取消费者时要付出较大成本，争取一个新消费者的成本是维系一个老消费者的成本的 5 倍。研究发现，电子商务下新消费者的获取成本要大大高于传统方式下的获取成本(如网上零售比传统零售的成本高 20%～40%)。这就意味着网上争取新消费者的成本将更高，获取一名新消费者的成本可能超过 100 美元，即使对亚马逊这样成功的电子零售商而言，这一成本也在 15 美元以上，而相比之下，亚马逊书店留住一名现有消费者的成本仅为 2～4 美元。这主要是由于网络巨大的包容性所带来的"信息爆炸"使消费者难以抉择而易于叛离。但是，如果企业能将首次购买者维系下来，他们带给企业的利润将随交易量的增多而大幅度地增加，网上消费者在第 20~30 个月的购买量是最初 6 个月的 2 倍多。Bain＆Company(http://www.bain.com/)和 Mainspring(http://www.mainspring.com/home)最近的报道也显示，消费者平均要在一个网上商店购物 4 次，商店才能收回为获得这些消费者所付出的成本。可见，如果忽视对网上消费者忠诚的培育，企业花费在吸引消费者上的高额成本就会付之东流，因而只有建立消费者忠诚才能使企业获益。

第二，培养忠诚消费者能够降低营业成本。由于新消费者在首次交易中不熟悉网站的布局与业务流程，企业需要提供较多的服务。而忠诚消费者则在持续的购买活动中积累了丰富的知识，他们几乎不再需要业务流程方面的指导，产品知识的逐渐增多也将减少相关的咨询服务，消费者与服务人员的交往还会使双方合作的默契程度提高，从而提高经营效率。忠诚消费者因熟悉业务流程而需要较少的服务时间，从而使网站能接纳更多的在线购物者，服务人员也可以为更多的消费者提供服务。这些都将直接导致营业成本降低，经营效率提高，并进而提升企业的竞争能力。

3) 忠诚消费者的口碑效应

消费者的口碑效应在传统经济中早已引起重视。而根据雷克海(Reichheld)和谢夫特(Schefter)的调查，口碑效应在电子商务中具有更大的影响：超过半数的网上忠诚消费者都是口碑效应的产物。作为公司与消费者之外的第三方，忠诚消费者的宣传作用大大强于广告，能对消费者产生更大的影响。而且，"物以类聚，人以群分"，推荐而来的新消费者与老消费者往往在需求上具有某些相似点，他们常具有明确的购买目的，不像其他网上浏览者那样频繁地更换购物站点。因此，忠诚消费者推荐来的消费者往往比通过广告、降价等方式吸引来的消费者质量更高。并且，网络巨大的覆盖面与便捷的信息传递能力使消费者之间的信息传递更为方便，网上"口碑"的作用范围更深更广，能吸引更多人成为企业的消费者乃至忠诚消费者。值得注意的是，口碑对提升企业形象也具有积极的作用。

4) 消除网络信息透明化带来的负面影响

网络技术的发展使得信息高度透明化，卖方在信息的获得上不再占有优势，消费者可以在网络经济提供的"颠倒的市场"中获得很大的权利，他们利用互联网提供的各种信息，为自己寻求更大的价值。他们在信息基础上，与卖方进行讨价还价，将多个卖方进行比较，从中找出满足自己需要的、质量和价格结合更好的产品和服务。而消费者忠诚的建立，可以有效地制止消费者对其他企业信息需求的欲望，排斥其比较心理，使企业获得终生消费者，从而排除网络信息透明化对企业的不良影响。

5) 消费者忠诚对企业的整体价值

事实上，忠诚是一种原则，它是企业据以长期服务于所有成员的各项原则的总和。消费者的忠诚与员工和投资者的忠诚紧密相关。忠诚消费者的产生离不开忠诚员工的努力，而忠诚消费者带来的价值又会保留更多的员工，吸引更多的长期投资者。员工、消费者和投资者这三者作为"忠诚的力量"，将会形成一种难以估量的"忠诚效力"，使企业的整体竞争优势大幅度提升，帮助企业在竞争中处于领先地位。

较低的维系与服务成本、重复购买与交叉购买的利润贡献、更高的利润率及网上口碑带来的新消费者都将直接促进利润的增长，而这些优势若能得以长期保持，就能赢得员工与投资者的忠诚，提高企业的竞争能力，而竞争能力的提高反过来又会吸引更多的消费者保留在企业内部并成为忠诚客户，三方面忠诚的相互作用就形成了一种螺旋上升的良性循环。如果再考虑到忠诚客户在提供市场需求信息、竞争对手信息等方面的作用，那么，消费者忠诚就足以被视为一种宝贵的资源，它是电子商务中企业制胜的竞争法宝。

2. 网络消费者忠诚度的内涵与分类

1) 广义的网络消费者忠诚的内涵与分类

从广义上说，在传统的商业环境中，消费者忠诚(Customer Loyalty)被定义为消费者行为的持续性，即重复购买。与此相对应的网络消费者的忠诚则是指消费者持续地访问某个网站或在某个电子零售商处进行持续的重复购买。这一定义没有涉及消费者的心理层面，只是以行为的持续性为依据来判断一个消费者是否属于忠诚消费者的范畴。然而，不同消费者的忠诚差别很大，不同行业的消费者忠诚也各不相同。从这一定义出发，根据产生持续性行为的不同原因及消费者的依恋程度，可以将消费者忠诚分为以下几种类型。

(1) 垄断忠诚。垄断忠诚是指消费者因别无选择而形成的持续性访问与购买。因为只有一个供应商，所以消费者就只能有一种选择，这些消费者通常是低依恋、高重复的购买者。在传统的商业环境中，我国的邮政系统就是垄断忠诚的一个很好的实例。此外，微软公司的某些产品也具有垄断忠诚的性质，用户所需要的某个程序只有在微软的网站才能够下载到，那么用户就别无选择，只有经常访问微软的网站了。

(2) 惰性忠诚。惰性忠诚是指消费者由于惰性而不愿意去寻找其他的供应商而形成的重复购买。这些消费者也是低依恋、高重复的购买者，他们对公司并不满意，如果其他的公司能够让他们得到更多的实惠，这些消费者便很容易被其他企业挖走。一位制造商总是从同一家卖主那里订购某一零部件，而他之所以总是选择那家特定的卖主，就是因为他对订货程序比较熟悉，而懒得去寻找新的供应商，这就是一种典型的惰性忠诚。一个网民总是在新浪网看天气预报，不是因为别的，只因为那已经成了一种习惯，他不愿再花时间到别的网站去寻找了。

(3) 潜在忠诚。潜在忠诚是指低依恋、低重复购买的消费者。消费者希望不断地购买产品或服务，但是公司的一些内部规定或是其他的环境因素限制了他们。比如说，某一消费者原本希望再来购买，但是卖主只对消费额超过 150 元的消费者提供免费送货，这时这一消费者就成了企业的潜在忠诚消费者。再比如说，某个网民想登录某个网站，但他只有花一个多小时的时间下载一个浏览器才能登录，而这个网民偏偏又无法下载那个浏览器，此时，这个网民就成了该网站的潜在忠诚消费者。

(4) 方便忠诚。某个消费者的重复购买是由于地理位置比较方便，这就形成方便忠诚。方便忠诚的消费者类似于惰性忠诚的消费者，是低依恋、高重复购买者，也是很容易被竞争对手挖走的。

(5) 价格忠诚。对价格敏感的购买者总是忠诚于提供最低价格的零售商，这是一群低依恋、低重复购买的消费者，只要竞争对手提供更低的价格，他们就会离开。在网络环境中，有好多提供价格比较的网站，为了买一件商品而光顾几个网站以比较价格的消费者，往往都是价格忠诚型的购买者。

（6）　激励忠诚。在激励忠诚中，消费者的重复购买是由公司提供的奖励活动带来的。当公司有奖励活动的时候，消费者们就会前来购买；当活动结束时，消费者们就会转向其他有奖励的或是奖励更多的公司。比如说，经常选择美国航空公司的旅行者是为获得其所提供的免费飞行里程，这就是激励忠诚的表现。此外，经常光顾 QQ 商城活动的网民是为了获得更多的 Q 币，这也是一种激励忠诚的表现。

（7）　超值忠诚。这是一种典型的品牌忠诚。超值忠诚的消费者是高依恋、高重复购买的消费者。消费者对那些使其从中受益的产品和服务情有独钟，不仅乐此不疲地宣传它们的好处，而且还热心地向他人推荐。因此，这种忠诚对很多行业来说都是最有价值的。一位摄影爱好者总是购买柯达的胶卷，而对其他品牌的胶卷从不问津，这就是一种超值忠诚。一位经常光顾亚马逊书店，购买其出售的多种商品，并极力向朋友推荐该网上书店的用户显然是一位超值忠诚的消费者。

2）　狭义的网络消费者忠诚的内涵与分类

在传统商业环境中，狭义的消费者忠诚通常被定义为：一种深沉的、在未来将重复购买产品或服务的责任感。这种责任感会使消费者在可能会导致其转换品牌的环境及营销因素影响下，仍会重复购买相同的品牌。忠诚实际上是一种渴望重复购买某一品牌或产品的热忱状态，它使消费者在竞争者提供了更快捷的服务、更好的质量、更低的价格等诱因的情况下，仍然认为自己所作的是最好的选择。这一定义可以从以下几个方面来理解：首先，这里的忠诚包括两方面的内容，既有心理的忠诚(奉献的责任感)，也有行为的忠诚(重复的购买)；其次，这种消费者忠诚是在和竞争对手相比较的营销环境中产生的，没有竞争对手的垄断忠诚不能算是真正的忠诚；最后，这种忠诚更重视消费者的心理层面，强调的是消费者对品牌的积极态度、偏爱乃至对重复购买的责任感和热忱的状态，正是这种心理的偏爱才使得消费者在即使竞争对手提供更优越的条件时仍然坚持自己的选择。

在网络商业环境下，消费者忠诚的内涵没有发生实质性的改变，只是忠诚的对象变成了某个电子零售商或者某一个网站而已。本书采用的是狭义的消费者忠诚的概念。从上面的定义可以看出，从某种程度上说，消费者忠诚是非理性的。消费者忠诚依其程度深浅，可以分为以下四个不同的层次。

（1）　认知忠诚。这是忠诚的初始阶段，消费者获得的品牌属性信息显示，一个品牌比它的竞争品牌要优越得多，这个阶段被称为认知忠诚或者仅仅基于品牌信念的忠诚。认知可能来自于他人先前的经历或者消费者近期亲身的经历。这一阶段的忠诚直接指向品牌，这种忠诚状态是一个浅层状态。如果这种交易是例行的，满意就不可能向前发展，这种忠诚的深度就不可能比纯粹的绩效深。如果满意能向前发展，它就变成消费者体验的一部分，并开始在情感上产生作用。

（2）　情感忠诚。在忠诚发展的第二阶段，消费者由于多次的消费和使用而形成了对某一品牌的喜欢。情感忠诚表现为对品牌的喜欢，与认知忠诚相似，它也可能转换。实证研究证实，很多先前声称满意的消费者在随后的购买中发生了品牌转换行为。

(3) 意念忠诚。意念忠诚(行为导向)阶段的消费者受其对品牌的积极情感因素所影响。意念忠诚表现为重复购买某个特定品牌的奉献意识。然而，这种奉献更多的是重复购买这一品牌的一种意向，更多的是与刺激相类似的情感。在效果上，消费者想要去购买，但与任何"好的意向"相似，这种愿望可能仅仅是一种思想上的参与而没有转化为行动。

(4) 行动忠诚。当意向上的忠诚转化为行动时，行动忠诚就产生了。在行动控制顺序中，早先的忠诚形成的激励意向转化为行动意愿。在所有这些状态中，行动是一个必然的结果。如果这种过程被重复，行动的惯性就形成了，重复购买也就产生了。

小资料：

如果一个客户的价值是 5000 元人民币，假若这个客户不再和企业发生交易，假设间接损害系数仅为 15%，并且根据市场行情只有 10% 的人在不满意时会投诉，企业共受到 100 次投诉，试分析企业的客户流失损失？

答：这是个客户流失的损失问题，根据客户关系管理的基本理论及客户价值计算要求，企业首先损失这 5000 元人民币；其次，因为不满意，这个客户会使企业的商誉受到损害，如果这个损害系数仅为 15% 的话，企业损失为 5000×15%。这样，企业每失去一个客户，就直接损失 5750 元人民币。

实际上，企业的损失远不止如此。这个客户离开企业不是无缘无故的，原因是企业的产品或服务出现了问题；客户也不是很随意就离开企业，他们是在寻求企业解决方案却没有得到满意的处理之后，终于失去了耐心。如果只有 10% 的人在不满意时会投诉，企业受到 100 次投诉，说明有 1000 个客户不满意。假若对已投诉的客户企业已进行较好的处理，让这些投诉的客户消除了不满，但那些不满的客户又没进行投诉的，企业就不能解除他们的不满。这些不满意的客户给企业的市场都带来了损害，损失是每个客户的价值为 5 175 000 元人民币(5750×900)，这样，企业实际的市场损失超过 500 万元人民币。

3. 影响网络消费者忠诚度的因素

1) 消费者让渡价值因素

消费者让渡价值是指总消费者价值与消费者成本之差。消费者与企业之间是一种价值交换的关系，消费者通过消费者让渡价值来选择特定的某家企业。可以说，企业让渡给消费者的价值对其忠诚的产生发挥着重要作用。同时布莱克威尔(Blackwell)等人在其提出的价值—忠诚度模型中也表明，感知价值对消费者的再购买意愿起决定性作用，情境因素在直接影响消费者忠诚度的同时，还通过作用于消费者感知价值的构成而间接地影响消费者忠诚。

2) 消费者满意因素

菲利普·科特勒(Philip Kotler)大师认为，消费者满意是指"一个人通过对一个产品的可感知效果(或结果)与他的期望值相比较后，所形成的愉悦或失望的感觉状态"。消费者的满意程度较高，则该消费者会购买更多，对公司及其品牌的忠诚更久。大量的有关消费者满意和消费者忠诚的研究也认为,无论行业竞争情况如何,消费者忠诚都会随着消费者满意度的提高而提高。可以说,消费者满意是推动消费者忠诚的最重要因素之一。

3)　转换成本因素

在与企业的交往中,老消费者通常会发现,如果自己想要更换品牌或卖方时,会受到转换成本和只能从当前的供方那里获得的延迟利益的限制。在网络信息环境下,虽然消费者有着主动的地位,但是随着消费者不断地融入特定企业,转换成本也会随之提高。例如著名的 Dell 公司(见图 6-3)开发出一种软件,将其网上服务系统连接到消费者自身的企业资源计划软件中。这样,当某个消费者向 Dell 订货时,不仅能使戴尔的内部及其供应商做出反应,同时还启动了自身的经营系统,如审批、预算、库存等,从而使自身的盈利能力大增。这时,如果消费者再想转向另一家公司,其转移成本就非常大,在这种情况下,消费者便会做出忠诚于 Dell 的决策。一般来讲,企业构建转移壁垒,使消费者在更换品牌和卖方时感到转移成本太高,原来所获得的利益会因为转换品牌或卖方而流失,这样就可以使消费者进行重复的购买。

4)　其他相关因素

巴巴拉·杰克逊(Barbara Bund Jackson)认为,消费者的重复购买行为必然处于两个极端的行为模式(忠诚型和机会型行为模式)之间,消费者的具体购买行为模式主要由产品或服务对消费者的重要性、消费者购买时所面临的风险、需花费的金钱和时间精力的投入等所决定。在网络信息环境下,虽然消费者购买投入的时间大量地减少,但是购买时的风险还是一直存在的。如果所购买的产品或服务对客户的重要性低,购买选择面临的风险小,金钱和时间精力的花费投入少,消费者就会觉得没有必要刻意回到有满意感体验的企业,选择哪家都无所谓。消费者因而会随意进行选择,或者依据眼前的条件是否更有利这样单纯的标准来选择重复购买的目标企业,因而极易投向其他竞争企业,特别是当竞争企业提供了价格优惠等刺激手段时。

图 6-3　Dell 网站截图

当然，除了以上一些因素外，社会规范与情景因素对消费者的忠诚也有一定的影响。有许多情境因素会影响忠诚度，包括影响态度与行为一致性的实际和感知的机会(如面对首选的品牌缺货的情况，竞争企业降低价格的诱惑或在同一购物环境下，竞争企业的有效促销会增加其产品对消费者的影响力)。这些情境因素作为外部事件会对态度—行为的一致性带来影响。

4. 网络消费者满意与网络消费者忠诚

1) 消费者满意及其决定因素

菲利普·科特勒认为，消费者满意是"一种人的感觉水平，它来源于对一种产品所设想的绩效(Performance)与人们的期望所进行的比较"。这一定义实际上描述的是广为流行的一种消费者满意模型。这种模型认为，消费者在进行消费之前，心中就持有产品应达到的一定标准，从而形成期望；在购买产品之后，消费者会将产品的实际表现同自己的标准相比较，从比较中判断自己的满意程度。这种判断有三种可能的结果：如果产品表现与消费者的标准相符，消费者就会感到适度的满意；如果产品表现优异，超过了消费者的标准，消费者则会十分满意；相反，如果产品表现达不到标准，消费者就会产生不满。

2) 消费者满意与消费者忠诚的关系

一般而言，消费者满意是消费者忠诚的一个必要因素，满意的消费者更有可能成为忠诚消费者，而忠诚消费者通常对产品也是极为满意的。但是，满意并不会必然地导致忠诚的产生，即满意的消费者并不一定会忠诚，并不一定会进行重复的购买。美国贝恩公司的一次调查显示，在声称对公司产品满意甚至十分满意的消费者中，有 65%～85% 的人会转向其他产品；在汽车业中，尽管有 85%～95% 的消费者对产品感到满意，但是只有 30%～40% 的人会再次购买相同厂家生产的产品或相同产品的同一型号；在餐饮业中，"你的晚餐如何"之类的满意度调查基本上无法测出消费者的真实感受，而且，即使消费者的真实感受是满意或非常满意，他们之中仍会有 60%～80% 的人成为"叛离消费者"。由此可见，仅仅有满意是不够的，企业只有努力将满意的消费者转变成忠诚的消费者才能够防止消费者的流失，获得长期的丰厚利润。

6.3.2 网络消费者忠诚度的建立

赢得网络消费者的忠诚是每一个电子商务企业都希望的，但是目前大多数网络企业拥有的网民并不多，而首次购买者更少(不足网民的 3%)，更不用说重复购买者了(不足网民的 1%)。在这种情况下，网络企业必须采取某些措施"感动"消费者，使他们愿意留下来。成功地保持消费者对网站的忠诚应包括下列步骤：①逐步了解和理解消费者；②实施有针对性的营销策略；③为消费者构建虚拟体验；④促进消费者社区的发展，如图 6-4 所示。下面将对各个步骤进行详细的介绍。

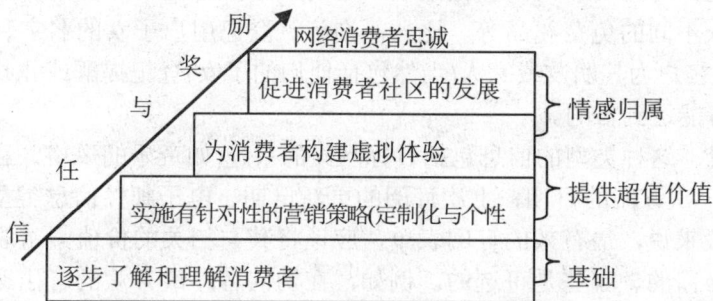

图 6-4　网络消费者忠诚度构建模型

1. 逐步了解和理解消费者

逐步了解和理解消费者的过程就是在网络环境中搜集消费者数据，了解消费者信息，并根据所获得的信息对潜在消费者进行筛选，从而选择合适消费者的过程。这一过程是从搜集网络消费者的数据信息开始的。

小资料：

麻省理工学院的《科技评论》杂志提出，未来五年对人类产生重大影响的十大新兴技术中，"数据挖掘"位居第三。

1) 搜集数据，建立网络消费者数据库

所有的网民都有可能成为企业的潜在消费者，因此，这里要搜集的数据资料主要包括两大类：综合性数据与具体数据。

综合性数据主要包括以下信息：网络用户的一般信息(如网民的性别比例、网民的平均受教育程度、网络用户的平均收入、网民的年龄结构等)、特定时间内旗帜广告的数量、电子邮件或网页中链接的点击次数、有多少人对网页发表感想等。这种数据有助于确保业务运作总体上的成功，能提供关于客户和来访者对什么感兴趣的总体评价。

具体数据包含了每一个客户与企业之间单独的交往过程。综合数据涉及总体趋势和一般性问题，而具体数据则涉及非常具体的细节：来访者对什么感兴趣；他们收到了哪些电子邮件；他们点击了哪些链接；他们购买了什么商品以及他们的地址、联系方式、购买习惯等。具体数据所包含的信息使得网站的定制化和个性化营销成为可能。

在网络背景下，消费者的数据是无所不在的。通常，企业可以通过以下几种途径获取潜在消费者的数据。

(1) 网民亲自提供的个人信息。这种类型的信息包括用户的姓名、电子邮件地址、家庭住址、邮政编码、性别、出生日期、第一语言、职业、婚姻状况、子女情况等。这类数据是最具个性化的信息，也是最难获得的一类信息。一般来说，最好在网民第一次访问网站时就说服他们把相关的信息资料留下，但是如果没有具体的回报，消费者往往不愿意提供任何信息。因此，对消费者入网登记采取一定的激励措施是十分奏效的，如让消费者参与竞赛、提供与众不同的免费礼品等。比如，询问、登记用户子女的名字和生日可能会冒犯他们，但是邀请客户为其朋友或家人(当然包括他们的子女)登记提醒或礼物建议服务就比较随和，也更有可能达到目的。

(2) 订阅信息。这种类型的信息包括目标网民的兴趣(如音乐的风格、喜欢的艺术家、股票行情等)、第一次订阅的日期、上次订阅的更新日期、电子邮件信息类型、希望的接触频度等内容。一般来说，最有效的订阅表单，应该将其与相关的价值紧密联系起来，明确指出哪些内容是必需的、哪些是可选的。例如，在询问客户最喜欢的音乐家时，告诉他们这样做的目的是为了在这些音乐家发行新的唱片时通知他们。此外，企业应该使在线订阅表单总是处于活跃状态，以便客户随时查看和更新信息。

(3) 购买记录。购买记录包括第一次购买的日期、最近一次购买的日期、购买频度、购买值(实际值或平均值)、购买的物品、购买起因等。因为过去的购买行为可以预示将来的购买兴趣，所以企业应该利用客户的购买记录所包含的信息来确定营销计划，进行有针对性的个性化服务。例如，一位消费者从当当书店买了一本《红楼梦》，那么他可能是对古代名著感兴趣的人，这就意味着他很可能对《三国演义》也感兴趣。在许多情况下，完整地记录购物历史是没有必要的，简单地累计一下消费者花了多少钱、上次购买的日期就够了。但是如果过去的实际购买行为与将来的联络非常相关，就需要保留这些信息并据此采取行动了。

(4) 网络行为信息。这里所说的网络行为信息是指第一次访问日期、上一次访问日期、停留时间、浏览的主题等内容。值得注意的是，网络行为信息不能只是简单地用来通知营销和 IT 部门在一定时间内网页有多少访问量。关于特殊的来访者和回头客等信息，网络营销人员应该对集成和利用消费者网络行为给予更多的关注。eBay 公司就是利用网络行为报告来估计潜在客户、注册会员和消费者的兴趣的。

(5) 外部活动。所谓外部活动是指其他渠道的接触记录(邮件、电话)、需要解决的支持问题、第一次和最近一次打电话或发邮件寻求支持的时间、支持日志/事件记录、产品退回记录等。在投递邮件、电话推销、客户支持、产品退回事件等活动中产生的数据可能成为衡量真正的客户价值、服务成本、用户接触和转变成本等的重要依据。将这些外部数据与企业的网络营销信息系统结合起来，可以发现并避免潜在的问题。例如，假设有一客户来信说他买的产品有缺陷，如果客户服务部门没有将这一问题告诉营销部门，营销部门可能还会给这位已经很生气的客户发送有关他正在抱怨的产品的最新信息的电子邮件。

(6) 外界增补信息。这里所讲的外界增补信息是指从外部来源获得，然后添加到消费者数据库中的信息，如人口信息、家庭信息等。例如，如果不知道消费者开什么类型的车，但又认为这个信息很重要，从理论上讲企业是可以从第三方提供商处获取的。

总之，企业应该利用通过上述方式获得的所有信息为每一个消费者建立一个综合的数据库，确保记录下与消费者每一次接触的信息：每一次送货、每一次访问、每一次购买、每一次抱怨。同时也要让消费者能够获得网站所储存的信息，消费者应该能随时了解自己的购物史，许多消费者在看见自己的档案后，往往很愿意向网站提供更多的信息。

2)　对数据库进行分析，选择合适的消费者

并非所有的网民都能成为对企业有吸引力的消费者，并非所有的早期消费者都有很高的终身价值。电子商务企业应该从开业之初就努力判断哪些消费者对企业具有更高的价值。企业应将绝大部分精力用于建立与高价值消费者群体的直接关系，并给他们以特殊的待遇。在早期阶段，企业可以求助于过去企业与消费者交往所获得的经验。然而，过不了多久，企业就需要根据互联网上所收集的消费者信息，来进一步评价哪些消费者具有更高的价值。在虚拟的世界中，忠诚不仅意味着消费者愿意把企业的产品或服务推荐给其他人，而且意味着大量的购买以及对网站定期的、经常性的访问。比如，一位在一个月内每天访问某汽车网站的消费者比一位不经常访问的消费者购买的可能性要大。据此，我们可以利用新近性、经常性和资金价值这三个维度来对在线消费者进行细分，从而分辨哪些是最好的消费者。

(1)　新近性。新近性用于衡量消费者最后一次访问网站或购买产品距今有多长时间。统计数据显示，最近买过东西的消费者有可能进行重复购买。与经常性和资金价值两个指标相比，新近性对预测将来的购买行为更有优势。

(2)　经常性。经常性是指消费者访问或购买的频率。重复购买者可能在将来继续进行购买。一般来说，经常性对于不同的网站有不同的含义。对于零售网站而言，一位一年买了 4 次鲜花的消费者与另一位一年买了两次鲜花的消费者相比，可以被认为是忠诚的消费者。而对于一个销售大件商品的网站而言，访问次数的增加只能表示该消费者准备进行购买。

(3)　资金价值。资金价值说明的是消费者的总支出与电子商务企业的营利性之间的关系。消费者的收入情况、消费偏好等都会影响到消费者的资金价值。一般来说，挥金如土的消费者更可能进行大金额的购买。当然也有例外，一位消费者即使并不经常进行大金额的购买，也可能是高价值的消费者。比如说，一位家庭主妇去某个网站购买了家人的内衣，感到非常满意，便把这个网站介绍给了很多熟人。她虽然没有进行经常性的购买，也没有大金额的消费，但是对于网站来说，这个家庭主妇无疑是一个有价值的消费者。

2. 采取具有针对性的营销策略

在充分收集了消费者的综合性信息和具体信息，选择了合适的消费者，并对消费者有了一定的了解之后，赢得网络消费者忠诚的接力棒就传到了实施具有针对性的营销者的手里。这里所说的针对性，一方面是指营销策略的选择要针对企业网站自身的特点，根据企业网站的特性来选择合适的营销策略；另一方面是指企业营销策略的选择要针对企业的合适消费者的特性。如果企业的营销策略不能满足消费者的需求，那么所有的策略选择都是枉然。在网络环境中实施具有针对性的营销，有两种可以选择的措施，即网络定制化营销

与网络个性化营销。

1) 定制化/个性化营销的重要性

首先,网络的定制化/个性化营销能够增加网站的回应率。比如说,网站的个性化使得微软公司 Carpoint(carpoint.msn.com)网站的回应率比以前提高了 2 倍。其次,网络的定制化/个性化营销可以增加在线收益。网络定制化/个性化营销通过迎合网络消费者的兴趣来鼓励升级销售和交叉销售,一次又一次地把橱窗前的看客变成了实际的买主,从而增加了在线收益。最后,最重要的是,网络的定制化/个性化营销能够增加消费者的忠诚。网络的定制化/个性化营销通过对恰当的购买者提供适当的产品、网站内容和报价,不但可以使电子商务公司顺利地建立与消费者之间的关系和积累网站的经验,而且可以增加客户的忠诚。实施网络定制化/个性化营销的重要性由此可见一斑,但要真正实施网络的定制化/个性化,应先区分定制化与个性化这两个相近的概念。

2) 区分定制化与个性化

在很多读者眼中,定制化与个性化是没有什么区别的,定制化就是个性化,个性化所指的也就是定制化。诚然,定制化与个性化是有一些相似之处,但是两者之间也存在着很多不同之处。

首先,在网络空间中,定制化通常被定义为网络在用户的直接控制之下,用户拥有控制权;而与此相反,在线个性化的内容则通常处于电子商务公司的管理之下,网站享有控制权。由于网页的定制化,用户可以跳过他们没有时间浏览的部分或者将注意力集中在那些他们感兴趣的部分。例如,在 Schwab(www.schwab.com)网站上,如果你对投资组合的兴趣比对当天的财经新闻的兴趣高,便可以设计你的定制化网页,使其先显示出有关投资组合的信息。而对于个性化的网页来说,则不存在这种选择,因为个性化的网页在出现的时候就是根据个人的不同需求而设定的。

其次,定制化的网页以某种形式的模型为基础,这些模型基本上概括了消费者的所有需求,消费者可以根据个人的不同需求在其中进行选择。而在网页的个性化过程中,个性化软件必须去"猜"消费者需要什么,如果计算机"猜"错了,网络用户就可能会变得"愤怒"起来。

再次,定制化与个性化应用的条件不同。如果一个网站能够提供消费者想要的和需要的所有东西,定制化是最佳的方法。但是,如果你的网页中没有包括那些消费者特别感兴趣的东西,那么消费者就不会选择你的网页。如果一个网站的用户需求稳定而且很容易用计算机语言进行描述,那么个性化就是最好的选择了。

最后,应该注意到的是,无论是网页的定制化还是网页的个性化,都是为了增加企业与消费者之间的交流,进一步发展与消费者之间的对话,建立消费者忠诚。两者的最终目的是一致的,只是实施的方法不同而已。下面分别进行详细的介绍。

3)　网络定制化营销

当今商业竞争的最大挑战之一就是能否把消费者作为重点。公司一方面必须了解和满足每个消费者的不同需求与愿望；另一方面又要使成本尽可能地降低，而网络的大规模定制化营销恰恰能很好地解决这一矛盾。它既能应用于庞大、复杂的市场，又能对单个消费者的需求做出积极的反应。运用大规模定制化的战略可以使公司与消费者进行对话，从而发现他们对产品和服务的需求，建立关系，强化消费者忠诚的纽带。大规模定制化可以帮助消费者选择理想的产品和服务，而且随着时间的推移，如果消费者需求发生变化，公司也能适时地调整产品和服务。其实产品和服务并非是个性化的，换言之，大规模定制化仅仅是以定制化的服务包装了标准化的产品。为了避免增加不必要的成本和复杂的经营过程，公司可以采用约瑟夫·培恩(Joseph Patron)提出的下面四种大规模定制化的方法，利用网络信息科技的力量来帮助公司有效地满足消费者的独特需求。

(1)　合作的定制化。即与消费者合作，共同确定消费者的需求。让消费者详细描述出自己的需求往往是件困难的事情，而消费者又往往没有耐心认真地填写调查问卷。所以，与消费者合作，共同确定消费者的需求是一种很好的方法。比如，公司可以采用多种方式与消费者交流，确定开具发票的方式。Pitney Bowes 公司的服务之一就是通过电子邮件、在线和传真方式来传送发票，而该公司也正是利用这种方式来进行忠诚营销的。

(2)　可调整的定制化。公司为消费者提供一种标准，这种标准是根据消费者对产品和服务的需求设计的，消费者可以对它进行适当的调整。这种方法非常适用于那些在不同条件下生产出不同产品的公司。大家熟知的摩托罗拉公司采用的就是这种定制化方法。

(3)　装饰性的定制化。即对不同的消费者提供不同的产品包装，突出消费者的独特需求和特征。例如，在衬衫上印上消费者的名字，在手提袋上印上公司或者会议标志等。

(4)　透明的定制化。向消费者提供让他们感觉不出定制痕迹的独特的产品和服务。例如，房地产公司对其服务进行拆分，并为消费者列出了一份特定服务与特定价格的菜单。消费者常常会对房屋的营销、广告费等方面提出特殊的要求，房地产公司会在不知不觉中按照消费者的需求提供定制服务，通过提供标准的一揽子服务使他们心满意足。

进行大规模定制化并不需要彻底改变公司的产品和服务，只是以尊重每位消费者的态度为其"量体裁衣"，从而让消费者感觉好像得到了个性化的服务。其实，无论是在网络环境中还是在现实环境中，无论是销售还是服务，企业都在不知不觉中实施了定制化的营销策略。

大规模定制化的努力方向是缩小产品和服务与消费者的真正需求之间的差距，两者之间的差距越小，消费者的满意度就越高。因此说，定制化就意味着消费者以较少的付出获得较大的满足，从而提高消费者的忠诚度，确保其进行重复的购买。

4)　网络个性化营销

(1)　设定个性化营销的目标。所谓网络个性化营销是指在网络环境下进行的以满足消费者的个性化需求为目的而开展的各种营销活动。在充分了解公司的合适消费者之后,实施网络个性化营销就有了可能。但是要真正地开展网络个性化营销,首要的任务就是确定合理的营销目标,包括以下几个方面。

首先,确定公司实施个性化营销的目的。比如,是为了增加品牌的知名度还是为了销售更多的产品或服务,是为了创造市场领先地位还是为了减少经营成本,是为了促进销售还是为了创立一个知识库。

其次,要确定衡量网络个性化营销成功的标准。这里所说的成功的标准可以很简单,也可以很复杂。可以把1%~2%的网络用户变成了消费者作为成功的标准,也可以把增加重复访问的数量作为成功的标准。比如,Excite(www.excite.com)公司宣称,个性化营销使其网站的重复访问数量提高了 5 倍,显然,该公司就是将重复访问量的提高作为衡量成功的标准的。

最后,确定网络个性化营销目标时要充分考虑企业的实际经营状况。一方面,如果企业已经有了一个规模巨大的网站,那么将整个网站立刻都实现个性化是不明智的,也是不太可能的。另一方面,要成功地实施个性化需要花费很多精力,因此,在开始个性化建设之前就要考虑企业是否有足够的技术资源和人力资源。

(2) 充分考虑影响网络个性化营销的因素。网络个性化营销是一项系统的工程,受到很多不同方面因素的影响,因此,企业在实施个性化营销时就要仔细分析这些影响因素,并想出相应的对策。

(3) 选择网络个性化营销的方法与工具。个性化对建立网络消费者的忠诚是很有效的,但是实施个性化营销也同时意味着公司必须了解消费者的很多相关情况。这会给消费者增加负担,消费者对此并不欢迎。因此,网络企业通常采用一种叫作"无声个性化"的技术,这样网络用户就不需要做额外的工作(比如在从网站获取信息之前,必须填写一些消费者的概况)。进行网络个性化营销,还需要有一些相应的计算机应用方案(即那些可以将企业网站个性化的软件产品)与之相匹配。

本 章 小 结

本章主要阐述了网络市场的发展,重点介绍了网络消费者市场及其特点,对消费者购买行为、网络消费者特征、网络消费需求的特征、网络消费者的购买动机作了细致的分析,并在此基础上对网络营销的目标市场进行了定位;同时对网络消费者的购买过程和网络顾客的服务策略进行了专题论述。本章还对网络消费者的忠诚度从其表现形式、分类及影响因素进行分析,以构建网络消费者的忠诚策略。

思 考 题

1. 网络营销市场有哪些要素？
2. 网络消费需求有哪些基本特征？
3. 影响消费者网上购物行为的内在因素有哪些？
4. 网络消费者的购买行为根据消费者性格分析可划分为哪些类型？
5. 影响消费者市场需求的主要因素有哪些？
6. 如何选择网络目标市场营销策略？
7. 影响消费者网上购物行为的外在因素有哪些？
8. 网络环境下，忠诚消费者的作用主要表现在哪些方面？
9. 影响网络消费者的因素有哪些？

案例分析题

从"贾君鹏你妈妈喊你回家吃饭"网络事件看网络公民成长

2009 年 7 月 16 日上午，百度贴吧魔兽世界吧中一个 IP 为"222.94.255.*"的匿名用户随意发了一个题为"贾君鹏你妈妈喊你回家吃饭"的帖子，而帖子中并无内容，只有"rt"两个字母，意为"如题"。

本来这在魔兽世界吧中是一件再普通不过的事情，类似内容的帖子在该吧中并不鲜见。作为百度贴吧中影响力最大的贴吧，魔兽世界吧虽然是一个游戏主题的贴吧，但贴吧中的内容绝大多数都与魔兽世界游戏无关。贴吧中充斥着各种无厘头的恶搞甚至诸如"瞎我狗眼"之类的自嘲，而各种队形(指在一个帖子中回帖网民模仿发帖者的句式和句意来进行回复或者直接复制发帖的内容进行回复)、刷帖盖楼(回同一个主题帖，以使该帖获得非常高的回复数)在吧民中也是一种流行文化。但是恐怕发帖者也没有想到，接下来他将创造一个网络奇迹。

1. 贾君鹏数小时蹿红网络

一般来说，这样一个帖子在魔兽世界吧飞速的发帖速度中，很快就会沉下去。但是当该帖回复到第 6 楼时，惯于恶搞的吧民中的一个，注册了名为"贾君鹏"的 ID，冒充当事人做出了"我今天不回去吃饭 我现在在网吧吃饭呢。你帮我给妈妈说一下"的回复。尽管吧民轻易就分辨出这是他人的恶搞，但这一恶搞方式很快引起了大家的兴趣，于是随后"贾君鹏妈妈"、"贾君鹏爸爸"、"贾君鹏爷爷"乃至"贾君鹏家的小狗"等 ID 都纷纷出现，一场盖楼运动开始展开。

很快，在数小时之内，该帖回复就已达到 2 万多条。贾君鹏的亲友、同学、师长、邻居等也几乎全部涌现出来，形成异常庞大的"贾君鹏家族"，而好事者还建立了"贾君鹏吧"，很快该吧主题也达到近千。贾君鹏这个名字只用数小时便已蹿红网络，一时间，贾君鹏是谁也成为众人关注的焦点。

2. 贾君鹏是谁？

那么，贾君鹏究竟是谁？网民们开始进行人肉搜索，他们找出了很多这一名字的人，有贾君鹏的简历，也有贾君鹏的身份证，其中有男有女，但却还是无法确定究竟是哪一个。而对于这一点，作为始作俑者的 IP "222.94.255.*" 的网民也并未给出答复。大家甚至无法确定，原发帖者说的贾君鹏是否是其认识的人抑或只是一个随便乱编的名字。

不过，有号称"魔兽资深玩家"分析称，这句话或许有更深层次的含义。该玩家认为："贾君鹏"——魔兽世界，"你妈妈"——魔兽现在的东家网易，跟帖中出现的"贾君鹏的爸爸""贾君鹏的爸爸的情人"等 ID，分别为暴雪和魔兽世界的前东家第九城市。至于"贾君鹏的七大姑八大姨"，其实就是其他网络游戏。而"贾君鹏你妈妈喊你回家吃饭"意指"魔兽世界快点交给网易，快点开服"。

这一分析很离谱，该所谓资深玩家显然不是魔兽世界吧的资深吧民，魔兽世界吧里的内容，基本是与魔兽世界无关的。在该帖中，贾君鹏的爷爷、奶奶、爸爸、妈妈、外公、外婆、兄弟、姐妹等，可是一个都不少，不知又该作何解释？而且要按上述解释的话，这些 ID 还得是同一个人注册的，而这显然是不可能的事情。对于魔兽世界吧的吧民来说，这只是一种引以为乐的恶搞行为，该资深玩家看来根本不明白魔兽世界吧的流行文化。

3. "神帖"几度被删

"贾君鹏帖"成为了"神帖"，魔兽世界吧民们也从开始的恶搞贾君鹏家族，变成了展开盖楼抢楼运动，力图打造出另一个盖楼奇迹来。但是意外发生了，16 日夜间，吧民们发现神帖被删除了。随后大家在百度贴吧投诉吧找到了该帖被删除的原因，有人对该帖进行了投诉，称此帖涉嫌对贾君鹏进行人身攻击，于是贴吧管理员删除了该帖。吧民们出于愤怒，纷纷在贴吧投诉吧中进行投诉，一时间，贴吧投诉吧几乎被占领，满屏全是要求恢复"神帖"的投诉内容。

吧民们的投诉取得了效果，不久后，"神帖"被恢复，但前面1万多楼已经消失。不过"神帖"总算是回来了，于是吧民们再接再厉接着盖下去。但是到了9万多帖的时候，神帖再度遭投诉被删除。接着吧民再申诉，随后"神帖"再度被恢复，如是多次。直到今日上午，"神帖"还再被删除了一次，但在吧民的努力最后仍是得以恢复全部内容。

几度被删，几度恢复，吧民不懈的努力也终于让百度贴吧管理员意识到该帖巨大的影响力。当吧民们再次打开百度贴吧首页时，他们惊喜地发现，该帖已经出现在首页上，"神帖"终于封神。

4. 回家吃饭引爆网民寂寞

在百度贴吧首页上，贴吧编辑以"回家吃饭引爆网民寂寞"为题推荐了该帖，同时推荐的还有魔兽世界吧以及贾君鹏吧。"神帖"登上贴吧首页，无疑让魔兽世界吧的吧民们大受鼓舞，很多其他网民也慕名而来，纷纷加入到顶贴盖楼的行列中，"神帖"也以每秒数十楼的速度飞速增长。到晚上七点，该帖回复数已超过 20 万，点击超过 500 万。

除了继续疯狂盖楼外，吧民们还开始进行另类的娱乐方式。各种贾君鹏的 PS 照片开始出炉，"你妈妈喊你回家吃饭"这句话的各种方言版本也纷纷涌现，吧民们自得其乐地展开了一场网络大狂欢。

在贴吧首页上，贴吧编辑在推荐语中写道：一句"贾君鹏，你妈妈喊你回家吃饭"，迅速蹿红网络，已然成为 2009 年网络新流行语。然而，在这场网络大狂欢的背后，难掩亿万网民内心深深的寂寞。回家吃饭？其实，吃的是寂寞。

推荐配图则是由周星驰在电影《食神》中的图片 PS 而来：周星驰身旁一人喊"君鹏，你妈喊你回家吃饭"，而周星驰则回答"吃什么饭，吃寂寞好了"。

看来该编辑深明魔兽世界吧的风格，寂寞，这个词如今在贴吧中正是一种流行，推荐语和配图恰到好处地反映出了"神帖"火爆的实质：在狂欢背后，难掩亿万网民内心深深的寂寞。

纵观"贾君鹏帖"事件，只是由一句近乎无聊的调侃，最终引出了数十万人关注的火爆，这一奇特现象也反映出了百度贴吧特有的文化。恶搞、队形、盖楼、抢楼、PS、人肉搜索等诸多网络流行文化在这一事件中全部都反映了出来，俨然一场网络文化的狂欢。网民们在种种看似无聊的网络行为中，寻找自己的欢乐，折射出了诸多网民精神文化的空虚状态。也许正如现在流行的说法：我们盖的不是楼，我们盖的只是寂寞。

在这一推进过程中，网络的社会公共空间的作用是不可忽视的，在这里可以看到公民意识的逐渐觉醒和公众群体的不断走向成熟。这里还需提及的是，在网络社会中，个人有信息发布、知识传播和娱乐生产的自主权利，这时他就从一般的受众转变成为拥有信息发布权的传播者，从而也就意味着进入了公共领域。当这个人能够以个人的视角对公共事务发言时，他也就具有一份社会责任。如此为之，网络空间方可健康发展，参与者们也能够真正从一个网民成长为一名有社会责任感的网络公民，并在不断的参与公共事件过程中，共同铸就社会公共领域并推动其快速成长。

（资料来源：http://tieba.baidu.com/f?kz=610537635）

分析：

请对该事件进行评价，并分析网民的行为特征。

第 7 章　网络营销调研

【学习目标】

- 了解网络营销调研的内涵及其主要特点。
- 熟悉网络营销调研的一般步骤和基本方法。
- 掌握收集网络商务信息的主要途径与方法。
- 能够设计网络营销调查问卷，并熟悉通过网络实施营销调研的基本方法。

【引导案例】

2013 汽车新技术车主购车影响调查报告

近年来，随着汽车技术的发展，很多新的技术被应用到了量产车型上。腾讯汽车特联合 HCR(慧聪研究)实施了 "2013 汽车新技术车主购车影响" 的网络调查，共回收有效问卷 7472 份。

通过本次调查发现，车主对自己现有车型不满意主要体现在发动机输出及调校、舒适性和高科技智能配置上，半数车主感觉自己车辆发动机动力不足，近四成车主感觉自己车辆内饰的材质及可靠性不佳、人体工学设计及人体舒适感不够，37.7%的车主对自己车辆的高科技智能配置不满意，缺乏智能车载系统是其主要原因。

用户购买或换购汽车时，优先考虑的因素是发动机和安全配置的升级。就发动机而言，涡轮增压和自然吸气是用户最愿意接受和使用的发动机类型；就安全配置而言，ABS 等安全控制系统是用户最愿意接受和使用的配置。用户在选择新技术时，专业人士的测评报告、周围车主的推荐最能促进用户对新技术配置的选择，而召回及隐患媒体曝光等是用户推迟或放弃新技术配置的主要原因。

(资料来源：2013 汽车新技术车主购车影响调查报告，
http://www.hcr.com.cn/e/action/ShowInfo.php?classid=33&id=63)

7.1　网络营销调研概述

7.1.1　网络营销调研的概念

市场调研是以科学的方法，系统地、有目的地收集、整理、分析和研究所有与市场有关的信息，特别是有关消费者的需求、购买动机和购买行为等市场信息，从而作为制定相关营销方案的基础。市场调研是市场营销链中的重要环节，一个策划完美的营销方案必须建立在对市场细致周密的调研基础上，市场调研通常包括对消费者、竞争者以及整个市场情况的及时报道和准确分析。

互联网为企业开展市场调研提供了一条便利途径，通常把基于互联网而系统地进行市场信息收集、整理、分析和研究的行为称为网络营销调研。与传统的市场调研一样，网络营销调研主要探索以下几个方面问题：市场可行性研究；不同地区的销售机会和潜力分析；影响销售的各种因素探索；产品竞争优势分析；目标消费者研究；市场变化趋势研究；广告监测等。

网络营销调研是为网络营销活动服务的，并且是网络营销活动的一个有机组成部分。网络营销调研是一个周密策划、精心组织、科学实施的系统过程，涉及一系列工作环节、步骤、活动和成果等，需要科学的理论和方法作为指导，同时也需要进行科学的组织与管理。网络营销调研包含对信息的判断、收集、记录、整理、分析、研究和传播活动，与一般信息工作相比，其差异仅仅在于其工作对象是网络市场信息，且直接为网络营销服务。

7.1.2　网络营销调研的内容

企业想要赢利，就必须生产出消费者所需要的产品。网络营销调研能够使企业在第一时间内掌握潜在消费者的最新需求，继而按需生产。网络营销调研的主要内容如下。

1. 消费者对企业产品的需求

网络消费者的需求特征，特别是消费需求及其变化趋势调查是网络营销调研的核心内容。利用互联网了解消费者的需求状况，首先要识别消费者的个人特征，如住址、性别、年龄、职业、经济收入状况、消费偏好等。同时，为激励网络访问者完整地填答问卷，不仅需要告知用户对被调查者隐私的保护，而且需要在调查实施过程中采取一定的方法和技巧。

2. 企业所经营的产品或服务的有关信息

企业所经营的产品或服务的有关信息是指产品供求状况、市场容量、市场占有率、商品销售额趋势、服务的满意度、客户需要的新服务等。

3. 目标市场分析

目标市场分析主要包括对市场容量、产品供求形势、销售份额或市场占有率、市场容量扩大的可能性、开拓市场的潜力、发展市场存在的问题、竞争格局等问题的调查和分析。

4. 竞争对手分析

竞争对手分析的内容主要包括谁是主要的竞争对手，以及竞争对手的市场占有份额、实力、竞争策略、广告手段、网络营销战略定位、发展潜力等内容。竞争对手信息收集的途径主要有访问竞争对手的网站、搜集竞争者在网上发布的信息、从有关新闻报道和电子公告中获取竞争对手信息等方式。

5. 市场环境分析

企业在作重大决策时必须了解当时当地的宏观市场环境，如政治、法律、经济、文化、地理、人口、科技等方面的政策和制度。对于政府信息，企业可以通过政府网站和 ICP(Internet Content Provider，因特网内容服务商)网站搜集；对于其他宏观市场环境信息，企业可以通过查找相关书刊资料来获得。

除上述几个方面的信息之外，企业还应该根据实际需求了解合作者、供应商、营销中介等方面的信息。

7.1.3 网络营销调研的优势

互联网在市场调研中的应用丰富了市场调研的数据来源，扩展了传统的市场调查方法。相对于传统的市场调研，网络营销调研的优势主要体现在以下几个方面。

1. 网络信息的及时性

网络信息的传输速度非常快，而且能及时地传送给互联网中的每个用户，这就保证了网络信息的及时性，使市场营销策划人员能及时地根据市场情况制定相应的营销方案。

2. 网络调研便捷且成本较低

网络营销调研只需拥有可以接入互联网的一台计算机，网络调研者就可以在企业门户网站、专业市场调研平台、网络调研上编写并发布网络营销调查问卷，并通过微博、电子邮件、BBS 论坛、微信等社交媒体发送给网络用户，最后通过对收集的网络问卷进行统计分析得到调研结果。整个过程仅需少量的人力和物力即可实现，可大大降低企业市场调研的成本和实施周期。

3. 调研结果具有客观性

由于网络营销调查问卷的填写者一般都对本公司产品有一定的兴趣，所以这种基于老客户和潜在消费者的网络营销调研结果更具有客观性，能够在较大程度上反映消费者的消费心态和市场发展的趋势。

综上所述，网络营销调研有很多传统市场调研所不具备的优点，如表 7-1 所示。

表 7-1　网络营销调研与传统市场调研比较

	网络营销调研	传统市场调研
调研成本	低廉	很高
便捷性	方便快捷	比较繁琐
交互性和充分性	比较强	相对较弱
时空和地域限制	不受限制	受到限制
及时性和共享性	比较强	相对较弱

7.1.4　网络营销调研的适用范围

尽管网络营销调研具有很多优点，但网络营销调研并不能完全取代传统市场调研，这是因为网络营销调研仍存在以下几个方面的不足。

1. 网络营销调研对象覆盖范围有限

网络营销调研对象覆盖范围是指网络营销调研对象占调研目标总体的比率，其中调研目标总体是网络营销调研理想状态下所涉及的调研对象群体，而网络营销调研对象主要是指普通网民。中国互联网络信息中心(CNNIC)于 2013 年 1 月发布的《第 31 次中国互联网络发展状况统计报告》数据显示，截至 2012 年 12 月底，我国网民规模达 5.64 亿人，全年共计新增网民 5090 万人。互联网普及率为 42.1%，较 2011 年年底提升 3.8 个百分点，普及率的增长幅度相比上年继续缩小。

2. 网络营销调研对象的代表性有限

由图 7-1 中可以看出，中国网民年龄结构明显发展不均衡，表现出极强的年轻化特征，10～39 岁的用户占据了中国网民的绝大部分，因此网络营销调研往往仅能代表这个年龄段消费群体的意见，而很难反映中年和老年消费群体的意见。

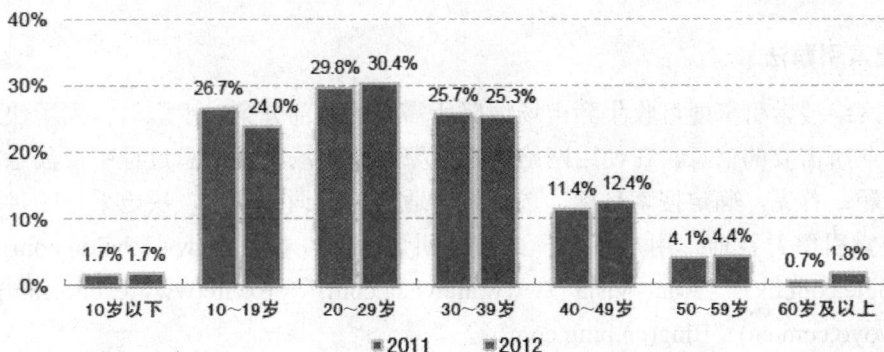

图 7-1　中国网民年龄结构

3. 网络营销调研过程较难控制

由于网络的虚拟性，网络营销调研人员很难控制调研对象，如无法控制调研对象真实、客观地回答调研问卷的问题，也无法控制被调查对象是否符合调研对象的实际要求，而这些都可能造成调研结果的不准确。

网络营销调研的不足致使并非所有的市场调研都可以通过互联网来实现。因此，企业网络营销调研者在决定采用网络营销调研方法之前，应考虑网络营销调研的适用范围。适合开展网络营销调研的情况主要有以下两类。

(1) 调研对象是针对年轻的且经常上网的消费群体。39 岁以下网民占据了中国网民的绝大部分，针对年轻一代的市场调研可以在网上进行，网络营销调研内容涉及数码产品、快速消费品以及一些时髦产品等。

(2) 调研内容对调研对象依赖性弱的市场调研。如果调研内容对调研对象的依赖性不强，调研群体的一部分便可揭示调研总体的状况，这样的市场调研也可以在网上进行，如顾客满意度调查、员工满意度调查等。

所以，在开展网络营销调研活动时，调研人员不能图一时方便，不加选择地将所有市场调研活动都通过网络来实现，这样得到的市场调研结论可信度和准确性将会较低。

7.2　网络营销调研的方法与步骤

从市场调研的程序上来说，网络营销调研与传统的市场调研没有本质的区别，只是采用的信息收集方式有所不同。为保证网络营销调研的有效性，网络营销调研与传统的市场调研一样，应遵循一定的方法与步骤。

7.2.1　网络营销调研的主要方法

1. 搜索引擎法

利用网络搜索引擎便可收集到市场调研所需要的大部分第二手资料。为了快速、准确地搜索企业所需要的信息，在使用网络搜索引擎搜集市场营销信息过程中要注意以下几个方面的问题：首先，确定搜索目标，选择好合适的关键词；其次，决定采用哪种搜索功能并选定搜索引擎。目前，用户可选择的搜索引擎很多，如百度(www.baidu.com)、Google(www.google.com.hk)、Alta Vista (www.altavista.com)、Excite(www.excite.com)、悠游(www.goyoyo.com.cn)、Bing(cn.bing.com/)等。

2. 专题讨论法

专题讨论法可通过新闻组、电子公告牌或邮件列表讨论组进行，其具体步骤如下：确定目标市场，识别目标市场中要加以调查的讨论组，确定可以讨论或准备讨论的具体话题，登录相应的讨论组，通过过滤系统发现有用的信息或创建新的话题让大家讨论，从而获得有用的信息。

3. 网站跟踪法

互联网上每时每刻都在涌现大量市场营销信息，但这些信息并不是网络搜索引擎可以及时检索到的，因为许多有价值的网络只对会员开放，从而减弱了信息的完整性。作为市场调研的日常资料收集工作，这就需要对一些提供市场营销信息的专业网站(如淘宝网、当当网、互动出版网等)进行定期跟踪，并对其发布的有价值信息及时进行收集和整理。

4. 加入邮件列表

每天跟踪访问大量的网站信息往往需要花费大量的时间，为此可利用一些网站提供的邮件列表服务来收集相关市场营销信息。一些网站为了维护与客户的关系，常常将一些有价值的信息以新闻邮件、电子刊物等形式免费发送给用户，通常只要进行简单的登记即可加入邮件列表，将收到的邮件列表信息定期进行处理便可获得有价值的市场营销信息。

5. 网络问卷调查法

网络问卷调查法是获取第一手资料的基本方法，具体方法为：在企业门户网站或其他专业网络问卷调查平台上编写和发布调查问卷，然后通过电子邮件、微博、QQ、微信、短信等社交网络工具将包含问卷调查链接的信息发给潜在的被调查对象，突破时间和空间的限制，拓展市场营销调研的范围，提高市场调研的效率。

6. 对网站访问者的抽样调查

利用一些网络访问跟踪软件，按照一定的抽样原则对这些网络访问者进行抽样调查。例如，在某一天或某几天中的某个时段，在网站主页上设置一个弹出窗口，其中包含调查问卷设计内容，或者在网站主要页面的显著位置放置网络调查问卷，请求访问者参与调查。

7. 固定样本调查

把已经同意参加各类调查的受访者放入固定样本库。每个成员都提供了其背景资料和联系方式，并同意接受调查邀请。根据网络营销调研的实际需求，按一定的条件(性别、年龄、所在地区、经济收入状况等)在固定样本库中随机抽取被调查对象，并实施网络营销调研。

7.2.2 网络营销调研的基本步骤

1. 分析调研目标

明确调研目标是开展网络营销调研的首要步骤，是整个网络营销调研实施过程的重要指导；确定调研目标可以有效缩小调研范围、确定调研主题和调研需求，做到有的放矢。网络营销调研目标通常包括：这次调研的主题是什么？哪些人最有可能浏览本网站？哪些消费群体最有可能购买本公司的产品？竞争对手在国内外相关行业中的地位和影响如何？

2. 确定调研范围和调研对象

为了有效地达到调研目的、实现调研目标，就需要确定此次调研的实施范围、时间、采用的相关网络媒体工具和目标调研对象特征(如年龄、性别、经济收入等)。

3. 设计调查问卷

在调查问卷的开始部分要说明调查的目的、意义及其对用户隐私信息的保护策略等，在吸引被调查者的同时，鼓励其认真、客观地回答调查问卷中的所有问题。此外，根据市场调研目标和调查对象的实际情况，设计一份逻辑结构合理、问题表达清晰、备选项能够真实反映企业和消费者实际情况的调查问卷，并选用企业门户网站或专业网络调查平台发布所设计的调查问卷。

4. 统计分析调查结果

利用专业统计分析软件或专业网络问卷调查平台提供的数据处理和分析功能对所收集的调查问卷进行统计分析，并根据数据显示需要设计相应的数据报表和可视化图表。

5. 撰写调研报告

撰写调研报告是整个调研活动的最后一个阶段，通过网络营销调研获取相关数据信息之后，市场调研人员应根据调研目的、实施范围和被调查对象、调查内容与反馈等撰写调研报告，以供企业决策者参考。在数据资料的整理和分析过程中要注意剔除不真实和无关的内容，运用定性和定量的方法进行信息的分析与处理，全面、准确地掌握产品市场营销活动的动向和发展变化趋势，为下一步的新产品开发或产品推广策略的制定提供有效的参考。调研报告是市场调研成果的集中体现，不应该是数据和资料的简单堆砌，正确的做法是把与市场营销决策有关的主要调查结果报告出来，并以标准市场调查报告的形式进行呈现。

为表示对被调查者的感谢和激励，网络营销调研在不泄露企业商业机密的情况下，可将调研报告的全部或部分反馈给被调查者。

小资料：

企业网络营销调研的技巧

(1) 企业通过网站推广来提高网站的知名度，吸引大量的访问者访问企业网站，使他们有兴趣访问企业网站并愿意和企业进行网上交流与互动。

(2) 企业向客户提供一些免费信息，并努力获取客户的相关详细信息。

(3) 企业通过向网站访问者的电子邮箱中发送产品和服务的信息，以及设置消费者自由发表意见的板块，收集网络用户对企业的产品和服务的看法和建议。

7.3 网络商务信息收集渠道与方法

网络商务信息收集是指在网络上对商务信息的寻找和调取，是一种有目的、有步骤地从各类网站查找和获取商务信息的行为。一个完整的企业网络商务信息收集系统包括先进的网络检索设备、科学的信息收集方法和业务精通的网络信息检索员。

7.3.1 商务信息的特点

商务信息是社会生产、商品交换、消费等经济活动必不可少的信息，除了具有一般信息共有的可传递性、可复制性、可共享性等特点外，还具有多变性、零散性和实用性等突出特点。

1. 多变性

商务信息的多变性是它不同于其他信息的最突出特征，主要表现为以下三点：第一，商品价格信息瞬息万变，尤其在企业常常将价格变动作为促销手段的情况下，不仅同一种商品的价格变化频繁，而且不同商品之间的比价也在不断变化。第二，商品的供求关系处在不断变化之中。由于大量新企业参与市场竞争，某些商品往往很快由短缺转为过剩，畅销商品与滞销商品的位次也不断调整。第三，商品的品牌不断增多，同一种商品的更新换代周期越来越短，使用功能也不断趋于复合多元。

2. 零散性

商品信息的零散性与商品生产的分散性和商品信息传播的多渠道无序化密切相关。主要表现为以下三点：第一，商品生产多以分散的企业或企业集团为单位，为占领市场，企业只注重商品信息的及时发布而缺乏累积性，造成商品信息满天飞的局面；第二，商品信息经过各种社会传播渠道传播时，虽经过一定的整合，但仍然无法从根本上改变其分散的状态；第三，在以商品销售为目的的信息传播活动中，良莠不齐，存有片面、无序、虚假宣传的现象。

3. 实用性

商品信息的实用性与商品信息的功能密切相关。它主要表现为以下三个方面：第一，沟通社会生产、流通、消费等环节的联系，促使其出现良性循环；第二，贴近大众生活，有广泛的共享性，提高经济活动的透明度；第三，服务于不同用户的需求，如企业可以据此了解竞争对手的生产情况、商品营销策略、价格与服务措施、商品的市场占有率等，从而有针对性地组织生产销售，使自己在竞争中占据有利地位。

7.3.2 网络商务信息收集与整理的方法

有效的网络商务信息必须能够保证源源不断地提供适合于网络营销决策的信息，网络营销对网络商务信息收集的要求是：及时、准确、适度和经济。互联网为我们收集各种市场营销信息提供了便利快捷的手段。在互联网上，世界各个国家和地区发行的报纸、杂志、政府出版物、新闻公报、人口与环境分析报告、市场调查报告、工商企业的供求信息与产品广告都可以上网，市场营销调研人员只要掌握利用搜索引擎的技巧和一些相关的网站资源分布，就可以在互联网上搜索到大量有价值的商业信息或市场信息。

1. 使用合适的搜索引擎查找商务信息

搜索引擎是网络搜索工具的通称，是网络信息检索的核心。用户利用搜索引擎，只需在检索框内输入检索关键词，或者按照分层类目结构依次逐一选择，就可以获取含有相关信息的大量页面。这也是利用 Internet 商务信息资源的有效方式。

1) 使用综合性商务信息网站查找商务信息

该类网站提供的信息量大、内容全面系统、数据准确、时效性强、使用价值高。具有代表性的综合性商务信息网站如表 7-2 所示。

表 7-2 常用的综合性商务信息网站

商务信息网站名	网站地址
中国政府网	www.gov.cn
中国经济信息网	www.cei.gov.cn
国务院发展研究中心信息网	www.drcnet.com.cn
中华商务网	www.chinabig.com
中华大黄页	www.chinabig.com
中国网上 114	www.china-114.net
中国资讯行	www.bjinfobank.com

续表

商务信息网站名	网站地址
中国宏观经济信息网	www.macrochina.com.cn
北大法律信息网	www.chinalawinfo.com
中国标准网	www.zgbzw.com
中国工程技术信息网	www.std.cetinnet.cn

2)   使用地区性商务信息网查找商务信息

目前，各省市均建有体现本地区经济特点、经济数据和商务特色的经济信息网站，该类网站由地方信息服务机构创建和维护，网站数量更多，内容丰富，如北京经济信息网(www.beic.gov.cn)、上海经济信息网(www.sh.cei.gov.cn)、浙江经济信息网(www.zei.gov.cn)、广东经济信息网(www.gd.cei.gov.cn)等。

3)   使用专业性商务信息网站查找商务信息

这类网站由政府或一些业务范围相近的企业或某些网络服务机构组建，面对本专业技术领域，专业针对性强、内容翔实、信息面较窄、向精深方向发展。具有代表性的专业性商务信息网站如表 7-3 所示。

表 7-3   常用的专业性商务信息网站

商务信息网站名	网站地址
中国价格信息网	www.cpic.gov.cn
中国纺织经济信息网	www.ctei.gov.cn
中国制造网	http://cn.made-in-china.com
中国经贸网	www.wct.cn
中国工程技术信息网	www.cetin.net.cn
医药搜索 37 度医学网	www.37c.net.cn
中国电子行业信息网	www.ceic.gov.com.cn
中国金融网	www.zgjrw.com
中国能源信息网	www.nengyuan.net

专业性商务信息网站是开展商务活动的重要信息源，用户可以通过搜索引擎、商务类指南性网址大全网站，如新百度网(http://www.newbaidu.net)或相关网站提供的友情链接、大学图书馆提供的网络导航等途径快速找到所需网站。

4)   使用英文搜索引擎查找商务信息

查找国外商务信息时，可使用 AltaVista(www.Altavista.com)搜索引擎进行。它是一个对网上营销特别有价值的快速搜索引擎，是世界上最著名的搜索引擎之一。对网络商务信息收集者来说，AltaVista 主要提供了"商业检索 (Business Search)"、"产品检索(Web-Wide

Product Search)"和"专题讨论组(Discussion Groups)"检索。

5) 使用中文搜索引擎查找商务信息

查找国内或亚洲地区的商务信息时,使用中文搜索引擎比较方便,常用的中文搜索引擎主要有百度、谷歌和搜狐等。

2. 利用网上商业资源网站查找商务信息

互联网上大量的商业资源网站集中了海量商务信息,而且绝大部分是免费提供给网络用户使用的,市场调研人员通过它们可获得许多有价值的商务信息。

1) 利用商业门户网站收集商务信息。

商业门户网站一般拥有完善的搜索功能,用户可查找产品、供求、服务等市场信息。例如,1999年创立的阿里巴巴网站(http://www.1688.com/)连接了全球240个国家和地区的商业用户,为中小企业提供了海量的商业机会、产品信息和公司资讯。

2) 利用专业调查网站收集网络商务信息。

如果已知专业调查网站和相关调查频道的资源分布,就可查阅各个行业、各种产品已完成的市场调查报告,了解专业调查机构的市场研究方法和服务项目,参与在线调查、学习和了解有关调查项目和问卷的设计思路,免费获得在线问卷调查表编辑、发布、实施、分析等支持。例如,完全市场研究手册(www.smartmr.com)就是一个关于市场研究的非营利性专业调查网站,可免费搜索已完成的各种市场研究报告、市场研究公司黄页,还有市场研究论坛、市场研究的技术和方法、业内动态、问题咨询等栏目,并可随时参与各种在线调查。

3) 利用相关网站收集商务信息。

除了前面介绍的商业门户网站和专业市场调查网站外,网络商务信息的收集还可利用中国企业信息化网(www.chinabbc.com.cn)、中国技术创新网(www.ctiin.cn)等政府、行会和商会的网站,阿凡提网站(www.e-afanti.com)等消费资讯网站,中华大黄页(www.chinaBIG.com)等网上黄页,TradeCompass、全球商务网和tradezone等国际著名商务网站等。

小资料:

利用搜索引擎查找商务信息的技巧

首先,选好关键词和主题词,特别应注意标准术语。其次,学会使用布尔逻辑运算符"+、-、or、and"及特殊符号(如双引号、空格);最后,充分利用范畴限制词(特别是冒号的使用)缩小检索范围。如"Intitle:关键词",指检索内容出现在网页标题内;"Inurl:关键词",指检索内容仅出现在网页的网址内;"Intext:关键词",指检索内容出现在网页正文内;"URL:关键词",用于检索地址中带有某关键词的网页;"Image:关键词",仅用于检索图片。显然,懂得搜索引擎的这些技巧的使用,可大大提高搜索的效率和准确性。

7.4 网上问卷调查设计

网上问卷调查是指目前网站最常采用的，以网页呈现调查问卷，供网络用户在线回答问卷并提交答案的问卷调查方式。网络调查问卷在实施方面成本较低，而且网上问卷不像传统纸质调查问卷可能因人为的因素无法传递到调查对象的手上或已发放的调查问卷无法收回。

7.4.1 网上问卷调查的方式及其发布形式

1. 网上问卷调查方式

1) 在企业网站上进行问卷调查

网站本身就是宣传媒体，如果企业网站已经拥有一定量的固定访问者，完全可以利用企业自己的门户网站开展网络营销调研。这种方式主要适用于大型知名企业。由于网站访问者大多是一些对该企业感兴趣或与企业有业务往来的个人或组织，他们对企业有一定的了解，更有利于为访问者提供准确、有效的信息。

2) 借助专业在线调查网站进行问卷调查

对于那些知名度不高、企业网站访问量较少的中小型企业，可以选择在知名度高的在线调查网站上进行问卷调查，扩大调查对象的涉及范围，获取更丰富的调查样本。

3) 混合问卷调查

如果企业网站已经建好但影响力不够，还没有固定的访问者或访问者数量少，则可借助专业网络营销研究公司的网站进行调研。选择此种调研方式时，企业需要制定好调研内容及调研方式，并将调研信息提交到所选定的网络营销调研平台，然后就可以在专业网络营销调研网站上实时获取调研数据及进展信息，而不仅仅是获得最终调研报告，这与传统的委托市场调研的方式截然不同。由于这些网站上的访问者众多，可有效扩大调查范围，专业市场研究公司所具备的市场调研能力也有助于提高市场调研的效果。

2. 网上问卷的发布形式

1) 直接发布

这种方式是将问卷发布在网站上，等待访问者主动发现并填写问卷。其优势在于问卷填写者一般是自愿的；缺点是无法核对填写者的真实情况。此外，为回收一定数量的调查问卷，网站必须进行一定的宣传，以吸引大量访问者。

2) 利用讨论组发布

这是指在相应的讨论组中发布问卷信息或调研题目。这种方式成本低且被访问者是主动的，容易获取比较真实的信息。但在虚拟社区和 BBS 上发布市场调研问卷时，调研的内容应与讨论组的主题相关，否则会遭到被调研对象的反感甚至抗议。

3) 利用电子邮件发布

通过 E-mail 方式将调查问卷发送给被调查者，被调查者完成后将结果通过 E-mail 返回。这种方式的好处是可以选择被调查者；缺点是容易遭到被访问者的拒绝，此外还需要积累客户的有效 E-mail 地址。因此，使用这种方法首先应争取被访问者的同意，或者估计被访问者不会反感，同时可以采取有奖回答或赠送小礼品的方式，以降低被访问者的敌意。

4) 利用社交媒体发布

目前，微博、微信、QQ、人人网、开心网、陌陌、神聊等各类社交媒体快速发展并拥有大量的用户，将编制完成的在线调查问卷链接以消息的形式发布到各类社交媒体上，这些调查问卷便会在社交网络用户的分享过程中快速传输到大量的互联网用户，从而有可能引起更多用户的关注和回复。

7.4.2 网上调查问卷的类型和格式

1. 网上调查问卷的类型

1) 开放性问卷

开放性问卷是指不事先给出问题的备选答案而由被调查者自己自由作答的一类问卷。其优点在于可以让被调查者无拘无束地表达自己的意见，得到很多意料之外的答案，主要适用于那些不好简化为几个小问题的复杂问题，但调查结果往往会出现数据不好处理的问题。

2) 封闭性问卷

封闭性问卷是指一种已经明确给定问题可选答案的问卷。其优点在于答案的标准化，使调查对象易于作答，答案比较完整，结果易于统计处理。但它所获得的信息大多数是调查实施者预先设定好答案，获得的信息相对比较有限。

在实际问卷调查过程中，大多数的问卷调查设计包含开放性和封闭性两种类型的问题，只是封闭性问卷所占的比例应尽量少，这样既可以节省时间和费用，又可以不放过任何重要的线索。

2. 网络调查问卷的格式

网络调查问卷的题型主要为表格式和问答式两种。表格式一般由标题、前言、问题表格、备注等组成，具有简练、清晰、一目了然等特点。内容较单一的调查问卷多用表格式。问答式的样式一般为标题、前言、问句、备注等，具有形式灵活、使用方便等特点。内容较复杂的调查问卷多采用问答式。

7.4.3　网上调查问卷的设计

在许多网站上都设有在线调查问卷用以收集用户反馈的信息，但是很多在线调查问卷只是简单地把传统调查问卷搬到网上，并没有充分发挥网络媒体的优势。由于在线调查缺乏训练有素的访问人员指导，如果调查问卷设计得不好，被调查者将会误答、中途放弃甚至拒绝参与调查，那么精心制作的抽样计划、合理的数据分析和良好的编码都是徒劳。在线调查中，问卷设计是至关重要的一环。

1. 网上调查问卷的基本结构

若不考虑网上调查问卷的长度和细节，网上调查问卷一般采用如图 7-2 所示的组织结构。

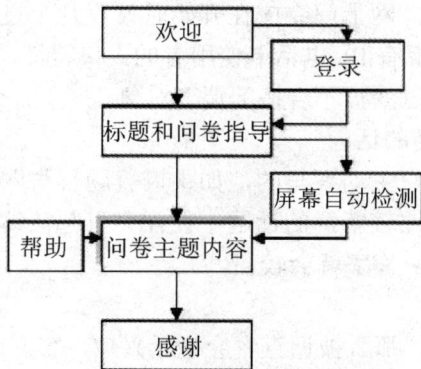

图 7-2　调查问卷的组织结构

1) 欢迎

欢迎词可以用单独的屏幕来显示，也可以出现在网上调查问卷第一页的上方。欢迎词中要体现被调查者意见的重要性，公开调查单位、调查目的、调查方案、完成调查所需的时间及调查结果的使用、奖励措施等信息，以引起被调查者的重视和兴趣。同时，强调对被调查者的相关信息进行保密，尊重其隐私，以取得其支持与合作。欢迎词页面还应该包括可以提供帮助的 E-mail 地址、QQ 号码、微博账号、电话号码等，以便那些希望就调查的问题提问或回答有困难的被调查者与之联系。

2) 登录

如果对调查的样本有所限制，就需要对参与在线调查的网络用户进行身份认证。当需要调查某个感兴趣的目标群体时，可以给每个被调查者指定一个个人识别码(PIN)。在上网接受问卷调查前，他们必须首先输入这一识别码。识别码可附在邀请信中，也可以作为扩展名植入在一个电子邮件指定的信息位置(URL)的扩展部分。在后一种情况中，被调查人只要在网上点击信息位置，互联网的网站就会自动识别，无须被调查者通过键盘输入身份识别码，从而避免可能的输入误差。

3) 标题和问卷指导

有关如何完成填写在线调查问卷的指导说明应显示在调查问卷第一个问题的上方。

4) 问卷主题内容

问卷内容设计是调查问卷设计的核心，问题的表述必须准确、简洁、易懂、中立，所列备选答案必须互斥、全面。

由于互联网的信息丰富，访问者不可能长时间关注某一个网页，因此在问卷中要设置合理数量的问题和控制填写问卷的时间，通常以 20 题为佳，以不超过 15 分钟为宜。在设计问题时可以运用以下技巧。

(1) 设计过滤性问题

网络用户越来越多，可能有许多人闲着没事填写网上问卷，而这些人并不是问卷所针对的目标调查对象。鉴于此，网上问卷应在开始时设置几个过滤性问题，筛选出问卷针对的确定对象。例如，想调查现有 IP 电话卡使用者的人口特征，可以在问卷开始提问"您使用过 IP 电话卡吗？"，及时过滤掉不合格的调查对象。

(2) 选择能引起高度兴趣的话题

因为在线调查是网络用户主动参与的，如果调查题目与网民的生活密切相关，或是网民关注的热点话题，或者是比较新鲜的话题，往往会引起被访问者极大的兴趣，从而调动他们答题的积极性，问卷的应答率就会较高。

(3) 合理安排问题顺序

如果问题的顺序不合理，那么被调查者会毫无兴趣，容易放弃作答。具体而言可分为：①先易后难，先非敏感性问题后敏感性问题。先以简单的问题吸引被调查者，使其产生兴趣，放下戒备心，而在后面才设计复杂的、敏感性的问题以及测量被调查者的态度或特性的问题。②先概括性后特定性问题。③先封闭式后开放式问题，因为开放式问题需要手写，被调查者容易放弃。

(4) 合理处理敏感性问题

有关个人隐私、棘手或者费脑子的问题最好放在调查问卷的中间或者三分之二处的位置。这时候的被调查者情绪高涨并且已经花费了许多时间和精力去完成问卷，因此极有可能会回答敏感性问题。即使被调查者在这时候放弃回答后面的问题，我们也已经得到了许多有效的调查信息。此外，敏感性问题还可以采用随机化问答技术。

(5) 备选答案顺序随机化

对于某些多项选择，由于项目较多，就可能出现一种"先入为主"的倾向，某些被调查者可能主观上认为某个备选答案排在前面或后面，会暗示其重要性。网上调查问卷可以设计将备选答案的顺序进行随机化调整，这样答案的位置对被调查者的暗示作用会得到减弱，从而有效地减少回答误差。

5)　屏幕自动检测

在被调查者答题过程中，自动检查前后的逻辑性和完成情况，若有漏答或错答，给予一定的提示，以便被调查者及时修订自己的回答。

6)　帮助

由于网上调查没有调查员可以对含混不清的词义、复杂的指示或问题及时做出相应的解释，如果调查比较复杂，帮助信息也是必不可少的。可以在问卷标题的右下方设置一个帮助链接，提供网上问卷中各种问题的帮助信息。还可运用动态解释，当被调查者对某一概念不够理解时，只要将鼠标置于该概念上，就会出现一个提示窗口。

7)　感谢

感谢词显示在最后一屏或问卷的最后一部分，感谢调查对象抽出时间填写问卷，再次说明问卷收集的信息将作何种用途，若打算进行其他的问卷调查，也可在这里略作宣传。调查组织者的地址和电话、被调查者的 E-mail、访问时间及访问编号等其他信息也可以显示在这一页，以便被调查者了解有关调查结果的信息。

2. 问卷的版面设计

同传统调查问卷一样，在线问卷应美观大方、简单易读，问题与问题之间留有空间，避免过于拥挤，问题与答案尽量不要分离。不要要求被调查者在回答下一个问题之前必须先回答前面的每一个问题，否则遇到了不愿回答的问题、无法理解或回答的问题，被调查者就很可能因此而放弃调查，从而导致无效调查问卷数量的增加。

在线问卷采用单页滚动式还是多页非滚动式要视问卷长度而定，通常短问卷采用单页滚动式，而长问卷采用多页非滚动式设计。如果问卷包含问题的逻辑跳转，则必须采用多页显示。逻辑跳转可以在受访者选择了前一个问题的答案后，再依据预先设置好的逻辑顺序调出下一个问题，这样受访者不会感到丝毫的不便或受到任何无关因素的影响。

在线问卷可以包含比较复杂的逻辑跳转，但无论整个问卷回答过程中出现多少次逻辑跳转，因为跳转的指令已经编进问卷，可以自动执行，调查过程的连续性和完整性均不会被减弱。

3. 网上调查问卷的导航设计

为了帮助被调查者顺利完成较长的问卷调查，问卷设计者可以设置一些前进/后退按钮、进度条和链接。

1)　前进/后退按钮

前进/后退按钮可帮助被调查者在回答调查问卷问题时随意地前进、后退或返回首页，通常设置在问卷每一页的最下面。

2)　进度条

进度条可以使被调查者在网络调查中清楚地知道他们还有多大比例的问题需要完成。

由于害怕被调查者因为问卷过长而放弃继续作答，一些设计者在较长的在线问卷中不设置进度条，但这是不明智的，因为大多数被调查者很想知道他们的回答进度。进度条可以设置在问卷标题的下方，也可以设置在问卷每一页的底端。

3) 超级链接

网上问卷调查中，超级链接在解释问卷中的概念或链接问卷以外的文件时非常便利。在线问卷中链接一般可采用蓝色、粗体和下划线文本格式，视觉上比较清晰，点击过的链接颜色改变。但在线问卷中不宜过多地使用链接，以免问卷回答时间过分延长。

4. 网上调查问卷的格式设计

为了调动网络访问者参与网络调查的积极性，可以借用网络强大的表现力，设计出声形兼备、别具风格的网络调查问卷。

1) 文本

在线调查问卷的字体应该令人熟悉并且在屏幕上容易阅读，如 12 号字适合一般的网络用户，而 14 号字对于残疾人或老年人较为适宜。也可以设置屏幕放大器来调试字体。对于问卷中着重强调的内容尽量用粗体而不是斜体显示，因为斜体在屏幕上阅读较为困难。

2) 色彩

色彩在网络问卷调查中有相当大的影响力，它可以影响被调查者回答问卷的情绪。色彩的设计应该使被调查者心情愉悦，但过于花哨的色彩则会使人烦躁。色彩对比鲜明的问卷可读性较强，非彩色的背景如白底黑字是较安全的选择。问卷的色彩应避免使人浮想联翩，还要避免增加色盲群体的阅读困难。

3) 图片

要避免过多地使用图片，图片会减慢网络调查问卷下载的速度，降低网上调查的可接受性。如果抽样群体可以通过高速链接参与在线问卷调查，在线调查问卷可以采用较多与调查有关的图片、音频和视频。同时，要设置 ALT 标签来对网页上的图片进行描述，避免被调查者因视觉上的差别而引起回答误差。

4) 动画

由于动画演示需要某种版本的浏览器或插件，很可能在某些被调查者的电脑上无法正常实现，因此在线问卷不适宜使用动画设计。若采用动画设计，可同时再提供一份静态的问卷供被调查者选择。

5. 网上调查问卷回答方式设计

网上调查问卷回答方式的设计是针对封闭式问题而言的，通常有单选按钮、复选框、下拉菜单和矩阵式/表格式四种方式。

6. 网络问卷调查的试调查

在问卷初步设计完成之后、尚未进行正式网络发布之前需要在小范围内选取 10～20 个被调查对象进行试调查，以确保调查问卷中的问题描述、帮助信息或逻辑跳转正确无误，问卷完成时间易被接受等，并根据试调查的结果及时修改调查问卷的设计及其网络呈现，经过几次反复试调查和修订之后便可完成一份比较完善的网络调查问卷。

7.4.4　网络调查问卷的质量控制

1. 网络问卷设计的质量要求

1)　充分体现调查主题，达到调查目的

每一项调查都具有特定的调查目的以及由该调查目的所确定的调查主题，"充分地体现调查主题，达到调查目的"是问卷设计最根本的质量要求。

2)　促使被调查者合作，提供正确的信息

没有被调查者的真诚合作，就不可能达到调查目的，优秀的网上调查问卷必定是容易为被调查者所自愿接受、正确理解且提供真实信息的问卷。这就要求问卷设计在内容上应避免涉及个人隐私问题，且不超过被调查者的能力和经历；在表述上尽量通俗简洁、准确清晰；在问题顺序设计上先易后难，轻重有别，前后连贯，适合被调查者的思维习惯；在版面设计上美观大方，结构清晰，主体部分突出醒目。

2. 网络问卷设计的质量控制

网络问卷的质量主要取决于问卷设计人员的业务素质及其对调查目的和调查主题的把握程度，同时也与问卷设计的执行过程密切相关。因此，慎重地选择问卷设计人员和严格地执行正确的设计程序是控制网络问卷设计质量的关键。

1)　选择具有资质的问卷设计人员并成立问卷设计小组

问卷设计是一项专业性很强的工作，没有一定的专业理论和实践经验，就不可能设计出优质问卷。选择具有资质的网络问卷设计人员是控制问卷设计质量的首要环节。由于单个人员的设计难免具有局限性，因此可根据实际需要选择两个或两个以上的调查问卷设计人员并成立问卷设计小组，通过相互启发、讨论切磋，集中众人的智慧，避免设计缺陷。

2)　以问卷设计的质量要求为标准，控制问卷设计过程

(1) 明确调查目的，准确界定调查内容。

问卷设计人员必须明确调查目的，全面了解委托者的市场营销战略、营销策略组合以及正在实施的营销计划、产品的特征及市场背景，必须完成的工作目标及完成工作所拥有的资源，分析委托者可能面临的机遇与难题，正确理解委托者的真正意图与真实需要，并根据调查目的确定调查主题，准确界定调查问题。设计人员对调查目的越明确，对委托者营销情况研究越深入，问题界定就越准确，就越有助于提高问卷设计质量。在问卷设计过程中，设计人员必须不断提醒自己是否做到了准确地反映调查主题和调查目的，凡是不能体现调查主题或与调查目的无关的问题都必须舍去。

(2) 搜集相关资料。

搜集与问卷设计相关的资料是提高问卷设计质量的一种有效捷径。与问卷设计相关的资料可以是已有的同类或近似的问卷，通过认真分析和对比、加以借鉴，做到取长补短；也可以是相关的市场信息，通过了解与分析调整问卷设计。总之，凡是有利于问卷设计的资料都可以搜集，相关资料搜集得越充分，了解得越透彻，就越能保证问卷设计的科学合理。

(3) 问卷的初步拟定与修改。

一般而言，问卷由开头、甄别、主体、背景及结束语等部分构成。问卷的主体部分是调查问卷设计的核心，主要体现为具体问题的设计。设计人员根据调查目的的要求，可采用 4P 思考法，即列出与调查主题有关的产品(Product)、价格(Price)、地点(Place)和促销(Promotion)四个方面的重要问题，参考已搜集的相关资料，形成具体的问题和备选答案，并把相近的或相关的问题放在一起，由易到难排列。问卷的内容及问句要尽可能简短，一项提问只包含一项内容，提出的问题被调查者有能力回答且乐于回答。

问卷初步拟定后，问卷设计人员需要从以下几个方面对问卷进行检查和修改。

第一，检查问题是否符合调查目的，是否与调查主题相关，并删除无关的问题。

第二，检查问题是否能全面地反映调查主题，如有遗漏，则予以适当补充。

第三，检查问题设计是否前后连贯，排列是否井然有序。若有不当，则予以调整。

第四，检查问题表达是否存在词不达意或模棱两可，或笼统生涩。若存在，则予以修改。

第五，检查问卷格式是否规范。在问卷设计中，要求问题编号按统一规则设计；在版面设计上要求结构清晰、重点突出、简洁美观，检查并修改后即形成初稿。

3) 委托者(客户或上级主管领导)确认

在线调查问卷初稿完成之后，应提交委托者审核并签名确认，这是问卷设计质量控制过程中不可缺少的环节。设计人员根据审核意见修改问卷直至委托者审核通过，这样可以确保委托者的知情权、审核权乃至决策权，使问卷设计准确地体现调查目的，更好地满足委托者的需要。

4) 问卷预测试与修改

问卷预测试是检查问卷质量及提高问卷设计质量的一种行之有效且简便的好方法。已设计出的问卷在调查中可能会遇到设计人员没有想到的问题，或者问题的应答率较低，或者问题及答案选项表达歧义引起被调查者回答困难，或者答案选项设置不当等，进行预测试能及时发现问卷设计中存在的缺陷与不足，预测完成调查问卷所需的时间，设计人员也可根据预测试结果有针对性地对问卷进行补充和修改完善。

7.4.5 影响网络调查问卷有效性的因素

在网络营销调研中，由于种种原因时常会出现一些无效的问卷，从而影响问卷的准确性与科学性。这些因素主要包括以下几个。

1. 指导语含混不清

指导语是对问卷填写的说明和解释，被调查者可以从中了解和掌握填写问卷的要求。如果指导语含混不清，有些被调查者在填写问卷时就会有一些不合规范的回答，从而使问卷无效，降低问卷的有效率。

2. 问卷内容存在偏差

这种偏差包括问题表述不明确、问题排列不合理和答案设计不合理等。其中，问题表述不明确最容易导致被调查者回答上的错误，如问题含糊、问题提法不妥或问题带有暗示性、问题是被调查者未经历或不知道的等；问卷设计上的错误往往容易造成被调查者在回答上不符合要求，致使问卷无效；问题排列不合理可能会降低被调查者的兴趣，致使他们产生反应倾向与定式心理。设计的答案有交叉、未包容或与问题不协调，也会影响问题回答的真实性。

3. 问卷过于复杂

网络调查问卷的长度要适中，尽量使用通俗易懂的语言，不要设计太复杂的问题和过多的问题。

4. 被调查者本身的因素

在调查问卷设计科学合理的情况下，被调查者本身的特点是影响网上调查问卷有效性的关键因素。影响网络调查问卷有效性的被调查者因素主要有三种：一是被调查者的态度和能力，被调查者如果态度积极，愿意合作，那么他们在填写问卷时往往仔细认真，填写的问卷有效性高；二是被调查者填写问卷时的心理状态会影响问卷的效果，如被调查者由于某些原因思想上有顾虑，在填写问卷时不是按照自己的真实情况来填写，而是依据社会的赞许性来填写；三是被调查者在填写问卷时可能会受到外界因素的干扰，从而影响调查问卷回答的有效性，如填写网络调查问卷时被调查者受他人、网上填写时的不确定性等未知因素的影响。

总之，由于上述几方面影响因素都会对网上问卷调查的有效性产生很大的影响，进而影响网络营销调研结果的质量，在设计网络调查问卷时应尽量避免犯类似的错误。

小资料：

设计调查问卷需注意的问题

(1) 问卷设计必须首先明确调查目的，选好调查题目。

(2) 问卷设计应结合不同调查对象的特点来进行。

(3) 问卷设计应结合调查项目的性质选择不同的量化方式，设计力求一个"准"字和一个"巧"字。

(4)整体设计问卷承载的问题量，把握好一个"度"。

(5)调查问卷设计，在结构形式和语言运用上要讲究点"美"。

本 章 小 结

网络营销调研是基于互联网而系统地进行市场信息的收集、整理、分析和研究的行为，具有信息采集的及时性和客观性、网络营销调研的动态性和交互性、方便性和低成本性等特点。

从网络营销调研的过程来看，网上调研与传统的市场调研非常相似，只是它充分利用了互联网的各种优势，收集信息更加快捷、方便、全面。企业在进行网络营销调研时，应根据企业调研的目的和自身产品或服务的特点，采用有助于决策者作决断的调研方法。

网络营销调研的程序包括选择合适的搜索引擎、确定调研对象、查询调研对象的信息、确定适用的信息服务、对搜集的信息进行整理与分析。

网络营销调研的技巧包括识别公司网站的访问者、企业网站上的调研、利用电子邮件来直接调查目标市场、传统市场调研与网络营销调研相结合等。

网络商务信息收集与整理的方法有使用合适的搜索引擎查找商务信息、利用网上商业资源网站查找商务信息等，同时向智能化、可视化、简单化、多样化、个性化、深入化等方向发展。另外，在网络营销调研过程中，网络问卷设计是至关重要的一环，在设计网络问卷时要充分考虑市场调研的目标、目的、被调查对象、调查方式等因素。

思 考 题

1. 谈谈你对网络营销调研的理解，如其定义、特点、功能。
2. 网络营销调研的方法与步骤是什么？
3. 网络商务信息如何收集？除了本章介绍的几种方法外，你认为还有什么其他的方法？
4. 分析网络商务信息收集技术的发展趋势。
5. 设计问卷时应注意哪些问题？简单设计一个调查问卷，题目自定。

案例分析题

随着移动设备和移动通信技术的快速发展，加上我国通信基础服务建设的不断完善，各类移动增值服务和移动应用服务成为当前三大移动服务商的重要发展目标。截至 2012 年

12 月底，我国手机网民规模为 4.2 亿人，较上年年底增加约 6440 万人，网民中使用手机上网的人群占比由上年底的 69.3%提升至 74.5%。

分析：

根据上述案例，结合自己对网络营销调研的认识，分析如何利用互联网针对移动增值业务和移动应用服务的营销进行网络调研。

第8章 网络营销产品策略

【学习目标】

● 了解网络营销产品的内涵、特点以及分类。
● 掌握网络营销中所采用的不同的产品策略，根据特定的网络营销产品的特点，分析策划相应的网络营销产品策略。
● 了解网络市场中产品的品牌价值以及企业应该如何树立良好的品牌形象。
● 掌握网络时代的新产品开发策略。

【引导案例】

麦包包破茧成蝶的快营销

麦包包利用淘宝网借鸡生蛋、借船出海，大浪淘沙之后终成金光灿灿的"淘品牌"，现在的麦包包做得风生水起、势如破竹，成为众多线上线下企业的标杆。麦包包是如何破茧成蝶的？又如何解决促销带给品牌的阵痛？

中国最大网络销售平台——淘宝网2010年的交易额达4000亿元，比上年增长约一倍，随之而来的"淘品牌"也如雨后春笋般涌现。然而，很多借淘宝发家的"淘品牌"并不愿受囿于淘宝，为寻找更广阔的出路而纷纷开始"出淘"。各商家可谓"八仙过海，各显神通"，其中，有一个"淘品牌"创立于2007年9月，成立仅三年便获得联想投资、DCM和挚信资本对其共计4500万美金的两轮投资，2010年销售额逼近4亿元，它就是知名的互联网时尚箱包品牌——麦包包。

快营销：打响全网营销大战役

麦包包并没有满足自己"淘品牌"的角色，而是进一步发挥互联网成本低、受众广、速度快的优势，上演了一场全网"快营销"大戏。

B2C企业当下主流的做法是通过各种网络营销手段，先将用户从四面八方引到自身的官方网站或B2C平台，再对订单进行统一处理和发货。区别于这种传统做法，麦包包所奉行的是遍地开花的"anywhere"政策。创始人叶海峰对"anywhere"的解释是："哪里有消费者，我们就去哪里卖包。"也就是有人的地方就有市场，有市场的地方就有生意。基于这点，麦包包广铺渠道来满足人们的消费习惯。但成功"出淘"的麦包包并没有因此荒废在淘宝上的渠道建设，官方渠道与淘宝渠道并不存在主次之分，麦包包淘宝旗舰店依然吸引着大批量的淘宝买家，它们发挥着同等重要的出货功能。事实上，除了官方平台和淘宝，麦包包还进一步拓宽出货面，通过与麦考林、乐酷天、当当网等一系列网上商城合作，牢牢占领着各大线上的咽喉要道。麦包包进驻网上商城的方式，一方面有效提升其知名度，让更多的网购达人了解并认知这一品牌；另外，还能充分利用网上商城聚合而来的巨大流量，最大限度地挖掘潜在顾客。

除了搭建四通八达的出货渠道外，麦包包还整合了大量资源做品牌推广。首先是返利网站。返利网站是一个成本低、效果稳定的渠道，其价值在于：为发展中的 B2C 企业创造新的客户流量，而成熟的 B2C 平台为了激活老用户，在一定程度上也有"返利"的需求。麦包包通过与返还网、易购网等返利网站合作，为消费者提供 10%～15%的返利优惠，将返利网站上的流量快速引入官方平台。相关数据显示，返利网目前的客户转化率是 25%，这是国内普通网站的 20 倍以上，是淘宝网的将近 3 倍，能为 B2C 企业带来 1：100 的资本回报，这从侧面证明了麦包包在返利网站上做投放实属明智之举。

其次，麦包包活用网络传播工具，开通了官方博客和麦芽糖时尚论坛。作为麦包包的重要宣传阵地，官方博客以图文并茂的形式向信息受众传播"快时尚"品牌理念，不断提升消费者对麦包包的价值认同感。而麦芽糖时尚论坛则是麦包包粉丝们的根据地，"麦芽糖"们在这里可以及时了解到时尚界的最新资讯，掌握潮流动态。麦包包通过这种形式与"麦芽糖"们分享生活、共赏时尚，加强了与"麦芽糖"们在情感上的联系，提高了消费者对麦包包这一品牌的黏着度。

（资料来源：http://www.hiseo.cn/anli/192.html）

8.1　网络营销产品

《网络整合营销兵器谱》"由我世界"发布会微博直播

2010 年 2 月 4 日 15：00，刘东明老师携新书（书名：网络整合营销兵器谱）在《由我世界》里与大家见面。此次新书推介会由主办方中国电子商务协会网络整合营销研究中心联手《由我世界》重磅推介，除了邀请到了当今知名业界专家之外，还别开生面地实现了全国十几家微博、SNS 网站同步联播，以及向 20 万和信用户客户端进行同步推送报道。

在新浪微博、豆瓣、滴答等十余家微博上，《网络整合营销兵器谱》化身一名可爱的武侠高手出场。"如果网络营销是深不可测的江湖，各位就是网络营销的大侠，而网络营销的各种方式就是战场杀敌制胜的最佳兵器。""那你又是何人？"众围脖中传来一个深沉的疑问声。"好吧，各位看官，小弟先唱个肥喏，我是你 shu。（呋，敢沾众围脖便宜？关门放小黄！）小的错了，我是您的书，我名为《网络整合营销兵器谱》，一本失传多年的网络营销武林秘籍。"此番对话引来听众的驻足和关注。整个虚拟世界发布会持续半个多小时，期间专家致辞，作者发言，网友互动提问，漫画明星 PP 猪献花等，大家忙得不亦乐乎！直播人《网络整合营销兵器谱》更是以幽默风趣的语言为大家进行精彩直播，推送会半个小时共为听众推送 170 条微博信息，新浪微博听众从 0 增加至 600 人，而且听众非常精准，80%是从事网络营销、电子商务的专业人士。十余家微博听众共计 50 000 多人，如图 8-1 所示。

图 8-1 《网络整合营销兵器谱》微博直播

这次发布会的主角由我世界和《网络整合营销兵器谱》成就了中国第一例虚拟世界、微博、SNS 跨平台同步联播的发布会。无论是图书营销界还是虚拟世界中，这个案例都会成为一个里程碑，会拥有无数的二次口碑传播。这次营销的跨界可以说是"共同围猎，一起吃肉"的模式，多个跨界方的资源都得到了充分的运用和回馈，让资源效率最大化。

(资料来源：http://www.hiseo.cn/anli/62.html)

8.1.1 网络营销产品的内涵

从市场营销学的角度来看，产品是指向市场提供的，供人们获取、使用或消费，从而满足人们某种欲望或需要的一切东西。广义的产品包括有形商品、服务、人员、场所、组织、主意或者它们的组合。从经济学的本质上讲，产品是一个收益的集合，它能满足一个组织或消费者的愿望，使他们愿意以货币或者其他有价值的东西来交换它。

在传统营销中，企业设计开发产品是以企业为起点的，从而使得消费者与企业在产品设计和开发过程中基本是分离的，顾客只是被动地接受和反映，无法直接参与产品概念形成、设计和开发环节。而在网络营销活动中，消费者的个性化需求更加突出，借助网络的优势，消费者购物的主动性、选择性大大加强，消费者的个性化需求也更加易于实现。因此，网络营销的产品概念不应停留在企业能为消费者提供什么的理解上，而应该关注"消费者需要什么、消费者想要得到什么"，真正以消费者需求为导向。网络赋予了产品更深的内涵，在网络营销中，营销者应该根据产品的新特点，采取不同于传统市场的营销策略来推广网络营销产品。

1. 传统产品的三个层次

根据市场营销学对产品的定义，手机、照片冲洗店、音乐会以及度假等都是产品。但是，产品不仅仅是我们看到的实体产品或是感受到的服务本身，它还应是一个产品整体。在传统市场营销中，营销大师科特勒将产品分成核心利益(Core Benefit)、实际产品(Actual Product)和附加产品(Augmented Product)三个层次。

最基础的层次是核心利益，它解决了购买者究竟购买的是什么的问题。在设计产品时，营销者必须首先定义这个核心，即什么是顾客寻找的解决问题的利益或服务。

在第二层次，核心利益被转变为实际的产品。包括产品或服务的特征、款式设计、质量水平、品牌名称和包装。

最后，还必须为顾客提供附加的服务和利益。围绕核心利益和实际产品建立一个附加产品，使消费者的价值需求及体验得到最大的满足，即个人化、便利、快捷、丰富等，这时，网络产品所带给消费者的价值就是更深层次的。

传统产品的三个层次如图 8-2 所示。

2. 网络营销产品的内涵层次

虽然传统产品的三个层次在网络营销产品中仍然起着重要作用，但传统营销中的主流营销活动是建立在一种面对面的营销界面基础之上的，而在网络环境下，由于网络的虚拟性，网络营销的屏对面界面改变了以往我们对满足消费者需求价值的产品的认识。网络营销是在网上虚拟市场开展营销活动，以实现企业营销目标的。产品的设计和开发的主体地位已经从企业转向顾客，企业在设计和开发产品时还必须满足顾客的个性化需求，因此网络营销产品的内涵与传统产品的内涵有一定的差异，其层次比传统营销产品的层次大大扩展了。网络营销产品的概念可以概括为：在网络营销活动中，消费者所期望的能满足自己需求的所有有形实物和无形服务的总称。根据网络营销产品在满足消费者需求中的重要性，可以将网络营销产品整体划分为五个层次：核心利益层、个性化利益层、附加利益层、潜在利益层以及产品形式层，如图 8-3 所示。

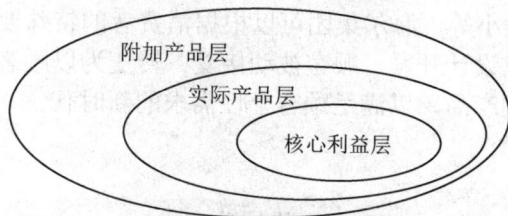

图 8-2　传统产品的三个层次

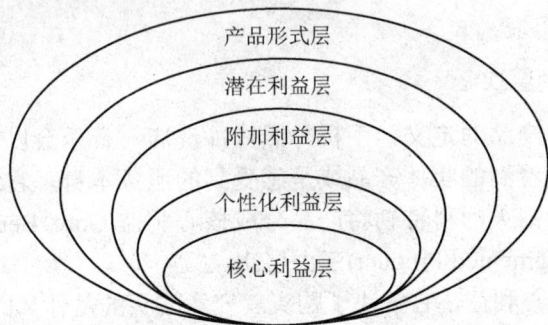

图 8-3　网络营销产品的五个层次

1)　核心利益层

核心利益层是指消费者希望通过交易活动得到的最核心或最基本的效用或利益。这一层次的利益是目标市场消费者所追求的共同的无差别的利益。

2)　个性化利益层

个性化利益层是指网络目标市场上，每一细分市场甚至每一个消费者希望得到的，除核心利益之外的满足自己个性化需求的利益的总称。不同消费者对同种产品所期望的核心效用或利益一般是相同的，除此之外，不同消费者对产品所期望的其他效用往往会表现出很大的个性化色彩，不同细分市场或不同个体消费者所追求的产品利益又是富有个性的。所以，个性化利益层也称为期望产品层，即顾客在购买产品前对可购产品的质量、使用方便程度、特点等不同的期望值。例如上网聊天，人们追求的都是社交需求的满足，但有的人是以觅友为目的，而有的人却以宣泄个人感情为目的，还有的则完全出于追求一种网络社交的体验等。

网络市场是一种典型的买方市场。卖方市场是消费者向企业求购，是消费者对企业的营销；而买方市场却是企业向消费者求买，是企业对消费者的营销。网络营销很难做到像网下营销那样，一厢情愿地采取强迫性的促销攻势；相反，在网络营销中，消费者完全处于主导地位，鼠标就是选票，消费行为呈现较大的个性化特征。因此，企业要想通过网络营销获取竞争优势，产品的设计和开发必须以满足顾客个性化的消费需求为导向。例如，海尔集团提出"您来设计我实现"的口号，消费者可以向海尔集团提出自己的需求个性，如性能、款式、色彩、大小等，海尔集团可以根据消费者的特殊要求进行产品设计和生产。现代社会已由传统的企业设计开发、顾客被动接受，转变为以顾客为中心，顾客提出要求，企业辅助顾客来设计开发产品，以满足顾客个性需求的新时代。

小资料：

个性化的洗衣机

海尔集团在洗衣机产品开发过程中，针对农村地区电压不稳定的问题，开发了"宽电压"洗衣机；针对城市居民有的家中水压不足的问题，开发"零水压"洗衣机；针对北方地区水质硬、衣物不易洗干净的问题，开发了爆炸洗净"小神泡"洗衣机；针对南方地区梅雨季节晾衣时间长、容易滋生细菌的问题，开发了带烘干的洗衣机；还有地瓜洗衣机、打酥油洗衣机等。

海尔集团根据市场需求，设计时尚个性化的洗衣机，赢得了一个又一个市场。20 年间，它成为"世界最具影响力"的 100 个品牌之一。海尔集团的成功在于不断更新市场营销观念，积极创造市场，致力于引导消费，始终在发现消费者还没有满足的需求并率先去满足它。这就是营销者的责任。

3) 附加利益层

附加利益层也称延伸利益层。网络营销整体产品中，附加利益层是指消费者选择网上购物时希望得到的一些附加利益的总称。这一层次产品的内容是为了满足消费者因获得前两个层次的产品利益而派生出的延伸性需求，同时也是为了帮助用户更好地使用核心利益和服务。它通常包括销售服务、保证、优惠、信贷、免费、赠品等内容。它是产品的生产者或经营者为了帮助消费者更好地获得核心利益与个性化利益而提供的一系列服务。

在网络营销中，对于物质产品来说，附加利益层要注意提供满意的售后服务、送货、质量保证等；对于无形产品，如音乐、软件等，由于可以通过网络渠道直接进行配送，其附加利益的重点是质量保证和技术保证以及一些优惠政策，如现在很多软件商许诺用户可以享受免费的软件升级服务，可以以优惠的价格购买同一公司的软件或产品等。

网络产品丰富的附加利益还主要表现在网络产品所能够提供给消费者的信息价值、娱乐价值和顾客群体认同价值等。例如，对一个 ICP(网络内容提供商)网站而言，网络媒体的内容产品所包含的附加利益是多重的，人们在接收内容产品时，相关信息所依附的网站界面、一个网站的整体氛围、网站提供的服务等，都可以成为一种附加利益，为内容产品增值。一个网络游戏提供商或博客平台提供商，除了为网络消费者提供一个网络娱乐和网络信息沟通的平台之外，还为参与者提供了群体归属感和认同感，这也是网络产品的一种附加利益表现。而信息增值几乎是所有网络产品都能够提供的附加利益。

4) 潜在利益层

网络营销整体产品中，潜在利益层是指在核心利益、个性化利益、附加利益之外，能满足消费者潜在需求，但尚未被消费者意识到或者已经被意识到而尚未被消费者重视或消费者不敢奢望的一些产品利益。它与附加利益层的主要区别是，顾客没有得到产品潜在利益层仍然可以很好地满足其现实需求，但得到潜在利益层，消费者的潜在需求会得到超值的满足，消费者对产品的偏好程度与忠诚程度会得到大大强化。

在高新技术发展日益迅猛的时代，产品的许多潜在利益还没有被顾客充分认识到，这就需要企业通过消费教育和消费引导活动，使消费者发现或认识到产品的潜在利益层。例如，联想电脑推出天禧系列电脑时，在提供电脑原有的一切服务之外，还提供了直接上网的便捷服务。

5) 产品形式层

网络营销整体产品中，产品形式层是指产品的核心利益、个性化利益和潜在利益借以存在并传递给消费者的具体形式。实物产品主要由产品的质量水平、材质、式样、品牌、包装等因素构成；服务产品则由服务的程序、服务人员、地点、时间、品牌等构成。

在现代信息技术的支持下，网络所能够提供的实际产品是异常丰富的。对于知识和信息类产品，如软件产品，其产品形式表现为：当它存储在实体中时，其实际产品形式是光盘；当它存储在网络里时，其实际产品形式是比特流。对于那些购买前客户不能体验的产品而言，营销者可以通过网络广告或包装宣传来提供有价值的信息担保，对于在网络上提供的这些信息产品而言，产品的视觉表达和描述就等于产品的包装。它也可以表现为一种在线服务，那些高度依赖储存的信息并且能够分解成良好结构的客户交互的服务最适宜于通过网络进行交付。目前，旅游咨询、心理咨询、法律咨询和医疗咨询等在线服务发展势头迅猛，正是基于网络信息服务强大的资源优势和提供更多附加价值的优势。

网络营销就是通过满足消费者对不同产品层次的需要而获得企业利润。网络营销产品整体概念的五个层次，充分而清晰地体现了以消费者为中心的现代营销观念。可以说，产品整体概念是建立在"需求=产品"这个等式的基础上的。

8.1.2　网络营销产品的特点

网络的虚拟性使得顾客可以突破时间和空间的限制，实现远程购物和网上直接订购，但这会使得网络购买者在购买前无法尝试或只能通过网络来尝试产品。就有形产品而言，网络无法提供诸如嗅、触摸、操作等手段供购买者收集信息之用；就无形的服务产品而言，不能提供顾客认识服务设施、服务人员质量等产品组成的重要手段。因此，并非所有的产品都适合在网上销售。

从网络产品的消费者导向出发，产品是否适合在网络上销售，可以简单地归结为顾客愿不愿意在网络这个特殊的市场上做出购买决策。根据网上消费者的目标市场和消费者的购买决策行为过程，可以得出目前适合在互联网上销售的产品通常具有以下特性。

1. 产品的可信息化程度

从消费者决策过程中可以发现，收集信息对消费者决策具有关键的影响作用，它是一切决策过程的开始。而展示信息则是消费者收集信息的来源。因此，资讯丰富并易于数字化传播的产品比较适合于网络营销。企业在网络上向顾客提供的产品都是以纯信息形式出现的，是信息化后的有形产品、信息化后的服务产品以及纯信息产品。这些信息化以后的产品如果能够向网络顾客提供足够多的信息量，就能够吸引顾客购买；否则，就难以使顾客发生购买行为。因此，产品能否被信息化成了其是否适合在网络上销售的关键。

一般来说，技术含量越高、使用人工材料越多的产品，它们的可信息化程度越高；而艺术含量越高、使用天然材料越多以及很少使用视听来认识的产品，它们的可信息化程度越低。例如，图书是一种非常适合于网络营销的产品，之所以能够成为网上热销产品，是因为它具有很高的可信息化程度。图书本身就是传播信息的产品，稍微有选择地抽出一些内容组合起来就可以很好地把它的产品特性、质量等描述出来。因此，购书者可以在任何时候上网查阅新书目，不仅可以迅速捕捉到最新的出版信息，而且可以阅读到书中详细的目录，甚至是章节的片段。同时，网上书店所提供的关键词、作者、书名的查询，也大大方便了顾客，节约了顾客大量的时间。

2. 产品的标准化程度

传统的消费者习惯于从与产品的直接接触中收集信息，或者因产品特性不同而只能通过与产品的直接接触收集信息。譬如，专业人员可以通过食品油的物质组成比例了解它的质量、颜色，甚至气味，而普通消费者只能通过嗅觉才能达到了解的目的。另外，有些产品只能通过直接接触才能真正认知其价值，如珠宝。因此，不能通过真实的触觉、嗅觉而展现的网络营销产品，最好是能够通过一系列的标准化数据来展示，以便于消费者比较。例如，可以通过一系列标准化的性能指标直接表述的电子产品，如笔记本电脑、手机等，就比较容易通过网络销售。

3. 产品的品牌知名度

在网络营销中，一方面，要在网络浩如烟海的信息中获得浏览者的注意，必须拥有明确、醒目的品牌；另一方面，由于网上购买者面对很多选择，并且无法直接感知产品特性和进行购物体验，因此，购买者对品牌比较关注。因而具有品牌知名度的产品更易获得消费者的认可，因为名牌企业的产品、名牌产品或知名网站经销的产品，已经被众多的消费者购物实践证明货真价实、质量可靠，消费者在购物过程中不必再花费太多的精力和时间去比较选择。如海尔系列产品、TCL 产品的网络营销都比较成功。但据调查，传统优势品牌在网上不一定占有优势，如可口可乐公司的网站就不是很吸引网民。所以，在网络营销中的产品品牌知名度是来自网络市场，要和传统市场区分开来。

4. 产品的购买风险

由于许多人对昂贵产品的安全问题十分敏感，所以人们更愿意用传统的方式来购买金银首饰等贵重物品。而图书、音像制品、家用电子产品、礼品玩具、计算机硬件等则易于通过网络营销来开展业务。因为这类产品本身不贵重，而且有较长的保质期，邮寄过程中也不容易出现破碎或损耗，对于消费者来说，通过网络来购买这些产品，风险不大；对于厂商来说，这些产品是发展网络营销的首选种类。如著名的当当网上书店就是先在网上销售书籍，然后开始销售音像等制品，获得了极大的成功。

5. 产品的网络目标市场定位

消费者愿意接受网络营销的产品首先要借助网络这个工具，如果需求对象根本不上网，那么这个产品是不适宜在网络上销售的。而那些拥有较多的上网人数的目标消费顾客群、符合时尚、个性化较强的产品，比较适合网上销售，如手机、饰物等时尚产品受到以年轻人为主要构成的网络消费群体的青睐。同时，由于网上用户在初期对技术有一定要求，因此与技术或与电脑、网络有关的产品，比较容易定位其用户族群，这些产品容易引起网上用户的认同和关注。目前在网上销售最多的企业是信息技术类企业，如美国的 Intel 公司、Cisco 公司和 Dell 公司。

6. 产品的市场可到达性

网上市场是以网络用户为主要目标的市场，适合在网上销售或能发挥网络营销优势的产品一般是那些覆盖较大的市场范围的且市场容量比较大的产品。如果产品的目标市场比较狭窄，虽然也能实施网络营销，但营销效益不佳，不能充分发挥出网络营销的优势。但是，如果网络目标市场覆盖范围很广，市场容量很大，但网络营销的可到达性很差，或者物流配送体系跟不上，又或者网络营销信息到达率很低，也不适合网络营销的开展，或者至少在一定时间内不能开展。

7. 产品对传统市场的扩展

一些补缺产品以及现实空间难以实现的产品，适合进行网络营销，因为网络空间的无限性与网络的搜寻功能可以满足消费者需要足够信息来进行决策的要求，也就是说这类产品在网络空间的信息具有质量优势。这些产品主要是借助互联网的便捷性而出现的服务产品，如远程医疗服务，在网络上销售具有更大的可行性。如联邦快递公司(http://www.fedex.com)提供的快递服务，通过整理业务流程，使其完全符合在网络运作的要求，从而能够为顾客提供诸如跟踪邮包等网上服务，为其赢得了更好的声誉。

另外一些需求量小、顾客地理分布很散的产品，由于受地理位置的限制，很难保证其销量和客源，但是若将其放到网络的大市场中，所有联网的用户都可能是潜在客户。

如果在网络上经营那些消费者随处可得的极易替代的产品，则很难形成网络营销优势。一般那些替代性不大、具有较强垄断性的产品，或者那些不太容易在网下设店经营的特殊品或传统市场不愿经营的小商品，比较容易在网上销售。也就是说，利用网络优势而实现对传统市场扩展的产品适合于网上销售。

8.1.3 网络营销的产品分类

由于网络发展现状的限制，使得只有部分产品适合在网上销售，而适合于网络销售的产品所具有的特点如 8.1.2 节所述。随着网络技术的发展，将有越来越多的产品实现网上销售。按照产品性质不同，可以把这些适合在网络上销售的产品分为两大类：实体产品和虚体产品(见表 8-1)。

表 8-1　网络营销产品分类

产品形态	产品种类		具体产品
实体产品	普通产品		消费品、工业品、二手产品等实体产品
虚体产品	数字产品		电脑软件、电子读物、电子游戏等软件产品
	服务产品	普通服务	票务预订、旅游服务、远程医疗、远程教育、网上金融业务等
		信息咨询服务	信息咨询服务、法律咨询、医疗咨询、金融咨询、资料库检索、研究报告、电子杂志等

1. 网络营销中的实体产品

实体产品是指具有物理形状的物质形态产品，是可以触摸的。我们使用的多数产品都属于这一形态。在网络上销售实体产品的过程与传统的购物方式有所不同，在这里没有传统的面对面的买卖方式，网络上的交互式交流成为买卖双方交流的主要形式。消费者或客户通过卖方的主页了解其产品，通过填写表格表达自己对品种、质量、价格、数量的选择；而卖方则将面对面的交货改为邮寄产品或送货上门。虽然从理论上说任何普通的实体产品都可以通过网络直接进行交易，但在网络交易实践中并非如此。据 CNNIC 的调查，价格相对较低的图书、鲜花礼品、通信产品、生活家居等实体产品是网络消费的热点。

2. 网络营销中的虚体产品

虚体产品与实体产品的本质区别是虚体产品一般是无形的"比特"产品，即使表现出一定形态也是通过其载体体现出来的，但产品本身的性质和性能必须通过其他方式才能表现出来。如计算机软件本质上是一些数字编码，它们有规则地存储在软盘、光盘等介质上，这些介质就是软件的载体，消费者购买软盘、光盘是为了使用这些载体上保存的软件。

在网络上销售的虚体产品可以分为两大类：数字产品和服务产品。

1) 数字产品

数字产品包括电脑软件、电子读物、电子游戏等软件产品。该类产品的网络销售可以充分利用网络的自身优势，提供顾客直接从网上下载产品的方式，不仅可以免去了实物(保存数字化产品的光盘或磁盘等载体)的配送麻烦，而且也免去顾客等待送货上门的不便，从而充分体现出网络销售数字化产品的优势，如计算机软件。计算机软件如果按照传统的销售方法进行销售，要经过如下几个步骤：首先软件厂商把开发出来的软件存到磁盘中或者刻录到光盘上，然后进行包装，通过各级中间商销售到消费者手中。厂商与消费者的距离大大地拉长了，这样就增加了软件的成本。而如果通过网络销售，过程要简单得多。消费者只要上网单击一下鼠标,网上企业就可以把消费者所需的软件直接通过网络进行传输,这样大大降低了软件的成本。而且网上软件企业可以提供一段时间的试用期,如果消费者通过这段试用期的使用,发现软件确实好用,可以支付软件的费用,软件企业就可以让消费者拥有这个软件。这种方法比传统的消费者购买实体软件的好处在于:如果消费者购买了实体软件之后才发现软件不好用,那么消费者可能以后再也不会购买该软件企业的产品了,而网上销售则使得消费者有一个缓冲阶段,在这个阶段消费者可以对软件的各种性能进行检测,最后再决定是否购买该软件。

2) 服务产品

服务产品一般可以分为普通服务和信息咨询服务两大类。

(1) 普通服务

普通服务包括远程医疗、法律救助、航空火车订票、入场券预订、饭店旅游服务预约、医院预约挂号、网络交友、电脑游戏等。对于普通服务来说,顾客不仅注重所能够得到的收益,还关心付出的成本。通过网络媒体,顾客能够尽快地得到所需要的服务,免除排队等候的时间成本。同时,消费者利用浏览软件,能够得到更多更新的信息,提高信息传递的效率。以旅游服务为例,实现服务需具备三个条件:人们对旅游景点的了解、人们对饮食居住条件的了解以及人们对价格的了解。传统的旅游促销活动大部分是通过报纸、电视来进行的,这几种媒体各具缺点:报纸难以吸引潜在消费者,而电视的价格又比较昂贵。只有网络是最方便、最便宜、最快捷的服务媒体。一方面,网络可以提供生动的图、文、声、像信息,可以向消费者详细地提供各旅游景点的情况(包括饮食居住、门票价格、当地风俗特点等);另一方面,网络又是最便宜的宣传媒体。

(2) 信息咨询服务

信息咨询服务包括法律咨询、医药咨询、股市行情分析、金融咨询、资料库检索、电子新闻、电子报纸等。对于信息咨询服务来说,网络是一种最好的媒体选择。用户上网的最大诉求就是寻求对自己有用的信息,信息服务正好提供了满足这种需求的机会。通过计算机互联网络,消费者足不出户就可以查询到自己想要的信息,甚至可以同专家进行实时交互,通过直接提问得到想要的答案,既节约了消费者的成本,为消费者带来了方便,也为企业带来了广大的消费群体。

8.2 网络营销如何创造在线客户价值

亚马逊书店的客户服务战略

在 Internet 给人类生活带来前所未有的变化的同时,一批紧紧抓住 Internet 这一时代特征并全力在网上开展业务的企业也获得了奇迹般的成功。其中亚马逊书店已是广为人知的成功范例。但大多数人只了解这家企业成功地利用了 Internet 开展业务，却不知道它还是 E-CRM 的成功实施者和受益者。

作为全球最大、访问人数最多和利润最高的网上书店，亚马逊书店的销售收入至今仍保持着 100%的年增长率。面对越来越多的竞争者，亚马逊书店保持长盛不衰的法宝之一就是 E-CRM。亚马逊书店在处理与客户关系时充分利用了 E-CRM 的客户智能。当你在亚马逊购买图书以后，其销售系统会记录下你购买和浏览过的书目，当你再次进入该书店时，系统识别出你的身份后就会根据你的喜好推荐有关书目。你去该书店的次数越多，系统对你的了解也就越多，也就能更好地为你服务。显然，这种有针对性的服务对维持客户的忠诚度有极大帮助。E-CRM 在亚马逊书店的成功实施不仅给它带来了 65%的回头客，也极大地提高了该书店的声誉和影响力，使其成为公认的网上交易及电子商务的杰出代表。

亚马逊书店实施 E-CRM 的成功给了我们这样的启示：客户智能战略不仅在技术上被证明是完善的，在商业运作上也是完全可行的。统计数字表明，企业发展一个新客户往往要比保留一个老客户多花费 5 倍的投入。而 E-CRM 的客户智能可以给企业带来忠实和稳定的客户群，也必将带来良好的收益。

（资料来源：网络营销新观察，www.marketingman.net）

8.2.1　网络环境下客户价值的新内涵

网络经济时代的一个重要特征是客户需求的日益多样化和个性化。网络时代的客户不仅对服务的质量和及时性等方面提出了更高要求，而且更多地追求情感满足、个性的尊重等额外的价值。企业如何满足、开发个性化的市场，就有一个重新认识客户价值内涵的问题。在传统的市场营销环境下，企业通过大规模、标准化的产品来获得市场占有率；而在网络环境下企业的市场占有率，则取决于能够为多少客户提供个性化的产品和服务。所以，构成一个企业最有价值和竞争力的东西不是一个模糊的市场概念，而是能够为多少个性化的客户提供"一对一"的服务。因此，网络时代的客户个性化特征赋予企业客户价值新的内涵，它完全不同于传统营销中将客户看成具有相同或相近需求者，而是把每一个客户都看成一个微型市场，通过对客户个性、爱好、使用习惯的分析，加强与客户的交流，建立客户的忠诚。在提供产品的同时，给予客户美好的心理体验、有价值的关怀服务，从而挽留老客户、获得新客户，提升企业的核心竞争力。

8.2.2　网络环境下如何创造在线客户价值

把客户作为资产加以管理，就是要把客户放到与货币资金、存货、制成品一样重要的地位，使其具有可以用货币衡量的准确价值，使得客户的增加、流失以及每个客户带来的收益会引起企业每一个员工以及企业管理层的高度重视。客户资产的形成与增值是通过客户价值的识别与挖掘来实现的。具体来讲,是企业借助网络环境下的信息获得和交流的便利,充分利用数据仓库和数据挖掘等先进的智能化信息处理技术,把大量的客户资料加工成信息和知识,用来辅助企业进行经营决策,提高客户满意度和企业竞争力的一种过程或系统解决方案。显然,识别客户、细分客户,是企业客户价值资产化的重要途径。

1. 网络环境下客户价值资产化的途径

网络环境下客户价值资产化的途径包括以下几种。

1) 客户细分与识别

企业在与客户的接触过程中,必须深入了解客户的各种信息,真正懂得客户的需求与消费模式,特别是那些为企业带来主要利润的金牌客户。一些调查机构经过调查得出一个惊人的结论:占客户群20%的金牌客户,实现的利润往往占到利润总额的80%以上。而企业争取一个新客户的成本是保留一个老客户的5倍。留住5%的客户有可能为企业带来100%的利润。事实表明,保留现有客户为企业所创造的价值远远超过大量投入广告和市场调查去争取到的新客户带来的利润。

识别客户的过程实际就是建立客户档案的过程。客户档案一般包括:客户原始记录、统计分析资料。客户关系管理通过对客户资料进行详细、深入的分析,来提高客户满意度。客户资料主要包含:客户的层次、风险、爱好和习惯;客户对某个产品或商业机构的忠诚度、持久性、变动情况;客户购物类别、金额、日期、方式;不同客户所消费的产品的边缘利润、总利润额、净利润等。只有建立了这些客户数据库资料,才能为企业的营销决策提供重要依据。

2) 分析客户行为

通过对客户的分析,企业可以利用收集到的信息跟踪并分析每一个客户的信息,不仅可以知道什么样的客户有什么样的需求,同时还能够观察和分析客户行为对企业效益的影响,使得企业与客户的关系及企业利润得到最优化。企业不仅要了解客户过去的行为,而且要能够预测客户的未来行为,分析客户的潜在需求,在竞争中建立客户的忠诚。

3) 分析客户个性化需求

实施客户关系管理(CRM)的一个重要目的就是能够充分分析出客户的个性化需求,这就使得客户分析成为实施 CRM 时不可缺少的组成部分。企业需要针对不同的客户设计不同的产品和服务,真正实现"一对一"的市场营销,将企业的潜在客户发展成现实客户,将企业的赢利客户发展成为忠诚客户,以构成企业持续发展的基础。

4) 与客户保持良好沟通

双向信息沟通是实现良好客户关系的手段。企业与客户之间的利益协调必须通过与客户之间的密切联系与沟通来实现。这表现在:一方面,收集客户的信息,即爱好、需求及改进建议;另一方面,传达企业信息,如企业的宗旨、使命、产品及服务等。这些信息准确迅速地传递有助于企业与客户的有效交往。

2. 网络环境下客户价值资产化的手段

网络环境下客户价值资产化的手段有如下几种。

1) 呼叫中心

网络时代，企业面对客户日趋多样化的需求必须重新考虑与客户之间的互动关系，以便保持客户忠诚度和满意度。而呼叫中心因为能够消除空间距离并以无缝、全天候为客户所青睐。呼叫中心是一项计算机与电话网络相结合的先进技术，通过电话与客户沟通，配以先进的话务管理和信息控制系统，对多种业务的客户关系进行科学管理。

呼叫中心在客户价值挖掘与提升中的作用表现在：呼叫中心是企业对客户的联系窗口，也是客户感受到价值的中心，通过呼叫中心能给客户提供产品之外更多的附加价值，如个性化咨询服务、24 小时电话服务等，这些附加价值有助于协助客户解决问题，进而增加客户满意度。它还是企业的市场情报中心，企业通过呼叫中心来接近市场，可以收集客户的抱怨与建议，作为改善产品及服务品质的重要依据；可以收集客户的基本资料、偏好与关心的议题，建立客户资料库来分析市场消费倾向；可以了解市场的动向，以便企业及早协调后台活动，调整业务规模。正因为如此，有人将客户呼叫中心称作企业 CRM 的火车头。

2) 数据挖掘

数据挖掘是从大型数据库或者数据仓库中发现并提取所需信息或知识的过程。其目的是帮助分析人员寻找各种数据之间的关联，寻找其中的规律性，从而提供有效的决策支持。数据挖掘技术在企业市场营销中得到了比较普遍的应用，它是以市场营销学的市场细分原理为基础，其基本假定是"消费者过去的行为是其今后消费倾向的最好说明"。通过收集、加工和处理涉及消费者消费行为的大量信息，确定特定消费群体或个体的兴趣、消费习惯、消费倾向和消费需求，进而推断出相应消费群体或个体下一步的消费行为，然后以此为基础，对所识别出来的消费群体进行特定内容的定向营销。这与传统的不区分消费者对象特征的大规模营销手段相比，大大节约了营销成本，提高了营销效果，从而为企业带来更大的利润。

3) 客户数据仓库

数据仓库是一个中央存储系统，它可以全方位地记录客户资料，系统地监测重大客户事件的流程，在整体客户群中确认个别客户的价值或发现留住客户的机会，同时在有限的沟通渠道上排定优先顺序，利用有限资源找出最具潜力的客户。美国的《商业周刊》曾评述："对于每一个面临竞争的公司，数据仓库是最终必须拥有的市场武器，通过它可以更多地了解客户的需求以及处理这些需求的方法。"

在企业中，客户数据可能存在于订单处理、客户支持、营销、销售系统等各个环节或部门，存储这些数据的系统是专门为特定的业务设计的，并拥有关于客户的部分信息。另外，企业在建立客户数据库时，有时还要录入企业以外的数据，如人口统计数据、客户信用信息等，使得企业对客户的看法更加完整。数据仓库是数据的中心仓库，客户数据仓库的价值所在，实际上也是客户关系管理的价值所在，那就是把分散在企业内外的关于客户的数据集成起来，以便能向企业及其员工便利、迅速、准确地提供关于客户的总体、统一的看法。所以，数据仓库的全球领导者 NCR 认为，数据仓库是 CRM 的核心。

小资料：

建立数据库的相关要求

(1) 识别与客户相关的、能有效支持决策制定的数据。
(2) 形成获取这些数据并将其输入数据库的步骤。
(3) 确定这些数据和信息被检索的方法。
(4) 定义可以访问这些数据库的人员。

4) 客户关系智能

企业的决策者能否灵活快速地从数据仓库中获得经过筛选的、决策所需的信息，将直接影响企业的决策速度和决策质量。客户关系智能(Customer Relationship Intelligence，CRI)正是在这种背景下产生的。客户关系智能是一个由 IBM 公司提出的概念，重点在于将客户信息转变为有用的业务知识。例如，它能通过对各个业务环节收益情况的分析，找出哪些客户是企业的"金牌客户"，最能让企业赚钱。例如，Time-it Lube(特惠润滑油公司)吸引客户的一个规则是，只要客户一年内光顾 3 次以上，第 3 次就可以享受比正常价 24.95 美元低 3 美元的优惠，第 4 次可以享受低于 5 美元的优惠。结果，90%的客户成为回头客。可见，客户关系智能主要是用于决策支持的目的。

8.3 网络营销的品牌策略

买买茶：实现从茶园到茶杯的整合

"让年轻的网上用户也爱上茶"，这成为茶叶 B2C 买买茶(山东华夏茶联茶叶有限公司)CEO 马玉峰的一个目标。随着电子商务向传统行业的深层渗入，越来越多的传统行业经营者在整合资源优势后强势进驻互联网市场，而买买茶正是这样一个整合了茶叶种植、生产基地、茶叶科研机构、战略合作茶叶企业供货商后建立起的垂直茶叶销售的电子商务平台。相对于国内大多依附于淘宝、红孩子、京东商城等综合类平台，买买茶的资源优势与新销售理念赢得了风险投资商青睐，日前获得了国内知名投资机构深创投领投的 A 轮融资，融资规模近亿元人民币。

1. 定制联营+整合上游

尽管茶叶在淘宝的皇冠卖家如云，但一直缺乏专业垂直电商平台，一个很重要的原因是茶叶产品对地源优势依赖非常大，上游供给与线上渠道如何对接是一个问题，这实际上也成为阻碍专业垂直的茶叶 B2C 壮大的一个重要原因。

而解决上游供给渠道问题恰恰是在线下运营了 11 年实体茶叶连锁店的马玉峰所擅长的。他认为做茶行业需要和上游供给有很深的合作，买买茶在 2010 年 10 月上线之后，并没有急于推广，而是首先整合了一张适于线上运营的供给网络。为此，公司从横向和纵向进行了资源梳理，横向主要是整合茶产品资源，比如针对 25～35 岁的年轻网购用户的需求，在茶品类别上除配置传统的红茶、绿茶、白茶、乌龙茶等之外，还专门配置了养生茶、味舒茶等具有调理机体作用的保健茶品，从而将茶叶的销售聚焦在保健养生方面，更易于被年轻用户理解；而在纵向方面主要是整合用户认可的品牌，包括御青、御红、武夷星大红袍、七彩云南、凤山铁观音等品牌产品。

如何能将这么多区域化的品牌整合到线上？公司认为传统行业转型线上，并不只是把原有的线下产品换个方式转到线上来卖那么简单，实际上这对于传统茶商来说是一个陌生而痛苦的抉择。于是，买买茶就充当了线上营销方案服务提供商的角色，帮助中小型茶商从规格设置到包装体系，再到目标群体，提供一个综合的线上销售解决方案。比如福建安溪铁观音集团和黄山毛峰集团，它们在传统市场走的都是从半斤到一斤的豪华礼盒装的礼品市场，但这完全不符合线上用户的消费特点，因为多数线上用户很难在没试的情况下买 500 元以上的茶叶。于是买买茶就根据线上用户能接受的客单价与消费习惯，将一斤豪华装变为 100～200 克的小包装，并进行试销。起初，企业并不太接受，它们担心：变成小包装后能卖好吗？能不能有利润？在不能说服这些传统企业为此而做出改变的情况下，马玉峰决定做"定制包销"，即产品容量包装都按买买茶的需求定制，并完全由买买茶旗下销售。经过几个月的试销，当买买茶的月销售额超过了千万元时，这些传统供应商才逐渐愿意接受和买买茶建立一种战略合作的关系，并借助这个线上平台开始转型。

目前买买茶与茶叶供应商的合作，多采用品牌系列买断与联营定制的方式，同时加上自有品牌与自建的前端茶园茶厂的支撑，足以保证买买茶在供应链上的优势。而这一优势也保证了买买茶在渠道中的定价权，这实际上就为后来者树立了一个很大的竞争壁垒。

对于此前也有一些茶业 B2C 的关停，公司方面还是低估了茶叶的专业性，很难整合到足够的行业优势资源，也很难真正取得原产地茶叶企业的支持。因此，目前的形势下，单一茶叶企业做大电子商务几乎是不可能的，只有众多原产地茶叶企业联合到一起，加上专业化的电子商务服务，才能更好地对接各个强大的电子商务平台，最终实现共赢的局面。

2. 快速响应+价格优势

"现在 25～30 岁人的消费观念，已不图外表的奢华，他们需要实实在在的东西，产品的本质是最主要的。"马玉峰表示，面对线上主流的年轻用户，买买茶给自己定位的核心经营理念是"原产地、品牌茶、产地价"。

为了符合线上用户对快速响应的需求，买买茶提出自有品牌和原产地的产品从茶园采摘到进入用户杯子，最快可做到 5～7 天，这种快速的响应满足了很多年轻用户对新鲜茶的需求。但是对于遍布全国各地的茶园来说，要做到这样的速度并不容易，这需要对茶园的采摘、加工、运输进行很强的控制才能做到。买买茶之所以能做到,是因为买买茶在自有品牌上具备了从茶园茶厂到茶店的全产业链优势。

而除了品质和速度要求,网上用户对网络产品也有着很强的低价需求,对于这一需求,买买茶的产品是在原产地成本基础上只加 10%,这样的价格相比传统线下茶业产品 2~3 倍的利润,具有相当的价格优势。马玉峰表示,买买茶在实现全产业链整合之后,省掉了两块成本,一块是原有的茶叶产品需要经过很多层的分销才能进入到终端来,而线上交易则节省了包装豪华的茶叶销售店,这是买买茶形成价格优势最主要的来源之一;另一块是通过其多年对茶产品研究的专业性,会对一些茶产品的品质和价格进行严格把关,从而避免茶价出现虚高。

(资料来源: http://www.hiseo.cn/anli/191.html)

网络为传统营销的许多方面赋予了新的内容,其中包括品牌的建立与管理。作为一项营销活动,品牌管理的历史已过百年,到了 20 世纪 80 年代中期,品牌引起了欧美公司高层管理者的特别关注。尤其是 1990 年前后,世界范围内接连发生品牌并购案,被购品牌往往以数倍或数十倍于其有形资产的价值出售,让营销者对品牌所蕴含的市场能量重新认识。而在网络环境下,品牌差距开始变大:"拥有强大品牌的公司会变得更加强大,而且易于赢得融资;那些没有强大品牌的公司则变得更加弱小,或消失,或成为公司掠夺者的猎物。"

8.3.1　品牌与品牌价值

1. 品牌概念及其内涵

品牌的起源要追溯到 100 多年前,企业为了对抗零售商对商品的控制而推出了品牌。虽然品牌一开始起源于消费性商品,但是现在这个概念已扩展到所有可购买的产品,不仅服务性品牌俯拾即是,各行业的品牌也到处可见。

100 多年来,关于品牌的研究非常广泛和深入,对品牌概念的认识也经历了以下几个阶段。

小资料:

传统知名品牌在网络上也肯定是名牌吗

传统知名品牌在网络上不一定是名牌。美国著名咨询公司 Forrester Research 在 1999 年研究发现,"传统知名品牌与网站访问量之间没有必然联系"。尽管可口可乐、耐克等品牌仍然受到青睐,但是这些公司网站的访问量却并不高。这个结果也意味着公司要在网上取得成功,绝不能指望依赖传统的品牌优势。

1)　品牌是一种名称和标识

该类品牌概念以美国市场营销协会的表述最为经典。按照美国市场营销协会的定义,品牌是一种"名称、术语、标记、符号或设计，或是它们的组合运用，其目的是以辨认某个销售者或某群销售者的产品或服务，并使之同竞争对手的产品和服务区别开来"。从本质上说，从一个品牌上能辨别出销售者或制造者，品牌是一种信息传递方式。

2)　品牌不仅是一种名称和标识，还是一种表达或象征

这类概念以菲利普·科特勒的描述影响最广，他认为，"一个品牌不仅仅是一个名字、标志、色彩、标识或者标记，品牌往往是一个更为复杂的符号系统，它能表达出六层意思：属性、利益、价值、文化、个性、使用者"。一个品牌的本质，是营销者许诺向顾客持续传递的特征、利益和服务。

3)　品牌更是一种顾客对其产生的认知或感受

被誉为品牌管家的全球最大的传统服务公司之一的奥美公司认为，"品牌是消费者与生产者之间的关系"，其创始人大卫·奥格威(David. Mackenzie Qgilvy)称："品牌是一种错综复杂的象征，它是品牌属性、名称、包装、价格、历史、声誉、广告方式的无形总和，品牌同时也因消费者对其使用的印象以其自身的经验面有所界定。"

营销者常说，品牌工作是一门艺术和营销的奠基石。基于以上对品牌概念的认识和分析，品牌的内涵可以归纳为以下几点。

- 品牌首先是代表产品或企业的一种名称和标识，这是品牌作为一种符号最基础的属性表现。
- 品牌是企业或产品属性、利益、文化和个性的集中表达，它代表着企业向消费者所传递的全部价值。
- 品牌影响着顾客对其所代表的企业或产品所采取的态度和行为，同时品牌受顾客认知的影响而有所不同。

2. 品牌产品的价值

自从 20 世纪 50 年代初大卫·奥格威开始倡导品牌形象概念以来，品牌的影响力一直受到营销领域的高度关注。品牌的影响力可以通过品牌资产的价值来衡量，当客户由独特和强烈的品牌联想而对产品响应时，品牌资产就存在了。按经济学术语的定义来说，品牌资产是一种超越生产、商品等有形资产以外的价值，它包括品牌忠诚度、品牌认知度(即消费者心目中的品质)、品牌联想度和其他特有的资产(如专利、商标和商业渠道)等几个方面。其基础是品牌对消费者的影响力。

高价值的品牌能为企业带来许多竞争优势，品牌作为企业主要的持久资产，比企业的产品、技术和设备等资产具有更深远的价值。品牌带来的好处是可以预期未来的收入和增长，其价值远远超过具有竞争力的新品牌所需的扩充成本。一个强势品牌为企业带来的市场价值可以体现在以下几个方面。

(1)　品牌可作为企业产品凝聚顾客忠诚度的焦点。

(2)　品牌可使制造商与消费者直接沟通。

(3) 品牌有助于新产品的推出。

(4) 品牌可以帮助制造商为其产品制定较高的价格。

(5) 品牌可以帮助企业充分利用促销投资。

目前国际上有许多评估机构，每年都对企业资产进行综合评估。从评估结果来看，企业各种无形资产的价值在迅速上升，其中品牌已经成为企业从事经营活动最重要、最具价值的资产。调查机构 ASI Milward Brown 于 2006 年基于访问全球 65 万消费者后建立的品牌数据库的统计，公布了"价值品牌百强"的排名。其中，排名第一位的是微软，品牌价值620.39 亿美元，其次是通用电气 558.34 亿美元，可口可乐 414.06 亿美元以及中国移动(香港)公司 391.68 亿美元。

小资料：

名牌的主题创意

摩托罗拉 V70 的产品主题："世界因我而不同。"

柯达公司网络营销的策略主题："留住精彩每一刻。"

亚马逊网络营销的策略主题："新、快、实、全。"

强生网站的策划主题："婴儿健康呵护中心。"

8.3.2 网络对企业品牌的影响

企业通常会花费很多的人力、物力以及财力进行感性与理性兼具的营销活动，创造出价值无穷的品牌，让顾客一看到某个品牌，就会产生一种肯定的感觉，甚至会毫不犹豫地掏出钱包。一直以来，品牌在企业市场营销活动中扮演着极为重要的角色。自从网络成为商业实体以来，它为品牌的奠定与发展提供了更广阔的空间和更多的技术支持，也提供了更快、更有效的传播和强化的方法。世界上众多的知名品牌无论是否直接通过网站开展业务，都不遗余力地打造起网站品牌。网络对于企业品牌的影响可概括为以下几个方面。

1. 网络提供了品牌个性化的延伸，使品牌与目标客户的关系更加密切

由于网络的交互性和针对性能够提供无数的机会，吸引受众以自己的节奏交互地参与直接交流，消费者对他们喜爱的品牌有了更充分的了解。只有网络能让消费者单击一下鼠标就可以反复观看其钟爱的品牌广告。此外，通过赋予品牌个性化特点，消费者能发展与品牌更个人化的关系，比如开发定制个性化产品。网络还提供了一个互动的平台供目标客户加深对品牌的体验，无论是可口可乐网站的快乐空间(见图 8-4)、SONY 网站的音乐欣赏和下载，还是柯达公司的世界顶级摄影艺术百科全书式的网站，都是网络对传统品牌的经典贡献。

2. 网络大大地缩短了获得高水平的品牌知名度和认可度所需要的时间

可口可乐花了 50 多年的时间才成为市场的领先者，但是在线搜索引擎雅虎(Yahoo！)
只花了 5 年时间就取得了市场的主导权。在网络上，顾客能更多地控制交互的时间和频率，
而且这一切不增加任何的成本费用，就会导致品牌联想和品牌关系的强化，从而使得网络
环境下的品牌能够较快地获得顾客的了解和认可。

3. 网络使品牌可以直接面对全球范围的目标受众

随着网络的扩张与渗透，越来越多的传统品牌进军在线世界，而在线品牌越来越向离
线世界转移，纯粹的离线品牌和纯粹的在线品牌之间的界线越来越模糊。但有一点是共同
的，那就是品牌的国际化程度越来越高了。网络作为一个全球性媒体，没有任何国界歧视，
它把世界变成了一个庞大无比的购物中心。网络的全球性使得很多在线品牌一开始就具备
了全球化的特征，同时，网络在帮助非在线品牌国际化的过程中也扮演了极为重要的角色。
在可口可乐的家乡——美国，销售的可口可乐产品和登录的可口可乐网站与在世界其他地
方没有什么差异；如果不考虑邮寄成本的差别，在亚马逊网站上买书和在任何一个中国网
站上买书一样方便。

4. 网络丰富了品牌形象的同时也增加了品牌形象整合的难度

网络为信息发布与更新提供了一个快速有效的渠道，同时，网络多媒体的信息表现手
法又丰富了品牌形象的内容，但也增加了品牌形象传播不一致的可能性。许多企业倾向于
将 Web 站点看作独立于促销组合的一个方面，而忘记了将用户的网络体验与其品牌产品相
连接的需要，从而可能造成品牌混淆。网络经营的多种在线手段包括病毒营销、许可营销、
Web 广告等增加到已经够复杂的传统离线媒体中，加剧了媒体零细化，使企业努力保持品
牌一致性增加了难度。因此，特别需要整合企业在不同媒体上的品牌战略，充分考虑到每
一媒体表达的品牌广告本质差异，使其能够殊途同归。

图 8-4　可口可乐网站截图

5. 网络使网上品牌的塑造更具挑战性

互联网不仅仅改变了我们的生活，更重要的是提供了关于创造美好生活的理念。从Web 1.0 到 Web 2.0 的变革，改变的不仅仅是网络共享信息的模式，更主要的是将创造更加人性化的互联网体验贯穿始终。例如，登录雅虎中国的"中文上网"网站，你可以体验到应用了 AJAX 技术的新网络模式下更快速、更个性化、更具交互性的愉悦感受，单击"个性化定制"按钮，你可以自由开启和关闭页面中的各个单元板块(如"我的网站"、"E-mail"、"网络实名"等)；你还可以进一步按个人所需定制、编辑每一个板块里的内容。这些只是品牌创造美好体验的开始，品牌还必须时时关注消费者新的需求变化，为消费者创造更加超值的价值。对于网络品牌来说，无论技术如何发展，对不同目标消费者给予恰当、有效、愉快的消费体验这一基本原则始终是不变的。

8.3.3　网络营销品牌管理策略

网络对企业品牌有着重大的影响。这里的企业品牌既包括网上品牌也包括传统品牌，但网上品牌与传统品牌有着联系和区别。一方面，网上品牌和传统品牌的本质是一样的，都是为了增加企业的无形资产，网上品牌并不是完全脱离传统品牌而存在的，它必须与传统品牌紧密结合才能发挥重要作用；另一方面，传统优势品牌不一定是网上优势品牌，网上优势品牌的创立需要重新进行规划和投资，有报告显示，尽管可口可乐、耐克等品牌受到广大青少年的青睐，但是这些公司网站的访问量却并不高。

从另一角度来看，尽管一些"数字化生成"的公司，如网景和美国在线利用互联网一夜成名，但是也有很多公司在网络广告中倾注了几百万美元仍然没有在品牌认知方面产生显著影响。阿尔·莱斯(Al Ries)和劳拉·莱斯(Laura Ries)父女认为，公司不是将网络视作一个媒体，就是视作一项业务，但是不能兼顾。如果网络是一项业务，它就必须从头开始并发明一个完全不同的新名称。如果网络是一个媒体，那么使用现有的名称就能广为接受。无论哪种选择，只要管理得当，在线品牌都能大大地增强，补充和支持其原有的非在线品牌。

可见，网络营销中的品牌管理有着重要的作用。以下从域名管理、网站管理、客户关系管理和品牌形象管理等方面分别阐述网络营销的品牌管理策略。

1. 域名管理

从营销的角度和塑造企业形象的角度来看，域名在某种意义上与商标有着同样重要的作用。域名是企业在互联网上的名称，被视为企业的"网上商标"。一个富有寓意、易读易记、具有较高知名度的域名无疑是企业的一项重要的无形资产，也是企业在网络世界中进行商业活动的前提与基础。作为一种全球资源，域名的稀有性、可识别性以及域名与商品和企业名称的对应使得域名具备了相当高的商业价值，域名管理因此与网络营销中的品牌管理有不可分割的联系。所以，对域名的命名、设计与选择必须审慎从事，否则不仅不能充分发挥网站的营销功能，甚至还会对企业的网络营销产生不利的影响。策划、设计并管理一个域名，一般要考虑以下几个方面的问题。

1）域名的选取与命名

一个好的域名为企业带来的好处是非常显著的，在公司进行广告传播和交流的各种场所，域名都会很有效地表现出公司的网上位置。由于英文字母数量的有限性，域名的选择具有很大的局限性，再加上由于域名具有商标特性，与商标一样具有"域名效应"，使得某些域名已具有潜在商业价值。申请者的广泛踊跃，使域名选择重复和类似的概率非常高，企业经常面临域名被抢先注册或类似使用的麻烦。例如以 IBM 作为域名，使用者很自然地联想到 IBM 公司，联想到该站点提供的服务或产品同样具有 IBM 公司一贯承诺的品质和价值。如果该域名被人抢先注册，注册者可以很自然地利用该域名所附带的一些属性和价值，而对于被伤害企业不但丧失商业利润，而且还冒着品牌形象受到无形损害的风险。

因此，考虑到域名的商标资源特性，域名的命名与一般商标名称选择一样，必须审慎从事，否则会对企业发展产生不必要的负面影响。域名的选择一般要考虑以下几个方面。

（1）简短易记。域名不仅要易读、易记，容易识别，还应当简短、精练，便于使用。这是因为，用户上网通常是通过在浏览器地址栏内输入域名来实现的，所以，域名作为企业在互联网上的地址，应该便于用户直接通过企业站点进行信息交换。因此，简单精练、易记易用的域名更便于顾客选择和访问企业的网站。如果域名过于复杂，很容易造成拼写错误，无形中增加了用户访问企业的难度，会降低用户使用域名访问企业网站的积极性与可能性。建议不要用过长和有特殊字符的域名。

（2）避免使用通用名称。域名应避免使用通用名称。随着网络竞争越来越激烈，如"汽车"、"拍卖"等通用名称也不适合被选作域名，因为这些名字不能与任何特定的事物联系起来。从长远来看，通用名称是站不住脚的。

（3）相关性。域名要与企业已有的商标或企业名称具有相关性。将企业名称与域名统一，可以营造完整立体的企业形象，不但便于消费者在不同环境都能准确识别，而且两者可以相互补充、相互促进。一个命名统一的域名应该使企业的用户很容易就能够猜到。一般是把公司的英文名称直接转化为二级域名，除非这个域名已经被注册。目前许多商业机构纷纷上网，虽然大多数企业还未能从中获取商业利润，但作为未来的重要商业模式和其所具有的战略意义，多数商业机构注册的域名与企业商标或名称有关，如微软公司、IBM 公司和可口可乐公司等。根据对互联网域名数据库网上信息中心的 288 873 个商业域名进行分析发现，有直接对应关系的占 58%，有间接关系的也占很大比例。由此可见，许多企业已经意识到域名的商标特性，为适应企业的现代发展，才采取这种命名策略。

（4）准备多个域名备选。由于域名命名的限制和申请者的广泛，很容易出现申请类似域名的现象，减弱了域名的识别性和独占性，导致顾客的错误识别，影响企业的整体形象，因此企业一般要同时申请多个类似相关域名以保障自己的利益。可以通过对 Web 服务器的设置，使多个备用域名指向同一个企业站点而可以保证其同样有效。此外，为便于顾客识别相同企业不同类型的服务，企业也可以申请类似的但意义有所区别的系列域名，如微软公司的 www.microsoft.com 和 support.microsoft.com，提供不同内容的服务。

(5) 国际性。域名选择应具有国际性。由于互联网的开放性、国际性，使用者遍布全球，只要能上网的地方，就会有人浏览到企业的网站，就可能有人对企业的产品产生兴趣进而成为企业的潜在用户。因此域名的选择必须能使国外的用户容易记忆和接受，这有利于企业开拓国际市场。目前互联网上的标准语言是英语，因此命名一般以对应的英语单词为佳，而采用汉语拼音构成的域名，则不利于国外客户的识别。另外，如果企业的业务大部分都是跨国界的，就应该考虑注册国际域名，或者同时注册国际域名和国内域名，这样就可以保证国内、国外用户能较容易地通过互联网获得企业及其产品的信息。

(6) 具有一定的内涵或寓意。企业网站域名的命名与设计不能随心所欲，应该满足以下一条或几条要求：一是要结合并反映本企业所提供产品或服务的特性；二是能反映企业网站的经营宗旨；三是用户喜闻乐见，不要违反禁忌；四是寓意深远，富有创意等。例如，51job 网站取"无忧"的谐音，象征网民无忧无虑找到自己合适的工作；亚马逊原是世界上最长的河流的名字，亚马逊书店采用这一响亮的名字，获得了极大的成功。

2) 域名注册

由于域名重大的商业价值以及域名的稀缺性，域名可以为企业带来品牌价值。域名争议已经成为互联网发展过程中的一个世界范围的话题。尤其发生了许多著名品牌的商品被抢注域名的案例。尽管企业发现自己的商标作为国际通用域名被抢先注册后，可以向法院起诉，有可能收回自己的域名，我国 CNNIC 目前对域名抢注也采取类似的办法，但其诉讼过程耗费精力、财力，而且在中国还没有对此问题达成法律上的共识，因此如果域名一旦被抢注而再想收回将是一件非常难办的事情。保护自己域名的最好办法，就是以自己的商标或名称注册域名。

由于互联网的发展，原来由 InterNIC(国际互联网信息中心)单独受理域名申请，现在发展为多个申请注册中心。申请通用顶级域名仍由 InterNIC 负责，企业也可以根据需要在本国顶级域名下申请，若引起冲突可以在国内得到妥善解决。设计与注册域名还要符合相关法规，如《中国互联网域名注册暂行管理办法》中规定：未经国家有关管理部门正式批准，不得使用含有 China、Chinese、CN 和 National 等字样的域名；不得使用公众知晓的其他国家或地区的名称、外国地名与国际组织名称等；未经地方政府批准不得使用县级以上(含县级)行政区划名称的全称或者缩写；不得使用对国家、社会或者公共利益有损害的名称。在注册互联网域名时，这些都是必须要考虑的问题。

3) 域名宣传

对域名进行品牌管理要保证域名使用和访问的频度高，以尽快发挥域名的商标特性和站点的商业价值，避免出现影响企业形象的有关域名站点问题。因此，企业应当利用各种手段对域名进行宣传，使域名广为人知，达到通过域名这个网上品牌为企业创造价值的目的。

　　域名是一个符号和标识，企业在开始进入互联网时，域名还鲜为人知，企业应该善于用传统的平面与电子媒体，对其进行全方位宣传。企业应当对域名进行随时随地的宣传，在产品包装、办公用品、名片、建筑物、设施上都要印上企业域名；在企业的相关广告宣传、公关活动中也应突出域名，并舍得耗费巨资大打品牌广告，让网址利用大小机会多方位曝光。此外，还可以通过建立相关链接扩大域名知名度，使域名广为人知。

2. 网站管理

　　消费者识别和使用域名最终是为了获取有用信息和服务，企业网站的页面内容才是域名商标的真正内涵。通过企业网站，才能展现消费者真正想要获得的信息和服务，才能同消费者进行交互，从而真正树立网上的品牌形象。大多数的域名是同企业的网站一一对应的，也有几个域名指向同一个网站的情况，这在域名管理中已介绍过。

　　企业网站是将企业的产品、服务、资源、组织、宗旨、技术等制成多媒体信息形式，上传到互联网上，供网上用户查询和浏览，它通常由主页、新闻稿档案、参考页面、服务页面、客户支持页面、企业信息页面等组成，是网上企业的门户和最基本的标志。企业网站管理应该从网站的设计和制作角度出发考虑以下几个方面的问题。

　　1)　顾客导向

　　通过网站管理树立品牌形象的本质是让消费者通过企业网站树立对企业品牌的认知。建立企业网站首先应该明确的目标是顾客导向。两大网上顾问公司 Jupiter Communications 和 Forrester 都不约而同地指出，广告在顾客内心激发出的感觉，固然有建立品牌的功效，却比不上网友在网站上体会到的整体浏览或购买经验。一些在网上有强大品牌知名度的公司都有帮助消费者的网站，如消费者可以在戴尔公司的网站上在线组装计算机系统，或者可以在雅虎在线上找到为消费者提供的定制服务，美国土星(Saturn)汽车公司网站可以帮助焦急的汽车买主选择车型、计算花费并寻找一个网上交易商。希望在网络世界树立品牌的公司必须为消费者提供网上服务或网上经验。

　　因此，网站管理要从顾客导向出发，首先确定本企业的网上目标市场，了解并掌握其需求特征，有针对性地设计和制作网页。其基本原则是要建立方便的站内导航、快捷的访问和下载以及提供并只提供消费者所需要的相关内容。只有从目标消费群体的角度考虑，为营销服务，网站才能发挥其真正的价值，并在消费者心目中留下清晰的印象。

　　2)　内容定位

　　网站的内容定位就是企业网站在互联网上扮演什么角色，要向目标群或浏览者传达什么样的核心概念，透过网站发挥什么样的作用，因此，网站定位相当关键。换句话说，网站定位是网站建设的策略，而网站架构内容、表现等都围绕网站定位展开。例如，若网站倾向于解决顾客的理性诉求，应强调理论及逻辑性，以事实为基础，以介绍性文字为主；若倾向于解决顾客的感性诉求，则应强调直觉，以价值为基础，以形象塑造为主。

定位了网站的方向，作为实际支撑的网页内容才是同消费者直接交互的窗口，丰富的内容才能吸引更多用户，才有更大的潜在市场。为吸引消费者，网站可以注意内容的多媒体表现，采取生动活泼的形式提供信息，如声音、文字和图像的配合使用。同时，网站还可以提供一些与企业相关联的内容或站点地址，使企业页面具有开放性。

3) 形象一致

企业的网络形象是企业整体对外形象的一部分，也可以说是企业在网络上所展示的整体对外形象。一个网站上的所有图片、文字、动画以及它们的编排方式等能够看到的元素都在无形中展示着企业的形象。企业网站的设计和制作应纳入企业 CIS(Corporate Identity System，企业识别系统)规划，体现 CIS 战略在网上的实施，树立与网下企业形象一致的网上企业形象。简单来说，就是通过一致的网站外观，在色彩版式等方面形成一种认知识别，达到一定的视觉效应，来展现一致的信念传达、一致的企业定位。

4) 便于推广

在网站的设计和制作过程中，应该把推广的理念充分考虑进去。网络推广不单是指网络建立起来之后通过各种具体推广工具来实现的，在网站的结构设计中就应当包含推广的理念，如针对搜索引擎的网站优化以及围绕客户关系进行的栏目设置等。常用的网站推广工具有搜索引擎推广方法、电子邮件推广方法、自愿合作推广方法、信息发布推广方法、病毒性营销方法、快捷网址推广方法和网络广告推广方法等。

5) 国际化

由于访问者可能来自国外，企业提供的信息必须兼顾国外用户，网站内容最好用中英文两种语言。例如，雅虎是全球最知名和最有价值的互联网品牌，在全球共有 25 个网站，13 种语言版本，覆盖 2.37 亿用户。它与香港网擎资讯公司合作，将其中文搜索引擎结合到雅虎中文指南的服务中，与方正联合推出 14 类简体中文网站目录，从而更好地为中国网民服务。

6) 速度问题

互联网的迅猛发展，使得通信成为一个制约"瓶颈"。网络使用者对卖家的选择机会很多，因此他们对某站点的等待时间是有限的几秒钟。如果在短短时间内企业未能提供信息，消费者将毫不犹豫地选择另一个域名站点。因此，企业的首页一般可设计得简洁些，以便用户可以很快查看到所需内容，不致感觉等待太久。

我们可以看到很多在网站管理中令人印象不佳的实例。许多企业的主页因使用 Flash 或其他的技术导致打开很慢；很多企业在主页上公布了很多让消费者与之联系的方式，但是消费者充满期待的邮件却从未得到答复，或者在线客服不是没有在线就是在忙中，致使顾客无限等待；一些企业为了引起消费者的注意，把广告做到影响消费者正常浏览信息的程度；一些企业使用作弊的手段占据搜索引擎的最佳位置，而从不关心所提供的信息是否对客户有价值，诸如此类，不胜枚举。所有这些案例都是忽视了网站规划和设计的某些方面，最终损害了顾客的利益，也严重损坏了企业的品牌形象。

3. 客户关系管理

客户关系管理(Customer Relationship Management，CRM)可以被简单地定义为一种倡导以客户为中心的企业管理思想和方法，是理念、技术和实施的统一体。其核心思想是：以"客户为中心"，不断提高客户满意度，改善客户关系，以培养忠诚客户。客户关系管理的目标是通过提高客户满意度，进而提高客户的忠诚度，最终达到企业市场规模的扩大，提高企业的竞争力。

把握受众是品牌成功的关键。因此，在网络营销中推行客户关系管理，可以通过利用网络这个手段来搜集顾客信息，为顾客提供个性化服务，从而实现客户价值并树立良好的品牌形象。

很多公司提供促销折扣、礼券、返现等服务项目，期望以此"贿赂"顾客，得到自己需要的顾客忠诚度，但顾客真正因此"忠诚"了吗？现实中还存在这种现象：没有复杂频繁的促销折扣，顾客仍然对特定品牌的产品有着购买需求，而且更多的是高收入阶层常常对促销活动产生反感和抱怨的情绪。也就是说，顾客的忠诚度是无法用金钱来买到的。在网络营销市场中，顾客往往真正需要获得的是产品的核心利益，但同时对相同核心利益的产品却有着不同的对个性化利益层的要求，而且要求越来越高。现代的买方市场中奉行"顾客至上"的理念，而顾客最需要的是一种特别的对待——个性化的服务。如果能够满足顾客对产品不同层次的需求，网络营销才能说是真正成功。试想，谁不希望在生日的时候收到意外的惊喜呢？如果一位顾客在自己生日那天购物时，公司的 CRM 系统通过身份证等信息识别出今天是他／她的生日，为该顾客提供不同的购物体验或优惠活动，让顾客在轻松购物中感受宾至如归的体验；或者 CRM 系统通过记录的累计消费积分定期奖励积分超过100 000 分的顾客提供"泰国旅游"等活动，那么顾客会因此感到被重视从而提高顾客的忠诚度，促使顾客进行更多的消费。提升了顾客的忠诚度往往就是企业树立良好品牌形象的重要保障。

在网络环境下，客户关系管理中最关键的步骤——信息收集，可以通过建立网络客户关系数据库来比较容易地实现。利用计算机和网络，企业要在与客户进行交流的所有接触点上选择合适的地方进行数据收集，包括客户注册明信片、呼叫中心的自动答疑校本、在线表格、技术支持中心的问题解答、竞争登记表、直邮和商务反馈卡以及贸易展上的客户信息等，以此掌握顾客的姓名、住址、电话号码或银行账户，搜集包括顾客习惯、偏好在内的所有尽可能多的信息资料，如顾客购买的数量、价格、采购的条件、特定的需要、家庭成员的姓名和生日等，并注意记录企业与顾客发生的每一次联系。然后从所有可得到的数据来源中整理和分离出企业真正需要的客户数据，把这些数据收录到客户数据库中，以便更好地分析客户关系和他们的开发价值。

4．品牌形象管理

所有对于品牌管理的各种手段和方式，归根结底，都是为了改善外界对企业品牌的认知评价，塑造良好的企业品牌形象，通过良好的品牌形象不断强化消费者对品牌的忠诚度，为企业创造价值。企业要建立和管理数字品牌，塑造良好的网上企业品牌形象，应根据网络营销的特点做好以下几个步骤。

第一步是选择核心承诺。该承诺必须以真实的、富有特色的价值提案吸引目标客户。可以通过展现以下五个方面来承诺企业品牌理念：便利性——能更快、更好和更便宜地完成任务；成就感——能使人在参与任何活动时都体会到赢家的感觉，即成就感承诺；娱乐性——设计游戏和其他活动吸引(甚至刺激)消费者，即趣味性和冒险性的承诺；个性化；归属感——俱乐部或社区同样具有突出优势，它们能提供归属感的承诺。

第二步是履行承诺。数字品牌做出的承诺并不是互联网特有的，但互联网作为新媒体的特别之处在于拥有无可比拟的互动能力，可以快速、可靠、方便地履行承诺并有利可图，其规模之大、范围之广令传统对手无力反击。试图成功建立数字品牌的企业必须充分满足顾客利益，从而将承诺转换成特定的互动模式，同时网站在设计上也必须给消费者提供畅通无阻的购物经历。例如，利用互联网，企业可以克服传统交易在时间、空间和记忆上存在的弱点，可以改善客户的购物流程，可以促进客户之间的交流与沟通。最好的经营商将为消费者提供一个完美的"终端对终端"的购物经历，将产品或服务的承诺直接送抵消费者手中。

第三步是重新思考商业模式。当数字品牌经营者调整承诺和设计时，必须同时调整支持其业务的经营模式。对大多数成熟品牌的管理者而言，要想将业务移至网上，就必须首先对业务进行重新评估。在传统经济下，品牌是指消费者对某一产品或服务的特性、形象以及性能的总体认识和好恶度。而在互联网上，顾客的经历就是品牌，在消费者首次光顾网站、购物、送货以及售后服务的整个过程中，消费者网上购物经历的每个细节都有可能对数字品牌产生重要的影响。相比传统意义上的品牌，数字品牌有能力获得更庞大的收入和利润来源，并且应该能够获取比传统商家更多的利润。

要成功地创建数字品牌，需要品牌管理者重新审视互联网和品牌概念。传统品牌通过提供有限的解决方案来满足有限的客户需求，并已获得了长期的繁荣。然而在网上，客户已学会要求他们所光顾的企业能满足自己更加广泛的需求和欲望。想要在网上获得成功的企业，必须创建全面成熟的互联网业务或数字品牌，以满足客户的这种期望。

在信息时代，企业可以通过建立网站、使用搜索引擎竞价排名服务、刊登网络广告、利用网络公关手段等实现企业品牌的广泛传播。这种建立品牌的方式，成本更加低廉，而且可以让企业在短时间内树立知名度。借助互联网，企业一夜成名不再是梦想。但是，网络营销的众多案例告诉我们，一些年轻的网上企业可以飞快建立起品牌，但没有一家公司能够违背传统营销的金科玉律：永垂不朽的品牌不是一天造成的。想要成为网上的可口可乐或是迪士尼，需要长久的不断的努力与投资来维持和保护品牌形象。

这些年来，由于搜索引擎、博客、BBS 的迅速发展，网上信息传播的速度和范围爆炸式地扩大。由于网络上信息传递的及时特性，以及网络言论不易控制的特点，即使很小的失误到了网络上也可能造成巨大的负面影响。这些不利信息在网络上可能很容易地被消费者检索到，一旦消费者看到企业负面信息，就会有先入为主的印象，对企业的品牌产生不信任感，这对潜在消费者的冲击很大。企业的品牌形象如同一块易碎的玻璃，稍有不慎便粉身碎骨。

因此，企业品牌形象管理必须强调对公众评论、舆论的反应速度以及与公众保持最大的接触面，达到公众和企业之间建立起相互信任的关系的目的，并积极做好品牌危机管理，在品牌形象受到不利信息的冲击时，可以及时获得事件信息，对其做出快速反应并做好善后处理工作，重塑品牌形象。

在实践中，通过网络交往塑造品牌形象的有效方法主要有以下几种。

- 通过网络倾听公众对企业声誉的议论，尤其要留意欠佳的口碑，使声誉问题能防患于未然。
- 通过网络有效地表述，向公众传播有关公司的信息，阐述公司对公众所关心的问题的看法，增进公众与公司的感情交流。
- 慎重、从容地面对媒体，尤其在涉及暴露于公众面前的问题时，要与记者积极配合，并开诚布公，同时避免对不适合暴露于公众面前的问题进行公开讨论。
- 充分利用多种交往手段，如广告、BBS、E-mail 等，加强对外宣传和沟通。

在瞬息万变的网络世界中，消费者将面对越来越多的选择余地，消费偏好也在不断变化，只有树立良好的品牌形象，牢牢地把握住消费者，企业才能建立起永久持续经营的基石。维护企业的声誉、树立一个良好的品牌是企业一项长期而艰巨的任务。

8.4　网络营销新产品开发策略

元洲装饰盖家装微博史上第一高楼

微博客的突然流行使公司与消费者的沟通真正变得"个性化"、"7×24 小时"、"全透明"，这看起来极度接近服务的最终追求，却实实在在地对公司营销能力构成了挑战。相比传统的 SNS、BBS 和个人博客，微博的传播速度和范围都要大得多。我们知道社交网络是建立关系的场所，互动和服务是关键词。因此，在微博上寻找话题和目标人群，锁定关键字，找到潜在粉丝主动沟通，这都是公司在微博上可以方便完成的事情。元洲装饰公司就巧妙使用了这一策略。

金九银十，国庆长假一向是商家掘金的最佳时机。2010 年 9 月 28 日，新浪微博一则主题为"元洲寻找国庆、网友抢沙发、盖微博第一高楼"的博文受到大众追捧，该博客粉丝不到一天就突破千人。原来，该博客是一家 500 强的装饰公司——元洲装饰公司。公司在国庆长假推出抢沙发活动，"'元洲寻找国庆'，网友抢沙发，盖微博第一高楼"庆祝 61 华诞，元洲寻找 61 名叫"国庆"的人享受特惠家装。凡转发并回复#元洲寻找国庆#+评论的第 5000、8000、10000 名网友获赠"波适"沙发，另有 6000 元沙发抵用券。"与元洲一起盖微博史上第一高楼，演绎国庆七日传奇。"一来巧妙假借沙发的双重含义，二来借助大家的"国庆"情结，希望大家通过这个活动参与到元洲装饰分享、快乐的企业文化中来，共同成长。

传统媒体的价值链大致由几部分构成：信息—内容—广告—商品—消费。在微博客的价值链中，这个链条被大幅缩短或替代。公司发出的内容有时候同时就是广告，甚至信息本身可以直接引导消费。截至 2010 年 10 月 10 日，元洲北京分公司的粉丝数已达 17 000 余人，"元洲寻找国庆"话题参与转发、评论、抢沙发的互动综合次数远远超过 3 万人，共计影响近 100 万名用户。

(资料来源：http://www.hiseo.cn/anli/62.html)

8.4.1 网络营销新产品开发概述

1. 网络时代新产品开发面临挑战

新产品开发是许多企业市场取胜的法宝。在网络时代，由于信息和知识的共享，科学技术扩散的速度加快，企业的竞争从原来简单依靠产品的竞争转为拥有不断开发新产品能力的竞争。而且互联网的发展，使得企业在今后获得新产品开发成功的难度增大，其原因如下。

1) 在某些领域内缺乏重要的新产品构思

一些科学家认为，随着时间的推移，在汽车、电视机、计算机、静电印刷和特效药等领域内值得投资并切实可行的新技术微乎其微。目前许多的传统优势企业正面临着严峻的挑战。思科(Cisco)公司在短短的 15 年就成为美国市场价值第三的大公司，超过了英特尔(Intel)公司，而英特尔公司正准备从"计算机产业的建筑模块供应商"向"互联网建筑模块供应商"转移。未来的产品构思开发必须适应网络时代的需要。

2) 不断分裂的市场

激烈的竞争正在导致市场不断分裂。各个公司不得不将新产品的目标对准较小的细分市场，而不是整个市场，这就意味着每一个产品只能获得较低的销售额和利润额。互联网的发展加剧了这种趋势，市场的主导地位正从企业转向消费者，个性化消费成为主流，未来的细分市场必将是以个体为基础的。

3) 社会和政府的限制

网络时代强调的是绿色发展，新产品必须以满足公众利益为准则，诸如消费者安全和生态平衡。政府的一些要求已使得医药行业的创新进度减慢，并使工业设备、化工产品、汽车和玩具等行业的产品设计和广告决策工作难以开展。

4)　新产品开发过程中的昂贵代价

网络时代竞争加剧，公司为了最终找出少数几个良好的构思，通常需要形成许多新产品构思。因此，公司就得面对日益上升的研究开发费用、生产费用和市场营销费用。

5)　新产品开发完成的时间缩短

许多公司很可能同时得到同样的新产品构思，而最终的胜利往往属于行动迅速的人。反应灵敏的公司必须压缩产品开发的时间，其方法是采用计算机辅助设计和合作开发，加快进行产品概念试验及先进的市场营销规划等。

6)　成功产品的生命周期缩短

当一种新产品成功后，竞争对手立即就会对之进行模仿，从而使新产品的生命周期大为缩短。在网络时代，特别是互联网的发展带来的新产品开发的困难，对企业来说既是机遇也是挑战。企业开发的新产品如果能适应市场的需要，就可以在很短的时间内占领市场，打败其他的竞争对手。如果企业的新产品开发跟不上，企业很可能会马上陷入困境。

2. 网络时代新产品的开发策略

与传统新产品开发一样，网络营销新产品开发策略也有下面几种类型，但策略制定的环境和操作方法不一样，下面分别予以分析。

1)　新问世的产品

新问世的产品即开创了一个全新市场的产品。这种策略主要由创新公司采用。网络时代使得市场需求发生了根本性的变化，消费者的需求和消费心理也发生了重大变化。因此，如果企业有很好的产品构思和服务概念，即使没有资本也可以获得成功，因为许多风险投资者愿意将资金投入互联网市场。例如，我国专门为商人服务的网站阿里巴巴网站(http://www.alibaba.com)，凭借其提出的独到的为商人提供网上免费中介服务的概念，可迅速让公司成长起来。这种策略是网络时代最有效的策略，因为网络市场中只有第一没有第二，以及"The Winner Takes All(赢者通吃)"。

2)　新产品线

新产品线即公司首次进入现有市场的新产品。互联网技术的扩散速度非常快，利用互联网迅速模仿和研制开发出已有产品是一条捷径，但在互联网竞争中一招领先招招领先，因为新产品开发的速度非常快。这种策略只能作为一种对抗性的防御策略。

3. 现有产品线外新增加的产品

现有产品线外新增加的产品即补充公司现有产品线的新产品。由于市场不断细分，市场需求差异性增大，这种新产品策略是比较有效的策略。一方面，它能满足不同层次的差异性需求；另一方面，它能以较低风险进行新产品开发，因为它是在已经成功的产品上进行再开发。

4. 现有产品的改良品或更新

现有产品的改良品或更新即提供改善了的功能或较大感知价值并且替换现有产品的新产品。在网络营销市场中，消费者可以在很大范围内挑选商品，具有很大的选择权利。企业在消费者需求层次日益提高的推动下，必须不断改进现有产品和进行升级换代，否则很容易被市场抛弃。目前，产品的信息化、智能化和网络化是必须考虑的，如电视机的数字化和上网功能。

5. 降低成本的产品

降低成本的产品即提供同样功能但成本较低的新产品。网络时代的消费者虽然注重个性化消费，但个性化消费不等于是高档消费。个性化消费意味着消费者根据自己的个人情况包括收入、地位、家庭以及爱好等来确定自己的需要，因此消费者的消费意识更趋于理性化，消费者更强调产品带来的价值，同时包括所花费的代价。在网络营销中，产品的价格总体呈下降趋势，因此提供相同功能但成本更低的产品更能满足日益成熟的市场需求。

6. 重定位产品

重定位产品即以新的市场或细分市场为目标市场的现有产品。这种策略是网络营销初期可以考虑的，因为网络营销面对的是更加广泛的市场空间，企业可以突破时空限制以有限的营销费用去占领更多的市场。在全球的广大市场上，企业重新定位产品，可以取得更多的市场机会。例如，国内的中档家电产品通过互联网进入国际其他地区开拓市场后，可以将产品重新定位为高档产品。

在企业网络营销产品策略中究竟应采取哪种具体的新产品开发方式，可以根据企业的实际情况来决定。相对成熟的企业采用后面几种新产品策略是一种短期较稳妥的策略，但不能将其作为企业长期的新产品开发策略。

8.4.2 网络营销新产品构思与概念的形成

网络营销新产品开发的首要任务是新产品构思和概念的形成。在每一个阶段，都有一些伟大的发明推动技术革命和产业革命，这个时期的新产品构思和概念的形成主要是依靠科研人员的创造性推动的。19世纪末的电力革命带来了巨大的产业革命和许多行业的诞生与发展。20世纪末互联网的发明和发展，也将是一场类似于电力发明的新技术革命，势必刺激许多新行业产生和新产品出现。

新产品的构思可以有多种来源，可以是顾客、科学家、竞争者、公司销售人员、中间商和高层管理者，但最主要的还是依靠顾客来引导产品的构思。网络营销一个最重要的特性是与顾客的交互性，它通过信息技术和网络技术来记录、评价和控制营销活动，掌握市场需求情况。对于网络营销信息系统，网络营销通过其网络数据库系统处理营销活动中的数据，并用来指导企业营销策略的制定和营销活动的开展。

利用网络营销数据库，企业可以很快发现顾客的现实需求和潜在需求，从而形成产品构思。通过对数据库进行分析，可以对产品构思进行筛选，并形成产品的概念。利用网络数据库来发现需求、形成概念是比较有效的方法，但对于快速发展的网络技术，许多需求是顾客无法感知到的，是需要企业自行构思和发展的，这时依赖一些科研单位和专家就显得特别重要了。在筛选构思和形成概念时，要注意与传统营销策略中有所区别，网络时代的新产品看重的是产品的创新性和市场发展潜力，对于产品的赢利和风险则要放在其次。因为，目前有许多风险投资者愿意在新产品开发方面进行投入，愿意承担一定风险，相应要求的回报也相对比较高。

8.4.3　网络营销新产品的研制

与过去新产品的研制与试销不一样，在网络营销中，顾客可以全程参加概念形成后的产品研制和开发工作。顾客参与新产品的研制与开发不再是简单被动地接受测试和表达感受，而是主动参与和协助产品的研制开发工作。与此同时，与企业关联的供应商和经销商也可以直接参与新产品的研制与开发，因为网络时代企业之间的关系主流是合作，只有通过合作企业才能增强竞争能力，才能在激烈的市场竞争中站稳脚跟。通过互联网，企业可以与供应商、经销商和顾客进行双向沟通和交流，可以最大限度地提高新产品的研制与开发速度。例如，美国的波音公司为加快新产品波音 777 的研制与开发，通过其内部的网络 CAD 系统将所有的零件供应商联系在一起，波音在设计波音 777 飞机系统时，它的零件商就可以按照规格协助设计和开发相应配套的零件，结果波音 777 飞机的研制时间缩短了两年多，从而在激烈竞争的航空市场占据了有利的地位。

8.4.4　网络营销新产品的试销与上市

网络市场作为新兴市场，其消费群体一般具有很强的好奇性和消费领导性，比较愿意尝试新的产品。因此，通过网络营销来推动新产品试销与上市，是比较好的策略和方式。但要注意的是，网上市场群体还有一定的局限性，目前的消费意向比较单一，所以并不是任何一种新产品都适合在网上试销和推广的。一般对于与技术相关的新产品，在网上试销和推广的效果比较理想。这种方式一方面可以比较有效地覆盖目标市场；另一方面可以利用网络与顾客直接进行沟通和交互，有利于顾客了解新产品的性能，还可以帮助企业对新产品进行改进。

利用互联网作为新产品的营销渠道时，要注意新产品能满足顾客的个性化需求的特性，即同一产品能针对网上市场的不同顾客需求生产出功能相同但又能满足个性化需求的产品，这要求在新产品开发和设计时就考虑到产品式样和顾客需求的差异性。如 Dell 公司在推出电脑新产品时，允许顾客根据自己的需要自行设计和挑选配件来组装自己满意的产品，Dell 公司可以通过互联网直接将顾客订单送给生产部门，生产部门根据个性化需求组装电脑。因此，网络营销产品的设计和开发要能体现产品的个性化特征，适合进行柔性化的大规模生产，否则概念再好的产品也很难在市场上让消费者满意。

本 章 小 结

本章主要介绍了网络营销产品的概念和特点，以及网络营销产品的分类；论述了在网络营销环境下创造在线客户价值的内涵，以及客户价值的创造途径及手段；还详细论述了网络营销品牌策略、网络市场品牌、企业域名品牌与管理的主要内容、网络产品品牌命名的方式、域名品牌发展策略，以及网络新产品开发策略等重要的网络营销相关内容。

思 考 题

1. 网络营销产品的内涵层次包括哪些方面？
2. 简述网络营销产品的分类。
3. 网络环境下如何创造在线客户价值？
4. 网络品牌的价值体现在哪些方面？
5. 网络对企业品牌的影响表现哪些方面？
6. 简述网络营销中品牌管理的重要性。
7. 简述网络时代新产品的开发策略。

案例分析题

伊利舒化"活力宝贝"世界杯微博营销

随着广告主营销需求的转变，常规的品牌曝光显然已经不能满足期待，这相应提高了对网络媒体深入营销的能力。网络媒体必须分析不同行业与世界杯的不同接触点，兼顾广告主的营销诉求、产品价值与市场需求，分别寻找它们与世界杯的最佳契合点。

新浪世界杯微博报道代言人"活力宝贝"就找到了这一契合点：在消费者消费联想中，牛奶多是营养、健康，与"活力"关联不直接，所以需要一个机会，让营养舒化奶和活力有机关联起来，而世界杯是一个很好的契机。因为世界杯是最考验中国球迷活力的世界杯，所有的比赛基本都在后半夜，这个时候是最需要有活力的时候，因为有活力才能坚持看完比赛。

世界杯期间，伊利营养舒化奶与新浪微博深度合作，在"我的世界杯"模块中，网友可以披上自己支持球队的国旗，在新浪上微博为球队呐喊助威，结合伊利舒化产品特点，与世界杯足球赛流行元素相结合，借此打响品牌知名度，让球迷产生记忆度。在新浪微博的世界杯专区，已经有 200 万人披上了世界杯球队的国旗，为球队助威，相关的博文也已经突破了 3226 万条。同时，通过对微博粉丝的比较，选出粉丝数量最多的网友，成为球迷领袖。

图 8-5　伊利新浪世界杯微博报道

伊利舒化的"活力宝贝"作为新浪世界杯微博报道的形象代言人，将体育营销上升到一个新的高度时，为观众带来精神上的振奋，使得观看广告成为一种享受。如果企业、品牌不能和观众产生情感共鸣的话，即使在比赛场地的草地上铺满了企业的 LOGO，也不能带来任何效果。本次微博营销活动让球迷的活力与营养舒化奶有机联系在一起，让关注世界杯的人都关注到营养舒化奶，将营养舒化奶为中国球迷的世界杯生活注入健康活力的信息传递出去。

分析：

微博对新产品营销策略有哪些好处？

第 9 章　网络营销价格策略

【学习目标】

- 了解网络营销价格策略变革的内涵，能理解基于互联网的企业定价策略的变革。
- 理解网络营销定价应考虑的因素、特点及目标。
- 了解网络营销价格策略的类型，能针对具体项目开展策划分析。
- 理解网络营销定价的程序和方法，能应用相应的方法对网络营销产品进行定价。

【引导案例】

亚马逊机器定价工具广泛使用，卖家面临风险

亚马逊网站的外部卖家数量高达 200 万家。为使自家商品更具价格"杀伤力"，部分卖家已开始使用计算机定价工具，使各自商品价格每 15 分钟就能自动进行调整。在此之前，通常是金融业采用此类计算机工具用于数据挖掘。随着亚马逊与其客户之间竞争程度的加剧，"机器定价"已成为导致双方关系紧张的一个重要因素。通常情况下，亚马逊卖家使用第三方提供的软件，使自己能够连续自动追踪竞争对手的定价，并使自家定价永远低于竞争对手(比如总是比对手低 1 美元)。但这类工具也可能导致"崩溃"现象的发生，其情形就好比 2010 年美国股市的"闪电暴跌"(Flash Crash)，当时美国股市曾一度暴跌至接近零值，并在 20 分钟内出现反弹。

2011 年期间，由于算法失控，导致基因学书籍 The Making of a Fly 在亚马逊网站的售价竟然被抬高至 2300 万美元以上。(注：亚马逊提供的自动定价算法允许图书零售商根据其他零售商的价格设定价格，结果这却导致了生物学教科书《The Making of a Fly》的售价进入了正反馈循环，两位零售商的定价根据对方的价格互相攀升，在短时间内价格增加到了"23 698 655.93 美元"。《The Making of a Fly》出版于 1992 年，已经绝版，亚马逊网站上列出 17 本其他零售商提供的二手书和新书，其中两本新书分别由 bordeebook 和 profnath 提供。旧书的价格只售 35.54 美元，但新书的价格却超过百万美元。原因是 bordeebook 利用自动定价算法设定，它的价格是 profnath 的 1.270589 倍，而 profnath 设定它的价格是 bordeebook 的 0.9983 倍。自动算法数小时检查一次对方的定价，然后决定是否上浮价格。正反馈导致价格火箭般上升。)另一方面，一些卖家创建了"马甲"账号，并不断拉低竞争对手的售价，然后等到对手售价降至极低价位，再出手购买竞争对手的产品。

(资料来源：腾讯网，2012 年 7 月 12 日)

9.1　网络营销定价概述

网络书店打折将受罚，为保定价售书德叫板欧盟

当当、京东在电子书战场的"断臂肉搏"，是中国书业的头条新闻。但是，这种火拼现象在德国却是绝迹的：所有的书，无论是在网上线下、小书店大超市，价格都差不多，都不允许降价竞争。德国的图书定价销售体系始于 1888 年，在德国书业协会的倡导下，会员出版社和书商自愿签署合同、锁定书价，并承诺一旦违反合同将遭受其他会员制裁。这种定价销售体系从此延续了 100 多年。如同 2010 年中国推出新书限折令，却遭遇价格垄断质疑一样，德国的定价传统受到了来自欧盟的质疑：有触犯反垄断法之嫌。

时任德国主管文化的国务部长米夏埃尔·瑙曼撰文回忆说，当时德国同欧盟展开了一场"菜市场买菜般"的讨价还价。一方面德国强调书籍作为文化载体，是科学普及、文化教育、传播知识和提高审美的工具。另一方面德国以否决欧盟文化预算案为要挟，阻止欧盟出台对德国定价销售体系不利的政策。这番交锋最终以德国胜出告终。2002 年，德国通过法律将定价销售合法化，所有出版社和书店必须遵从，违者将被最多罚款 6000 欧元。4 年后，德国将定价销售体系延伸到网络书店。协会法律顾问克里斯蒂安·施普朗表示，德国实行图书定价销售体系的主要依据是，书店不仅仅是一个商店，还是一个文化场所。通过定价销售，很多小出版社，包括领域很偏的专业出版社也都获得了生存之机。而在不实行这一体系的国家，亚马逊等网上书店和连锁书店垄断了书籍销售，一些名不见经传的、专业范围狭窄的书籍往往很难进入市场。实行图书统一定价后，书店可以用销售畅销书获得的利润来补贴其他种类的书籍。

(资料来源：人民日报，2013 年 4 月 23 日)

9.1.1　互联网改变了企业的定价策略

企业定价策略是指企业在充分考虑影响企业定价的内外部因素的基础上，为达到企业预定的定价目标而采取的价格策略。制定科学合理的定价策略，不但要求企业对成本进行核算、分析、控制和预测，而且要求企业根据市场结构、市场供求、消费者心理及竞争状况等因素做出判断与选择，价格策略选择是否恰当，是影响企业定价目标的重要因素。

在网络经济时代，信息技术改变了企业传统的定价模式，从而使得网络市场中的产品或服务定价更复杂。互联网的出现不但使收集信息的成本大大降低，而且帮助企业获得很多的免费信息。网络技术的发展使得市场资源配置朝着最优方向发展。此外，消费者权利的增加，也使得他们在一定程度上拥有了商品的定价权。网络经济时代，产品的价格是由

市场供应方和需求方共同决定的，市场是通过价格杠杆来配置资源的。这意味着，市场的主动权不再是供应方而是需求方，由需求引导的市场资源是网络时代的重要特征。价格作为资源的配置杠杆，它的主动权是由需求方把握和决定的，供应方只有提供能满足需求方理想价值的产品，才可能占领市场，获得发展机会，而需求方则能利用自己的选择权，在信息越来越充分的市场中选择最接近自己满意的价值标准的产品。在这种情况下，企业如何进行定价，是企业和学术界所关心的话题。网络营销的出现使得企业在理论上可以根据市场供求状况、竞争状况、消费者的购买行为在瞬间调整价格，从而对市场做出快速响应，但企业在现实的网络营销活动中却很难做到。作为一种复杂的商业活动，企业必须在充分考虑企业定价目标、营销组合策略、成本、管理者能力和市场有效性等多种因素的影响和制约的基础上，对定价策略做出合理的选择。无论是传统的企业还是现代的网络营销公司，都是以盈利为目的的社会组织，所以产品的价格对企业至关重要。它不仅影响到企业的盈利水平，影响到企业的市场占有率，而且影响到企业与中间商、网络消费者的利益关系。因此，在网络营销中价格是不可忽视的因素。

9.1.2 网络营销定价与网络营销价格的定义

网络营销定价是指给网上营销的产品和服务制定价格的过程。

网络营销价格是指企业在网络营销过程中买卖双方成交的价格。网络营销价格的形成过程较为复杂，受到诸多因素的影响和制约，如传统营销因素和网络自身对价格的影响因素。

9.1.3 网络营销定价应考虑的因素

影响企业定价的因素是多方面的，如企业的定价目标、企业的生产效率、国家的政策法规、消费者的接受能力、竞争对手的定价水平、供求关系以及供求双方的议价能力等都是影响企业定价的重要因素。市场营销理论认为，产品价格的上限取决于产品的市场需求水平，产品价格的下限取决于产品的成本费用，在最高价格和最低价格的范围内，企业能把产品价格定多高，则取决于竞争对手同种产品的价格水平、买卖双方的议价能力等因素。可见，市场需求、成本费用、竞争对手产品的价格、交易方式等因素对企业定价都有着重要的影响。

1. 需求因素

从需求方面来看，市场需求规模以及消费者的消费心理、感受价值、收入水平、对价格的敏感程度、议价能力等都是影响企业定价的主要因素。经济学中因价格和收入变动而引起的需求的相应变动率称为需求弹性。需求弹性一般来说可以分为需求收入弹性、需求价格弹性、交叉价格弹性和顾客的议价能力等几种类型。

2. 供给因素

从供给方面来看，企业产品的生产成本、营销费用是影响企业定价的主要因素。成本是产品价格的最低界限，也就是说，产品的价格必须能补偿产品生产、分销、促销过程中发生的所有支出，并且要有所赢利。根据与产量(或销量)之间的关系来划分，产品成本可以分为固定成本和变动成本两类。固定成本是指在一定限度内不随产量或销量变化而变化的成本部分；变动成本是指随着产量或销量增减而增减的成本。二者之和就是产品的总成本。产品的最低定价应能收回产品的总成本。对企业定价产生影响的成本费用主要有总固定成本、总变动成本、总成本、单位产品固定成本、单位产品变动成本、单位产品总成本等因素。

3. 供求关系

从营销学的角度考虑，企业的定价策略是一门科学，也是一门艺术。从经济学的角度考虑，企业的定价大体上还是遵循价值规律的。因此，供求关系也是影响企业产品交易价格形成的一个基本因素。一般而言，当企业的产品在市场上处于供小于求的卖方市场条件时，企业产品可以实行高价策略；反之，当企业的产品在市场上处于供大于求的买方市场时，企业应该实行低价策略；而当企业的产品在市场上处于供给等于需求的均衡市场时，交易价格的形成基本处于均衡价格处。因此，企业的定价不能过度偏离均衡价格。

4. 竞争因素

竞争因素对价格的影响，主要考虑商品的供求关系及其变化趋势，竞争对手的定价目标、定价策略以及变化趋势。在营销实践中，以竞争对手为导向的定价方法主要有三种：一是低于竞争对手的价格；二是随行就市与竞争对手同价；三是高于竞争对手的价格。

因此，定价过程中，企业应进行充分的市场调研以改变自己不利的信息劣势，对待竞争者则应树立一种既合作又竞争，且又共同发展的竞争观念，以谋求一种双赢结局。

9.1.4　网络营销定价特点

开放快捷的互联网使企业、消费者和中间商对产品的价格信息都有比较充分的了解，因此网络营销定价与传统营销定价有很大的不同。网络营销定价的特点如下。

1. 全球性

网络营销市场面对的是开放的和全球化的市场，用户可以在世界各地直接通过网站进行购买，而不用考虑网站是属于哪一个国家或者地区的。这种目标市场从过去受地理位置限制的局部市场，一下拓展到范围广泛的全球性市场，这使得网络营销产品定价时必须考虑目标市场范围的变化给定价带来的影响。

如果产品的来源地和销售目的地与传统市场渠道类似，则可以采用原来的定价方法。如果产品的来源地和销售目的地与原来传统市场渠道差距非常大，定价时就必须考虑这种地理位置差异带来的影响。例如，亚马逊的网上商店的产品来自美国，如果购买者也是美国消费者，那产品定价可以按照原定价方法进行折扣定价，定价也比较简单；如果购买者是中国或者其他国家的消费者，那采用针对美国本土的定价方法就很难面对全球化的市场，影响了网络市场全球性作用的发挥。为解决这些问题，可采用本地化方法，准备在不同市场的国家建立地区性网站，以适应地区市场消费者需求的变化。

因此，虽然企业面对的是全球性网上市场，但企业不能以统一市场策略来面对这差异性极大的全球性市场，而必须采用全球化和本地化相结合的原则进行。

2. 低价位定价

互联网是从科学研究应用发展而来，因此互联网使用者的主导观念是网上的信息产品是免费的、开放的、自由的。在早期互联网开展商业应用时，许多网站采用收费方式想直接从互联网上赢利，结果被证明是失败的。成功的雅虎公司是通过为网上用户提供免费的检索站点起步，逐步拓展为门户站点，到现在拓展到电子商务领域，一步一步获得成功的，它成功的主要原因是遵循了互联网的免费原则和间接收益原则。

3. 顾客主导定价

所谓顾客主导定价，是指为满足顾客的需求，顾客通过充分市场信息来选择购买或者定制生产自己满意的产品或服务，同时以最小代价(产品价格、购买费用等)获得这些产品或服务。简单地说，就是顾客的价值最大化，顾客以最小成本获得最大收益。

顾客主导定价的策略主要有：顾客定制生产定价和拍卖市场定价。这两种主要定价策略将在下面详细分析。根据调查分析，由顾客主导定价的产品并不比企业主导定价获取的利润低，根据国外拍卖网站 eBay.com 的分析统计，在网上拍卖定价产品，只有 20%的产品拍卖价格低于卖者的预期价格，50%的产品拍卖价格略高于卖者的预期价格，剩下 30%的产品拍卖价格与卖者的预期价格相吻合，在所有拍卖成交产品中有 95%的产品成交价格卖主比较满意。因此，顾客主导定价是一种双赢的发展策略，既能更好地满足顾客的需求，同时企业的收益又不受到影响，而且可以对目标市场了解得更充分，从而使企业的经营生产和产品研制开发可以更加符合市场竞争的需要。

9.1.5 网络营销定价目标

网络营销定价目标是指企业通过制定产品网络营销价格所要求达到的目的。企业网络营销定价的目标主要包括：维持生存、当期利润最大化、市场占有率最大化、产品质量最优化等。不同的定价目标，有着不同的含义和运用条件，企业可以据此制定产品的价格。

在网络营销中，市场还处于起步阶段的开发期和发展时期，企业进入网络营销市场的主要目标是占领市场求得生存与发展机会，然后才是追求企业的利润。目前，网络营销产品的定价一般都是低价甚至是免费的，以求在迅猛发展的网络虚拟市场中寻求立足机会。

网络市场分为两大市场：一个是消费者大众市场，另一个是工业组织市场。前者的网民市场属于前面谈到的成长市场，企业面对这个市场时必须采用相对低价的定价策略来占领市场。对于工业组织市场，购买者一般是商业机构和组织机构，购买行为比较理智，企业在这个网络市场上的定价可以采用双赢的定价策略，即通过互联网技术来降低企业、组织之间的供应采购成本，并共同享受成本降低带来的双方价值的增值。

9.2 网络营销定价策略

价格高低直接影响企业的利润，关系着产品和服务的销售业绩。在互联网时代，顾客日益个性化的需要和信息获得的便利性迫使决策者站在决策的高度来制定价格，从而使价格既合理又富有竞争力。定价决策在实现企业整体目标过程中具有战略地位，价格政策必须要能够配合市场整个营销组合策略，以更好地实现企业的战略目标。

旅游网站价格战烽烟四起

据中研普华《2013—2018 年在线旅游行业深度分析及"十二五"发展规划指导报告》显示，2012 年中国在线旅游市场交易规模为 1729.7 亿元，较 2011 年的 1313.9 亿元增长 31.6%；其中，2012 年 Q4 在线旅游交易规模为 470.1 亿元，同比增长 31%。庞大的市场规模和用户需求引来众多竞争者，为了迅速占领市场，在线旅游网站不惜以降低价格来凸显自身旅游产品的高性价比，价格战越发激烈。2012 年年初，携程高调推出"订机票返现金"活动，返现的航线范围涉及众多热门出发城市，达 3000 个航班，单张机票最高返现额据称达 715 元；而艺龙则针锋相对地推出单张机票最高返现 716 元，随后携程又推出通过无线预订机票，最高返现 717 元。直至如今，携程、艺龙先后对外表示，参与返现的航线已经达到了 5000 条左右。而自 2012 年 6 月份开始，旅游网站价格战便烽烟四起，战争从酒店业务打到机票预订领域。2012 年 6 月，携程网高调宣布投入 5 亿美元开展低价促销活动，活动从 7 月起持续一年时间，涉及酒店、机票、旅游门票等各个方面。随后，艺龙网也公开向携程宣战，"携程团购没有的，我们有；携程团购有的，我们全部先打 9 折再减 1 元！

(资料来源：通信信息报，2013 年 4 月 15 日)

9.2.1 低价渗透性定价策略

低价渗透性定价策略是以一个较低的产品价格打入市场，目的是在短期内加速市场成长，牺牲高毛利以期获得较高的销售量及市场占有率，进而产生显著的成本经济效益，使成本和价格得以不断降低。在网络营销中，产品借助互联网进行销售，比传统销售渠道的费用低廉，因此网上销售价格一般来说比传统的市场价格要低。

具体来说，低价渗透性定价策略可以分为以下三种。

1. 直接低价策略

直接低价策略就是在公布产品价格时就比同类产品定的价格要低。它一般是制造商在网上进行直销时采用的定价方式，如戴尔公司的电脑定价比同性能的其他公司产品低10%～15%。采用低价策略的前提是开展网络营销，实施电子商务，这样才能为企业节省大量的成本费用。

2. 折扣低价策略

这种定价策略是指企业发布的产品价格是网上销售、网下销售通行的统一价格，而对于网上用户又在原价的基础上标明一定的折扣来定价的策略。这种定价方式可以让顾客直接了解产品的降价幅度，明确网上购物获得的实惠，以吸引并促进用户的购买。这类价格策略常用在一些网上商店的营销活动中，它一般按照市面上流行的价格进行折扣定价。例如，亚马逊网站销售的图书一般都有价格折扣。价格折扣又可分为现金折扣、数量折扣、功能折扣、季节折扣、推广津贴等。为鼓励消费者多购买本企业商品，可采用数量折扣策略；为鼓励消费者按期或提前付款，可采用现金折扣策略；为鼓励中间商淡季进货或消费者淡季购买，可采用季节折扣策略等。

3. 促销低价策略

企业虽然以通行的市场价格将商品销售给用户，但为了达到促销的目的还要通过某些方式给用户一定的实惠，以变相降低销售价格。如果企业为了达到迅速拓展网上市场的目的，但产品价格又不具有明显的竞争优势，而由于某种考虑不能直接降价时则可以考虑采用网上促销定价策略。比较常用的促销定价策略是：有奖销售和附带赠品销售等策略。

实施低价渗透策略需要具备一定的条件：一是低价不会引起实际和潜在的竞争；二是产品需求价格弹性较大，目标市场对价格高低比较敏感；三是生产成本和营销成本有可能会随产量和销量的扩大而降低。因此，在网络营销活动中，采用低价渗透策略需要注意的是：首先，由于互联网是从免费共享资源发展而来的，因此用户一般认为网上商品应该比从其他渠道购买的商品便宜，所以，在网上不宜销售那些顾客对价格敏感而企业又难以降价的产品；其次，在网上公布价格时要注意区分消费对象，一般要区分一般消费者、零售商、批发商、合作伙伴，分别提供不同的价格信息发布渠道，否则可能因低价策略混乱而导致营销渠道混乱，甚至影响企业的形象，造成不必要的关系危机；最后，在网上发布价格信息时要注意充分考虑同类站点公布的可比商品价格水平，因为消费者可以通过搜索功能很容易地在网上找到更便宜的商品，如果企业产品定价明显高于同类商品的价格，不仅不能促进销售而且还将在用户心目中形成定价偏高或不合理的印象。

9.2.2　个性化定制生产定价策略

"彭丽媛 STYLE" 女包带火个性化定制

2013 年 3 月，国家主席习近平偕夫人彭丽媛访问俄罗斯。彭丽媛走出机舱时，拎着皮包、修身大衣的装扮，被网友称为 "丽媛 style"，更引发网友们对 "第一夫人" 的打扮的牌子的好奇。经过媒体记者的深入调查，"丽媛 style" 的设计师是国内著名女设计师马可，品牌为国产品牌 "例外" 提供的定制服装及配件，如手提包、围巾等由例外及无用团队手工制作。尤其引人注目的是彭丽媛那个黑色的手提包，一夜之间在淘宝、百度成为热搜产品。

女包定制就是可以自己想出式样，然后交给工匠帮你做出来，而且还可以在自己选定的包包上定制自己手绘个性化图案、热压烫印专属图案、在五金上刻上自己的名字或有意义的符号等六种个性定制服务。保兰德皮具在湖南长沙的专卖店就在全国率先推出全年都有的定制服务，可以是整体定制一个包包，自己选择材料和五金以及款式。也可以选择局部定制，比如将自己喜欢的图案绘在包包上、五金专属定制等，让买回去的包包不仅时尚经典还有独一无二的特质。当然手工皮具定制的价格自然要比成包的价格要高一些，以保兰德女包定制服务为例，"整体定制是根据选择的材料和包包大小来定价的，而局部定制价位一般为 1000～2000 元。而且皮具定制时间大概要两周以上或更长的时间。

(资料来源：http://www.cslleather.com/news)

个性化定制生产定价策略是利用网络互动性的特征，根据消费者的具体要求，来确定商品价格的一种策略。网络的互动性使个性化行销成为可能，也将使个性化定价策略有可能成为网络营销价格策略的一个重要策略。

1. 定制生产内涵

作为个性化服务的重要组成部分，按照顾客需求进行定制生产是网络时代满足顾客个性化需求的基本形式。定制化生产根据顾客对象可以分为两类。一类是面对工业组织市场的定制生产，这部分市场属于供应商与订货商的协作问题，如波音公司在设计和生产新型飞机时，要求其供应商按照其飞机总体设计标准和成本要求来组织生产。这类属于工业组织市场的定制生产主要通过产业价值链，从下游企业向上游企业提出需求和成本控制要求，上游企业通过与下游企业进行协作，设计、开发并生产满足下游企业需要的零配件产品。另一类是面对消费者市场的定制生产。由于消费者的个性化需求差异性大，加上消费者的需求量又少，因此企业实行定制生产必须在管理、供应、生产和配送各个环节上，都适应这种小批量、多式样、多规格和多品种的生产和销售变化。为适应这种变化，现在企业在管理上采用 ERP(企业资源计划系统，Enterprise Resource Planning)来实现自动化、数字化管理，在生产上采用 CIMS(计算机集成制造系统，Computer Integrated Manufacturing System)，在供应和配送上采用 SCM(供应链管理，Supply Chain Management)。

2. 定制定价策略

定制定价策略是在企业能实行定制生产的基础上，利用网络技术和辅助设计软件，帮助消费者选择配置或者自行设计能满足自己需求的个性化产品，同时承担自己愿意付出的价格成本。如美国的汽车定制网站 Local Motors (如图 9-1)把一辆车的每个设计环节挂在网站社区上，由网友来设计自己想象中的汽车，吸引了 5000 多人参加。完成设计后限量生产、销售。第一款量产汽车是一款越野赛车，由平面设计师 SanghoKim 设计，车名叫拉力赛战斗机 Rally Fighter。目前这种允许消费者定制定价订货的尝试还只是初级阶段，消费者只能在有限的范围内进行挑选，还不能完全要求企业满足自己所有的个性化需求。

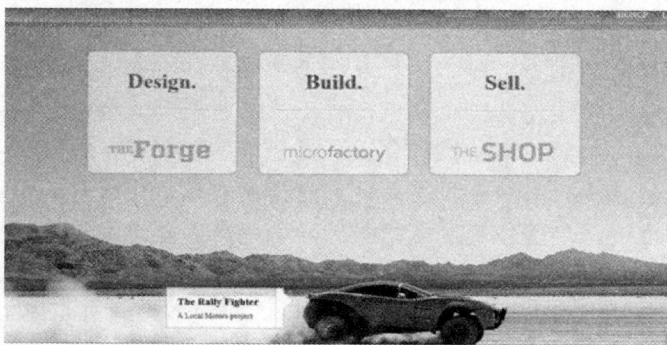

图 9-1 http://lalmotors.com/网站截图

9.2.3 使用定价策略

所谓使用定价，就是顾客通过互联网注册后可以直接使用某公司的产品，顾客只需要根据使用次数进行付费，而不需要将产品完全购买。

传统交易关系中，产品买卖是完全产权式的，顾客购买产品后即拥有对产品的完全产权。但随着经济的发展和人民生活水平的提高，人们对产品的需求越来越多，而且产品的使用周期也越来越短，许多产品购买后使用几次就不再使用，非常浪费，因此制约许多顾客对这些产品的需求。为改变这种情况，消费者可以在网上采用类似租赁的按使用次数定价的方式。这一方面减少了企业为完全出售产品而进行的不必要的大量的生产和包装浪费，同时还可以吸引那些有顾虑的顾客使用产品，扩大市场份额。顾客每次只是根据使用次数付款，节省了购买产品、安装产品、处置产品的麻烦，还可以节省其他不必要的开销。如淘宝卖家使用的软件很多就是基于使用定价的(如图 9-2)。

图 9-2　淘宝卖家的工具软件

采用按使用次数定价，一般要考虑产品是否适合通过互联网传输，是否可以实现远程调用。目前，比较适合的产品有软件、音乐、电影等产品。对于软件，如我国的用友软件公司推出的网络财务软件，用户在网上注册后即可在网上直接处理账务，而无须购买软件和担心软件的升级、维护等事情；对于音乐产品，也可以通过网上下载或使用专用软件点播；对于电影产品，则可以通过现在的视频点播系统 VOD 来实现远程点播，无须购买影带。另外，采用按次数定价对互联网的带宽提出了很高的要求，因为许多信息都要通过互联网进行传输，如果互联网带宽不够将影响数据传输，势必会影响顾客租赁使用和观看。

9.2.4　拍卖定价策略

网上拍卖是目前发展较快的领域，是一种最市场化、最合理的方式。经济学认为，市场要想形成最合理价格，拍卖竞价是最合理的方式。随着互联网市场的拓展，将有越来越多的产品通过互联网拍卖竞价。由于目前购买群体主要集中在消费者市场，个体消费者是目前拍卖市场的主体，因此，这种网络营销价格策略并不是目前企业首要选择的定价方法，因为它可能会破坏企业原有的网络营销渠道和价格策略。比较适合网上拍卖竞价的是企业的一些原有积压产品，也可以是企业的一些新产品，可以通过拍卖展示起到促销作用。目前国外比较有名的拍卖站点是 http://www.ebay.com，它允许商品公开在网上拍卖，拍卖竞价者只需在网上进行登记即可，拍卖方只需将拍卖品的相关信息提交给 eBay 公司，经公司审查合格后即可上网拍卖。

网上拍卖，按照报价模式的不同，分为英式拍卖、荷式拍卖、最高报价密封拍卖、Vickrey 拍卖(又称次高报价密封拍卖)、第 K 高报价拍卖、线性拍卖等。一般来讲，英式拍卖与 Vickrey 拍卖等价，荷式拍卖与最高报价密封拍卖等价。按照拍卖标的物的种类不同，网上拍卖分为单品拍卖与组合拍卖；按照买卖双方参与人数的不同，分为单边拍卖与多边拍卖或者是正向拍卖与反向拍卖；按照买方对标的物的喜好程度的不同，分为单值偏好拍卖与多值偏好拍卖。

根据供需关系，网上拍卖竞价方式有下面几种。

(1) 竞价拍卖：最大量的是 C2C 的交易，包括二手货、收藏品，也可以是普通商品以拍卖方式进行出售。例如，HP 公司将一些库存积压产品放到网上拍卖。

(2) 竞价拍买：是竞价拍卖的反向过程，消费者提出一个价格范围，求购某一商品，由商家出价，出价可以是公开的或隐蔽的，消费者将与出价最低或最接近出价范围的商家成交。如美国出现一家不同于 Groupon 和 Livingsocial 模式的新型 C2B 每日特惠网站 OffersBy.me(如图 9-3)。该网站要求用户先对特定品类的服务或产品给出自己的消费上限，网站会针对用户的需求提供价格适合的优惠项目。而我国的乐贴网旗下的聚想要网(如图 9-4)也是基于用户消费需求搭建的 C2B 平台，是新型 O2O 方向的电子商务模式，是 C2B+O2O 电商模式的产品。它致力于颠覆千万用户传统消费习惯，促进更加透明化简单化的反向消费模式平台。

图 9-3　OffersBy.me 的网页截图

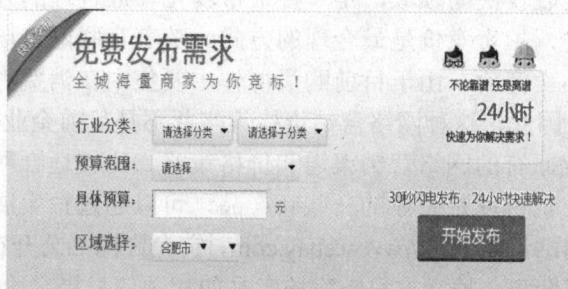

图 9-4　聚想要网的网页截图

(3) 集体议价：在互联网出现以前，这种方式在国外主要是多个零售商结合起来，向批发商(或生产商)以数量换价格的方式。互联网的出现，使得普通的消费者能使用这种方式购买商品。

9.2.5　声誉定价策略

声誉定价是指对一些名牌产品，企业往往可以利用消费者仰慕名牌的心理而制定大大高于其他同类产品的价格。例如，国际著名的欧米茄手表，在我国市场上的销价从一万元到几十万元不等。消费者在购买这些名牌产品时，特别关注其品牌，因为其极高的标价让消费者获得极大的心理满足。

在网络营销价格策略的发展初期，消费者对网上购物和订货还有着很多疑虑，例如网上所订商品的质量能否保证、货物能否及时送到等。所以，对于声誉较好的企业来说，在进行网络营销价格策略时，价格可定得高一些；反之，价格则定得低一些。而产品的质量与企业的形象最终都凝结在品牌上，以品牌的形象表现出来。价格是品牌价值的有形象征，知名品牌产品的附加价值较高，在网络营销中，适当利用声誉提升产品的定价，既能吸引顾客又能为企业增加利润。由于网络营销出现得较晚，对于本身已具有品牌效应又得到人们认可的产品，在网上定价中，完全可以对品牌效应进行扩展和延伸，利用网络宣传和传统销售的结合，产生整合效应。

9.2.6　差别定价策略

所谓差别定价，就是企业按照两种或两种以上不反映成本费用的比例差异的价格销售某种产品或劳务。差别定价的概念是由英国经济学家庇古(Arthur Cecil Pigou)首先提出的，他依据程度不同将价格划分为三级：一级、二级和三级差别定价。一级差别定价，又称为完全差别定价，它是依每个顾客对每单位商品的最大愿付价格来定价。在这种定价方式下，消费者无法享有任何消费者剩余，也就是说顾客在购买商品时，愿意支付的最高价格和他实际支付的价格相等，此时，生产者成功获取了全部消费者剩余。二级差别定价，又称为间接区隔差别定价，是指厂商按不同的购买量分组，并对不同的组别索要不同的价格的定价方式。由于有关顾客个人偏好的信息不完全，生产者只能通过顾客的自我选择来不完全地获取消费者剩余，这可能是针对同一顾客，也可能是针对不同顾客。三级差别定价，又称为直接区隔差别定价，是指厂商依照不同顾客所属的市场区隔来定价。由于生产者可能观察到某些与消费者偏好相关的信息，如年龄、职业、所在地等，就可利用这些信息进行区别定价。第二级和第三级差别定价的不同之处在于：后者利用了关于需求的直接信息；而前者是通过消费者的自我选择来间接区别消费者的。

差别定价在我们的网络营销中非常普遍。如淘宝的双十一、反季促销、预购打折等就是时间差别定价法。而依据求购数量的不同做出不同的定价模式则是数量差别定价法。差别定价已经成为现代营销定价策略中的一种非常普遍的定价方法。

实施差别定价可以使企业占有消费者剩余，并把它转化为自己的利润。不同的消费者在购买商品时，由于各自的需求欲望有强有弱，各自的支付能力有大有小，以及其他的一些因素上也可能存在着差异，因而他们愿意支付的最高价格就会存在差异。根据消费者不同制定不同的价格，就可在不同类别的顾客身上分别实现收益的最大化。因此，实施差别定价可以比统一定价获得更多的利润。网络营销由于网络的互动性使企业更易获得有关消费者的信息，并据此制定不同的价格，也就是说网络营销比传统营销更具有实施差别定价的条件。

网络营销实施差别定价可以获得更大的利润，但是如果不具备一些基本条件，网络营销也无从实施差别定价。网络营销实施差别定价的条件如下。

(1) 网络营销进入的市场必须是可以细分的，而且各个细分市场须表现出不同的需求程度，即需求的价格弹性不同。对价格弹性小的顾客可以制定较高的价格，对价格弹性大的顾客制定较低的价格。细分的手段是多种多样的，可通过地理区域以及消费者的职业、收入等进行细分。

(2) 以较低价格购买某种产品的顾客，没有可能以较高价格把这种产品转售给别人。转售是消费者的一种套利交易形式，如果购买者之间可以转售产品，即便是一个拥有完全信息的厂商也不能对消费者实施差别定价。

(3) 当网络营销者采取差别定价的策略销售产品时，竞争者没有可能在这个市场上以低价竞销。如果竞争者可以以较低的价格在这个市场上竞争，那么顾客都会转向竞争者。

(4) 网络营销实施差别定价时细分市场和控制市场的费用不得超过因实行差别定价所得的额外收入。

(5) 网络营销实施差别定价不会引起顾客的反感和敌意。否则顾客有可能放弃购买，从而造成顾客流失、影响销售。

(6) 网络营销采取的差别定价方法不能违背《中华人民共和国价格法》。由于法律对差别定价的规范留有空间，规定只有当差别定价的对象是存在相互竞争关系的用户时才被认为是违法，因此，网络营销实施差别定价必须在《中华人民共和国价格法》规定的范围内实施。

小资料:

差别定价被认为是网络营销的一种基本的定价策略，但在实施中却存在着诸多困难。亚马逊公司在2000年9月实施的差别定价试验就是一个不成功的案例，所以网络营销中差别定价策略存在着潜在风险，需要具备相应的条件。

9.2.7 免费价格策略

奇虎360推免费杀毒，周鸿祎用"零门槛"留用户

与靠卖软件盈利的传统杀毒企业相比，奇虎360免费的盈利模式是颠覆性的，周鸿祎正是在这样颇具争议的背景下誓"将免费进行到底"。同时，在免费背后，周鸿祎欲通过零门槛获得尽可能多的用户群，并通过提高软件功能留住潜在用户，丰富产品种类以满足不同客户的需求。虽然只能算是杀毒业的新兵，但周鸿祎带领下的奇虎360却已击败了老将瑞星，坐上了行业头把交椅。360安全卫士推行的颠覆式盈利模式很简单：普遍性服务免费，增值服务收费。周鸿祎说："我一定会把360安全卫士做上市，中国的网络安全企业应该走

得更远。"作为中国 PC 客户端的鼻祖，周鸿祎掌握了互联网这个江湖的游戏规则。在他眼中，"用户需要什么就做什么"，"创业者需要做好的是用户体验，而不是立刻追求商业模式"。所以，周鸿祎称："我们的理念就是免费杀毒，永远给用户选择权。"周鸿祎这种颠覆式营销更是给杀毒业带来了一次"强地震"。因为传统的杀毒企业已经死守了"一手交钱一手交货"的收费商业模式 20 年，360 免费模式的出现，无异于宣告一个新的杀毒时代的来临。据 360 称，艾瑞最新调研数据显示：截至 2010 年 1 月中旬，永久免费的 360 杀毒市场份额稳步攀升至 33.76%，正式发布仅一个季度便跃居行业第一，从而终结了瑞星自 2001 年起连续 9 年排名第一的历史。瑞星的份额已跌至 30% 以下。而在 360 杀毒的冲击下，2010 年之初有至少 1/3 的网民用上了永久免费的杀毒软件，再加上很多杀毒厂商纷纷跟进推出半年免费的版本，免费杀毒已经成为安全行业的主流力量。那么 360 未来该如何赚钱呢？周鸿祎表示，360 安全卫士将以吸引大量忠实用户为基础，针对部分用户提供增值服务从而盈利。"像杀毒，是每台电脑每天都需要用到的服务，因此它应该是免费的，而一些个性化服务也许只有少数人需要，却具有极高的黏性，那么它可以收费。"周鸿祎强调。而周鸿祎的策略恰恰就在免费背后。

(资料来源：通信信息报，2010 年 9 月 12 日)

免费概念是互联网最深入人心的竞争策略，许多企业都借助互联网这一特殊的载体获得了巨大成功。

免费价格策略之所以在互联网上流行，是有其深刻的背景的。这是因为，互联网作为 20 世纪末最伟大的发明，它的发展速度和增长潜力令人生畏，任何有眼光的企业领导者都不会放弃这一潜力极大的发展机会，在网络市场的初级阶段，免费策略是最有效的市场占领手段之一。目前，企业在网络营销中采用免费策略的目的，一方面在于使消费者在免费使用形成习惯或偏好后，再开始逐步过渡到收费阶段。另一方面是想发掘后续商业价值，它是从战略发展的需要来制定定价策略的，主要目的是先占领市场，然后再在市场上获取收益。如雅虎公司通过免费建设门户站点，经过四年亏损经营后，通过广告收入等间接收益扭亏为盈。但在前四年的亏损经营中，公司却得到了飞速发展，主要得力于股票市场对公司的认可和支持，因为股票市场看好其未来的增长潜力，而雅虎的免费策略恰恰使它占领了较大的网上市场份额，具有很大的市场竞争优势和巨大的市场盈利潜力。

1. 免费价格策略的内涵

免费价格策略就是将企业的产品和服务以零价格形式提供给顾客使用，满足顾客的需求。免费价格策略是目前网络营销中常用的一种营销策略，主要用于促销和推广产品。这种策略一般是短期的和临时性的。在网络营销实践中，免费价格策略不仅仅是一种促销策略，它还是一种有效的产品和服务定价策略。

2. 免费价格策略的形式

免费价格策略主要有以下几种形式。一是完全免费，即产品(服务)在购买、使用和售后服务等所有环节都实行免费服务。例如《人民日报》的电子版在网上可以免费使用；美国在线公司在成立之初，在商业展览会场、杂志封面、广告邮件，甚至飞机上，都提供免费的美国在线软件，连续五年后，吸收到100万名用户。二是限制免费，即产品(服务)可以被有限次使用，超过一定期限或者次数后，取消这种免费服务。例如，金山软件公司免费赠送可以使用99次的WPS 2000软件，使用次数完结后，消费者需要付款申请方可继续使用。三是部分免费，指对产品整体的某一部分或服务全过程的某一环节的消费可以享受免费。例如，一些著名研究公司的网站公布的部分研究成果是免费的，如果要获取全部研究成果则必须付款；在线视频网站会免费播放一些电影或VCD片断，而要想观看全部内容，则需要付费。四是捆绑式免费，即在购买某产品或者服务时可以享受免费赠送其他产品和服务的待遇。例如，国内的一些ISP为了吸引接入用户，推出了上网免费送PC的市场活动。实际上，从另一面来看，这种商业模式就相当于分期付款买PC附赠上网账号的传统营销模式。

3. 免费产品的特性

网络营销中产品实行免费策略是要受到一定环境制约的，并不是所有的产品都适合于免费策略。互联网作为全球性开放网络，可以快速实现全球信息交换，只有那些适合互联网这一特性的产品才适合采用免费价格策略。一般来说，免费产品具有如下特性。

(1) 易于数字化。互联网是信息交换平台，它的基础是数字传输。对于易于数字化的产品都可以通过互联网实现零成本的配送，这与传统产品需要通过交通运输网络花费巨额资金实现实物配送有着巨大区别。企业只需将这些免费产品放到企业的网站上，用户可以通过互联网自由下载使用，企业通过较小成本就可实现产品推广，节省了大量产品推广费用。例如，Cisco公司将产品升级的一些软件放到网站上，公司客户可以随意下载免费使用，从而大大减少了原来免费升级服务的费用。

(2) 无形化。通常采用免费策略的大多是一些无形产品，它们只有通过一定载体表现出一定形态，如软件、信息服务(如报纸、杂志、电台、电视台等媒体)、音乐制品、图书等。这些无形产品可以通过数字化技术实现网上传输。

(3) 零制造成本。这里所说的零制造成本主要是指产品开发成功后，只需通过简单复制就可以实现无限制的产品生产。这与传统实物产品生产受制于厂房、设备、原材料等因素有着巨大区别。上面介绍的软件等无形产品都易于数字化，也可以通过软件和网络技术实现无限制自动复制生产。对这些产品实行免费策略，企业只需投入研制费用即可，至于产品生产、推广和销售则完全可以通过互联网实现零成本运作。

(4) 成长性。采用免费策略的目的一般都是利用高成长性的产品推动企业占领较大的市场，为未来市场发展打下坚实基础。例如，微软为抢占日益重要的浏览器市场，采用免费策略发放其浏览器探险者 IE，用以对抗先行一步的网景公司的航海者 Navigator，结果在短短两年之内，网景公司的浏览器市场就丢失半壁江山，最后只有被迫出售兼并以求发展。

(5) 冲击性。采用免费策略的产品主要目的是推动市场成长，开辟新的市场领地，同时对原有市场产生巨大的冲击，否则免费价格的产品很难形成市场规模，在未来获得发展机遇。例如，3721 网站为推广其中文网址域名标准，以适应中国人对英文域名的不习惯，采用免费下载和免费在品牌电脑预装策略，在 1999 年短短的半年时间迅速占领市场成为市场标准，对过去被国外控制的域名管理产生巨大冲击和影响。

(6) 间接收益。企业在市场运作中，虽然可以利用互联网实现低成本的扩张，但免费的产品还是需要不断开发和研制，需要投入大量的资金和人力。因此，采用免费价格的产品(服务)一般具有间接收益特点，即它可帮助企业通过其他渠道获取收益。例如，雅虎公司通过免费搜索引擎服务和信息服务吸引用户的注意力，这种注意力形成了雅虎的网上媒体特性，Yahoo 可以通过发布网络广告进行间接收益。这种收益方式也是目前大多数 ICP 的主要商业运作模式。

4. 免费价格策略实施

为用户提供各种形式的免费产品或服务，其实质都是公司实施的一种市场策略。然而还是那句老话，这个世界上从来就没有免费的午餐，Internet 上同样也没有。自从有了Internet 之后，人们产生了疯狂的想象力，大家都在想怎样才能在网上迅速膨胀，迅速扩大自己的知名度。大家都在寻找这种机会。在 Internet 上最早实施免费价格策略的产品是浏览器，Netscape 把它的浏览器免费提供给用户，开创了 Internet 上免费的先河。后来，微软也如法炮制，免费发放 IE 浏览器。再后来 Netscape 公布了浏览器的源码，来了个彻底的免费。Netscape 当时允许用户免费下载浏览器，主要目的是让用户使用习惯之后，就开始收费，这是 Netscape 提供免费软件的背后动机。但是 IE 的出现打碎了 Netscape 的美梦。所以对这些公司来说，为用户提供免费服务只是其商业计划的开始，商业利润还在后面。但是并不是每个公司都能顺利获得成功，Netscape 的免费浏览器计划就没有成功。所以，对这些实行免费策略的企业来说，必须面对承担很大风险的可能。

5. 免费价格策略实施步骤

免费价格策略一般与企业的商业计划和战略发展规划紧密相关，企业要降低免费策略带来的风险，提高免费价格策略的成功性，应遵循下面的步骤思考问题。

(1) 互联网是成长性的市场，企业要在网络市场上获取成功的关键是要有一个切实可行、成功率极高的商业运作模式，因此企业在制定免费价格策略时必须考虑是否与商业运作模式相吻合。例如，我国专门为商业机构之间提供中介服务的网站 Alibaba.com，它提出了免费信息服务的 B-B 新商业模式，获得了市场认可，并且具有巨大市场成长潜力。

(2) 分析采用免费策略的产品(或服务)能否获得市场认可。也就是说，提供的产品(或服务)是否是市场迫切需要的。互联网上通过免费策略已经获得成功的公司都有一个特点，就是提供的产品(服务)能受到市场的极大欢迎。例如雅虎的搜索引擎克服了在互联网上查找信息的困难，给用户带来了便利；我国的新浪网站提供了大量实时性的新闻报道，满足了用户对新闻的需求。

(3) 分析免费策略产品(或服务)推出的时机。在互联网上的游戏规则是"Winner takes all(赢家通吃)"，只承认第一，不承认第二。因此在互联网上推出免费产品是为了抢占市场，如果市场已经被占领或者已经比较成熟，则要审视推出产品(或服务)的竞争能力。例如，我国著名的搜狐网站(http://www.sohu.com)虽然不是第一家搜索引擎，却是第一家中文搜索引擎，确立了市场门户站点地位。目前，有很多公司推出了很好的免费搜索引擎服务，但还是很难撼动搜狐第一中文搜索引擎的地位。

(4) 分析免费策略的产品(或服务)是否适合采用免费价格策略。目前国内外很多提供免费PC的ISP，对用户也不是毫无要求：它们有的要求用户接受广告，有的要求用户每月在其站点上购买多少钱的商品，还有的要求提供接入费用等。此外，ISP在为用户提供免费PC这一事件中，PC制造商的地位非常尴尬。首先这种PC的出货量虽然很大，但是基本上没有利润，食之无味，弃之可惜；其次是角色错位，以前是买PC搭售上网账号，而现在是上网搭售PC，角色的转变使得PC提供商的感觉非常不好。当然，也可以从另外一个角度来理解免费PC行为。最近北美自由贸易区的三个国家——美国、加拿大和墨西哥，它们将PC制造业从IT产业中分离出来，将其归入了传统制造业。这表明，由于Internet的兴起，使得很多行业都变成了传统行业，一些互联网公司的市值超过许多传统行业的大公司，都显示了Internet作为新兴行业的巨大前景。而以PC为中心的时代，已经在Internet的阴影中渐行渐远，另一个以互联网为中心的时代已经来临，这是一种无法阻挡的潮流。

(5) 策划推广免费策略的产品(或服务)。互联网是信息的海洋，对于免费的产品(或服务)，网上用户已经习惯。因此，要吸引用户关注免费产品(或服务)，应当与推广其他产品一样有严密的营销策划。在推广免费策略的产品(或服务)时，主要考虑通过互联网渠道进行宣传，比如在知名站点设置链接、发布网络广告；同时还要考虑在传统媒体上发布广告，利用传统渠道进行推广宣传。例如，3721网站为推广其免费中文域名系统软件，首先通过新闻形式介绍中文域名概念，宣传中文域名的作用和便捷性；然后与一些著名ISP和ICP合作，建立免费软件下载链接，同时还与PC制造商合作，提供捆绑预装中文域名软件。

9.3 网络营销定价的程序和方法

iPhone在印度销量猛增四倍主要受益于价格策略

据国外媒体报道，市场研究机构瑞士信贷(Credit Suisse)公布的数据认为，苹果公司在印度市场销售 iPhone 时，采取了分期付款计划和大幅折扣的定价制度。目前来看，在这一策略的帮助之下，在过去的四个月(注：指 2013 年 2 月至 6 月)，苹果 iPhone 在印度市场的销量已经大幅增长了 4 倍之多。也就是说，在过去的四个月中，苹果每月在印度市场的手机销量增长近 40 万部。作为一个正在兴起的市场，印度的智能手机此前一直由传统的低成本功能手机所把持，而像苹果 iPhone 这样的高端智能手机却很少能够到达用户手中。最新的数据估计，iPhone 目前在整个印度市场大约占据了近 3%的份额。

苹果在印度销售 iPhone 所推行的"积极性措施"包括广泛的广告活动，但更为重要的措施还是每月分期付款计划。根据这一计划，消费者在购买 iPhone 4 或 iPhone 5 时可以先只交一部分资金，然后在未来半年至一年时间之内，再分期将其余款项付清。2013 年 4 月，苹果还将 iPhone 4 进行打折销售，打折幅度达到 18%。据称，此举事实上还导致了 iPhone 价格在印度市场的打折幅度进一步加大，甚至达到 23%～27%，最终也拉动了更多消费者前来购买 iphone 智能手机。瑞士信贷的报告主要基于移动设备零售商和发行商的数据，与 2013 年 2 月份 IDC 的初步预期也非常吻合，当时，IDC 预测苹果 iPhone 手机在印度市场的销量将增加 400%。事实上，苹果从 2013 年 5 月开始，还在印度市场采取了针对学生的折价交易方式，即印度学生在购买某些类型的 iPhone 手机时，还能获得 7777 卢比(约合 134 美元)的让利。

(资料来源：腾讯科技，2013 年 6 月 1 日)

9.3.1 网络营销定价的程序

在网络营销中，价格的决策流程可以分成几个相互联系但又各具特点的阶段。确定在线产品价格的程序一般包括以下几个步骤。

1. 确定定价目标

定价目标是指企业通过制定产品价格所要达到的目的。它是企业选择定价方法和制定价格的依据。不同企业有不同的定价目标，即使是同一企业，在不同时期也有不同的定价目标。因此，企业定价目标不是单一的，而是一个多元的结合体，企业在不同的定价目标下制定出的商品价格也各不相同。在网络营销中，企业的定价目标主要有：以维持网络公司生存为定价目标；以获得当前利润最大化为定价目标；以追求市场占有率最大化为定价目标；以树立和改善网站形象为定价目标；以应付和防止竞争为定价目标。

2. 分析与测定市场需求

分析与测定市场需求是企业确定营销价格的一项重要工作。首先需要确定目标市场。究竟谁是我们的客户？谁是潜在的客户？可通过细分市场的方法来确定目标市场。然后对客户的需求进行分析(从客户的行为、心理、地理、消费方式、消费频率、价格弹性、潜在客户规模等方面分析需求)。需求分析的主要内容包括：市场需求总量、需求机构的测定；预计网络消费者可接受的价格；不同价格水平下人们可能购买的数量与需求价格弹性等。

3. 计算或估计产品成本

在线产品的原始成本将直接影响到产品的价格，是制定价格的最低经济界限。按在市场价格形成中的作用不同，价格成本可分为社会成本和企业成本。产品的社会成本，是指所有生产或经营该商品的同类企业成本的平均值，或有代表性的典型企业、地区的成本。社会成本是网络营销定价的直接依据，在激烈竞争的市场环境中，社会成本对市场价格形成在客观上起着决定性的作用，因此，应作为企业定价时的重要参考依据。企业成本是指企业在生产、经营过程中实际发生的成本。企业成本应尽量接近社会成本或低于社会成本。成本分析内容包括：一是确定产品成本构成。可采用 ABC 成本分析方法或者利用价值链方法。二是评估产量、销量对成本的影响，例如是否存在规模效应。三是分析产品的成本优势。和竞争对手相比，成本优势在何处？四是分析经验曲线对生产成本的影响。经验曲线显示了在一定时期、一定范围内，平均成本随着生产经验的积累而以一定的比例下降。五是考虑公司对成本的控制能力。公司对研发能力、节省成本的能力、供应商的砍价能力等的控制程度有多大？

4. 分析竞争对手的价格策略

分析和了解竞争对手是企业制定战略和策略的基础。为此，企业营销人员必须了解和分析以下问题：自己的竞争对手是谁？他们的营销目标是什么？有何优势和劣势？采取何种价格策略？实施效果如何？对本企业的影响程度等。这样，企业才能有效地防御竞争对手的进攻，并选择适当的时机攻击竞争对手，赢得生存和发展的空间。

5. 选择定价方法

定价方法主要有：成本导向定位法、需求导向定位法和竞争导向定位法等。不同的定价方法各有其优势和适用条件。

6. 确定最终价格

需求与成本限定了价格弹性的延伸。在最高和最低界限之间，竞争、法律及伦理因素也将影响某一具体价格的选择。如图 9-5 所示，在产品正式进入市场之前，企业可能进行"试销售"，以测试市场反应和根据消费者需要对产品进行最后的改进，并征询消费者对价格的意见和建议。当一切准备就绪后，产品的最后售价就确定了。

7. 价格信息反馈

产品的售价应根据市场的状态、竞争者价格、替代品的状况进行适当的调整，因此，企业要经常收集价格的反馈信息，使产品的定价与消费者的价格期望相一致，以维持必要的市场占有率。

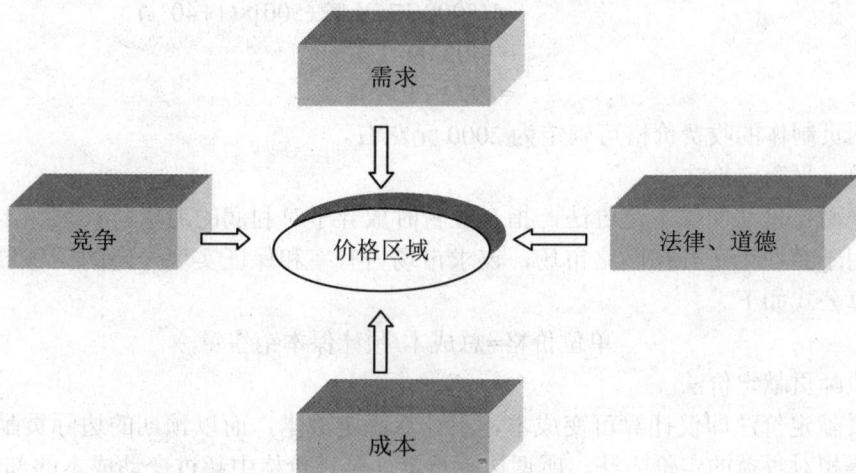

图 9-5 价格区域的确定

9.3.2 网络营销定价的方法

传统市场营销定价的基本原理同样适用于网络市场，但是，网络市场与传统市场又存在着较大的区别，这种差异导致了网络市场的定价方法又不同于传统市场的定价方法。在网络市场中，成本导向定位方法将逐渐被淡化，而需求导向定位法、竞争导向定位法将不断得到强化，并将成为网络营销中确定网络产品价格的主要方法。

1. 成本导向定位法

成本导向定位法包括成本加成定价法、盈亏平衡定价法和边际贡献定价法。

1) 成本加成定价法

成本加成定价法即在产品单位成本的基础上，加上一定比率的预期利润确定为其产品的单价。其计算公式如下。

产品单价=产品单位成本×(1+加成率)

其中：加成率为预期利润占产品单位成本的百分比，即成本利润率。

举例：××网页制作公司为某企业制作企业网页，假定该公司月支付员工工资为 5000 元，为这家企业制作网页的直接材料费和固定成本费用合计为 500 元，网页制作花费时间为 32 小时，希望的利润率为 40%，则如何确定网页制作的收费价格呢？

解：员工月工作时间为 22 天×8 小时=176 小时

$$产品价格=产品单位成本×(1+加成率)$$
$$=[(5000/176)×32+500]×(1+40\%)$$
$$=1409.09×1.4$$
$$=1972.73(元)$$

即：网页制作的收费价格可确定为 2000 元左右。

2) 盈亏平衡定价法

盈亏平衡定价法即保本定价法，指企业暂时放弃了对利润的追求，只求保本。这种方法主要适用于企业为了开拓网络市场，谋求市场占有率和保证实现一定的销售量目标的情况。其计算公式如下。

$$单位价格=总成本/预计保本销售量$$

3) 边际贡献定价法

边际贡献定价法即仅计算可变成本，不计算固定成本，而以预期的边际贡献补偿固定成本，获得相对收益的定价方法。所谓边际贡献，是指价格中超过变动成本的部分。

举例：某企业生产 10 000 件商品，全部变动成本为 6000 元，固定成本为 4000 元，每件商品的平均变动成本为 0.60 元，若按一般规律定价，商品的最低售价至少为 1 元，即：(9600+4000)/10 000=1 元/件。如果再加上一部分利润，商品价格就要超过 1 元。现在我们假设该企业考虑到特殊市场环境或出于网络营销的需要，在确定商品价格时，仅计算可变成本，不考虑固定成本，则商品的单价只要大于 0.60 元，就能获得边际贡献。如果商品单价能定为 0.70 元，企业就可获得 1000 元边际贡献，固定成本损失将减少至 3000 元；如果能定价为 0.80 元，则边际贡献是 2000 元，用于补偿固定成本后，固定成本损失则减少至 2000 元。

2. 需求导向定价法

现代市场营销观念认为，企业的一切生产经营活动必须以消费者需求为中心。需求导向定价法是根据消费者对产品的感觉差异和市场需求状况来确定价格的方法，而不是直接以成本为基础。

需求导向定价法包括购买者认知价值定价法和需求差异定价法。

1) 购买者认知价值定价法

购买者认知价值定价法是指根据购买者对产品价值的认知和理解来确定价格的一种方法。

认知价值定价法的实施过程：首先，企业通过网络把商品介绍给消费者，让消费者对产品的性能、用途、质量、品牌、服务等要素有一个初步的印象；其次，企业利用网络通过广泛的市场调查，了解消费者对商品价值的理解，以此作为定价标准，制定出商品的初始价格；最后，在初始价格基础上，预测可能的销售量，确定目标成本和销售收入，在比较成本与收入、销售量与价格的基础上，分析该定价方案的可行性，并制定出最终价格。

2) 需求差别定价法

需求差别定价法是将同种产品确定出不同的价格销售给同一市场上的不同顾客。这时的价格差别是销售者根据顾客的需求差异实行差别定价的结果。

其主要定价方式有以下几种。

(1) 因顾客而异的差别定价。即同种产品针对不同职业、收入、阶层或年龄的消费者群制定不同的价格。

(2) 因产品式样而异的差别定价。对式样不同的同种商品制定不同的价格。

(3) 因时间而异的差别定价。根据产品季节、日期及钟点上的需求差异制定价格。

(4) 因空间而异的差别定价。企业根据自己产品销售区域的空间位置来制定商品的价格。

实行需求差别定价法要具备如下前提条件：一是市场能够根据消费者的需求差异进行细分；二是以较低价格购买某种产品的顾客，没有可能以较高价格把这种产品倒卖给别人；三是竞争者没有可能在企业以较高价格销售产品的市场上低价竞销；四是价格歧视不致引起顾客反感而放弃购买。

3. 竞争导向定位法

这种定价方法主要是为了竞争，以竞争者的价格作为定价基础，以成本和需求为辅助因素。其特点是，只要竞争者的价格不变，即使成本或需求发生变动，价格也不动；反之亦然。

竞争导向定价法主要有流行水准定价法、竞争投标定价法和拍卖定价法。

1) 流行水准定价法

流行水准定价法，即企业以同行业企业的平均价格水平为基准定价。在竞争激烈的情况下，这是一种与同行和平共处，比较稳妥的定价方法。

2) 竞争投标定价法

竞争投标定价法是招标单位通过网络发布招标公告，由投标单位进行投标，而择优成交的一种定价方法。

对于招标单位来说，竞争投标定价法扩大了招标单位对投标单位的选择范围，从而使企业能在较大范围内以较优的价格选择优秀的投标单位。对于投标单位来说，竞争投标定价法不仅增加了投标的营销机会，而且使企业能获得较为公平的竞争环境，为企业的发展创造了良机。

竞争投标定价法的定价程序是：①招标。由买方发布招标公告，提出征求产品或劳务的具体条件，引导卖方参与竞争。②投标。卖方或承包者根据招标公告的内容和具体要求，结合自己的条件，考虑成本、利润和竞争者可能提出的报价，在买方规定的截止日期内，将自己愿意承担的价格密封提出。③开标。买方在规定期限内，积极认真地选标，全面认真地审查卖方提出的投标报价、技术力量、工作质量、生产经验、资本金情况、信誉高低等，以此为基础选择卖方或承包商，并到期开标。

3) 拍卖定价法

拍卖定价法是指拍卖行(或网站)受出售者的委托，在特定场所(或网站)公开叫卖，引导买方报价，利用买方竞争求购的心理，从中选择最高价格的一种定价方法。目前，许多拍卖行在网上进行有益的尝试，使拍卖定价法在网络营销中得到了较快的发展。

商品价格有广义和狭义之分。狭义的商品价格是指商品交易完成时一次付清的货币额；广义的商品价格除此之外还包括商品交易时的特殊条件，如价格优惠、分期付款、售后服务等促销措施。消费者获得优惠条件的可能性是商品价格水平的反映。市场上多数商品的需求具有分散性，目标顾客群的消费理念及消费心理呈多样性，因而，就某种商品而言，其定价就必须采用因地制宜的价格多模式策略。市场营销组合策略是企业一系列市场营销决策的核心决策，它包括产品、价格、渠道和促销四大要素。价格是其中最敏感的因素。网络营销定价策略应与市场营销组合策略的应用相结合。结合营销组合策略的多价格模式策略，给不同的消费者提供个性的价格服务，其目的为最大限度地扩大消费群。

本 章 小 结

价格是产品在营销中一个无法被替代的要素，它既影响企业的赢利水平，又是企业市场竞争中一个重要的手段。网络营销定价是一门科学，又是一门艺术。本章在分析网络营销定价的特点、目标以及应考虑的因素的基础上，提出互联网的出现改变了企业的定价策略。网络营销策略包括低价渗透性定价策略、个性化定制生产定价策略、使用定价策略、拍卖定价策略、声誉定价策略、差别定价策略、免费价格策略等。

网络营销定价受到多种因素的影响，所以首先应该弄清影响定价的相关因素。企业在选择定价方法时，首先要明确目标，这是企业要达到的定价目的，从属于企业的经营目标。要选择科学的定价方法，要注重定价策略的一个动态性，学会对定价艺术和定价技巧的灵活运用。

思 考 题

1. 影响网络营销定价的因素有哪些？
2. 何谓需求的价格弹性？
3. 实施低价渗透性定价策略需要注意哪些问题？试分析我国电子商务企业实施低价渗透性定价策略的可行性。
4. 什么是个性化定制生产定价策略？分别浏览两家实施个性化定制生产定价策略的网

站，分析各自在策略上有何特点。

5. 什么是免费价格策略？免费价格策略在互联网上流行的原因是什么？针对网上免费价格策略谈谈你的看法。

6. 网上销售的商品价格体验。浏览互联网，按要求回答下列问题。

(1) 分别举出几种网上销售的商品价格，并说明是哪种定价策略。

(2) 登录中拍网(www.a123.com.cn)，搜索近日在线拍卖信息，并观看在线拍卖会。

(3) 登录卓越亚马逊网(www.amazon.com)，了解它有哪些定价策略。请搜索某一品牌与规格的产品，了解其价格，然后再分别登录聪明点、易购网、亿赐客、一淘网、三脉网、盖帽网搜索同一品牌与规格型号的产品，比较各网上商店定价的高低。

案例分析题

30 岁出头的陈仲以 116 元竞拍一部二手帕萨特，拍卖公司否认，陈仲向法院起诉，请求法院判决赛洛公司继续履行合同，以维护其合法利益和网络交易的正常秩序。庭审中，被告又提出了反诉，要求法庭撤销原告与被告之间诉争的二手帕萨特汽车的交易。被告以工作人员失误为由反驳说此事非其真实意思表示。此案经过多次开庭，最终在法庭的主持下，双方达成了书面和解协议，同意撤销该电子买卖合同；由被告一次性补偿原告交通费、误工费等经济损失。

目前，网上的竞拍活动很多，如网上竞价、网上议价、网上竞标、网上争购等，其实质都是以股票竞价的形式拍卖。虽然我国《拍卖法》对拍卖的规则、程序、拍卖标的物等都有严格的规定，而网上竞拍目前仍无法可依。如果要求网站承担拍卖人的角色，对标的物认真审核，严格管理，以及要求其具备拍卖公司的资质等，显然要求过高。但倘若任其无序发展，势必混乱不堪，甚至影响和阻碍整个网络业的前进步伐。

分析：

针对上述内容，请站在拍卖公司角度分析如何改进网上拍卖流程。

第 10 章　互联网分销渠道策略

【学习目标】

- 了解互联网分销渠道的内涵,理解基于互联网的分销渠道与传统的分销渠道的区别。
- 理解互联网对企业分销模式的影响,了解网上直销的优劣势,掌握突破网上直销弱势的策略。
- 理解网络中间商与传统中间商的区别,了解网络中间商的类型并熟练掌握选择网络中间商的策略。
- 掌握网络分销渠道的设计和管理的原则与方法,能应用相应的方法策划互联网的分销渠道。

【引导案例】

SoLoMo 时代来临:全渠道战略成必然

SoLoMo 时代来临

现在,每个消费者在做出购买决定前总是或多或少咨询他们的好友和家人,他们都是 Social consumer(社交消费者);他们可以随时随地逛任何渠道和商圈的商店、附近的地面店、互联网商圈的网店或社交店,所以也是 Local consumer(本地消费者);还可随时随地掏出手机逛全球的任何移动商店,收集购物情报或直接下订单,自然也是 Mobile consumer(移动消费者)。这就意味着,每个消费者都将成为 SoLoMo 消费者。SoLoMo 消费者将引发三场伟大的零售战争:消费者的社交战、消费者的位置战和消费者的时间战。据统计,有 90%的网购行为不同程度地受到了社交网络的影响,社交网络对商品销售的影响力将会与日俱增。而 DecisionStep 的统计显示,有 72%的人会使用社交网络,几个朋友可能一起同时访问一个在线零售商的网店。社交网络、移动网络正加速从个人渗透到组织,它们是人类社会从工业社会、信息社会向互联网社会进化的核心基因组,使人类第一次可以实现大规模、有组织地"物以类聚、人以群分"。随着 SoLoMo 消费群的兴起,互联网不再是一个虚拟的世界,而是进化成为一条条充满消费者气息和声音的大街;PC 互联网、移动互联网和社交网络已经在一个蛮荒的数字星球上培育成为三个最有活力和最具商业价值的新商圈。

全渠道战略成必然

几年前兴起的多渠道零售、跨渠道营销,仍然是站在零售商自己的角度,消费者是割裂的,即使是同一个消费者,如果在同一个零售商的 3 个渠道,仍然可能被看成是 3 个顾客。今天,零售渠道需要从以零售商为中心的单渠道、多渠道、跨渠道向以消费者为中心的全渠道进化,全面覆盖消费者随时随地的购物需求,不管他此时此刻,他或她在地面实体店、官方网店、社区网店、移动商店，还是社交商店、myStore 微店。的确，Walmart 就曾提出 "One Customer, One Walmart" 的战略，就是要建立一个统一的 360 度的顾客视图。任何时刻，无论顾客在全渠道的实体店、网店，还是移动商店、社交商店或微店，只要是同一个顾客就能够获得一致性的购物体验、统一的积分和独一无二的营销。全渠道零售将成为企业连接本地消费群的新路径，它是零售业未来的希望。能否让消费者在不同渠道获得更爽、更一致性的购物体验的同时，又能无缝集成和高效整合后台的供应链，是所有零售商下一个 5 年的新课题。全球零售业正加速从渠道为王的时代迈向消费者王朝的时代，品牌商、零售商需要从以自己为中心的单渠道、多渠道或跨渠道思维彻底转向以消费者为中心的全渠道思维。全渠道零售将成为零售业的未来，零售商竞争的战略高地。

(资料来源：中国商界，2013 年 2 月 4 日)

10.1　互联网分销渠道

网络渠道：看上去很美

网络渠道看似没有门槛，却着实把很多企业挡在了门外。也有些企业就是迈进了一只脚，另一只脚却怎么也迈不进来。网络渠道本身不仅仅是"渠道"，更多的是与营销相结合。

2013 年 4 月 17 日，在中国鞋服行业电商峰会论坛上，安踏董事长丁志忠表示，将亲自挂帅负责安踏整体战略制定的同时主导电商业务，并会制定全新的电商定位。丁志忠坦言，3 年之前，安踏对电商更多的是观望："因为我们在全国有数千家线下店铺，为了避免价格体系混乱，在电商领域不够激进。现在看来，全新商业模式的增长根本挡不住，因此，今年集团会在电商领域制定全新的定位和战略。"丁志忠之所以一改"观望"态度，是因为在过去的 2012 年，安踏体育遭遇了自 2007 年上市以来的首次业绩下滑。在 2012 年，安踏存货增至 6.87 亿元，店面数量减少了 590 家，同时，其年报表示 2013 年将继续减少 475～575 家门店。不光是安踏如此，李宁公司的店铺数量，也由 2011 年的 8255 家减少到 2012 年的 6434 家，关闭 1821 家。匹克的零售网点也减少了 1323 家。此外，相关数据显示，2012 年，李宁、安踏、361°、特步和匹克这 5 家国内知名运动品牌库存总量达到 30.28 亿元。

丁志忠的电商主导，也是整个行业的折射。2013 年 4 月 7 日，李宁联合凡客诚品，在凡客官方网站上以最低 19 元的低价大量清理库存，在 19 元起的凌厉攻势下，18 小时后所涉产品售罄，比计划提前 30 个小时结束。然而，与其 9.19 亿元的库存相比，李宁的压力依旧很大。服装企业店铺凋敝与库存庞大的背后，是电商企业和网络零售的快速增长。2012 年，中国网络零售市场规模达到 13 205 亿元，同比增长 64.7%。电商企业如京东商城，2012 年销售额突破 600 亿元，与 2011 年的 210 亿元销售额相比，增长接近 200%。网络零售到了谁也挡不住的地步。正如马云所说的那样，在机关枪面前，什么少林拳、太极拳统统都没有了作用。网络零售就是这样的"机关枪"，横扫线下一切零售业态。然而，让无数传统企业困惑的是，纵然知道这是一挺机关枪，谁能做好"枪手"？网络渠道与线下渠道相同的是，铺货增加曝光度；不同的是，在线下渠道，是消费者走近产品，如商超、便利店等，无不依赖巨大的人流量来增强终端人群覆盖，而在网络渠道，是产品走近消费者，互联网浩瀚无边，淘宝网商品数以万计，何以让消费者看到企业的产品？唯有营销活动。这才到了网络渠道运营的核心环节。与线下渠道多用大众媒体如报纸、电视、户外广告不同的是，网络渠道营销需要精耕细作，网络媒体更加碎片化，缺少创意的营销以及缺少持续曝光的营销都难以奏效。这才是网络渠道最大的门槛。

(资料来源：企业观察家，2013 年 5 月 27 日)

10.1.1　分销渠道概述

今天互联网已经渗透到了我们生活的方方面面，改写了经济社会运行的部分规则，使得信息更加公开化，市场透明化程度更高，市场竞争也更加激烈。随着网络经济时代的到来，在企业经营管理模式的深刻变革中，企业的分销渠道变革与建设成为人们广泛关注和讨论的焦点议题。就渠道而言，市场环境的日新月异和市场的不断细化，使原有的渠道已不能适应市场的变化和厂家对市场占有率及市场覆盖率的要求。同时消费者的行为特征也发生了变化，他们的购买动机更趋于理性，方便、快捷、高性价比成为他们选购商品的判断依据。在激烈的市场竞争中，企业拥有的分销渠道网络及其发展成为获得竞争优势的关键资源。有研究表明，分销渠道创造的价值通常要占到商品和服务总价值的 15%～40%，这表明了通过变革分销渠道来创造新的价值空间和竞争力的潜力。

1. 传统分销渠道的概念

分销渠道通常是指商品流通渠道，即商品从生产者那里转移到消费者手里所经的通道，包括产品的销售途径与产品的运输和储存。对于传统的分销渠道，除了生产者和消费者外，很多情况下还有许多独立的中间商和代理中间商存在，如图 10-1 所示。

2. 互联网分销渠道的概念

互联网分销渠道是借助互联网将产品从生产者转移到消费者的中间环节，它一方面，要为消费者提供产品信息，方便消费者进行选择；另一方面，在消费者选择产品后要能完成一手交钱一手交货的交易手续，当然，交钱和交货不一定要同时进行。互联网分销渠道也可分为直接分销渠道和间接分销渠道。但与传统的营销渠道相比，网络营销渠道的结构要简单得多，如图 10-2 所示。

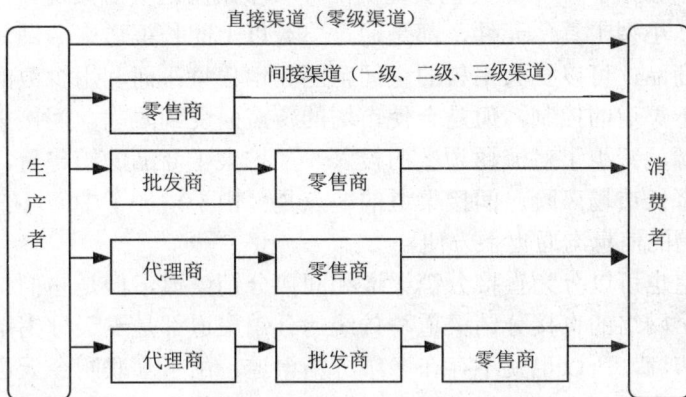

图 10-1　传统分销渠道的分类

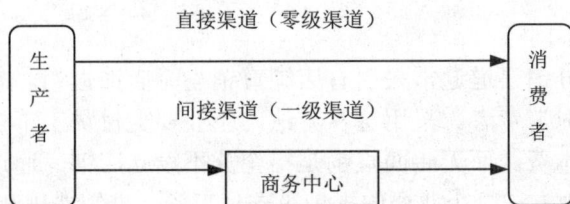

图 10-2　网络营销渠道的分类

3. 传统分销渠道与互联网分销渠道的区别

1)　两者的结构不同

传统分销渠道按照有无中间商分为：直接分销渠道与间接分销渠道。直接分销渠道是指由生产者直接把商品卖给用户的分销渠道。这里没有利用任何中间商，可以由生产厂家来承担分销渠道的全部功能，也可以由消费者或者用户来承担。直接分销渠道是生产者市场上商品销售的主要渠道。例如，在我国三峡工程建设中要用到的大型水电设备，都是通过国际招标，直接从生产厂家购买的。在消费者市场上，也有不少商品或企业采用了直接分销渠道。例如，雅芳公司的推销代表基本上是通过上门推销销售化妆品；佐丹奴则是通过自己的连锁店来销售自己生产的服装；北京的稻香村则是通过"前店后厂"来销售自己生产的食品。直接分销渠道的优点是：与用户和消费者直接接触能够及时、灵活地做出销售决策；防止假冒伪劣商品对企业声誉的影响；减少流通费用，提高市场竞争力。直接分销渠道的缺点是：厂家要有足够的资源涉足流通领域，否则会降低生产、分销规模；厂家要负担分销中的全部风险，有可能影响企业的资金周转。而所谓间接分销渠道，就是在厂家和消费者之间有中间商的介入，使商品销售要经过一个或者多个中间环节。按照中间商介入的数量，间接渠道有长短之分。直接渠道和一级渠道称为短渠道，对于价格较高的家用电器、PC、名牌服装、汽车和其他贵重商品，大多采用这类短渠道。而对于大多数日用品、食品、饮料、小型工具、元件，都是通过二级以上的长渠道来分销。利用多个中间商的宽渠道来分销商品，可以扩大销售的空间范围和销售量；而利用少数的中间商来分销商品的窄渠道有利于渠道的控制，但是会使市场的覆盖面受到限制。间接渠道的优点是：利用众多企业外资源，减少了对流通领域的投入，又扩大了商品的销售量，还能够借助中间商进行融资，并降低市场风险。间接渠道的缺点是：由于增加了中间环节，必然导致流通费用的增加，产销的信息沟通也不方便。

网络分销渠道也可以分为直接分销渠道和间接分销渠道，但是它们与传统的分销渠道相比要简单得多。网络的直接分销渠道与传统的分销渠道都是零级分销渠道。因为不存在多个批发商和零售商，所以也就不存在多级分销渠道。由于互联网今天已经渗透到了我们生活的方方面面，企业不得不重新审视自己原有的市场定位及渠道建设。正确地认识自身渠道的优劣势，结合自身特点对已有渠道进行结构调整，尝试和探索新渠道，是摆在众多企业面前的重要任务。

2）两者的费用不同

首先，传统直接分销渠道通常采用有店铺直销与无店铺直销。有店铺直销是指企业通过店面或专柜直接面对消费者。采用这种方法，企业要支付员工工资、店面租赁费、装潢费以及相应的库存成本费。而无店面直销是指企业不设立店铺，通过向用户派出推销员直接销售产品。采用这种方法，企业要向推销员支付工资、推销费用和商品流通成本。其次，传统间接分销渠道中企业的产品大多数要经过批发商、分销商等多个中间渠道才能流转到顾客手中。这一过程在整个商务活动中形成了一个价值链，共同分享了商务活动中的利润。中间渠道越多，费用就越高，分享到的利润就越少，加上企业每年大量的广告投入和各种促销活动的费用，所以高昂的产品成本使企业丧失了竞争力。

与传统分销渠道相比，网络直接分销渠道运用了功能强大的互联网，极大地减少了人员和场地等费用，企业只需支付网络管理员的工资和较低的上网费即可。即使是网络间接分销渠道，由于只包含一级分销商，也大大降低了商品的流通成本。另外，互联网的双向信息传播功能，也为企业减少了广告宣传费用。随着互联网的发展及其在商业上的应用，传统营销中间商凭借的地缘优势受到了威胁，互联网的虚拟性和高效率，冲击着传统分销的既有格局，并将复杂的分销关系和结构简化。它不仅能使用户和消费者及时地、快捷地获得所需要的商品，而且使传统中间商的职能也发生了质的变化，即由过去不可或缺的中间环节变成为直销渠道提供服务的中介机构，如提供货物运输的第三方物流公司、提供货款结算的网上银行，以及提供产品信息发布和网站建设的 ISP 和电子商务服务商。这种现代化的交易模式是对千百年来传统交易模式的一次根本性的变革，是一次类似 200 年前的产业革命，它对整个生产力的推动作用会越来越凸显出来。

3）两者的作用不同

传统的分销渠道，通过独立的分销商和代理商完成商品所有权的转移，其作用是单一的，它只是把商品从生产者向消费者转移的通道。从广告等媒体中获得商品和服务信息的消费者，通过直接或者间接的分销买到自己所需要的商品，这种分销渠道得以运行，一则依赖于大量的广告促销费用，二则靠的是产品本身。这种比较被动的"推的"分销模式，需要极大的推广费用和人员推销成本，由此必然抬高商品价格。而买方市场的微利时代，在客户和消费者越来越注重价格的市场环境下，必然失去竞争优势。难怪全球零售业巨头沃尔玛为了念好其得以起家的"天天平价"的真经，也率先通过网络分销来抢占未来网络市场的制高点。

　　网络营销渠道的作用是多方面的。第一，网络营销渠道提供了双向信息传播模式。一方面，企业借助网络的视频、音频、文字的传播功能为网络用户提供企业概况、产品种类、规格、型号、质量、价格、使用条件等有针对性的产品资料信息，帮助消费者进行购买决策；另一方面，消费者能够通过网络渠道快速、准确了解商品，以及直接向厂家订货。两者的信息交流更加及时、高效。第二，网络分销渠道是销售产品、提供服务的快捷通道。用户可以在网上直接挑选自己所需要的商品，并通过网络方便地支付货款，这比传统渠道在获得商品所有权方面更加快捷方便。而网络渠道的在线支付功能也加快了资金的流通速度，使渠道的效率大大提高。第三，网络营销渠道是企业进行交易及相关业务活动的理想场所。基于互联网的在线服务是企业向客户提供咨询、技术培训和进行网络教育的平台，对树立企业的网络形象起着非常重要的作用。因此一个企业网络营销活动的开展与否以及开展的程度，不仅仅是衡量一个企业信息化程度的标志，更重要的是能够给企业带来实实在在的好处。

10.1.2　互联网带来企业分销模式的深刻变革

实体行业纷纷触电抢商机

　　在电子时代成长起来的 80 后和 90 后，对网络的依赖性较强，他们正是电商们觊觎的巨大消费群体。近年来，我国酒业、快递、服装、家居、手机制造等众多行业已触电上网，希望能在快速膨胀的网络销售市场中分得一块蛋糕。日前，国内规模最大的酒类电商网站酒仙网南下布局，面积 1 万平方米的广东分仓投入运营，这是迄今为止广东乃至华南地区最大的酒类运转仓之一。酒类电商业务的爆炸式发展令其影响力与日俱增，河南杜康和酒仙网达成首例排他性合作，更表明电商平台已成酒商必争之地，并正在成为改写酒业销售格局的重要推手。顺丰旗下电商网站"顺丰优选"于 2012 年 6 月 1 日正式上线，该网站专注于高端视屏，服务面向中高端客户群。同时顺丰旗下还拥有高端电商平台"尊礼会"。服装是网购第一大商品品类，占网购市场规模比例四分之一强，服装销售的火爆也吸引大量企业涉足电商。在细分品类中，女装是交易量最大、销售额最高的品类，男装网购市场呈高速扩张之势，童装和户外产品市场空间不断扩大，国内知名家纺品牌纷纷进入网购市场，增长势头不可小觑。B2C 成为目前服装品牌触网电商市场的首选方向，主要有平台模式、垂直模式、自建模式。平台模式是指服装品牌进驻第三方平台，如传统品牌七匹狼和九牧王、淘品牌韩都衣舍等借助淘宝商城、1号店等流量较大的平台建立官方旗舰店。垂直模式是指服装垂直电商企业，如凡客诚品、梦芭莎等，平台即是自有品牌，为扩展流量前期多靠大量广告营销"砸"出销售额，提升品牌影响力。自建模式是指传统品牌开展线上直营业务，如邦购网、罗莱 LOVO、鲁泰在线等，网站推广和维护成本较高，这种模式在国外发展较为成熟，但在国内尚处于探索和磨合阶段。集美家居与新浪"家居"就电子商城共同打造的集美·新浪家居体验馆也正式开业。自 2011 年下半年以来，依靠运营商起家的"中华酷联"等厂商手机利润明显下滑。主流机型价格不断下跌，配置要求却大幅提高。同时面临三星等洋品牌相继进入低端市场的竞争压力，国产手机厂商盈利空间受到很大挤压。受此影响，各家手机厂商自 2012 年 5 月以来纷纷采取应对策略。如深圳手机厂商宇龙酷派与京东商城达成合作，尝试在运营商之外开辟第二渠道，以缓解价格战对其长远发展的不利影响。

(资料来源：国际商报，2012 年 5 月 23 日)

网络经济是以互联网的发展和广泛应用为核心的经济。互联网对传统企业分销模式的深刻影响表现在以下方面。

1. 改变了传统的分销渠道结构

互联网将过去诸多环节的传统分销渠道转化为电子化的互动高效的渠道系统，在网络渠道中，形成了两种渠道类型：一是网络直接销售渠道，传统中间商的职能，由过去环节的中间力量变成为直接渠道提供服务的中介机构，生产者和消费者能直接连接和沟通；二是网络间接销售渠道，传统中间商由于融合了互联网技术，大大提高了交易效率、专门化程度和规模经济水平。

2. 改变了中间商的性质和功能

在网络间接渠道中，电子中间商的崛起改变了中间商的性质和功能：在互联网信息技术发展下，传统直销的直接交易成本比通过电子中间商达成交易的成本高，因此电子中间商是对传统直销的替代，是中间商职能和功效在新领域的发展和延伸；电子中间商作为一个独立主体，不直接参加交易活动，但提供媒介和场所，提供和传递信息，高效促成生产者和消费者的具体交易的实现，具体的物质、资金交换等实体交易活动则由生产者和消费者直接进行；电子中间商主要进行信息交换，是虚拟交换，可以替代部分不必要的实体交换。

3. 降低分销成本

(1) 利用网上直销可降低销售交易费用。 互联网的信息交换可以跨越时间和空间限制，以低廉费用实现任何地点、任何时间的一对一交流。企业借助网上订货系统，可以自如地组织生产和配送产品。

(2) 利用网上促销的高效性降低促销费用。互联网作为第四类媒体，具有传统媒介无法具有的交互性和多媒体特性，实现实时传送声音、图像和文字信息，同时可以直接为信息发布方和接收方架设沟通的桥梁。

(3) 降低销售管理费用。通过网络信息技术实现各环节的自动化管理和运行，减少了人员需求和各项支出。

4. 提高分销效率

网络分销可以大大减少过去传统分销渠道中的流通环节，提高分销运行效率。对于网上直接销售渠道，生产者可以根据顾客的订单按需生产，实现零库存管理。对于网上间接销售渠道，通过信息化的网络营销中间商，如 ShopEx 分销王(见图 10-3)和 Hishop 易分销(见图 10-4)等来完成信息化建设；生产商可以进一步扩大规模，实现更大规模经济，提高专业化水平；通过与生产者的网络链接，网上营销中间商可以提高信息透明度，最大限度控制库存，实现高效的物流运转。

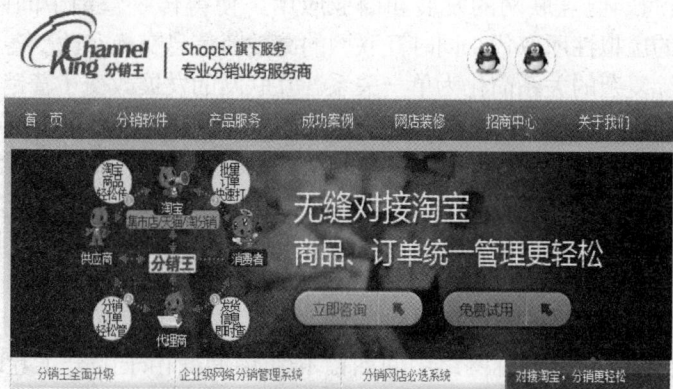

图 10-3　ShopEx 分销软件网站截图

图 10-4　Hishop 分销软件网站截图

5. 形成高效的订货、配送与结算系统

(1) 订货系统。实现网上自动订货、订单自动接收和处理以及信息的实时沟通与传递。

(2) 结算系统。实现网上直接付款，直接传递信用卡、银行账号信息等，避免了大量的时间耗费，极大地方便了用户。

(3) 配送系统。无形产品如服务、软件、音乐等产品可以直接通过网络进行配送。对有形产品的配送，由专业物流配送机构提供的物流服务能使企业顺利通过网上分销的"瓶颈"。专业物流配送机构建有完善健全的物流配送网络体系，网络上点与点之间的物流配送活动保持系统性和一致性，可以保证整个物流配送网络具有最优的库存总水平及库存分布，运输与配送快捷、灵活。

10.1.3　互联网分销模式的分类

在传统分销渠道中，中间商是重要的组成部分。中间商之所以在分销渠道中占有重要地位，是因为利用中间商能够在广泛提供产品和进入目标市场方面发挥最高的效率。营销中间商凭借其业务往来关系、经验、专业化和规模经营，提供给公司的利润通常高于自营商店所能获取的利润。但互联网的发展和商业应用，使得传统营销中间商凭借地缘原因获取的优势被互联网的虚拟性所取代，同时互联网的高效率信息交换，改变着过去传统营销渠道的诸多环节，将错综复杂的关系简化为单一关系。互联网的发展改变了营销渠道的结构。

利用互联网的信息交互特点，网上直销市场得到了大力发展。网络营销渠道可以分为两大类：一类是通过互联网实现的从生产者到消费(使用)者的网络直接营销渠道(简称网上直销)。这时传统中间商的职能发生了改变，由过去环节的中间力量变成为直销渠道提供服务的中介机构，如提供货物运输配送服务的专业配送公司、提供货款网上结算服务的网上银行，以及提供产品信息发布和网站建设的 ISP 和电子商务服务商。网上直销渠道的建立，使得生产者和最终消费者直接连接和沟通。另一类，是通过融入互联网技术后的中间商机构提供的网络间接营销渠道(简称网络中间商)。传统中间商由于融合了互联网技术，大大提高了中间商的交易效率、专门化程度和规模经济效益。未来电商领域赚钱不单单是卖产品，更大的蛋糕来源于线上的招商加盟。而线上招商加盟为大众熟知的是天猫分销平台，其基本运营如图 10-5 所示。

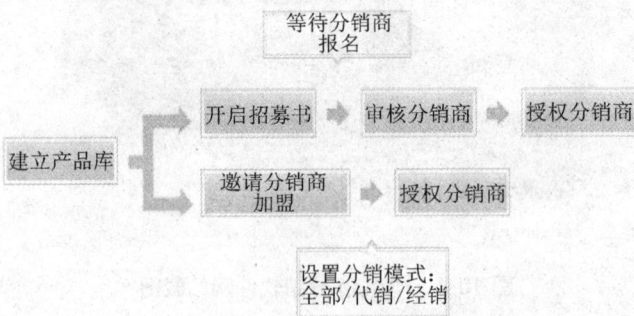

图 10-5　天猫商城分销渠道搭建模式

10.2 网上直销

陈年：VANCL 决胜在电子商务时代的服装直销

作为卓越网曾经的"灵魂人物"执行副总裁陈年，于 2005 年 4 月离职后，已经悄然开始了他在互联网领域的第一次个人创业，方向却从拿手的网上商城转战到了网络游戏。2007年春节后的一天，陈年偶然听朋友提到 PPG 的故事。"听完后，我就对 PPG 的这种模式很有兴趣。回家后就一直在想这个领域的市场，我分析出 PPG 的模式很好，但他们依然用着传统销售的模式，我看到了机会！"VANCL 总裁陈年告诉《中国新时代》。此时的陈年已经沉寂了一年多的时间，发现 PPG 后的陈年又难以抵挡创业的诱惑。陈年迅速找到老朋友原金山总裁雷军，和雷军说完自己的想法后，雷军说："只要你能特别投入地来做这个事情，资金的问题我来解决。"陈年与雷军在第一时间达成共识。2007 年 11 月 12 日，陈年重返 B2C 市场，以类似 PPG 服装直销的模式创办了 Vancl.com，经营男装品牌 VANCL。VANCL 的运营属于凡客诚品(北京)科技有限公司，主体运作者均是原卓越网骨干班子。在该基础上，公司还补充了一批在传统服装业与品牌营销领域有经验的人才。Vancl.com 于 10月 18 号开始试运营，初期在平面媒体上做了少量宣传，销售表现远远超过了当初的预期。"做了不到一个月，现在公司运转顺畅，就是人手有点忙不过来，这说明传统服装与消费品市场的销售空间比我们过去想象的要大得多。"对于进入服装领域，陈年说："我在卓越做了很久的 B2C，离开后自己会有一个锁定期和调整期。调整之后还是想回网络销售领域，从服装入手可以说是个人兴趣的原因。"在陈年看来，首先自己就是一个消费者，这样就能认真思考用户的需求。针对"多数是比较大牌子的衬衫太贵"的感觉，陈年认为自己完全也可以和大品牌一样做得那么好，因为这些大牌的加工全在中国，但 VANCL 的价格，因为有互联网这样的新渠道，同样的品质，就只有不到那些大牌 1/5 的价格甚至更低。"现在来看，服装直销模式非常强，用户也在持续增长中，正处于良性循环与高速发展阶段，我是越做越有信心。消费阶层的存在使得我们得以有发展空间，如果倒退 5 年，这样的模式发展根本不可能会成功。"

(资料来源：阚世华. 中国新时代.)

10.2.1 网上直销的概念

网络直销是指生产厂家借助联机网络、计算机通信和数字交互式媒体且不通过其他中间商，将网络技术的特点和直销的优势巧妙地结合起来进行商品销售，直接实现营销目标的一系列市场行为。目前开展网络直销的做法通常有两种：一种做法是企业在互联网上建立自己的站点，申请域名，制作主页和销售网页，由网络管理员专门处理有关产品的销售事务；另一种做法是委托信息服务商在其网点发布信息，企业利用有关信息与客户联系，直接销售产品。

网上直销与传统直接分销渠道一样，都是没有营销中间商。网上直销渠道一样也要具有传统营销渠道中的订货功能、支付功能和配送功能。网上直销与传统直接分销渠道不同的是，生产企业可以通过建设网络营销站点，让顾客直接从网站订货。通过与一些电子商务服务机构如网上银行合作，在网上直接提供支付结算功能，简化了过去资金流转的问题。对于配送方面，网上直销渠道可以利用互联网技术来构造有效的物流系统，也可以通过互联网与一些专业物流公司进行合作，建立有效的物流体系。

10.2.2　网上直销的优势

1. 服务的便捷性

顾客可以直接在网上订货、付款，等着送货上门，这一切大大方便了顾客。生产者通过网络直销渠道为客户提供售后服务和技术支持，特别是对于一些技术性比较强的行业如IT 业，提供网上远程技术支持和培训服务，在方便顾客的同时，也使生产者降低了为顾客服务的成本。网上直销使生产者能够直接接触消费者，获得第一手资料，从而开展有效的营销活动。

2. 渠道的高效性

网络直销大大减少了过去传统分销中的流通环节，免除了支付给中间商的费用，有效地降低了成本。生产者可以根据顾客的订单按需生产，实现零库存管理。同时网上直销还可以减少过去依靠推销员上门推销的昂贵的销售费用，最大限度地控制营销成本。网络直销减少了流通环节，给买卖双方都节约了费用，产生了经济效益。

3. 人机互动性和信息的可反馈性

网络直销能满足当前企业与消费者的交流水平方面的不足，借助于网络，厂家在网上发布有关产品的信息，使用 E-mail 等工具，及时实现与顾客一对一的互动交流。企业还可以很容易地获得快速、便宜、易加工的反馈信息，跟踪消费者的需求及其变化情况，根据他们的要求安排生产和销售，避免了传统企业在接到订单之前就已经完成了产品制造的盲目性，使企业能应对消费者较高的可选择性。利用互联网的交互特性，网络直销使过去的单向信息沟通变成双向直接信息沟通，增强了生产者与消费者的直接连接，帮助企业及时了解用户对产品的需求和意见，从而针对这些要求向顾客提供技术服务，解决难题，提高产品的质量，改善企业的经营管理。

10.2.3　网上直销的弱势

网上直销固然有它的优势，但其可能引发的与传统营销渠道的冲突以及由此凸显供应链管理中的薄弱环节是制约网上直销做大做强的"瓶颈"。

1. 网络直销与中间商的冲突

在传统营销渠道中，中间商是重要的组成部分，因为利用中间商能够在广泛提供产品和进入目标市场方面发挥最高的效率。网上直销渠道的建立，使得生产商和最终消费者能直接连接和沟通，传统中间商的职能发生了改变，由过去环节的中间力量变成直销渠道提供服务的中介机构，如提供货物运输配送服务的专业配送公司、提供货款网上结算服务的网上银行，以及提供产品信息发布和网站建设的 ISP 和电子商务服务商，使得传统营销中间商凭借地缘原因获取的优势被互联网的虚拟性所取代。同时互联网高效率的信息交换，改变着过去传统营销渠道的诸多环节，将错综复杂的关系简化为单一关系。通过网络直销，生产商把他们的产品直接送到顾客的手上，交易费用也降低了，利润大幅增加。消费者感觉能控制销售环境，生产商也由于能够同最终用户直接接触而可以更有效地安排未来的营销活动。这种销售方式把传统的零售商甩在了圈外。对生产商而言，零售商的支持是不可缺少的，它需要找到一条新路，既贴近消费者又不必疏远现有的销售渠道。德国有关专家的研究指出，大的零售商确实担心互联网的存在和其中间地位的丧失。但另外，他们也具备供应商所不具备的优势，他们知道如何向消费者推销。他们有信誉和经验的优势，他们经营的产品范围还很广，生产商即便在互联网上为自己的产品建立一个网上商店，也并不能向消费者提供一种完善的购物环境。因此，生产商只能以低调的方式创建网络商务，或者只在网站上销售一部分产品。据说，在五年内互联网网站业务量可能被 30 家或 40 家公司占据，生产商想通过网络直销获利，就必须具备一个内容充实、实力强大的网站来吸引消费者。

2. 实施供应链管理中的困境

采用网络直销的企业实施供应链管理是企业间竞争必然的选择。但目前该类企业在实施供应链管理时还存在很多阻碍，主要表现为：①信息化普及程度不够。在供应链管理过程中，一般会使用条形码技术、数据库技术、电子订货系统、射频技术和电子数据交换、全球定位系统等信息技术手段，因为这将是推进供应链系统信息共享的关键和提高供应链绩效的根本。但是目前的信息化条件还远远不能满足供应链管理中信息技术使用的要求。②横向一体化与网络化实现困难。横向一体化，即利用企业外部资源快速响应市场需求。它形成了一条从供应商到制造商再到分销商的贯穿所有企业的"链"，这就是供应链。这条链上的节点企业必须达到同步、协调运行，才有可能使链上的所有企业都受益。但是目前"链"脱节现象严重。比如网络直销中，消费者与销售部门、销售部门与生产部门之间的联络大多通过电子邮件手段，直邮的反馈率并不高。研究表明，电子邮件的平均回复率只有 36.83%。这必然导致响应及时性的降低。③物流系统化、专业化欠缺。在供应链管理实施过程中，物流的经营绩效直接决定整体交易的完成和服务的水准，尤其是物流信息对企业及时掌握市场需求和商品的流动具有举足轻重的作用。但是，当前大多物流只是作为商务活动的辅助职能而存在，其本身并未受到关注，业务管理也往往分散进行，没有总体统一的协调和控制。④服务个性化有待加强。在网络直销模式下，企业突破了时空的界限，生产过程和消费过程达到了和谐统一，使得企业的供应链更加简洁、高效、开放和灵活，提供更完美的个性化服务。但是很多网络直销企业要做到个性化服务还有很长的路要走。⑤信息共享性与管理高效性亟待改进。网络直销要求整个交易过程实现电子化、数字化、网络化。信息流、资金流、物流之间的动态联系，是实现供应链管理的前提和基础。但当前我国正处于电子商务的初级阶段，很难达到以上的要求。另外，顾客对产品可信度问题也不可忽视。在网络直销中，顾客与商家不直接接触，顾客往往会产生一种不真实或不信任的心理，这种心理的存在会阻止其主动购买的动机。

10.2.4　网上直销成功的策略

1. 策略一：力争与中间商双赢

电子商务的发展最终由消费者对便利和专业化服务的需求所驱动，因此生产商和销售商只有共同努力才能实现共同的目标。①赋予零售商新的角色。生产商在最前端，零售商在后端，顾客在网站上研究、比较、下订单然后去零售商那里履行交款取货并接受服务。零售商也可以销售附加产品、补充部件和最适合在商店购买的产品。这样不仅不会完全抛开零售商，还可以发挥他们的优势并降低他们的库存成本。②与零售商合伙创建全新的中介方式。现今的零售商是各行业的专家，他们提供的产品来源于不同生产商和销售商。生产商与零售商合作发展并经营一家共同的商店可以向顾客提供更完善的购物环境，从而产生更高的收益和利润率。这为利用零售商的品牌创造网络流量提供了机会。③在网上提供比在商店里更多的产品。生产商可以让零售商销售那些需要实际感受的产品(如试用、试驾驶等)，而在自己的网站上提供其他的产品，甚至是二类或断代产品，尝试销售这些不会发生退货的"其他产品"。另一个使网站与众不同的办法是按价目单销售全部产品，让零售商领头提供打折。④对销售商进行奖励。生产商可以在销售商的网站上做自己的网站广告，如果有点击进入并实现成交，则向他们支付一定比例的利润。这样可以向他们提供奖金以支持自己的网站，并利用他们的知名度创造网站的浏览量。

2. 策略二：开发出集成化的供应链管理模式

供应链管理必须与战略伙伴同步。供应链管理应向着同步供应链管理的方向发展。实现同步供应链的收益切入点则体现在执行紧缩策略、实施联合计划和选择正确的供应链等方面。执行紧缩策略就是通过公司内部和公司之间的延伸，尽量减少不必要的中间环节，使链上的每一个企业都实现共赢。

建立"多对多"交易网络服务平台，实现交易活动的电子化。作为整个链条中的一环，企业的业务交易活动将涉及上游供应商和下游客户。从一家特定的企业角度来说，业务交易活动是一个"一对多"的网络。但对于整个行业来说，业务交易活动则是一个典型的"多对多"网络，并且只有通过一个"多对多"的交易网络，才能够提高整个行业的交易效率。建立"多对多"交易网络服务平台，首先必须实现众多买卖双方的网络互联，其次必须实现各企业商品订单格式的互相转换，以及各企业间个性化商品编码的转换等。同时，在建立"多对多"交易网络服务平台时，可以采用依靠基于互联网的第三方供应链管理平台提供商提供服务的形式为企业实现低成本的交易电子化。

简化业务流程，处理好供应链管理与品牌经营之间的关系。大规模定制在提高服务质量的同时，简化了整个需求判断的过程，并且使大家认识到只有提供那些能够反映顾客特定需求的产品才是最好的服务。在传统的生产模式下，制造商对顾客的需求往往缺乏真正的了解，而品牌经营的目的就是试图通过形象来弥补这个缺陷。大规模定制能够充分了解、捕捉与满足顾客的真正需求，因为它是根据顾客的实际选择，按订单制造、交货的，没有生产效率的损失，且实现了一对一的直接联系。

注重最终用户，建立一种消费者提供动力的需求链。需求链管理强调向平台提供消费者实际所需要的产品，它通过收集和分析有关客户的问题和最终需求，确定合作伙伴来履行需求链中的各项功能；将有关功能性任务交给渠道成员来做，达到高效的目的；将有关消费者和客户的信息、技术和后勤管理以及机会的信息与链中的其他成员分享，以合理的方式向消费者提供产品和服务。

10.2.5　网上直销策划实践

1. 珠宝行业

网络直销的出现，打破了珠宝传统行业固有的价格体系，加快了产品价格亲民化的步伐。其代表就是蓝色尼罗河(Blue Nile)，它的背景有些薄弱：1999 年成立，没有一家专卖店，只依靠网站 www.bluenile.com 进行销售。但是简洁并不意味着弱势，它在 2004 年的销售总额一举超越了 Bvlgari、Carrier 和 Tiffany&Co 三大著名品牌的销售总和，在钻戒的销售排行上紧追 Tiffany&Co，并于 2004 年成功地在 Nasdaq 上市，2007 年第三季度的净销售额比 2006 年同期增长了 26.5%，达到 6740 万美元。蓝色尼罗河成功的秘诀在于：其一，它的定位清晰明确，针对的是那些想购买钻石婚戒的男性；其二，与优质供应商建立了良好的合作关系，能够以更优惠的价格拿到同样优质的钻石，而钻石商们愿意把他们的裸钻通过蓝色尼罗河的网站独家销售。

2. PC 机行业

一提到网络直销，人们就会想到戴尔，一提到戴尔，人们就想到网络直销，无疑大多数人已经把网络直销模式等同于戴尔模式。"戴尔模式"习惯上被称为"直销模式"，在美国一般被称为"直接商业模式"(Direct Business Model)。戴尔所称的"直销模式"实际上是简化、消灭中间商。戴尔电脑公司从 1984 年成立之初，就取消了公司和消费者之间的中间商，采用直销模式进行产品的销售，并且根据消费者的要求组装和销售电脑。传统庞大的销售网络在方便用户的同时，也为 PC 厂商带来了成本的压力。在市场需求的推动下，再加上戴尔在网络直销方面所获得巨大成功的启示，中国互联网在加速普及步伐，网络直销不仅成为主流消费趋势，也是渠道成本控制的最佳选择。在戴尔、华硕、惠普相继在淘宝网开设旗舰店后，三星、海尔、联想也纷纷加入这一渠道行列。在目前已知的几个主流 PC 大厂的带动下，网络直销已经吹响了竞争的号角，ACER、SONY、东芝、苹果等品牌大厂也不会就此落后，而同方、方正、神舟等国内一线和二线品牌也会展开追击，在方便消费者购买的同时，PC 厂商在淘宝网的旗舰店也增加了更多超值的产品。

3. 服装行业

PPG 开创了服装行业网络直销的先河。批批吉服饰(上海)有限公司(简称"PPG")成立于 2005 年 10 月，以男式系列服装为核心产品，通过将现代电子商务模式与传统零售业进行创新性融合，以现代化网络平台和呼叫中心为服务核心，以先进的直销营销理念，配合卓越的供应链管理方式及高效完善的配送系统，为消费者提供高品质的服装产品与服务保障。PPG 完全可以看作是"Nike+Dell 的模式"，既学习了耐克的"不设工厂、自主设计、自有品牌"的经营模式，又模仿了戴尔"广告、目录、网站和呼叫中心"的直销模式。PPG 模式是"戴尔式生产"和"利丰式销售"两种模式的结合。具体来说，这种模式是依托网站，既无自己的加工工厂，又无自己的门店销售的在线直销模式。在众多行业中，服装业的电子商务成交量是排在前三位的，可以说服装业的网络直销市场前景异常美好。然而，相对于部分欧美国家服装零售领域超过 20%的市场份额属于网络直销的现状，我国服装业网络直销市场的发展空间仍然非常巨大。因此，无论是拥有庞大传统服装营销渠道的大型企业，还是仍处于起步成长阶段的服装品牌商，网络直销都是一个市场前景广阔、充满机遇的发展领域。

4. 汽车行业

开展汽车网络直销有三种主要方式：直销企业建立网站、直接网络派送和电子直邮营销。早在 1996 年，丰田便已经开发了网络订购的营销模式，并大获成功。2000 年 6 月，加拿大(卡罗尔·塞奇)Carole Sage 女士通过福特公司加拿大 Buyer Connection 网站在线定制了一辆她所需要的福特稳达轿车。这被称为世界第一例的汽车网络直销，并且是世界上最完全意义上的一例在线购车。2000 年，通用汽车巴西公司通装厂与遍布全国的 470 个经销商连在一起，并成功地通过网络销售了 56%的新款雪佛莱 Delta 汽车。2000 年 8 月 1 日，我国成都一家名为蚂蚁的搬运公司通过驿卡网站成功地购买了两辆跃进 NJ1030DAL(小老虎)汽车，成为中国首例网上购车用户。

5. 其他应用行业

除了上述行业之外，其他的一些行业也纷纷启用网络直销模式。比如，保险行业中的 Progressive、State Farm，中国保险信息网；酒店行业中的万豪、希尔顿；家电行业中的国美、苏宁、永乐；航空业中的日航(JAL)网、阿拉斯加航空网等。

小资料：

选择正确的供应链应充分考虑供应链运行的灵活性、物流服务总体水平的提高程度、与消费者的关系、资源的优化程度等方面。实现联合计划要求企业通过供应链共享生产、销售、市场和流程信息，以提高商品的快速流动。

10.3　网络中间商

百度微购：搅局电商？

2012 年 4 月 1 日，百度便已悄然上线电商类产品"微购"，和此前百度失败的电商产品百度有啊相比，百度微购并不是一个通过自建平台构建电商体系的产品，微购并没有离开百度最擅长的搜索框，而是通过关键词精确匹配的方式在搜索结果页内嵌购物页面，并已经与京东、当当、1 号店等国内知名 B2C 商城建立合作关系。时值端午佳节，通过百度搜索粽子你会发现，一个简洁的商品图文展示框出现在面前，三款商品来自当当网，一款来自 1 号店，用户只需填写手机号码、收货地址等信息便可完成网购。不得不说这确实是一个创新，这是否是百度再度大举进军电商领域的一个信号？百度微购的呈现，确实令人面前一亮，最起码，这种模式一旦成功，对用户来说，无疑是相当便捷的。关于百度微购，互联网业内也不乏各类概念和猜想，总结如下。

百度再度发力电商，可否成功？

此前百度在效仿阿里，自建电商平台的情势，但需要做的有很多，终极都封闭了。此次百度微购，开端走简便、快捷的小而美路线，经由过程百度最善于的体式格式——卖流量，来与各家电商合作，将流量分发给各家电商，百度作为中心商，将物流、配送等交给各大电商平台，既让流量有了用武之地，又避开了本身不善于的范畴。

百度是否能通过微购建立电商联盟

当年战国七雄合纵连横最终失败了，如果真的联合起来，也许真的能撼动秦的天下。如今，京东、苏宁、当当几家 B2C 平台打得火热，但基本都无法撼动阿里的电商地位。我们都知道目前京东、苏宁、当当等几家 B2C 巨头的主要流量还是来自于淘宝搜索。如果百度能够通过流量入口将几家电商巨头联合起来，起到合纵连横的效果，也许真的能给阿里带来巨大的威胁。

影响淘宝卖家"出淘"更需要培养网购习惯

淘宝屏蔽百度搜索多年,但来自百度的网购搜索量还是很大的。如果百度微购进一步面向垂直 B2C 网站开放,肯定会有更多的淘宝、天猫商家选择入驻微购。"出淘"的口号,很多卖家也喊了很久,但一直迟迟未动,之所以未动,还是因为没有找到淘宝以外能够获取流量赚钱的更好方式。微购现在看来可能是一个不错的选择,但阿里所培育出来的网购习惯,也并非一日就能改变,虽然百度搜索流量巨大,但网购习惯,阿里系淘宝、天猫的认知度,将成为百度微购发展的一大障碍。

给电商带来更多的潜在用户,是否能提高重复购买率

来自百度搜索的网购流量,有一大部分来自初级网民,他们也许更喜欢简单、便捷的网购方式,百度微购也许正是为此而打造的。这对于电商来说是一个巨大的吸引力,国内有 5 亿网民,这其中潜在的网购需求是无限的。百度搜索作为最大的上网入口,又是初级网民力量的最大来源,定位精准关键词,为初级网民提供便捷的网购方式,给电商带来更多潜在用户。但这类流量的重复购买率相比淘宝培养的用户黏性就远远不够了,能提高重复购买率,是百度面临的一大难题。

降低电商营销成本将是一个巨大的吸引力

无论是卖家"出淘",还是各大垂直 B2C 入住,最看重的还是营销成本的降低,来自百度的巨大流量大大节约了电商的营销成本,让电商能够将资金流更多的用于物流和售后服务的完善。而且各类精准关键词的搜索流量,也能将更多的产品和网站展示给用户。相比淘宝目前的商品数量和展示率比例的拉大以及直通车推广成本的提高,微购也呈现出一种优势。

整合百度联盟,是否是中小网站的一个机会

百度联盟,一直是中小网站获取流量分成的重要平台。如果百度微购能够整合百度联盟的数据资源,定位更多的长尾关键词,将给中小垂直 B2C 网站带来新的机会。相比较百度竞价,流量的转化率也会更高。估计未来微购也会跟更多的站长和联盟进行流量合作,能否成为一个新的分成模式,就看微购的发展了。

(资料来源: http://www.100ec.cn,2013 年 6 月 13 日)

10.3.1 网络中间商的概念

中间商是指在制造商与消费者之间"专门媒介商品交换"的经济组织或个人。网络中间商就是基于网络的提供信息服务中介功能的新型中间商。

网络间接分销是指生产者通过融入互联网后的中间机构把商品销售给最终用户。这种方式一般适合于小批量商品和生活资料的销售。网络间接分销克服了网络直销的缺点,使网络商品交易中介机构成为网络时代连接买卖双方的纽带。网络中介机构之所以存在是因为:首先,网络中介机构简化了市场交易流程。网络上的海量信息为商家和消费者提供机会的同时，也为人们对信息的选择和比较带来了难度，如果有中介机构的作用，那么企业只需与之发生关系即可。其次，网络中介机构有利于为买卖双方创造价值。网络中介机构以最经济的分销渠道，通过计算机自动撮合的功能，组织商品的批量订货，满足了生产者对规模经济的要求，提高了交易的成功率，确保了双方的利益。最后，网络中介机构便利了买卖双方的信息收集。消费者或者生产者只要进入一个中介机构的网站，就可以如愿以偿，从而大大简化了交易过程，加快了交易速度。中国商品交易中心、商务商品交易中心就是这类中介机构。虽然网络中介机构在发展过程中还存在着问题，但是其在未来虚拟网络市场中的作用是其他机构难以替代的。

10.3.2　网络中间商与传统中间商的区别

网络中间商与传统中间商的区别表现在以下方面：第一，存在前提不同。传统中间商存在是因为生产者和消费者直接达成交易的成本较高；而电子中间商是对传统直销的替代，是中间商职能和功效在新的领域的发展和延伸。

第二，交易主体不同。传统中间商是要直接参加生产者和消费者交易活动的，而且是交易的轴心和驱动力；而电子中间商作为一个独立主体存在，它不直接参与生产者和消费者的交易活动，但它提供一个媒体和场所，同时为消费者提供大量的产品和服务信息，为生产者传递产品服务信息和需求购买信息，高效促成生产者和消费者的具体交易的实现。

第三，交易内容不同。传统中间商参与交易活动，需要承担物质、信息、资金等交换活动，而且这些交换活动是伴随交易同时发生的；而电子中间商作为交易的一种媒体，主要提供的是信息交换场所，具体的物质、资金交换等实体交易活动则由生产者和消费者直接进行，因此交易中间的信息交换与实体交换是分离的。

第四，交易方式不同。传统中间商承担的是具体实体交换，包括实物、资金等；而电子中间商主要是进行信息交换，属于虚拟交换，它可以代替部分不必要的实体交换。

第五，交易效率不同。通过传统中间商达成生产者和消费者之间的交易需要两次，而中间的信息交换特别不畅通，造成生产者和消费者之间缺乏直接沟通；而电子中间商提供信息交换可以帮助消除生产者和消费者之间的信息不对称，在有交易意愿的前提下才实现具体实体交换，可以极大减少中间因信息不对称而造成的无效交换和破坏性交换，最大限度降低交易成本，提高交易效率和质量。

10.3.3　网络中间商的类型

由于网络的信息资源丰富、信息处理速度快，基于网络的服务可以便于搜索产品，但在产品(信息、软件产品除外)实体分销方面却难以胜任。目前出现了许多基于网络(现阶段为 Internet)的提供信息服务中介功能的新型中间商，可称之为网络中间商(Cybermediaries)。下面分类介绍这种以信息服务为核心的网络中间商。

1. 目录服务

目录服务是指利用 Internet 上的目录化的 Web 站点提供菜单驱动进行搜索。现在这种服务是免费的,将来可能收取一定的费用。现在有三种目录服务:一种是通用目录(如雅虎),可以对各种不同站点进行检索,所包含的站点分类按层次组织在一起;另一种是商业目录(如 Internet 商店目录),提供各种商业 Web 站点的索引,类似于印刷出版的工业指南手册;最后一种是专业目录,针对某个领域或主题建立 Web 站点。目录服务的收入主要来源于为客户提供 Internet 广告服务。

2. 搜索服务

与目录不同,搜索站点(如 Lycos、Infoseek)为用户提供基于关键词的检索服务,站点利用大型数据库分类存储各种站点介绍和页面内容。搜索站点不允许用户直接浏览数据库,但允许用户向数据库添加条目。

3. 虚拟商业街

虚拟商业街(Virtual Malls)是指在一个站点内连接两个或两个以上的商业站点。与目录服务所不同的是,虚拟商业街定位某一地理位置和某一特定类型的生产者和零售商,在虚拟商业街销售各种商品,提供不同服务。站点的主要收入来源依靠其他商业站点对其的租用。例如,我国的新浪网(sina.com)开设的电子商务服务中,就提供网上专卖店店面出租。

4. 网上出版

由于网络信息传输及时而且具有交互性,网络出版 Web 站点可以提供大量有趣和有用的信息给消费者,目前出现的联机报纸、联机杂志就属于此类型。由于内容丰富而且基本上免费,此类站点的访问量特别大,因此出版商利用站点做 Internet 广告或提供产品目录,并以广告访问次数进行收费。如 ICP 就属于此类型。

5. 虚拟零售店(网上商店)

虚拟零售店不同于虚拟商业街,虚拟零售店拥有自己的货物清单和直接销售产品给消费者。通常这些虚拟零售店是专业性的,定位于某类产品,它们直接从生产者处进货,然后折扣销售给消费者(如 Amazon 网上书店)。目前网上商店主要有三种类型:第一种是电子零售型(e-Toilers),这种网上商店直接在网上设立网站,网站中提供一类或几类产品的信息供选择购买;第二种是电子拍卖型(e-Auction),这种网上商店提供商品信息,但不确定商品的价格,商品价格通过拍卖的形式由会员在网上相互叫价确定,价高者就可以购买该商品;第三种是电子直销型(e-Sale),这类站点是由生产型企业开通的网上直销站点,它绕过传统的中间商环节,直接让最终消费者从网上选择购买。

6. 站点评估

消费者在访问生产者的站点时，由于内容繁多站点庞杂，往往不知该访问哪一个站点。提供站点评估的站点，可以帮助消费者根据以往数据和评估等级，选择合适站点访问。通常一些目录和搜索站点也提供一些站点评估服务。

7. 电子支付

电子商务要求能在网络上交易，同时能实现买方和卖方之间的授权支付。现在授权支付系统主要是信用卡如 Visa、Mastercard，电子等价物如填写的支票，现金支付如数字现金，或通过安全电子邮件授权支付。这些电子支付手段，通常对每笔交易收取一定佣金，以减少现金流动风险和维持运转。目前，我国的商业银行也纷纷上网提供电子支付服务。

8. 虚拟市场和交换网络

虚拟市场提供一虚拟场所，任何符合条件的产品都可以在虚拟市场站点上进行展示和销售，消费者可以在站点上任意选择和购买，站点主持者收取一定的管理费用。例如，我国对外贸易与经济合作部主持的网上市场站点——中国商品交易市场就属于此类型。当人们交换产品或服务时，实行等价交换而不用现金，交换网络就可以提供此以货易货的虚拟市场。

9. 智能代理

随着 Internet 的飞速发展，用户在纷繁复杂的 Internet 站点中难以选择。智能代理是这样一种软件，它根据消费者偏好和要求预先为用户自动进行初次搜索，软件在搜索时还可以根据用户自己的喜好和别人的搜索经验自动学习优化搜索标准。用户可以根据自己的需要选择合适的智能代理站点为自己提供服务，同时支付一定的费用。

10.3.4　选择网络中间商的策略

在现代化大生产和市场经济条件下，企业在网络营销活动中除了自己建立网站外，大部分都是积极利用网络间接渠道销售自己的产品，通过中间商的信息服务、广告服务和撮合服务，扩大企业的影响，开拓企业产品的销售空间，降低销售成本。因此，对于从事网络营销活动的企业来说，必须熟悉、研究国内外网络营销中间商的类型、业务性质、功能、特点及其他有关情况，必须能够正确选择网络中间商，顺利完成商品从生产到消费的整个转移过程。

在选择网络中间商时，应该从以下五个因素综合考虑，这五个因素可以称为网络间接营销的关键因素。

1. 服务水平

网络分销商的服务水平包括开展促销活动的能力、与消费者沟通的能力、收集信息的能力、物流配送能力以及售后服务能力。不同阶段的企业需要不同，因此网络分销商应该针对不同的企业提供不同的服务。

2. 服务成本

服务成本主要是指网络分销商为企业提供服务时的费用，包括价格折扣、促销费用、运行费用和促销费用等。

3. 信用程度

信用程度是指网络分销商所具有的信用程度的大小。由于网络的虚拟性、交易的远程性和网上交易安全的不确定性，所以信誉好的分销商就是质量和服务的保证。

4. 经营特色

网络本身应该更好地满足消费者的个性化需求。分销商网站应该体现经营者的文化素质、经营理念和经济实力等特色。而生产企业在选择分销商网站时必须与自己的经营目标相吻合，这样才能发挥网络分销商的优势。

5. 持续稳定

一个企业要想在用户或者消费者心目中建立品牌信誉、服务信誉，就必须选择具有持续稳定性的网络站点，因此企业应该采取必要的措施密切与中间商的联系，防止中间商把其他企业的产品放在重要的位置去经营。

小资料：

网络中间商的形式多种多样，并随着网络信息技术的发展和普及不断推陈出新，同学们可以根据网络市场的特征分析创新出更多新的网络中间商的商务模式。

10.4 互联网分销渠道的设计和管理

李宁公司网络营销渠道建设与管理

1990 年，李宁有限公司从广东三水起步。1995 年，李宁公司成为中国体育用品行业的领跑者。1998 年，公司建立了本土公司第一家服装与鞋的产品设计开发中心，成为自主开发的中国体育用品公司。李宁公司拥有中国最大的体育用品分销网络。据 2008 年李宁公司的财务报表显示，截至 2008 年年底，李宁牌店铺共有 6245 家。同时，李宁公司的国际网络也在不断拓展，目前已进入 23 个国家和地区。目前，李宁公司正在全国范围内建立以 ERP 为起点的信息系统，全面整合产品设计、供应链、渠道、零售等资源发展电子商务，进一步提高运作效率和品牌形象。2004 年，李宁公司在香港联交主板成功上市，成为第一家在海外上市的中国体育用品企业。2008 年，李宁公司的营业额同比增长 53.8%，达 66.90 亿元人民币。

2008 年 4 月 10 日，李宁在淘宝商城开设的第一家直营网店上线，接着相继在新浪商城、逛街网、拍拍、易趣上通过直营和授权的形式开设了网店。可以看出，李宁公司刚开始选择的渠道是网络商城模式。2008 年 6 月，李宁推出了自己的官方商城——李宁官方商城。李宁在涉水电子商务之前做的一项调研结果显示：淘宝网上的李宁牌产品的网店已达 700 余家，而 2007 年李宁产品在淘宝上的销售流水已达 5000 万元。在此环境下，李宁开始于 2008 年 4 月在淘宝商城开设了自己的直营店铺，接着通过直营和授权的形式开设了多家网络店铺。

与此同时，李宁公司开展各种网络渠道推广的策略，例如通过和门户网站的合作、搜索引擎推广等多种形式开展网络渠道推广。在网易首页上投放的旗帜广告直接链接到官方网店；和新浪网合作开设的李宁俱乐部板块、李宁公司购买了 Google 的相关关键字的广告，在 Google 搜索李宁，李宁公司的官方直营店排在第一位。在李宁公司的官方网店里有个栏目是主题活动，会不定期地举办一些活动，如现在正在举行的注册会员送 500 积分、购买奥尼尔的战靴赠送"大鲨鱼"玩偶等。

为了更好地协调好网络营销渠道和传统渠道之间的关系，李宁公司主要做了以下事情：①在销售的商品上进行区分；②网络渠道和传统渠道产品价格一致，例如李宁公司把各种网店纳入自己的价格体系中。在 B2C 方面，李宁沿用地面渠道与经销商的合作方式，与网上的 B2C 平台签约授权李宁的产品销售；对于 C2C 模式，李宁虽没有与之签订正式的授权协议，但通过供货、产品服务以及培训的优惠条件，将其纳入自己的价格体系中。据李宁电子商务部的林力介绍，目前已有 400 余家 C2C 网店纳入了李宁的管理体系。

李宁公司是一家以传统渠道为主的企业，有自己的品牌，在进行网络营销渠道建设的时候，网络上已经有一些自发形成的网上商城渠道。李宁公司采取的策略主要是整合现有的渠道资源，通过授权的形式收编现有的网络渠道资源，同时也在各大平台上开设自己的网络直营店铺，这可以看成是李宁公司对网络营销渠道的试水。紧接着李宁公司以自建平台的形式开通了自己的官方商城。在渠道协调上，李宁公司主要采取的策略是区分出线上和线下产品销售的种类以及统一产品的价格。在网络营销渠道的推广上，主要是通过在一些综合型门户网站上作广告以及搜索引擎营销的方式。总体来看，李宁公司所采取的网络营销渠道战略是成功的，但同时还有一些问题，比如没能很好地协调好两种渠道，依然存在渠道冲突的问题；在网站建设方面还有些需要改进的地方，比如网站打开速度较慢，官方商城的建设没能很好地体现和用户之间的交互。总而言之，李宁公司的网络营销渠道建设对于服装企业是具有极高的参考价值的。

（资料来源：亿邦动力网，2013 年 4 月 25 日）

得通路者得天下，未来是渠道为王的时代。对企业而言，所谓"通路"就是广泛的营销渠道。随着全球化浪潮和规模经济的出现，企业关注的焦点不再是生产更好的产品，而在于改进分销渠道来降低成本，获得效益。这就决定了分销渠道的设计和管理至关重要。分销渠道管理的重要内容是对现有分销渠道的评估、改进、重建以及加强渠道合作，以此来提高分销渠道的绩效，增强分销渠道的活力。由于网上销售对象的特点不同，企业的经营特色不同，因此开展网络分销的企业，要根据企业自身的实际情况、产品的特性、目标市场的定位和企业整体战略来选择合适的分销渠道和分销商。

10.4.1 网络分销渠道的设计应考虑的因素

1. 市场因素

市场因素包括：①目标市场范围。市场范围宽广，适用长、宽渠道；反之，适用短、窄渠道。②顾客的集中程度。顾客集中，适用短、窄渠道；顾客分散，适用长、宽渠道。③顾客的购买量、购买频率。购买量小，购买频率高，适用长、宽渠道；相反，购买量大，购买频率低，适用短、窄渠道。④消费的季节性。没有季节性的产品一般都均衡生产，多采用长渠道；反之，多采用短渠道。⑤竞争状况。除非竞争特别激烈，通常，同类产品应与竞争者采取相同或相似的销售渠道。

2. 产品因素

产品因素包括：①物理化学性质。体积大、较重、易腐烂、易损耗的产品适用短渠道或采用直接渠道、专用渠道；反之，适用长、宽渠道。②价格。一般的，价格高的工业品、耐用消费品适用短、窄渠道；价格低的日用消费品适用长、宽渠道。③时尚性。时尚性程度高的产品适宜短渠道；款式不易变化的产品适宜长渠道。④标准化程度。标准化程度高、通用性强的产品适宜长、宽渠道；非标准化产品适宜短、窄渠道。⑤技术复杂程度。产品技术越复杂，需要的售后服务要求越高，适宜直接渠道或短渠道。

3. 企业自身因素

企业自身因素包括：①财务能力。财力雄厚的企业有能力选择短渠道；财力薄弱的企业只能依赖中间商。②渠道的管理能力。渠道管理能力和经验丰富的企业适宜短渠道；管理能力较低的企业适宜长渠道。③控制渠道的愿望。愿望强烈的企业往往选择短而窄的渠道；愿望不强烈的企业则选择长而宽的渠道。

4. 中间商因素

中间商因素包括：①合作的可能性。如果中间商不愿意合作，只能选择短、窄的渠道。②费用。利用中间商分销的费用很高，只能采用短、窄的渠道。③服务。中间商提供的服务优质，企业采用长、宽渠道；反之，只能选择短、窄渠道。

5. 环境因素

环境因素包括：①经济形势。经济萧条、衰退时，企业往往采用短渠道；经济形势好时，可以考虑长渠道。②有关法规。如专卖制度、进出口规定、反垄断法、税法等。

10.4.2　网络分销渠道模式的选择

(1) 从分销商服务的对象来看，网络分销渠道主要有 B2B 和 B2C 两种模式。B2B 模式，即企业之间进行的商务活动模式。例如，工商企业通过计算机网络向上游企业采购原材料，向下游企业提供产品。这种模式的特点是每次的交易量大、购买集中，因此订货系统是 B2B 的关键。例如，海尔集团 2001 年推出的 B2B 模式，用户可以在经销商的专卖店网上定制自己的产品，由经销商在海尔的网站上下订单，用户可以享受在家收货、满意后付款的服务。B2C 模式，也是企业与消费者之间进行的一种商务活动模式。这种活动的特点是每次的交易量小，交易次数多，而且购买者分散，因此 B2C 网上分销的关键是完善的订货、安全的结算和高效的物流配送。

(2) 从渠道的长短来看，网络分销渠道主要有：直接渠道、间接渠道与渗透型渠道。究竟采用哪一种要考虑多种因素。

(3) 从渠道的宽度来看，网络分销渠道主要有：密集型分销、选择型分销与独家分销。密集型分销策略，即选择尽可能多的分销商来销售自己的商品，这种策略使顾客随时随地都能购买到商品，一般适合于低值易耗的日用品。选择型分销策略，即在一个地区选择有限的几家经过仔细挑选的分销商销售自己的产品，分销商之间存在有限竞争，它提供给客户的主要是一种安全、保障和信心，一般适合于大件耐用消费品。独家分销策略即在一个地区只选择一家经过仔细挑选的分销商来销售自己的产品，它提供的是一种独一无二的产品和服务。一般适合于价格昂贵且客户较少的商品。

10.4.3　全渠道 O2O 模式

线上线下双重心战略：淘品牌梦断逆袭之路

与线下传统企业对线上的热情颇为一致的是，从线上成长起来的互联网品牌们也对线下这块大市场充满了期待。优者谋先动，以天猫女装品牌为例，排名前四的韩都衣舍、裂帛、欧莎、茵曼在不同的时间开展了自己对线下市场的摸索，而在遭遇线下零售市场成本的高企、线上线下精力难以同步等问题之后，它们的实体店策略又不同程度地转为保守。

传统企业进军电商，难点在于对电商生存环境与法则的不得要领，而电商杀入传统行业的难度要更甚于前者传统零售基因的缺乏以及更为复杂的人、货、场等因素。以渠道管控一项为例，互联网品牌往往采取直营或直营与加盟并行的方式，直营渠道更利于管理，而加盟商的加入则更利于规模的扩大，但管理难度更高。加盟商自作主张加价，造成价格混乱，是淘品牌在经验中始料未及的问题。这是由于，就线下而言，一个品牌的正常加价率总保持在4~5倍左右，但线上的渠道成本却远没有如此之高，但倘若采取线上线下不同价格的策略，不但消费者的体验非常差，加盟商的抗议也同样令人头疼。为此，他们的本能反应往往是，尝试将公司的整体发展策略进行调整，从线上加价入手，改变消费者对品牌的低价印象，进而带动线下，实现一个良好的加价率水平。斯波帝卡、Aerohar 无不采取这样的方式，为的是消费者对自己的接受，而"销售规模这样的指标暂时不去考虑了"。尽管如此，实体之路仍然困难重重。茵曼为了 O2O 模式的系统整合，不但花时半年多，耗资更是过千万。但毕竟消费者对于这种新模式的接受仍需要时间，前期的投入在短时间内难以收回。而其实体店依据的一套会员体系、物流仓储体系、管理体系更是和网上存在大量不同，要实现无缝整合相当困难。不但要解决好利益分配机制，更需要在 IT、管理、人力方面有大投入。

摸着石头过河的实体渠道探路者并不在少数，欧莎、裂帛、斯波帝卡等都在其列。然而，作为对互联网更为熟悉的淘品牌，很难将战略重心完全转移到线下店铺中，线上线下的双重心战略，也牵制了众多品牌的精力，让它们的发展并不顺利。2012 年，茵曼的销售额达到了 3 亿元人民币，全年实现同比三倍增长，然而，这样的成绩几乎完全得益于线上。线上线下差距的悬殊，让茵曼开始尝试改变 2013 年的战略重点，茵曼 CEO 方建华对《天下网商经理人》说："茵曼今年的关键点是只做线上，不做线下，目标是 5~6 个亿。"线下的实体店已全部清零。

(资料来源：天下网商，2013 年 4 月 25 日)

O2O 即 Online to Offline，也即将线下商务的机会与互联网结合在了一起，让互联网成为线下交易的前台。这样线下服务就可以用线上来揽客，消费者可以用线上来筛选服务，还有成交可以在线结算，很快达到规模。

对于传统企业来说，开展 O2O 模式的电子商务，主要有以下三种方式。

(1) 自建官方商城+连锁分子店铺的形式，消费者直接向网络店铺下单购买，然后线下体验服务，而这个过程中，品牌商提供在线客服服务，及随时调货支持(在缺货情况下)，加盟商收款发货。这种模式适合全国连锁型企业，其好处是可以线上和线下店铺一一对应。缺点是投入大，推广力度需要很大。

(2) 借助全国布局的第三方平台，实现加盟企业和分站系统完美结合，并且借助第三方平台的巨大流量，能迅速推广带来客户。

(3) 建设网上商城，开展各种促销和预付款的形式，线上销售线下服务。这种形式适合本地化服务企业。

　　企业渠道建设上开启 O2O 模式首先可充分利用互联网跨地域、无边界、海量信息、海量用户的优势，同时充分挖掘线下资源，进而促成线上用户与线下商品与服务的交易。团购就是 O2O 的典型代表。其次，O2O 模式可以对商家的营销效果进行直观的统计和追踪评估，规避了传统营销模式的推广效果不可预测性，O2O 将线上订单和线下消费结合，所有的消费行为均可以准确统计，进而吸引更多的商家进来，为消费者提供更多优质的产品和服务。再次 O2O 在服务业中具有优势，价格便宜，购买方便，且折扣信息等能及时获知。同时 O2O 将拓宽电子商务的发展方向，由规模化走向多元化。

　　O2O 模式作为线下商务与互联网结合的新模式，解决了传统行业的电子商务化问题。但是，O2O 模式并非简单的互联网模式，此模式的实施对企业的线下能力是一个不小的挑战。可以说，线下能力的高低很大程度上决定了这个模式能否成功。而线下能力的高低又是因为线上的用户黏度决定的，拥有大量优势用户资源、本地化程度较高的垂直网站将借助 O2O 模式，成为角逐未来电子商务市场的主力军。如何保障线上信息与线下商家服务对称，将成为挑战 O2O 模式能否真正发展起来的一个关键节点。

本 章 小 结

　　传统营销体系的成功在很大程度上依赖于分销渠道建设，再加上大量人力和广告的投入来占领市场。而这些在网络时代将成为过去，功能强大的互联网不仅是一种拥有巨大优势的传播媒体，也是一种产品或服务的通道，它由此改变了产品和服务的分销渠道。

　　本章通过对互联网分销渠道与传统分销渠道的比较，阐述了互联网分销渠道的特征；指出互联网的出现带来的企业分销模式的深刻变革，介绍了网上直销和网络中间商的内涵、特点、类型以及应用实践；同时提出了网络分销渠道的设计管理等问题。

思 考 题

1. 网络分销渠道与传统分销渠道的区别是什么？
2. 互联网对企业分销模式的影响体现在哪些方面？
3. 网络直销的优点是什么？
4. 选择网络中间商时应注意哪些因素？

案例分析题

Amazon 的间接销售渠道

当你从 Amazon 公司在线购买书籍时，这些书籍最早是源于某个出版商，然后由批发商将其买断。Amazon 公司在这里的工作只是通过它的互联网网站收集整理消费者的订单，然后将订单发给批发商处理。批发商如能供货，则将书发到 Amazon 公司的仓库里。接着在 Amazon 公司的仓库里，批发商发来的书籍经过分装后再递送到各个消费者手里。

分析：

为什么在该案例中，有这么多离线成员的参加？

第 11 章　网络营销沟通

【学习目标】

- 了解网络营销沟通的定义及其作用。
- 理解互联网广告、公共关系营销、促销活动等网络营销沟通的方式。
- 熟练掌握搜索引擎营销、网络社区营销、病毒性营销、口碑营销、博客营销、许可 E-mail 营销和数据库营销等主要营销工具，能针对具体项目开展策划。

【引导案例】

可口可乐创新的网络营销案例

可口可乐(中国)饮料有限公司与腾讯科技有限公司曾经在 2006 年 3 月举行了主题为"要爽由自己，畅享 3DQQ 秀"的新闻发布会，双方宣布结成战略合作伙伴关系，联手打造全新的 3D 互动在线生活。可口可乐公司同时宣布，深受年轻人喜爱的可口可乐(www.icoke.cn)网站将借助腾讯最新推出的 3DQQ 秀网络虚拟形象，全面升级为中国首个运用 3D 形象的在线社区。这一拥有丰富活动内容和表现方式的网上娱乐空间的建立，无论对可口可乐还是腾讯都具有里程碑式的重大意义。

在线下活动如火如荼的同时，网络活动也是层出不穷。可口可乐借助腾讯 QQ 先后发布了魔法表情、可乐主题包、3DQQ 秀等活动内容，并受到了年轻网民的热烈追捧。可乐主题包围绕一个主题(如时尚元素、品牌、产品等)，对 QQ 皮肤、对话框场景、表情等资源进行整体创意包装，嵌入可口可乐的品牌和产品形象元素，从而呈现给 QQ 用户新鲜的娱乐体验和视觉感受。可乐主题包以 QQ 客户端为载体，拥有庞大的受众基数，是网络产品与消费品牌深度结合的典范，推出短短 1 个月，可口可乐 Skin 的下载量就达到了 430 万次。

而最引人注目的活动内容是核心合作项目——3DQQ 秀。3DQQ 秀是腾讯公司推出的最新产品，也是虚拟形象技术的革新创举。它一改过去网络在线沟通时的单调，升级成为独具个性的立体沟通方式。虚拟的人物形象按照消费者的需求量身打造，每个参与者都能通过"购买"使自己的网络形象在发型、服装、动作等方面独具特色，甚至可以伸个懒腰或相互拥抱。活泼、新鲜的娱乐形式令网络生活个性十足，顿时成为时尚潮流的风向标。

借助腾讯独特的技术优势，可口可乐 iCoke 网站实现了由 2D 到 3D 的全面升级，成为中国首个成功运用 QQ 娱乐平台的品牌在线社区，并依托腾讯 5.3 亿元注册用户资源，为年轻消费者提供了具有革命性的沟通体验模式。在此次合作中，腾讯特别为可口可乐的明星代言人，包括刘翔、S.H.E、张韶涵、潘玮柏、余文乐和李宇春等特别制作了 3DQQ 秀酷爽造型。通过 3D 技术特制代言人形象，可口可乐为年轻消费者提供了与偶像们亲密接触的另一个舞台,巩固了可口可乐在众多年轻人心中的特殊地位。3DQQ 秀取得了巨大的营销效果,不仅使可口可乐在产品销售层面得到良好的收益,更重要的是触发了年轻人的兴奋点,加强了可口可乐同消费者的沟通。同时,由于腾讯 3D 秀商城 iCoke 专区所有物品均可用 iCoke 积分兑换,大大增加了活动号召力和参与人数,增强了腾讯的用户活跃度与媒体影响力。

可口可乐与腾讯的战略合作,完美地诠释了可口可乐一贯坚持的品牌路线,即用创新的手段加强同年轻消费者的沟通,并带给他们最热门的潮流和文化。

可口可乐通过在腾讯的广告投放以及与 QQ 特色业务(3D 秀、QQ 主题包、Qzone)的合作,覆盖并深刻影响了亿万年轻消费者。在腾讯的助力下,iCoke 网站焕然一新,在娱乐和互动方面跨上了新的台阶,并立即受到了年轻人的欢迎,目前已拥有超过 120 万的忠实用户。同时,一系列的活动推广也巩固了可口可乐在众多年轻人心目中的品牌形象。可口可乐与腾讯的合作,无论是线上还是线下,双方都进行了密切的配合。双方的品牌形象及产品服务加以捆绑,相互渗透,相互提携,取得了令人满意的效果。这也展现了一种新的合作模式,即均赢关系下的娱乐营销模式。在此模式下,企业与媒体以及消费者三方形成了利益分享的局面:企业推广了品牌,提升了销售量;媒体扩大了知名度,增加了浏览量和用户群;消费者获得了双重消费体验以及较高的附加值回报。

(资料来源: http://smt.fortuneage.com/uemarketer/18657-157478.aspx)

11.1 网络营销沟通概述

360 与 QQ 大战的背后的营销

判决赔偿金额 500 万元,创下了国内互联网领域不正当竞争案件判罚的最高纪录。2013 年 4 月 29 日,腾讯起诉奇虎 360 不正当竞争一案在广东省高级人民法院公开宣判。法院一审判定奇虎 360 构成不正当竞争,向腾讯赔偿 500 万元,以及在网站首页和相关媒体进行道歉。判决书指出"3Q 大战爆发的根本原因",是奇虎 360 针对 QQ 软件专门开发的扣扣保镖,使 QQ 软件丧失了增值业务、广告、游戏等收入,构成不正当竞争。宣判结束后,奇虎 360 律师当庭表示将会上诉。

从本质来看,QQ 是一个通信软件,利用它的核心竞争力聚集了一批用户。这偏向于年轻的用户群体,而这些群体间随着时间推移都形成了自有的圈子,用户不会为了 360 而离开 QQ,因为自己多年同学、好友、亲人等的联系方式都聚集在 QQ 上,离开 QQ 这样的选择对用户来说成本太高,特别是在现实生活中越来越淡化社区的生活方式,网上虚拟社区已成为用户的选择。如果 QQ 把 360 封杀了,用户就有了明显的分离,一些是高年龄段的,比如公司的老板、高管等平时比较忙的人基本上不会长时间地上 QQ,甚至不上 QQ,所以 QQ 对他们来说成为了可选项,但是 360 可以让用户在其他层面受益。而年轻的群体从学生到公司员工这个集中的年龄段 360 便会成为可选品，那种退休在家的老人段也会把 360 作为可选择品，因为他们需要与外界进行交流，需要与自己工作的子女们沟通，所以 QQ 也会成为他们的选择品而放弃 360。

从营销层面来讲，这次 360 算是做了一次免费的营销。在网络世界无奇不有。只要有人提出一个问题，总会有人去关注。尤其是面对 QQ 这么大的用户空间，一说 QQ 是流氓软件侵犯用户隐私，谁看见这个新闻都不得不关注一下。就这样 360 旗开得胜为自己赢得关注度，在随后的日子里随着关注度的不断提升，网络中便无人不知无人不晓，360 在炮轰QQ。一场可能花数亿人民币的营销就这样被 360 用这样一个不知是真是假的"事件"做成了。这件事过后不管 360 胜利或失败，都对它没有任何损失，因为它是代表用户在说话，是用一种维护用户隐私的形象在向 QQ 宣战。而这最终的结果是，必然有一定的用户认为360 是在维护用户隐私，这样企业的形象就跃然纸上了。

(资料来源：http://www.vsyo.com/a/t/fbf798c6ed58559e)

11.1.1　整合营销沟通

整合营销传播代表了一个新的营销传播时代，同时又是对传统营销传播观念的继承和发展。不考虑技术更新所带来的变化，整合营销传播所应用的沟通方法和广告促销形式究其本质而言，仍没脱离传统营销沟通的基本形态，但整合营销赋予了这些形式更新的含义。

整合营销理论的创始人之一、美国学者舒尔茨(Schultz)对整合营销的定义是：整合营销是一种适合于所有企业中信息传播及内部沟通的管理体制，这种传播与沟通是尽可能与其潜在的客户和其他一些公共群体(如雇员、立法者、媒体和金融团体)保持一种良好的、积极的关系。也就是说，整合营销是一种营销手段、理念和营销模式，对外具有整合各种信息综合传播企业信息和品牌的功能；同时它也是一种沟通手段和管理体制，对内具有通过各种沟通渠道和方式实现有效管理的作用。整合营销的提出是以 4C 为理论基础的，4C 理论倡导以客户为中心、客户需求至上以及实行企业与客户间的双向沟通。由于整合营销以客户需求为中心，因此企业整合营销战略应该是由外而内、以整合企业内外部所有资源为手段、以消费者为核心而重组企业的管理行为和市场行为。整合营销要求综合运用多种营销手段和渠道，建立客户品牌关系，同时也要求企业每位员工都参与到营销传播中，致力于提高传播的效率。

在深入研究互联网各种媒体资源(如门户网站、电子商务平台、行业网站、搜索引擎、分类信息平台、论坛社区、视频网站、虚拟社区等)的基础上，精确分析各种网络媒体资源的定位、用户行为和投入成本，根据企业的客观实际情况(如企业规模、发展战略、广告预算等)为企业提供最具性价比的一种或者多种个性化网络营销解决方案就称为整合式网络营销，也叫网络整合式营销和个性化网络营销。简单地说，就是整合各种网络营销方法，和客户的客观需求进行有效比配，给客户提供最佳的一种或者多种网络营销方法。

1. 整合网络营销的概念

传统营销的一个突出特点，就是向顾客单方面传达营销信息，也就是着重点在说服潜在顾客。整合营销则对这种模式加以创新性的改变，把营销信息单方面的传播变为互动交流，注重于建立客户关系以实现营销目标。

对于整合营销传播的概念，美国广告公司协会定义如下：这是一个营销传播计划概念，要求充分认识用来制订综合计划时所使用的各种带来附加值的传播手段——如普通广告、直接反应广告、销售促进和公共关系——并将之结合，提供具有良好清晰度、连贯性的信息，使传播影响力最大化。这个定义的关键所在是致力于各种促销形式的结合运用，以使传播影响力得到最大化。

然而，对整合营销概念的理解还存在很多分歧。整合营销理论创建人舒尔茨教授自1993年首次提出这个概念以来，也在不断地修正自己的观点，其中很重要的一个原因就是整合营销传播尚处在发展和完善之中。

目前，普遍认为整合营销的概念应为：整合营销是发展和实施针对现有和潜在客户的各种劝说性沟通计划的长期过程。整合营销的目的是对特定受众行为的实际影响或直接作用。整合营销认为现有或潜在客户与产品或服务之间发生的一切有关品牌或公司的接触，都可能是将来信息的传递渠道。进一步说，整合营销运用与现有或潜在的客户有关并可能为其接受的一切沟通形式。总之，整合营销的传播过程是从现有或潜在客户出发，反过来选择和界定劝说性沟通计划所采用的形式和方法。

整合网络营销是指网络环境下开展整合营销的过程。营销机构综合协调使用以互联网渠道为主的各种现代通信、网络传播方式，以统一的目标和形象，传播连续、一致的企业或产品信息，实现与消费者的双向沟通。由于技术上的进步，整合网络营销具有更强的优势。

2. 整合网络营销的发展

网络营销实践始于1993—1994年间，最早的实践形式是E-mail营销和网络广告。我们在网络营销研究方面的工作远滞后于网络营销的实践。传统营销将营销和销售作为两个不同的概念来对待，而我国网络营销的主要实践者是众多的中小企业，网络营销和网络销售两者间是一种较为密切的关系。企业在实践过程中既需要利用网络进行信息传播，又需要通过网络进行销售，两者往往不存在明显的区分。在研究网络营销的营销工作的时候，往往忽略了网络销售的问题，要么讨论网络营销时不谈网络销售，要么谈网络销售时不谈网络营销问题。实际上，网络营销的核心是经营网上环境，这个环境可以理解为整合营销所提出的一个创造品牌价值的过程，在这个过程中，通过各种有效的网络营销手段的综合运用为实现企业总体经营目标做出贡献。

3. 对整合网络营销的几种错误理解

错误理解整合网络营销的几种表现形式如下。

(1) 整合网络营销就是组合各种网络营销手段。例如，在搜索引擎中做几个关键词；在几个商品交易平台上发布信息；购买邮箱地址群发邮件等。像这种纯粹的营销手段组合不是整合营销。

(2) 整合网络营销就是企业"网络营销整体解决方案"、"电子商务整体解决方案"。目前，一些网络服务机构所提出的企业整体解决方案和所谓的整合网络营销概念并不是以整合网络营销的核心为指导思想，而是仍停留在组合的层面上。

(3) 整合网络营销就是传统营销和网络营销的整合。在某种程度上，结合企业实践这种思想具有一定意义，但从严谨的角度来说，整合网络营销并不仅仅是两者的组合。

4. 企业如何实施整合网络营销

首先，要认清楚以下几个整合。

- 网络营销和企业整体经营目标的整合，也是网络营销和传统营销计划的整合。
- 企业内部资源整合。网络营销是企业级的营销行为，不是独立的个人行为，因此，需要企业内部各种资源的配合服务。
- 企业外部资源整合。网络营销不仅包括网上推广和网上营销，还包括外部环境发生变化时的应急处理，需要企业为外部资源整合制定相应的网络营销应对策略。
- 网络营销的整合方法需要企业根据自身目标需求来综合选择和运用。
- 评价手段整合。网络营销所带来的效果并非只可在线评价(如网站点击率)，还要有各种离线评价手段进行评价。

其次，为自己的企业制订整合网络营销规划。

- 以客户目标需求为核心确立网络营销目标。
- 制订为实现这个目标而做的计划。
- 为计划选择适合的网络营销方法。
- 对营销实施实行全程监控。
- 为营销过程作详尽的信息统计(数据库)。
- 为营销过程进行评价和回馈。
- 网络营销的整合之一是和传统营销的整合，所以两者不能脱节或完全断裂。

11.1.2　互联网广告

网络广告是指运用专业的广告横幅、文本链接、多媒体的方法，在互联网上刊登或发布广告，通过网络传递到互联网用户的一种高科技广告运作方式。网络广告是主要的网络营销方法之一，在网络营销方法体系中具有举足轻重的地位。事实上，多种网络营销方法也都可以理解为网络广告的具体表现形式，并不仅仅限于放置在网页上的各种规格的Banner 广告，如电子邮件广告、搜索引擎关键词广告、搜索固定排名等都可以理解为网络广告的表现形式。无论以什么形式出现，网络广告所具有的本质特征是相同的：网络广告的本质是向互联网用户传递营销信息的一种手段，是对用户注意力资源的合理利用。

相对于传统广告形式，网络广告具有四个基本特征：网络广告需要依附于有价值的信息和服务载体；网络广告的核心思想在于引起用户关注和点击；网络广告具有强制性和用户主导性的双重属性；网络广告应体现出用户、广告客户和网络媒体三者之间的互动关系。

11.1.3　网络公共关系

网络公共关系通常是指直接与企业营销相关的公共关系活动。随着公共关系日益成为企业，尤其是市场营销不可分割的组成部分，公共关系营销也迅速成为企业公共关系的一个重要方面。公关营销的目的在于促进广大公众之间的相互了解，并激发他们的消费热情和购买欲望。其最终目的是增加企业的知名度和美誉度，从而使企业和产品的形象深入人心，获得家喻户晓、人人皆知的效果。网络公共关系营销通常是指互联网环境下的公共关系营销。

1. 网络公关兴起的背景

网络公关的兴起缘于因特网和电子商务的发展、网络传播方式较之传统传播方式的创新，以及公关业发展的需要。世界营销大师科特勒说："过去，企业提高竞争力靠的是高科技、高质量，而现在则要强调高服务和高关系。"信息化的高速发展使产品的科技含量日益趋同，生产管理的规范化和程序化则导致同类产品在质量上难分高下。"高服务、高关系"主要指的是公共关系，是社会组织建设和公关的主要方向。目前企业的竞争已由有形资产的竞争转变为品牌、形象、商誉等无形资产的竞争。此外，一直处于营销优势地位的广告的影响力正在下滑，据统计，"世界上约有近 80%的人口对广告开始失去信任甚至产生反感，只有大约不到20%的人口还对广告存在着不同程度的信任"。而与此同时，公关业却受到更多的垂青，各企业、机构甚至政府都开始开展公关活动，因此，公关业的发展势在必行。

但是传统公关的发展需要新的平台，互联网具有个性化、互动性、信息共享化和资源无限性等传播优势，集个人传播(如 QQ、ICQ 电子邮件等)、组织传播(如 BBS、新闻组等)和大众传播于一体，具备强大的整合性，并且网络媒体的运作目前正在逐渐规范、成熟，已拥有相当大的媒体影响力，互联网正在成为各界人士获取信息的主要通道。据中国互联网络信息中心(CNNIC)统计，截至 2012 年 12 月底，我国网民规模达到 5.64 亿人，互联网普及率为 42.1%。此外，网民中 40 岁以上各年龄段人群占比均有不同程度的提升，互联网在这些群体中的普及速度加快。高中和大专以上学历人群中互联网普及率已经到了较高的水平，尤其是大专以上学历人群上网比例接近饱和。网络购物用户规模达到 2.42 亿人，网民使用率提升至 42.9%。与 2011 年相比，网购用户增长 4807 万人，增长率为 24.8%。

网络媒体在公共关系传播中的影响力不断增强，如何有效地利用网络媒体的传播力，塑造组织尤其是企业良好的形象，促进企业产品、服务的销售，以及有效预防网络公关危机，成为组织必须面对的一个重要话题，也是网络公关兴起的重要原因之一。

2. 网络公共关系的内涵

目前业界对网络公共关系还没有一个统一的定义。目前大多数学者认为，网络公关是指企业借助联机网络、电脑通信和数字交互式媒体的威力来实现公关目标的行为。具体可以从公共关系结构的三个基本要素来分析网络公关的内涵和外延。

网络公关的主体，企业主体是网络公关主体的组成部分，但不是唯一主体，还包括政府等各种社会组织以及个人，统称为网络化的社会组织。企业网络公关是网络公关发展的动力，是探索网络公关发展的"先锋"。公关手段，从网络公关字面意思上来理解，网络公关的媒介是网络，从技术角度来看，网络包括电信网络、有线电视网络和计算机网络，并且这三种网络中的每一种都是公共关系的重要传播手段，因此，网络公关的媒介不仅包括计算机网络，也包括电信网络和有线电视网络。网络公关的客体是网络公众，首先只有经常浏览网页的网络用户才有可能成为网络公关的对象。公关对象是有针对性的目标受众，网络公关也不例外。网络公关的客体就是经常浏览网页的、与网络组织有实际或潜在利害关系或相互影响的个人或群体的总和。

综上所述，网络公关的定义根据网络媒介的三种不同类型，分为狭义和广义两种。广义上的网络公关是指网络化组织以电信网络、有线电视网络以及计算机网络为传播媒介，来实现营造和维护组织形象等公关目标的行为。狭义上，网络公关是指组织以计算机网络即互联网为传播媒介，来实现公关目标的行为。我们使用的主要是狭义上的网络公关概念。

11.1.4　网络促销活动

网络促销(Cyber Sales Promotion)是指利用现代化的网络技术向虚拟市场传递有关产品和服务的信息，以启发需求，引起消费者的购买欲望和购买行为的各种活动。网络促销突出地表现为以下三个明显的特点。

(1) 网络促销是通过网络技术传递产品和服务的存在、性能、功效及特征等信息的。它是建立在现代计算机与通信技术基础之上的，并且随着计算机和网络技术的不断改进而改进。

(2) 网络促销是在虚拟市场上进行的。这个虚拟市场就是互联网。互联网是一个媒体，是一个连接世界各国的大网络，它在虚拟的网络社会中聚集了广泛的人口，融合了多种文化。

(3) 互联网虚拟市场的出现,将所有的企业,不论是大企业还是中小企业,都推向了一个世界统一的市场。传统的区域性市场的小圈子正在被一步步打破。

1. 网络营销促销与传统促销的区别

两者的目的都是让消费者认识产品,引导消费者的注意力和兴趣,激发他们的购买欲望,并最终实现购买产品或服务的行为。但基于互联网的网络促销在时空观念、信息传播模式以及客户参与程度等方面较传统的促销活动都发生了较大的变化。

(1) 时空观念的变化。例如,传统的产品订货存在时间限制,而在线下订单和购买可以在任何时间进行。时间和空间观念的变化要求促销策略及其具体实施方案进行及时调整。

(2) 信息沟通方式多样化。网络和信息处理技术提供了近似于实体交易过程中的产品表现形式以及双向、快捷、实时的信息传播手段,使买卖双方的意愿能充分及时地表达。在快速变化的环境下,传统促销方法显得力不从心。

(3) 网络环境下的消费群体、消费理念及其消费行为发生了变化。在线购物者是一个特殊的消费群体,具有不同于一般消费大众的消费需求,这部分消费者直接参与生产和商业流通循环,他们选择的范围更大。这些变化对传统的促销理论和模式产生了无法忽略的影响。

尽管网络促销与传统促销在促销观念和手段上有较大差别,但它们推销产品的目的是相同的,因此整个促销过程的设计有很多相似之处。

2. 网络营销促销形式

传统营销的促销形式主要有传统媒体广告、销售促进、宣传推广和人员推销四种;相应的,网络营销促销的形式分别是网络广告、销售促进、网站推广和关系营销,其中网络广告和销售促进是网络营销促销的主要形式。

网络广告根据形式不同可以分为:旗帜广告、电子邮件广告、电子杂志广告、新闻组广告和公告栏广告等。

网络营销站点推广是指根据网络营销策略扩大站点知名度,增大网站的访问流量,以宣传和推广企业及其产品。站点推广主要有两种方法:一是通过改进网站内容和服务,吸引用户,这类方法费用较低,容易稳定客户,但推广速度比较慢;二是通过网络广告宣传推广站点,可以在短时间内扩大站点知名度,但成本较高。

销售促进就是企业利用自身直销的网络营销站点(如李宁公司),采用诸如价格折扣、有奖销售、拍卖销售等方式来宣传和推广产品。它主要被用来进行短期性的刺激销售。

关系营销是指利用基于互联网的交互功能吸引客户与企业保持密切关系,培养客户的忠诚度,提高客户的收益率。

3. 网络营销促销作用

网络促销的作用主要体现在以下几个方面。

(1)　告知功能。网络促销能够把企业的产品、服务和价格等信息传递给目标受众，以吸引他们的注意力。

(2)　说服功能。网络促销通过各种有效的方式来解除目标受众对产品或服务的疑虑，说服他们坚定购买决心。例如，许多同类产品的细微差别，用户很难察觉，企业通过网络促销活动，可以使客户认识到本企业的产品可能给他们带来的特殊效用和利益，从而说服他们购买本企业的产品。

(3)　反馈功能。网络促销可以通过各种信息技术方式及时地收集、汇总顾客的需求和意见，并迅速反馈给企业管理层。

(4)　创造需求。运作良好的网络促销活动，既可以诱导需求，又可以因潜在的顾客的发掘而创造需求，扩大产品销量。

(5)　稳定销售。因企业产品市场地位的不稳可能会导致其销量波动较大，企业通过适当的网络促销活动，树立良好的产品形象和企业品牌形象，往往有可能改变用户对本企业产品的认识，达到稳定销售的目的。

4. 网络促销方式

1)　网上折价式促销

折价是目前网上最常用的一种促销方式。由于目前网民在网上购物的热情远低于商场超市等传统购物场所，所以网上商品的价格一般都要比传统方式销售时低，以吸引人们购买。由于网上销售商品不能给人全面、直观的印象，也不能试用、触摸等原因，再加上配送成本和付款方式的复杂性，造成网上购物和订货的积极性下降。而幅度比较大的折扣可以促使消费者进行网上购物的尝试并做出购买决定。

2)　网上赠品式促销

这种促销方法目前在网上的应用不算太多，一般情况下，在新商品推出试用、商品更新、对抗竞争品牌、开辟新市场情况下，利用赠品促销可以达到比较好的促销效果。但这需要注意赠品的选择。

(1)　不要选择次品、劣质品作为赠品，这样做只会起到适得其反的作用。

(2)　明确促销目的，选择适当的能够吸引消费者的商品或服务。

(3)　注意时间和时机，注意赠品的时间性，如冬季不能赠送只在夏季才能用的物品；在危机公关等情况下也可考虑不计成本的赠品活动以挽回公关危机。

(4)　注意预算和市场需求，赠品要在能接受的预算内，不可过度赠送赠品而造成营销困境。

3)　网上抽奖式促销

此类促销法是网上应用较广泛的促销形式之一，是大部分网站乐意采用的促销方式。它是以一人或数人获得超出参加活动成本的奖品为手段进行商品或服务的促销。网上抽奖活动主要附加于调查、商品销售、扩大用户群、庆典、推广某项活动等。消费者或访问者通过填写问卷、注册、购买商品或参加网上活动等方式获得抽奖机会。

(1) 奖品要有诱惑力，可考虑大额超值的商品吸引人们参加。

(2) 活动参加方式要简单化。因为目前上网费偏高、网络速度不够快，以及浏览者兴趣不同等原因，网上抽奖活动要策划得有趣味性和容易参加。太过复杂和难度太大的活动较难吸引匆匆的访客。

(3) 抽奖结果的公正公平性。由于网络的虚拟性和参加者的广泛地域性，对抽奖结果的真实性要有一定的保证，应该及时请公证人员进行全程公证，并能及时通过 E-mail 公告等形式向参加者通告活动进度和结果。

4) 积分式促销

这种方式在网络上的应用比起传统营销方式要简单和易操作。网上积分活动很容易通过编程和数据库来实现，并且结果可信度很高，操作起来相对较为简便。积分促销一般设置价值较高的奖品。消费者通过多次购买或多次参加某项活动来增加积分以获得奖品。此类促销方法可以增加上网者访问网站和参加某项活动的次数，可以增加上网者对网站的忠诚度，可以提高活动的知名度。

5) 网上联合式促销

由不同商家联合进行的促销活动称为联合促销。联合促销的商品或服务可以起到一定的优势互补、互相提升自我价值等效应。假如能够应用得当，联合促销可起到相当好的促销效果，如网络公司要和传统商务联合，以提供在网络上无法实现的服务；网上售汽车和润滑油公司联合等。

这些促销手法都是网上促销活动中比较常见又较重要的方式，其他如节假日的促销、事件促销等都可与以上几种促销方式进行综合应用。但要使促销活动达到良好的效果，企业就必须事先进行市场分析、竞争对手分析，以及网络上活动实施的可行性分析，与整体营销计划结合，创意地组织实施促销活动，使促销活动新奇、富有销售力和影响力，从而使自己的销售迈上一个新的台阶。

5. 网络营销促销的实施

企业实施网络促销必须在深入了解产品信息的网络传播特点、分析网络信息的受众特点以及设定合理网络促销目标的基础上进行。国内外网络促销的大量实践表明，网络促销的实施过程可以包括以下几个方面。

(1) 确定网络促销对象。这一群体主要包括：产品使用者、产品购买的决策者和产品购买的影响者。

(2) 设计网络促销内容。消费者的购买过程是一个复杂的、多阶段的过程，促销内容应根据购买者目前所处的购买决策阶段和产品所处的寿命周期决定。

(3) 决定网络促销组合方式。由于企业产品种类、销售对象不同，促销方法与产品种类和销售对象之间会形成多种网络促销组合方式，企业可以根据网络广告和网络站点促销两种方法的特点，根据自身产品的市场和客户情况，合理组合。网络广告促销主要实施"推战略"，其主要目标是将企业产品推向市场，获得客户认可；网络站点促销主要实施"拉战略"，其主要目标是吸引客户，以稳定市场份额。

(4) 制定网络促销预算方案。网络促销是一个新生事物，因网络促销而产生的价格、条件需要在实践中不断总结。首先，必须明确网上促销的方法及组合方式；其次，需要确定网络促销的目标；最后，需要明确希望影响的是哪个群体、哪个阶层、哪个区域的。

(5) 衡量网络促销效果。必须对已经执行的促销内容进行评价，衡量促销的实际效果与预期促销目标的一致性。

(6) 对网络促销过程进行监控。

小资料：

网络软文和输入法

"软文"是指通过特定的概念表达，以事例分析的方式使客户进入企业设定的"思维圈"，以强有力的针对性暗示而迅速实现产品销售的广告模式。例如一篇"以××站为例讲解图片类网站的 SEO"的文章，该文章虽然是以实例方式生动地讲解图片类网站的搜索引擎优化方法，但是访问者在阅读这篇文章的同时，会有意无意地点击文章里出现的一些链接，这在无形中增加了"××站"的流量。如果访问者发现这个网站做得还不错，就有可能成为该网站的"稳定客户"。此外，如果这篇文章得到众多访问者的认可，就有可能被多次转载和二次转载、三次转载等。这样浏览这篇文章的人数将会以几何倍数增长，源网站的访问量也会跟着增长。

搜狗和谷歌输入法之争的事件在一段时间里闹得沸沸扬扬，并且不断升级。原因在于输入法的开发商都想在输入法中绑定一些该公司的其他服务，例如搜狗输入法会嵌入搜狗工具条的功能。这样做的最终目的是想通过输入法这个工具的推广来"占领"用户的桌面，当用户有需要时，就可能优先使用该公司提供的相关服务。

11.2　网络营销推广工具与方法

阿里入股的后果：淘宝钻展进入新浪微博

2013 年 4 月 29 日晚，阿里巴巴宣布以 5.86 亿美元收购新浪微博 18%的股份，据接近交易的人士透露，完成本次交易后阿里巴巴将成为新浪微博第二大股东，并可能在未来通过认购优先股的方式控股新浪微博并成为第一大股东。阿里战略投资新浪微博交易酝酿了半年，期间经历了 46 次谈判。业界评论众说纷纭，认为入股原因主要是为了取悦资本市场、抢占流量入口并迎接大数据时代、强化社交关系挑战腾讯等。

最近发现，新浪微博近期也随之悄然出现了一系列变化，商业化和变现成为重中之重。据业内人士曝料，新浪微博目前已经可以投放淘宝钻展(钻石展位)，价格也已曝光。据微博网友@亮钻先生披露：在钻展后台的展位超市中选择站外优质资源，就可以看到新浪微博的展示位，也就是淘宝店主能在新浪微博里推广自己的店铺了。价格方面，新浪微博底部通栏 950×90 Flash 展位最低千次展现出价 0.3 元，最低日预算 100 元；右侧推荐 186×275 Flash 展位最低千次展现出价 0.5 元，最低日预算 100 元。业内人士建议，做此展位的淘宝卖家应该多使用定向功能，以避免购买不到流量，并且滚动广告，点击率效果较高。

不过众多商户对此还是持观望态度，普遍认为新浪微博流量虽高，但目前不能确定转化率情况，站外流量也没有淘宝网内部的流量质量高，并且众多的站外广告影响互联网用户的体验。更关键的是，根据消费者以往的购物行为而进行投放的站外广告更容易引起消费者厌烦。据消费者反映，目前自己上所有网站的广告几乎都是鞋类广告，看不到其他商品。

(资料来源：http://news.mydrivers.com/1/263/263474.htm)

11.2.1　搜索引擎营销

1. 搜索引擎营销的定义

搜索引擎营销(Search Engine Marketing, SEM)就是利用用户检索信息的机会将营销信息传递给目标用户，其目的在于推广网站，增加知名度，通过搜索引擎返回的结果，来获得更好的销售或者推广渠道。搜索引擎营销追求最高的性价比，以最小的投入，获得最大的来自搜索引擎的访问量，并产生商业价值。搜索引擎营销的最主要工作是扩大搜索引擎在营销业务中的比重，通过对网站进行搜索优化，更多地挖掘企业的潜在客户，帮助企业实现更高的转化率。搜索引擎营销是网络营销最重要的形式之一。据 CNNIC《2007 年中国搜索引擎市场调查报告》显示，每日使用搜索引擎的用户数高达 61.91%，其中 44.71%的网民经常使用(一天当中多次使用)搜索引擎。

2. 搜索引擎营销的特点

搜索引擎营销的实质就是通过搜索引擎工具，向用户传递他所关注对象的营销信息。相较于其他网络营销方法，它有以下主要特点。

1) 用户主动创造了被营销的机会

搜索引擎营销和其他网络营销方法最主要的不同点在于，在这种方法中是用户主动创造了营销机会。为什么这样讲？以关键字广告为例，它平时在搜索引擎工具上并不存在，只有当用户输入了关键字，结束查找，才在关键字搜索结果旁边出现。虽然广告内容已定，不是用户所决定的，但给人的感觉就是用户自己创造了被营销机会，用户主动地加入了这一过程，这也是为什么搜索引擎营销比其他网络营销方法效果更好的原因。

2)　搜索引擎方法操作简单、方便

搜索引擎操作简单、方便主要表现在以下几个方面。

(1)　登录简单。如果搜索引擎是分类目录，企业想在此搜索引擎登录，那么只需工作人员按照相应说明填写即可，无须专业技术人员或营销策划人员，纯技术的全文检索则不存在登录的问题。

(2)　计费简单。以关键字广告为例，它采用的计费方式是 CPC(Cost-per Click)，区别于传统广告形式，它根据点击的次数来收费，价格便宜，并可以设定最高消费(防止恶意点击)。

(3)　分析统计简单。一旦企业和搜索引擎发生了业务联系，搜索引擎便向企业提供一个统计工具，企业可方便地知道每天的点击量、点击率，这样有利于企业分析营销效果，优化营销方式。

3. 搜索引擎营销的基本方法

1)　登录搜索引擎

按工作原理来分，常见的搜索引擎技术大概有两类。一类是纯技术型的全文检索搜索引擎，如百度、谷歌等，其原理是通过自动检索程序到各个网站收集、存储信息，并建立索引数据库供用户查询。这些信息并不是搜索引擎即时从网络检索到的。所谓的搜索引擎，其实是一个收集了大量网站或网页资料并按照一定规则建立索引的在线数据库，这种方法不需要各网站主动登录搜索引擎。另一类为分类目录，这种方法并不采集网站的任何信息，而是利用各网站向搜索引擎提交网站信息时填写的关键词和网站描述资料，人工审核编辑后将各网站或网页登录到索引数据库中。

2)　搜索引擎优化和竞价

网站信息在搜索结果中的排名非常重要，在一个检索结果中，往往前面几个搜索结果的点击率最高。搜索引擎优化的目的就是通过对网站关键字、标题、网站结构的修改，使网站更符合搜索引擎的检索规则，使网站更容易被检索，排名更靠前。现在很多搜索引擎，如百度，它采用竞价排名的方法，即在同类网页或网站信息之间，用付费竞价的形式，谁出的价钱越高，谁就排在前面(需要一套信用审核机制)。

3)　关键字广告

所谓关键字，就是用户所关注信息中的核心词汇，用户就是用它通过搜索引擎查找自己期望的网页或网站。现在不少搜索引擎，比如百度、谷歌等，充分利用用户对这些核心词汇的高度关注，在搜索结果的旁边显示关于它的产品广告，这就是关键字广告。事实证明，关键字广告是一种成功率很高的宣传媒体，成功率比其他网络广告高得多。现在也有不少网站用网页内容定位的方法，实质上，这种方法是关键字广告的一种拓展。它的基本做法是：在某些和搜索引擎友好的网站中的某些关键字旁，显示关于这个关键字的广告链接。

搜索引擎营销在网络营销中起着举足轻重的作用，决定了搜索引擎优化在网络营销管理实战中的重要意义。商业网站以其核心关键词在主流搜索引擎(如 Google、MSN、Yahoo、Baidu)中获得自然排名优先，这在市场竞争激烈、信息浩如烟海的情况下，有着非比寻常的价值。

小资料：

常见的搜索引擎提交页面

中文 Google：http://www.google.com/intl/zh-CN/add_url.html

百度：http://www.baidu.com/search/url_submit.html

英文 Google：http://www.google.com/addurl/?continue=/addurl

英文 Yahoo：http://search.yahoo.com/info/submit.html

英文 MSN：http://search.msn.com/docs/submit.aspx?FORM=WSDD2

让搜索引擎主动发现和收录网站的有效方法之一是在其他更新频繁的网页上有我们的链接。

4. 搜索引擎营销的技巧

中国电子商务研究中心的分析研究表明，在实施搜索引擎营销时有以下技巧可以参考。

(1) 中小 B2C 品牌尽量不要去竞争同行业领头羊的品牌关键词。一是成本高，二是转化率未必理想，还面临着一定的法律风险。投机取巧还不如踏踏实实做好自己的事情。

(2) 比较理想的 sem 搜索引擎营销模式是：关键词-landing page 模式。也就是说，尽量为主推产品做推广专题页，这样有助于让用户搜索的关键词所见即所得，有助于大幅提升搜索转化率。

(3) 做好自己产品的长尾关键词。一般来说，常用的长尾关键词组合的模式是："买手机"、"北京 GPS 手机"、"衬衫便宜"、"衬衫促销"这类的名词+行为或者地域的关键词，其转化比较好。

(4) 结合流行元素的广告词撰写能够更好地吸引用户眼球。比如现在正在热播《刺陵》，如果你是化妆品品牌的话，竞争 OLAY 这个品牌之后，完全可以写成"正品 OLAY，《刺陵》女主角首选"，这样能引起用户比较多的兴趣。

(5) 根据地域特色和自然环境的变更来制定有针对性的搜索引擎营销策略。在美国已经出现了根据气候定向的 SEM 营销公司。目前在国内还没有这么执行的公司。与此相似的就是，可以根据方言来进行地域性投放，比如卖衬衫，投放在广东，可以写成"！￥@%@#%衬衫"；投放在东三省可以写成"××衬衫，刚刚滴好！"；投放在四川重庆可以写成"@#@#%#黑老火…要得"之类的，保证有比较好的点击率。

(6) 表现方式上做一些简单处理。比如说 400 电话的撰写方式，可以写成"400-777-1690"；www.hongchenghao.com 可以写成"Www.HongChengHao.com"，这样一些细微的不同也可以更好地引起用户的注意，提升转化率。

11.2.2　网络社区营销

1. 网络社区营销的作用

网络社区营销是早期网络营销的手段之一，是指把有共同兴趣的访问者集中到一个虚拟空间，相互沟通并借助口碑的力量而达到大规模商品营销的效果。网络社区营销的主要作用表现在以下方面。

(1) 有助于了解客户对产品或服务的意见或观点，并有利于客户对企业网站的重复访问，增加客户黏性。

(2) 可以作为一种实时客户服务工具，方便地在线回答客户问题或就热点问题进行在线调查，这对稳定老客户和挖掘潜在客户非常有利。

(3) 通过建立社区间或社区与网站间的合作，获得免费宣传的机会，扩大企业产品和服务的传播范围。

由于网络信息技术的发展，网络营销的手段更注重专业和深化，出现了很多以帮助买卖双方撮合交易为主要职能的综合性 B2B 网站，使得网络社区的营销功能事实上已逐渐淡化。因此当我们利用网络社区进行营销时，应该看到这一营销手段的缺陷。在建立网络社区营销的体系时，需要考虑社区的目标用户定位、人力开销、在线和离线数据库的整合等问题。

2. 网络社区营销未来的发展方向

1) 公益营销成未来内容亮点

网络营销的优势在于低成本和有效传播。如果希望将该优势更好地发挥，企业需要在内容创新方面有新想法。配合政策环境、实施公益营销也是方向之一。对网民而言，在习惯了"满天"娱乐新闻之后，或许会存在"审美疲劳"。适当挖掘人性本善的理念，以当前社会主流文化为依托，配合企业产品适时推出"公益营销"，将成为今后内容创新的又一亮点。

2) 广告载体日趋丰富，精准营销走向大众

门户网站的 Banner 广告已经不是最有效的方式之一。播客、SNS、交友、分类广告、垂直搜索、共享社区、数字杂志和 P2P 流媒体等新兴服务已经吸引了部分企业的目光。从目前来看，上述网站虽然访问量和用户覆盖数远不可与门户网站相比，但是其独特的用户群和黏性的服务是优势所在。广告载体的丰富为"精准营销"的实现创造了可能。精确地把广告推给目标客户，不但会有效降低单人营销费用，也可以减少对非目标客户的干扰，提高广告的满意度。

3) 视频广告成主要形式

进入 2006 年之后，视频广告正在成为瞩目的焦点。视频广告备受瞩目主要有三个原因：

首先是技术的成熟和完善，P2P技术降低了网站的产品投入并提高了广告主的认可度。其次是互联网视频文件的丰富。只有调动网民的积极性和创造力，视频文件才真正有可能在网上流行。家用 DV 的普及有利于提高网民对视频文件的接受度和点击率。最后是视频广告载体的多样性。

3. 最常用的手段

1) 签名打折、优惠

虽然这种营销方式已经是俗得不能再俗的方法，主要目的就是套取顾客的联系方式(QQ、MSN、手机号码等)，但仍旧需要强调指出，因为这是网络营销过程中最俗也是最简单的方法，而且是"屡试不爽"的方法。

2) 留言签名、文字链接

在网络论坛中，每一个用户的基本资料设置里面都会有"签名"一项。在签名档里面可以输入企业或个人的一些联系方式，更有甚者直接将自己的名片做成个性图片粘贴在签名栏里。这样一来，你发言越多、曝光率越高，则你的联系信息发布的频率也将越高。当然这也只是最普通的手段。

还有一种比较强制性的手段就是文字链接，即将发言的文字强行链接到某一网站，凡是点击你的发言文字就可以直接链接到你的网站。这种手段虽然有点不太"道德"，但还是非常高效，至少可以提升网站的点击量。

3) 换"马甲"

可能每一个人都会在一个论坛里面有很多用户名，业内人称"马甲"。虽然都是一个人，但不同的"马甲"在论坛中扮演着不同的角色，用我们策划人的专业术语，这些"马甲"所扮演的一般角色就是"正推反打、反推正打"。用通俗的语言解释就是：先说你好，换个"马甲"提出质疑，然后再换个"马甲"说明为什么好；同样，也可以先说你不好，换个"马甲"慢慢引导逐渐说明问题所在，最终引导到这个东西很好。当然"马甲"的作用还有很多，比如 "一主多辅、正反客串"等，在这里就不一一列举了。

4) 切换话题

在网络论坛营销过程中绝对不是"老王卖瓜自卖自夸"，我们需要的是不停地换"马甲"。同样，更重要的是"老王卖瓜不夸瓜"，这可以说是一个高水平的网络论坛营销人区别于"凡人"的根本所在。因为此人不仅需要对产品特性有十足的了解，同时还要能够把握社会热点信息，尤其是对产品所处行业内的热点信息有自己独到的观察力与分析力度。能够迅速把握信息并通过点点滴滴的渗透性言语将事件信息与产品或企业直接或间接地挂上钩，并且这种挂钩应该是积极、主动、正面的，而且他的发言必须能够有相当的说服力与引导性，使阅读者能够产生购买欲望。

5) 创造话题

网络是一个虚拟的社会，很多"故事"都是虚假的，但对于论坛浏览者来说"故事"

的真实性没有人去考证，关键是通过阅读这个故事能够获得什么。于是，你应该主动去创造各种各样能够吸引人"眼球"的主题。在这里必须强调论坛帖子的名称很关键，名字直接影响点击率，是你能否达到直接或间接宣传的关键所在。在创造话题以后就请你不停地"换马甲"、"切换话题"，最终引导购买消费阶段。

11.2.3　病毒性营销

病毒性营销(Viral Marketing)是指利用用户口碑传播原理(用户间的主动信息传播)进行网站、品牌推广，这种"口碑传播"可以像病毒一样迅速延伸。病毒性营销具有有吸引力的病源体(如"流氓兔")、几何倍数的传播速度、高效率的接收、更新速度快等特点。在美国，许多传统企业已经意识到病毒营销的影响力，并将之与传统营销模式结合，有的企业甚至将病毒性营销作为产品推广和品牌建设的核心策略。其实，病毒性营销的实质就是利用他人的传播渠道或行为，自愿将有价值的信息向更大范围传播，像那些认为只要在邮件的底部写上"请访问我们的网站"或"请将此邮件转发给你的同事和朋友"之类的语言就是病毒性营销的认识是错误的。大型公司可以通过提供各种免费资源来实现其病毒性传播的目的，但其中很多病毒性营销方法对小型网站并不适用，如免费邮箱、即时通讯服务等。

一些病毒性营销计划和病毒性营销方案虽然创意很好，但在实际操作中并未达到预期效果，甚至为客户带来麻烦，进而对网站形象造成负面影响。因此在认识到病毒性营销的基本思想后，有必要进一步了解病毒性营销的一般规律。

1. 病毒性营销的一般规律

(1) 病毒性营销的"病毒"需遵循一定的度，否则过度的病毒性营销方案就成为真正的病毒了。

(2) 成功的病毒性营销包含六个基本要素：提供有价值的产品或服务；提供便捷的向客户传递信息的方式；信息传递范围很容易扩展；利用公众的积极性和行为；利用现有的通信网络；利用他人资源进行信息传播。

根据这一基本规律，在制订和实施病毒性营销计划时，需进行前期调研和针对性检验，以确认自身方案是否满足这六个基本要素。

2. 成功实施病毒性营销的五个步骤

(1) 方案的整体规划和设计。

(2) 独特的病毒性营销创意。

(3) 合理设计网络营销信息源和信息传播渠道。

(4) 在易于传播的小范围内发布和推广病毒性营销的原始信息。

(5) 跟踪和管理病毒性营销的效果。

小资料:

病毒性营销的实施过程是零成本的，而病毒性营销方案设计需要成本。

网络营销信息不会自动传播，需要进行一定的推广。

11.2.4 口碑营销

随着中小企业对网络营销的重视，中小企业逐渐关注起企业在互联网上的口碑。因为企业产品在网民眼中是好是差，会影响到那些企业产品的潜在客户。网民的参与和口碑是中小企业做网络品牌的重要因素。

1. 口碑营销的定义

口碑(Word of Mouth)营销就是指以满足客户需求、赢得客户满意和客户忠诚、获得正向口碑、与客户建立起良好的关系以及提高企业和品牌形象等为目标。

2. 如何选择口碑营销

企业在制定口碑营销战略目标和定位时，需要先考虑：①客户异质性和风险性的影响；②正向口碑和负向口碑引起的客户价值的差异性；③长期、中期和短期口碑营销策略的组合；④渠道成员、意见领袖、媒体、竞争对手、客户等因素的影响。企业通过与客户的角色互换，形成一种可执行、可控制、可衡量和易被客户理解的口碑营销渠道。中小企业可通过网络社区、博客、SNS 等平台在互联网上经营自身产品的口碑，关注网民对企业产品的口碑，同时可积极利用社会化媒体平台来推广新产品。

3. 口碑营销的特点

1) 可信性非常高

口碑传播大都发生在朋友、亲友、同事、同学等关系较为亲近或密切的群体之间，在口碑传播的过程之前，他们之间已经建立了一种特殊的关系和友谊，因此相对于纯粹的广告、促销、公关等，口碑营销的可信度要高很多。

2) 传播成本低

口碑营销无疑是当今世界最廉价的信息传播工具，基本上只需要企业的智力支持，不需要其他更多的广告宣传费用。企业与其不惜巨资投入广告、促销活动、公关活动来吸引消费者的目光以产生"眼球经济"效应，不如通过口碑这样廉价而简单奏效的方式来达到这个目的。

3) 具有团队性

不同的消费群体之间有不同的话题与关注焦点，因此各个消费群体构成了一个个攻之不破的小阵营，甚至是某类目标市场。他们有相近的消费取向，相似的品牌偏好，只要影响了其中的一个或者几个，在这个沟通手段与途径无限多样化的时代，信息马上会以几何级数的增长速度传播开来。

如图 11-1 所示，通过口碑营销，有利于企业增加销量，降低获得新客户的成本、关系成本和维系成本等，使公司利润上升。口碑、口碑传播和口碑营销这三个概念既有联系又有区别，不能等同，需要根据不同的使用目的有针对性地选用，同时需要准确地对口碑营销中的关键客户进行有效识别并加强管理。

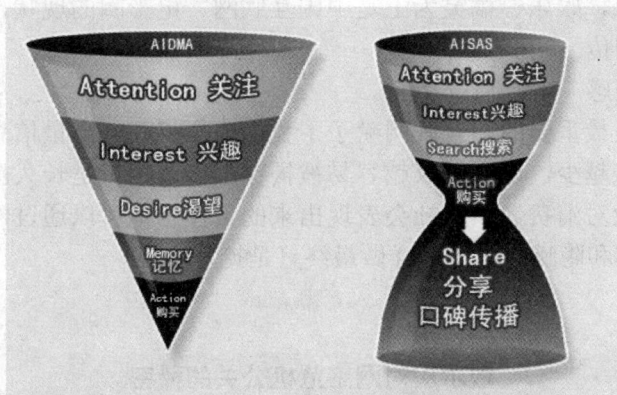

图 11-1　传统广告与口碑营销的区别

4. 网络口碑营销的实施技巧

网络口碑营销整个过程可能不需要花费很多钱，但它绝对不便宜。虽然网络口碑营销不会像电视广告那样在几十秒的时间内就花掉你成百上千万的金钱，但你所花费的时间、精力、耐心、真诚是无法用金钱衡量的。

1)　从最亲信的朋友开始

在口碑营销真正开始之前，试试看你能不能说服身边最要好的朋友购买或使用你的产品或服务。口碑本身就是一个在信任的人之间一次一次传递商品信息的过程，如果正面的商品信息在你和朋友之间都无法顺畅地传递，那么你也不要指望它们会通过口碑的形式在更大的范围内被广泛传播。

2)　循序渐进不求速成

你不能要求消费者像你购买的广告媒体那样按照严格排期来帮你推广。你首先要有好的产品或服务让他们感到满意，消除他们对你的疑虑并逐步让他们对你增强好感和信心，你需要帮助他们使用各种工具更方便地传递口碑，你需要在他们传播你的产品或服务的时候对他们表示感激。互联网已经让很多事情变得非常快捷，但是口碑传播的过程有时仍然会很慢，因为传播者大多数是你无法操控的消费者。

3)　寻找正确的意见领袖

虽然网络口碑营销是细水长流的工作，但是在大部分情况下意见领袖还是可以帮助你事半功倍,所以寻找真正喜欢你产品的意见领袖就变得至关重要。这里需要注意的一点是,在你产品的粉丝团里寻找或者培养意见领袖,有时候比把行业专家变成你产品的粉丝要容易得多。

4) 充满热情、保持幽默感

大部分情况下,消费者在帮你传播口碑的时候都是义务的。所以作为受益者,企业和口碑营销的执行方必须对所有消费者都充满热情,让他们感受到你的支持和鼓励。幽默感也是非常重要的一点,娱乐、搞笑为王是中国互联网、电影圈的现状,能让人发笑的信息更加容易被人口口相传。

5) 诚实和责任感

诚实和责任感是最重要的。互联网赋予了我们很多权利,海量信息的互联网,出现信息不对称的情况越来越少,谎言越来越容易被揭穿。以诚相待是长久赢得消费者青睐的唯一办法。同样,企业对消费者、对社会表现出来的责任感也可以通过网络让消费者一览无遗。不要试图去欺骗和隐瞒什么,那样做最终只是掩耳盗铃。

小资料:

戴尔应对网络危机公关的秘密

戴尔电脑(Dell)在2005—2007年这段时间屡屡遭遇互联网公关危机,但从2007年下半年之后,戴尔就可从容应对类似事件,为什么会有这么大的变化呢?

一方面是戴尔推出了博客营销策略,直接建立与客户、媒体的对等沟通渠道,以使其在危机时能快速反应,在新浪、搜狐都有其企业博客的镜像站点。另一方面,戴尔在监测、出席、对话等阶段进行了开放的社会化媒体营销,通过更多的社会化媒体(如与众多IT社区建立良好关系),让戴尔能够保持良好的口碑。

11.2.5 博客营销

1. 博客营销的定义与特点

博客是一个新型的个人互联网出版工具,是网站应用的一种新方式,它为每一个用户提供了一个信息发布、知识交流的传播平台,博客使用者可以很方便地用文字、链接、影音、图片建立起自己个性化的网络空间。有价值的博客内容会吸引大量潜在用户浏览,从而达到向潜在用户传递营销信息的目的。博客营销的概念目前并没有严格的定义,简单来说就是利用博客这种网络应用形式展开网络营销,如戴尔(Dell)的企业博客。近来,微博正在不断兴起,如 Twitter、新浪微博等。

2. 博客营销的价值

博客作为一种新型的互联网媒体,随着营销模式的不断创新,其媒体价值也迅速扩大。

中国博客的数量更是飞速增长，2005 年中国博客用户有 600 万人，2008 年达 8500 万人。庞大的市场需求空间，为博客成为一种营销手段奠定了基础，同时为成就博客营销提供了保障。

根据创赢网对国内有关博客营销研究的主要观点，结合作者自身尝试博客营销的实践体验，认为博客的营销价值有：可以直接带来潜在用户；降低网站推广费用；树立公司品牌形象。

3. 企业博客营销的前提条件

近两年，虽然越来越多的企业开始重视企业博客，但博客营销的效果反而呈下滑的趋势。据"推一把"网络营销机构调查，84%的企业所开展的博客营销并没有取得相应的效果。一个很典型的代表——合肥 "梦卓宜家"，在 4 个月的时间里，花费了大量的精力做了 40 多个博客，发表了上千篇文章，广告信息更是难以计算，可博客的平均点击率还不足 500IP，点击率没有，转化效果就可想而知了。

为什么企业投入了大量的精力却没有得到相应的回报呢？笔者认为其中很重要的一个原因是现今人们对传播媒体的态度发生了很大的变化，人们对传播媒体的权威性已经产生了严重的怀疑。试想一想，面对铺天盖地的广告，消费者唯恐躲之不及，谁还会去相信企业在博客上"一厢情愿"式的自吹自播呢？因此，我们开展博客营销要注意以下几个条件。

(1) 产品或服务要有卖点。博客营销对于没有卖点的产品不起作用，产品与服务的高品质是博客营销的基础。

(2) 博客营销要具有可控性，以防止博客营销所可能带来的负面影响。创赢网调查表明，正面评价的传播速度是负面评价传播速度的 1/10，负面的信息在短期内可以毁掉一个品牌甚至一个行业。

(3) 博客营销并不一定能在销售额上实现立竿见影的提升，这是一种有可能需要通过长期耐心推广才能起作用的营销手段。

(4) 博客营销很少作为一种营销战术单独使用，为提高传播速度和效果，通常以线下媒体、平面广告、杂志、搜索引擎营销、B2B、B2C 相互结合的方式，才能取得更为显著的效果。

(5) 营销道德是企业口碑营销的前提。企业应首先保证自己宣传的客观性和真实性，不能过分夸大自己的产品和服务，否则，很可能带来负面的效果。

4. 博客营销操作技巧

在此就以笔者 11 月份在比特网所作的博客为例，来和大家分享一下博客营销的方法和技巧，该博客在二十多天的时间内点击量达到了 13 000 人次。

(1) 文章一定是要原创：不管文采好不好，观点是否独特，只要是原创就能吸引一定的浏览者，同时也有可能吸引到编辑，给你做个推荐。

(2) 标题要好：笔者不提倡大家做标题党，但一个吸引人的标题，绝对能让你的文章传播效果成倍地扩大。

(3) 文章标签：企业在做博客营销的时候很容易忽略文章标签的作用，据"梦卓宜家"的相关负责人说，他们所做的40多个博客，上千篇文章，无论文章内容是什么，所用的文章标签全都是一样的。

这是企业博客营销时最常见的一个误区，不少企业把所有的文章标签都设定为自己的产品或服务名称，认为这样潜在客户会更容易找到自己，这绝对是天大的错误。无论是外部搜索引擎还是内部搜索引擎，都自然地认为这样的文章权重较低，不予收录和相关文章匹配。

(4) 文章互助链接：笔者的博客在短期能获得这么高的传播效果，文章互助链接是一个关键因素。这里说的链接，并不是加到文章里(笔者个人认为，加到文章中的链接所让人反感的概率要远大于该链接被点击的概率)，而是加到文章的最后面，以"更多精彩文章导读"的形式出现，把你一些别的有特点的文章标题和超级链接加上去，这样客户在看完你这篇文章后，就有很大的可能再去看别的文章。通过文章的相互推荐，可以使浏览者对企业博客的亲和度更高，为企业博客营销取得更大的营销效果。

(5) 社区：一般情况下提供博客服务的网站都有社区中心。企业在做博客的同时，也可以把文章发到相应的社区里，同时以文章互助链接的方式推广。

(6) 交友圈：一些大型博客网如新浪网、搜狐网、网易等提供一种交友圈的功能，就是把有同一爱好的人组织起来，成立一个群组，让成员在里面相互交流。可以参考社区的方法进行推广。

小资料：

中国第一起博客营销案例——三一重工叫板徐工收购案

2006年6月6日，三一重工执行总裁向文波在其个人博客上发表"战略产业发展的主导权是国家主权"的文章，指出卖什么都可以，"卖国"不行，由此揭开了炮轰徐工廉价甩卖给外资凯雷的序幕。此后，向文波又先后发表了"徐工并购：一个美丽的谎言"、"徐工不能被外资收购的四大理由"、"对徐工拒绝三一收购理由的回复"、"为六部委联手严审外资并购喝彩"、"徐工闯关推演"、"徐工为何要刻意粉饰并购方案"等文章，公开抨击当时的徐工并购热点事件，暗示徐工有作假之嫌。针对抨击，徐工一名职工以"响云霄"为名开博，就向文波观点进行逐一反击。

不管是无心"插柳"，还是有意为之，三一重工执行总裁向文波通过博客反对徐工机械与美国凯雷集团的并购交易成为中国的第一起博客营销事件。向文波巧妙借势，通过抨击徐工并购事件，将企业之间的一起商务活动提升到了国家产业安全、民族工业健康发展、国有资产管理的高度，从而引起媒体和公众的广泛关注，甚至商务部等六部委也介入此事。

向文波和三一重工大打民族牌和爱国牌，引起了众多网民的支持，使越来越多的人站在三一重工这一方，支持三一重工叫板凯雷收购徐工案。向文波以博客为工具对徐工并购案造成了很大的影响，更为重要的是，它也改变了外资并购中国境内企业的政策环境，在这一变化过程中，人们记住了三一重工。

这些年随着博客越来越深入中国大众，博客营销也成为很多企业撬动市场的一个杠杆，成为品牌提升知名度的有效途径。这是品牌营销的一个全新方式，是品牌与潜在消费者沟通的一个秘密武器。不仅向文波有博客，在各大门户网站和专业的博客网站上还闪耀着地产大腕潘石屹、分众传媒主席江南春、华远老总任志强、吉利领航者李书福、皇明太阳能老板黄鸣等明星。特别是皇明的黄鸣，现在已经成为中国各大品牌、管理、营销类网站的最佳"灌水者"，成为实战经验丰富的管理专家，也成为中国太阳能产业的"传教士"。

5. 博客营销的新形式——微博营销

微博，即微型博客(Micro Blog)的简称，是一个基于用户关系信息分享、传播以及获取平台。用户可以通过 Web、WAP 等各种客户端组建个人社区，以 140 字左右的文字更新信息，并实现即时分享(据百度百科)。相对博客而言，微博草根性更强，且广泛分布在桌面、浏览器和移动终端等多个平台上，有多种商业模式并存，或形成多个垂直细分领域的可能。

微博通常具有以下特点。

(1) 信息获取具有很强的自主性。用户根据自己的兴趣偏好，依据对方发布内容的类别与质量，来选择是否"关注"某用户，并可以对所有"关注"的用户群进行分类。

(2) 微博宣传的影响力具有很大弹性，与内容质量高度相关。其影响力基于用户现有的被"关注"的数量。用户发布信息的吸引力、新闻性越强，对该用户感兴趣、关注该用户的人数也越多，影响力越大。只有拥有更多高质量的粉丝，才能让你的微博被更多人关注。

(3) 内容短小精悍。微博的内容限定为 140 字左右，内容简短，不需长篇大论，可以是即兴发挥的事件直播，也可以是言简意赅的精彩评论，有助于受众快速获取信息。

(4) 信息共享便捷迅速。可以通过各种连接网络的平台，在任何时间、任何地点即时发布信息，其信息发布速度超过传统纸媒及网络媒体。

目前，微博用户呈爆发式增长，根据 CNNIC 报告，截至 2012 年年底，我国微博用户人数为 3.09 亿，而新浪微博注册数目超过 5 亿。巨大的用户群体，其中必然蕴藏着巨大的商机，利用微博开展网络营销正成为热点。

小资料：

美国 Kogi 的微博营销

Kogi 是美国一家名不见经传的流动快餐店，专门用流动汽车销售煎玉米卷。这样的流动汽车如果进入一些热闹地段，会受到警察的干预甚至驱赶。Kogi 为了钻进城市热闹地段，常常和警察捉迷藏。有了 Twitter 以后，Kogi 变得机灵起来。它在每一个热闹地段滞留的时间并不长。它的办法是在 Twitter 上发表下一站流动汽车会在哪里停下的消息,结果在汽车还没有到达前已经有客人排队了。流动汽车抓紧时间销售,在警察到来以前又开始赶往新的预约好的地点。借助 Twitter 等网络的力量和病毒式口碑营销,短短三个月的时间里,Kogi 就迅速征服无数洛杉矶人的胃,成为美国知名度最高的流动饭馆之一,引起了美国人的广泛关注,甚至被包括《纽约时报》、《新闻周刊》等在内的主流媒体所报道。

每周的星期三晚上 9 点,都有近 200 名难敌煎玉米卷诱惑的洛杉矶人组成所谓的"快闪党",耐心地守候在"金地鼠"(明尼苏达大学校队 Golden Gophers 的主场)外面,等待一辆流动快餐车的到来。

11.2.6　许可 E-mail 营销

1. 定义

许可 E-mail 营销是指在用户事先许可的前提下,通过电子邮件的方式向目标客户传递有价值信息的一种网络营销手段。它有三个基本因素:用户许可、以电子邮件为信息载体、邮件内容对客户是有价值的(即能够满足客户需求)。许可 E-mail 营销是网络营销方法体系中相对独立的一种,既可以与其他网络营销方法相结合,也可以独立应用。采用许可 E-mail 营销形式可以减少广告对客户的滋扰、增加潜在客户定位的准确度、增强与客户的关系、提高品牌忠诚度等。

2. 许可 E-mail 营销的形式

根据所应用的用户电子邮件地址资源的所有形式,许可 E-mail 营销可分为以下几种类型。

(1) 内部列表 E-mail 营销(内部列表):是利用网站的注册用户资料开展 E-mail 营销的方式,常见形式有新闻邮件、会员通讯、电子刊物等。

(2) 外部列表 E-mail 营销(外部列表):是利用专业服务商的用户电子邮件地址来开展 E-mail 营销,也就是以电子邮件广告的形式向服务商的客户发送信息。

3. 许可 E-mail 营销的形式的内容

从营销的手段、提供服务的内容以及与客户关系等方面综合分析,许可 E-mail 营销有:客户关系 E-mail、企业新闻邮件、提醒服务/定制提醒计划(有助于对客户的定位)、许可邮件列表、赞助新闻邮件、赞助讨论列表、鼓动性营销(病毒性营销)、伙伴联合营销(如交叉品牌/交叉商业计划)等八种主要形式。

E-mail 联系的频率应该与客户的预期及需要相结合,这种频率预期与具体环境有密切关系,例如从每小时更新到每季度的促销诱导。这一点非常重要,因为客户需要的是有针对性的内容和服务,长期不变的、非定位的 E-mail 信息会使本来已经与之建立营销关系的客户撤销他们的许可。

4. E-mail 营销的实施技巧

越来越多的公司开始采用 E-mail 营销模式，因为电子邮件营销可以带来许多看得见的好处——互联网使营销人员可以立即与成千上万潜在的和现有的顾客取得联系。

研究表明，80%的互联网用户在 36 小时内会对收到的电子邮件做出答复，而在直接邮寄(简称直邮)活动中，平均答复率仅为 2%。同时，与在线营销的其他方式相比，电子邮件是一个无可非议的赢家，通过"点击通过率"这一指标可以充分体现出来。然而，发送电子邮件需要注意一些事项。为了达到一个较高的"点击通过率"，或者为了让电子邮件的接收者们尽快做出答复，营销人员必须遵循电子邮件营销的一个基本规则：征得消费者的同意。

(1) 给顾客一个必须做出答复的理由。扬扬迪尼公司使网民们有强烈的欲望去读它的电子邮件广告和网上广告。创新的直接营销公司利用电子邮件中的小游戏、清道夫搜索清除和瞬间就知道输赢的活动来吸引顾客。到目前为止，不止 100 万的网民已经同意会去阅读来自某些公司的产品信息，这些公司有斯普瑞特(Sprint)公司、读者文摘(Reader's Digest)公司等，用户的目的是为了争夺产品，如一次去加勒比海的旅行或者是得到一袋金子。

(2) 使电子邮件的内容个性化。网络使公司能够根据顾客过去的购买或合作情况，将其发送的电子邮件的内容个性化。同时，顾客也更乐于接受个性化的信息。网上书店亚马逊(Amazon.com)的站点通过顾客的购物历史记录向那些愿意接受建议的顾客发送电子邮件并提出一些建议，而赢得了许多忠诚的客户；IBM 公司的"聚焦于你的新闻文摘"站点将有选择的信息直接发送到顾客的电子邮箱中，那些同意接收新闻信件的顾客可以从一个有兴趣的话题概况清单中选择他们所有的内容。

(3) 为顾客提供一些从直接邮寄邮件中所得不到的东西。直接邮寄活动需要花费大量的时间去准备、实施。因为电子邮件营销的实施要快得多，所以它能够提供一些对时间敏感的信息。例如，网络上的一个旅游站点如旅游城(Trave-licity)不断向顾客发送被称为"票款手表"(FareWatchers)的电子邮件，它提供最后一分钟的廉价机票；美特俱乐部(ClubMed)站点利用电子邮件向其数据库的 34 000 个顾客提供尚未售邮的折价的度假方案。如果营销人员根据所有这些规则来从事其营销活动，他们很可能使电子邮件成为最热门的新型营销载体之一。

11.2.7　数据库营销

数据库营销(Database Marketing Service，DMS)是在 IT、Internet 与 Database 技术发展上逐渐兴起和成熟起来的一种市场营销推广手段，在企业市场营销行为中具有广阔的发展前景。它不仅是一种营销方法、工具、技术和平台，更重要的是一种企业经营理念，也改变了企业的市场营销模式与服务模式,从本质上讲是改变了企业营销的基本价值观。企业通过收集和积累消费者大量的信息,经过处理后预测消费者有多大可能去购买某种产品,以及利用这些信息给产品以精确定位,有针对性地制作营销信息达到说服消费者去购买产品的目的。通过数据库的建立和分析,各个部门都对顾客的资料有详细全面的了解,可以给予顾客更加个性化的服务支持和营销设计,使"一对一的顾客关系管理"成为可能。

数据库营销在西方发达国家的企业中已相当普及,在美国,1994年 Donnelley Marketing 公司的调查数据显示,56%的零售商和制造商有营销数据库,10%的零售商和制造商正在计划建设营销数据库,85%的零售商和制造商认为在本世纪末,他们将需要一个强大的营销数据库来支持他们的竞争实力。从全球来看,数据库营销作为市场营销的一种形式,正越来越受到企业管理者的青睐,它在维系顾客、提高销售额中起着越来越重要的作用。

本 章 小 结

本章在概述了整合网络营销的发展、体系化及一些相关问题的基础上,阐述了互联网广告、网络公共关系、网络促销的作用及其实施过程,并对搜索引擎营销、网络社区营销、病毒性营销、口碑营销、博客营销、许可 E-mail 营销和数据库营销等网络营销工具的原理、实际应用及发展趋势进行了讨论。学习本章内容,宜多从日常生活中去寻找受各种网络营销工具影响的例子并对之进行思考和分析。

思 考 题

1. 如何正确认识网络营销沟通?
2. 列举你在日常生活中遇到的病毒性营销案例。
3. 在你的邮箱中,是否经常收到广告邮件? 你怎样看待许可 E-mail 营销这种形式?
4. 你在使用微博吗? 你认为微博可以帮助你求职吗? 应该怎么做呢?

案例分析题

病毒营销的先行者之一百事可乐公司在 Mountain Dew 饮料的营销计划中,给孩子们这样一个机会:孩子们只要收集齐 10 个饮料购买的凭证再加上 35 美金一并寄到百事公司,就可以拿到一个摩托罗拉的传呼器。传呼器在孩子心中是很酷的玩意儿,而百事公司则有权每周给这些孩子发出百事饮料的传呼信息。

耐克高额聘请世界上顶尖级的体育明星做产品代言人，然后以每秒 4 万美金购买美国超霸杯的广告时段播放广告，同时用铺天盖地的产品推广和赠送，使零售商乐于为其效劳。但是仔细想想，这些其实都没有它那个处处可见、贴有"Just Do It"的小小标签所起的作用更大。这个标签甚至进入了韦伯思特的词典中，列在美国文化的序列中。那些当初持怀疑态度的市场营销和广告策划人士以及二级影片中的监狱看管，现在都无不带讽刺意味地使用着这个词汇，而每一次他们说出这个词，就是在帮着推广耐克的产品。

分析：

请针对上述病毒性营销案例进行评价分析，并分析其对中国传统企业网络营销的参考价值。

第12章 网络营销广告

【学习目标】

- 了解网络广告的产生与发展，熟练掌握网络广告的类型与特点，能理解基于互联网的网络广告与传统广告的联系与区别。
- 熟练掌握网络广告策略，能策划具体网络广告的投放方法。
- 了解网络广告的主要效果评价方法，熟练应用具体评价方法进行网络广告效果的评价。
- 熟练掌握制定企业网络广告发布的方法，能针对不同企业网络营销的目的开展网络广告策划。

【引导案例】

"网络总统"奥巴马成功网络营销获得总统大选胜利

奥巴马的胜利，其意义不仅仅在于他是美国历史上第一位黑人总统，或者说他手提黑莓手机的"改变者"形象，更在于他充分理解了互联网这种新媒体的精神，利用网络口碑整合行销，为"驴象之争"这个传统的金钱游戏注入了新鲜血液。可以说奥巴马的胜利，是网络口碑整合行销在政治领域中的一次成功试验。这次成功再次佐证了网络营销在商业领域运用的必要性，一个网络口碑整合行销的新时代即将到来。

作为一个肯尼亚黑人父亲和美国堪萨斯白人母亲的后代，没有大家族力量的支撑，22个月的时间，奥巴马从年轻的参议员一跃成为美国最耀眼的政治明星，击败了在政坛根深叶茂的希拉里，击败了来自传统的中上层白人家庭的资深参议员麦凯恩，成为美国第一任黑人总统，不能说不是一个奇迹，以至于美国大学历史系教授阿伦·里奇曼激动地说："我们在见证历史，这将是美国政治的重要分水岭。奥巴马的当选，将终结美国近30年的保守主义政治时代。"而这个"美国政治的重要分水岭"奇迹的制造者，就是网络口碑整合行销，因而奥巴马也被称为"网络总统"，或者"Web2.0总统"。

我们回顾一下奥巴马击败希拉里获得民主党总统候选人提名，再接再厉以绝对优势干掉老态龙钟的麦凯恩入主白宫的整个过程，就会发现网络口碑整合行销如影随形。这位深刻理解互联网的黑人总统，在竞选过程中，充分利用了网络工具，视频、播客、博客、网页广告、SNS等多管齐下，尤其重视搜索引擎、网络视频、博客、SNS等网络新营销工具的价值，最大力度地争取到了网民的支持。

据国外媒体报道，奥巴马在竞选中投入在网络政治广告上的支出占了美国2008年所有互联网政治广告的50%，远超其他候选人的总和。而在网络营销费用中，82%的资金则被投入到了搜索引擎，仅在谷歌、雅虎和 Facebook 等几个网站上，奥巴马便投入了近 800 万美元的广告。作为回报，截至 2008 年 10 月 15 日，奥巴马成功募集到 6.4 亿美金竞选费用，其中 87% 都是通过网络募捐而来。

2011 年 4 月 4 日，奥巴马在自己网站上一个名为 "It Begins with Us" 的视频中正式对外宣布参加 2012 年的总统竞选，2012 年 11 月 6 日晚，奥巴马击败对手米特·罗姆尼，成功连任美国总统。

（资料来源：奥巴马 网络口碑营销的代言人? 北青网，http:// www.ynet.com/net/view.jsp?oid=45865954）

12.1　网络广告及其主要形式

可口可乐：迷你装 随身随你行

日前，"可口可乐"正式发布其最新 300ml 迷你装，并首次携手德国宝马旗下品牌 MINI，隆重推出一款为新包装度身打造的 Coca-Cola X MINI 改装车"可口可乐迷你快乐能量车"。一直以来，可口可乐始终致力于为人们带来身心的快乐与畅爽。此次推出的迷你装，旨在满足年轻人对"自在、轻便"生活方式的追求。可口可乐充分利用与 Mini Cooper 的合作伙伴关系，以富有创意的视频广告形式，将产品展现在 TA 面前，突出"方便"信息。视频广告在 iCoke 活动网站、优酷和土豆播放，与过往活动相比，平均媒体每元所创造的接触成本提升了 40%，视频广告观赏数近 280 万，KPI 达成 200% 以上。话题增加社群活跃度。在宣传期间，社群对话数量与质量都有明显的提升，一个月内创造了一百多则话题讨论，观看数接近 150 万，总话题互动量高达 2.6 万多次。成功传递产品讯息，将对 Mini Cooper 的喜爱转移到 Mini Pack。

（资料来源：http://case.iresearchad.com/html/201208/2804115013.shtml ）

12.1.1　网络广告的产生与发展

1. 网络广告的发展历程

网络广告是随着互联网信息产业、电子商务的发展而兴起的，作为一种新兴的广告形式，网络广告得到了快速的发展。2011 年全球网络广告市场达 728.4 亿美金，较 2010 年增长 13.9%，ZenithOptimedia 预计 2014 年全球网络广告市场规模将加速增长，预计突破 1132.8.5 亿美金(见图 12-1)。网络广告在整体广告市场中的影响力日益增强，除了传统电视媒体广告以外,网络广告将是未来企业广告投放的主要投选平台。

网络广告，通俗地说就是在网络这种媒介上所进行的广告活动。谈到网络广告，一定要知道一个网站，那就是美国 1993 年开始发行的平面杂志《连线》(Wired)旗下的"热线"

(Hot Wired)网站。1994 年 10 月"热线"开始在网站上招收广告以支付其开销,可说是网络广告最早的雏形。当时在"热线"(Hot Wired)上就刊登了现在被称为"旗标广告"(Banner)的网络广告,当时网络广告的主要形式有两个;一是成为网站的赞助商,二是在网站上用旗标广告。自从出现了第一个网络广告以后,随着网络的进一步普及和网络技术的不断提高,网络广告就逐渐变成了一种极为普遍的广告形式。

2008-2014全球网络广告市场规模

	2008	2009	2010	2011	2012	2013	2014
全球网络广告市场规模(亿美元)	509.5	554.3	639.8	728.4	842.7	977.6	1132.8
增长率(%)	8.8%	15.4%	13.9%	15.7%	16.0%	15.9%	

图 12-1　全球网络广告市场规模及预测

1994 年,中国获准加入互联网。三年之后,1997 年 3 月,广告主在网站发布了中国第一个商业性网络广告,传播网站是 Chinabyte.com,广告表现形式为 468×60 像素的动画旗帜广告。Intel 和 IBM 是国内最早在互联网上投放广告的广告主。Chinabyte.com 获得第一笔广告收入,IBM 为一款电脑的宣传付了 3 000 美元。这是中国互联网历史的一个里程碑,在此之前,中国的互联网企业完全处于一个"烧钱"阶段。但是,有了 Chinabyte.com 这个榜样,网络广告开始成为互联网企业最直接、最有效的赢利模式,中国网络广告市场也在这一天开始发展。新浪 SINA、搜狐 SOHU 等一批大型门户网站的崛起代表着中国网络广告开始登上了时代的舞台。

2. 网络广告所面临的挑战与机遇

网络广告的主要挑战来自传统媒体。传统媒体的发展日益成熟完善,并已成为受众认可、渗透到社会生活中、社会文化不可分割的一部分。经济危机成为网络广告的机会,传统媒体广告投放或将成为拐点,全球经济危机的影响也促使广告主将有限的投放预算更多地转移到效果可测、ROI 更高的网络广告投放中来。靠广播电视和平面媒体覆盖所有消费者的时代已经一去不复返了。2009 年特殊的经济形势,虽然严峻,但也使广告主的营销理念发生了转变。例如,在快速消费品行业,面对变化,宝洁中国向数字营销敞开了怀抱。数字营销在 2009 年受到宝洁、联合利华的加倍青睐。2009 年,宝洁虽然广告支出总体下降,但是数字营销、互联网广告的投入却在增加。根据艾瑞咨询集团的统计数据,2009 年,宝洁中国互联网广告仅为 0.4 亿元,位居全国第 46 位,到 2011 年,其投放数字已经高达 2.86 亿元,位居全国第一,2012 年的数字只会更高。也就是说,近两年来宝洁的新媒体广告投入增长迅速。联合利华则利用 iPhone 手机上的游戏内广告推广自己的 Axe 男士香水。Internet 正在改变人们接触各种传统媒体的习惯，随着网络用户的激增，必然使网络确立起主流媒体的地位。

另外，电子商务、搜索引擎、网络视频给网络广告发展注入了最持久的强心剂。网络广告和电子商务的紧密结合是网络广告发展的原动力。因此，通过与以上几大网络应用的共同发展，网络广告必然在经济生活占据传统媒体难以匹敌的重要角色。CNNIC《中国互联网络发展状况统计报告》调查显示，2012 年上半年，即时通信用户维持较高的增速，继续保持中国网民第一大应用的领先地位。此外，网络视频以及网络购物、网上支付等电子商务类应用的用户规模增幅明显，这几类应用在手机端的发展也较为迅速。网上银行和网上支付用户规模在 2012 年上半年的增速分别达到 14.8%和 12.3%，截至 2012 年 6 月底，两者用户规模分别为 1.91 亿人和 1.87 亿人，较 2011 年年底的用户增量均超过 2000 万人。此外，手机在线支付的发展速度也十分突出，截至 2012 年 6 月底，使用手机在线支付的网民规模为 4440 万人，较 2011 年年底增长约 1400 万人。至 2012 年 6 月底，中国网民使用微博的比例已经过半，用户数增速低至 10%以下，增速的回落意味着微博已走过早期数量扩张的阶段。然而微博在手机端的增长幅度仍然明显，手机微博用户数量由 2011 年年底的 1.37 亿人增至 1.70 亿人，增速达到 24.2%。网络视频用户规模继续稳步增长，2012 年上半年通过互联网收看视频的用户增加了约 2500 万人。而手机端视频用户的增长更为强劲，使用手机收看视频的用户超过一亿人，在手机网民中的占比由 2011 年年底的 22.5%提升至 27.7%。2013 年手机网民在用户规模上超越 PC 网民。基于移动互联网的广告网络将迎来新的发展机遇。应该说，在互联网步入快速增长阶段的新时期，受益于网络接入费用的进一步降低以及互联网服务的成熟及吸引力，中国互联网有效受众规模也在稳健增长。而随着互联网有效受众规模的高速增长，互联网的消费规模也在进一步扩大。中国互联网的增长不仅仅表现在以上一些基本的方面，在影响力上，以互联网为代表的新媒体。在 2013 年也有不俗的表现。2013 年 4 月 20 日，四川雅安发生地震后，短信、微信、微博成为震区人民对外界联系最有效的工具。

根据 DCCI 预测，2010 年成为中国网络广告市场的转折点，网络广告营收规模达到 212.5 亿人元，增长率约为 37.6%；2011 年，网络广告营收规模逐步复苏，达到 305.2 亿元，增长率进一步回升到 43.6%(见图 12-2)。中国互联网广告收入在 2012 年超越报纸，成为第二重要的媒体。

据 DCCI 2011 年的调查数据显示：截至 2012 年 6 月底，中国网民数量达到 5.38 亿人，互联网普及率为 39.9%。学生平日媒介消费时间为互联网(非视频类)26%，互联网(视频类)22%，手机 31%，电视 10%，报纸 4%，杂志 4%，广播 3%。白领平日媒介消费时间为互联网(非视频类)34%，互联网(视频类)15%，手机 19%，电视 13%，报纸 7%，杂志 6%，广播 6%。随着中国互联网用户的到达率和忠诚度的不断提高，互联网用户的使用熟练程度逐渐增加，中国互联网网络营销的潜力正在不断地被释放出来。

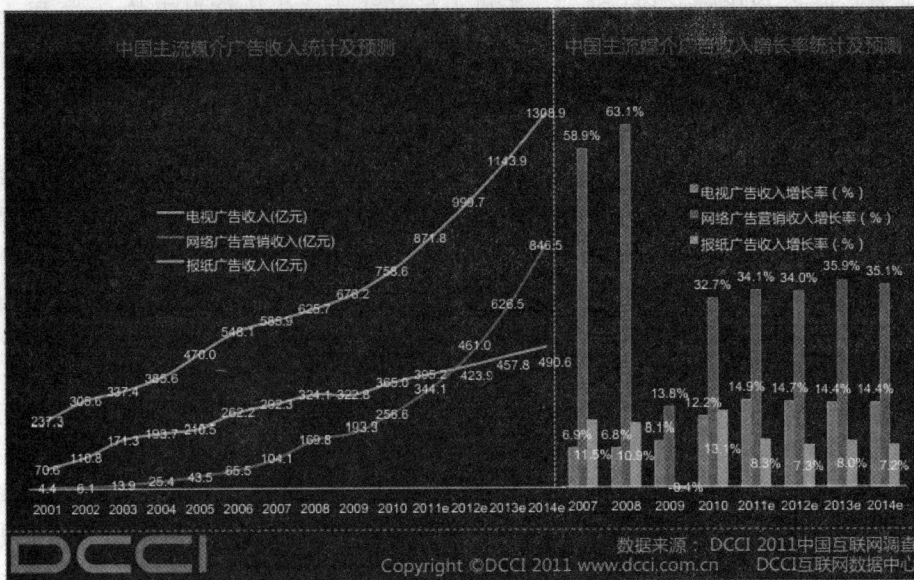

图 12-2　中国网络广告支出占整体广告支出比重

12.1.2　网络广告的类型

经过将近十年的发展，目前网络广告已经衍生出多种类型，大致包括以下几种。

1. 付费搜索广告

付费搜索广告(Search Engine Ads)主要指搜索引擎及其细分产品的各类广告，包括排名类产品(竞价排名和固定排名)、内容定向广告(如百度精准广告)、品牌广告等多元广告。图 12-3 显示的是百度"网络营销"关键字竞价排名的结果。

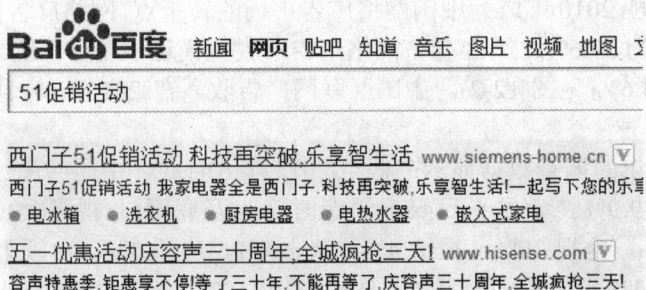

图 12-3　百度竞价排名

2. 品牌图形广告

品牌图形广告(Brand Banner Ads)具有形式和展示方式多样、醒目等优点，在吸引受众眼球方面具有一定优势，一直是中国网络广告市场的主要形式之一。但其精准度欠佳。主要包括按钮广告、鼠标感应弹出框、浮动标识/流媒体广告、画中画、摩天柱广告、通栏广告、全屏广告、对联广告、视窗广告、导航条广告、焦点图广告、弹出窗口和背投广告等形式。

其中，横幅广告(Banner) 称呼较多，如横幅广告、全幅广告、条幅广告、旗帜广告、网幅广告等，是以 GIF、JPG 等格式建立的图像文件，定位在网页中，大多用来表现广告内容，同时还可使用 Java 等语言使其产生交互性，用 Shockwave 等插件工具增强表现力。横幅广告是最早的网络广告形式。最常用的是 486×60 像素的标准标志广告。

3. 富媒体广告

富媒体广告(Rich Media Ads)主要包括插播式富媒体广告、扩展式富媒体广告和视频类富媒体广告等形式。

富媒体是由英文 Rich Media 翻译而来，是一个技术名词，富媒体是一个压缩、传输、把表现形式标准化的技术。Rich Media 并不是一种具体的互联网媒体形式，而是指具有动画、声音、视频和交互性的信息传播方法，包含下列常见的形式之一或者几种的组合：流媒体、声音、Flash，以及 Java、JavaScript、DHTML 等程序设计语言。富媒体除了提供在线视频的即时播放之外，内容本身还可以包括网页、图片、超链接等其他资源，与影音作同步的播出。这样，大大丰富了网络媒体播放的内容与呈现的效果。

常见的富媒体广告形式有浮层类、下推类、扩展类、视窗类、覆盖类、潜水游、摩天楼等多种多变灵活的产品形式，以适应各种产品、创意、网站的投放需求。图 12-4 所示为新浪网站上的富媒体广告。

4. 视频广告

视频广告(Video Ads)是以在线视频为载体的网络广告形式，具有丰富的表现形式，包括视频贴片 loading 广告、视频直播插播类广告、视频组合创意广告、视频浮层广告、海绵广告、画中画广告、暂停广告、扩展走马灯等。视频网站作为广告主的重要营销工具，营销方式趋于多元化。在广告形式上，各家视频网站已经推出多种多样的广告形式，如区别于大家所熟知的前插片、中插片、后插片等广告，视频网站还推出了视频播放器上的广告。视频暂停时出现的广告、视频中内置的广告，甚至是可以与视频广告互动的广告、网络视频相比传统的互联网媒体具有视频的"声、光、电"特性，相比传统媒体，如电视，具有互联网所具有的互动优势，因此网络互动视频营销是网络视频营销的特色，也是优势所在。目前以 engagement 为创意点的网络互动视频营销产品，业界已开始探索。

图 12-4　新浪主页上的通栏广告

5. 文字链广告

文字链广告(Text Linked Ads)是以一排文字作为一个广告，点击进入相应的广告页面，主要的投放文件格式为纯文字广告形式。

文字链广告是一种对浏览者干扰最少，但却最有效果的网络广告形式。整个网络广告界都在寻找新的宽带广告形式，而有时候，需要最小带宽、最简单的广告形式效果却最好。例如在搜狐网首页(图 12-5)，我们可以看到，固定文字链广告位的安排非常灵活，可以出现在页面的任何位置，可以竖排也可以横排，每一行就是一个广告，点击每一行都可以进入相应的广告页面。

图 12-5　搜狐首页的文字链广告

6. 电子邮件广告

调查表明，电子邮件(Email Ads)是网民最经常使用的因特网工具。只有不到 30%的网民每天上网浏览信息，但却有超过 70%的网民每天使用电子邮件。对企业管理人员尤其如此。电子邮件广告具有针对性强(除非你肆意滥发)、费用低廉的特点，且广告内容不受限制。特别是针对性强的特点，它可以针对具体某一个人发送特定的广告，为其他网上广告方式所不及。电子邮件广告在直复营销方面的应用最为广泛。

7. 分类广告

分类广告(Classified Ads)如果严格来说不能称之为网络广告的一种新类型，早在传统媒体中，分类广告就已经出现了。只不过在今天它也搭上了网络这班快车而已。分类广告就是广告商按照不同的内容划分标准，把广告以详细目录的形式进行分类以供那些有明确目标和方向的浏览者进行查询和阅读。由于分类广告带有明确的目的性，所以非常受到许多行业的欢迎。

8. 互动游戏式广告

互动游戏式广告(Interactive Game Ads)应该可以看作交互式广告的一种，但它也有自己的一些特点。使用动画制作软件如 Macromedia Shockwave/Flash 插件编写的广告，能用较少的文件字节表现动态的矢量图形和渐变效果，这一技术正在被越来越广泛地应用。但缺点是浏览器需要安装插件。Flash 文件的尺寸极小，使它成为低带宽条件下最好的动画载体，并且为能够尽可能地实现互动游戏广告提供了有利的工具。除了 Flash，macromedia 公司的另一个产品 Shockwave 在网络广告方面也应用极广。Shockwave 的功能比 Flash 更强大，互动性更强。如图 12-6 所示是海尔冰箱品牌宣传互动游戏式广告。

图 12-6　海尔冰箱人人网品牌宣传互动游戏式广告

9. 下载软件广告

相信使用过 OICQ 的用户一定会发现在聊天的终端窗口会出现一条广告条，而且它会自动轮换播放。QQ 软件的注册用户数已经超过中国网民的总数，实际使用人数大约在网民总数的 80%左右(考虑到有部分用户注册了多个号码)，可以说 QQ 是中国网民除了 IE Explorer 之外最常用的网络软件(Download Soft Ads)。这样一个拥有大量用户数的软件，理所当然地成为一个极好的广告媒体。而且它是基于互联网的应用软件，因此，QQ 广告具有普通网络广告所具备的一切优点。除了 QQ，一切与网络相关的软件都能成为广告的载体，比如下载工具 Flashget、网络蚂蚁等，它们在未进行注册时，都有一条 Banner 在软件界面的顶端显示。软件与广告的结合，甚至被视为将来软件发行的一个重要渠道。软件作者通过加入广告网络来获得收入，而用户通过看广告省下了购买软件的费用。随着在线软件广告的发展，人们越来越意识到了它的优越性。一般来说，人们对软件的忠诚度要比对 Web 的忠诚度要高。举个例子，一个 QQ 用户每天看的网页不同，但他必然会打开 QQ 进行聊天，这对于他来说是唯一的选择。从某种意义上说，在线软件广告有着比 Web 广告更好的前景。

10. 其他形式广告

其他形式的广告主要指数字杂志类广告、P2P 软件类广告、游戏嵌入广告、IM 即时通信广告、微博营销广告、社区口碑营销广告等形式。

12.1.3 网络广告的优势及局限性

网络广告的优势主要体现在以下几个方面。

1. 互动性和纵深性

在网络广告这种形式当中，信息是互动传播的，用户可以主动获取他们认为有用的信息，可以直接填写并提交在线表单信息，广告主也可以随时得到宝贵的用户反馈信息，从而缩短了用户和广告客户之间的距离。而与此同时，用户可以通过链接获取更深入详细的广告信息。

2. 实时性和快速性

互联网本身反应就很迅速，依托互联网为媒体的网络广告更是迅速。在互联网上作广告，可以及时按照需要更改广告内容，经营决策的变化也能及时实施和推广。另外，网络广告制作周期比起传统广告而言更短，这也是它的一大优势。

3. 准确跟踪和衡量广告效果

利用传统媒体作广告，很难准确地知道有多少人接收到广告信息，而在互联网上可通过权威公正的访客流量统计系统精确统计出每个广告主的广告被多少个用户看过，以及这些用户查阅的时间分布和地域分布，从而有助于广告主正确评估广告效果，审定广告投放策略。

4. 传播范围广，受时空限制较少

网络广告的传播是不受时间和空间的限制的，它可以 24 小时不间断地挂在网站上面。一旦具备上网条件，任何人在任何时间和任何地点都可以浏览这些广告。

5. 可重复性和可检索性

网络广告可以供用户主动检索，而传统广告则是定时定点定期发布的，受众无法检索。

6. 很强的针对性

由于网络广告都是在特定的网站发布的，而这些网站一般都有特定的用户群，因此，广告主在投放这些广告的时候往往能够做到有的放矢，根据广告目标受众的特点，针对每个用户的不同兴趣和品位投放广告。

7. 强烈的感官性

网络广告的载体基本上是多媒体、超文本格式文件，受众可以对某些感兴趣的产品了解更为详细的信息，使受众能亲身体验产品、服务与品牌。这种以图、文、声、像的形式传送多感官的信息，让受众如身临其境般感受商品或服务，并能在网上预订、交易与结算，从而大大增强网络广告的实效。

但是，对目前的互联网媒介来说，由于长期缺乏相对准确、全面、系统、客观的媒介监测、广告投放等相关数据。现有一些机构提供的数据，质量也往往参差不齐，统计方法、研究框架千差万别，缺少行业的统一性、系统性、规范性。

12.1.4　网络媒体与传统广告媒体的比较

传统广告媒体主要是电视(大约占 36%)、报纸(大约占 35%)、杂志(大约占 14%)以及广播(大约占有 10%)。

网络媒体被看成另一种广告新媒体，自然也有其优点和缺点。表 12-1 和 12-2 将网络媒体与传统广告媒体进行了比较。

表 12-1　网络媒体与传统广告媒体的比较(一)

评价指标	网络媒体	传统媒体
传播范围	不受时间和空间的限制，通过国际互联网络把广告信息 24 小时不间断地传播到世界各地	范围比较受限，会受空间和时间的限制

评价指标	网络媒体	传统媒体
交互性	信息互动传播,用户获取有用的信息,厂商得到用户反馈信息	单项传播
感官性	以图、文、声、像的形式,传送多感官的信息,让顾客如身临其境般感受商品或服务	形式比较单一
针对性	网络广告可以帮你直接命中最有可能的推广	针对性不强,无法确定受众的精准信息
投放成本	能按照需要即时变更广告内容,这样,经营决策的变化也能及时实施和推广	广告发布后很难更改,即使可改动也需付出很大的经济代价
受众数量统计	通过权威公正的访客流量统计系统,精确统计出每个客户的广告被多少个用户看过,以及这些用户查阅的时间分布和地域分布	很难精确地知道有多少人接收到广告信息

表 12-2　网络媒体与传统广告媒体的比较(二)

媒 体	对广告效果的正面影响	对广告效果的负面影响
电视	入侵式广告——赢得更多注意力,可以很好地展示商品,并利用人们生活中的片刻空闲,对广告需求者来说容易"购得"	收视率不一定有保障,而且增加了广告费用
广播	在各广播电台之间的选择余地很大,广告主可以选择一天或一周中的某段时间,以充分利用时间因素。效果依赖于听者的心情和想象	听众范围受广播的地理限制。电台太多,购买时难以选择。效果的检验很困难,缺少统计学上的指导
杂志	提供对市场细分的绝好机会,可以随意地重温广告。使用适当的图片和文字,可以带来深刻的印象	广告的影响面受读者控制,新产品尤其易被忽视,无法选择广告时间
报纸	充分发掘一次性机会,尤其是在促销日,读者在准备购物时经常主动查找信息,并依此购买。可随身携带	因为许多市场信息都集中在一张纸,所以尽管扩大了影响,但缺少对人群的选择性。大幅广告成本很高,复制的质量低,颜色少

续表

媒　体	对广告效果的正面影响	对广告效果的负面影响
互联网	互联网广告可以一天 24 小时，一年 365 天被访问，而且不管访问者在哪里，费用都是一样的。人们的访问主要是基于对网站内容的兴趣，所以能很好地细分市场，有机会建立一对一的直销关系。多媒体技术将使广告更有吸引力。广告传播的成本很低(只有技术费用)，接触上百万消费者的成本和接触单个消费者的是一样的。广告内容可能在任何时候被更新、补充和改变，所以总能保持最新。广告得到的反应(点击率)和结果(页面浏览)就是最好的衡量标准。在网站内导航很方便——你可以随时点击想要看的内容，并且不管逗留多久都行	长期缺乏相对准确、全面、系统、客观的媒介监测、广告投放等相关数据。现有一些机构提供的数据，质量也往往参差不齐，统计方法、研究框架千差万别，缺少行业的统一性、系统性、规范性

据 CNNIC《中国互联网络发展状况统计报告》显示，截至 2012 年 6 月底，中国网民数量达 5.38 亿人；最引人注目的是，通过手机接入互联网的网民数量达到 3.88 亿人，相比之下台式电脑为 3.80 亿，手机成为了我国网民的第一大上网终端。表 12-3 将移动互联网与传统互联网进行了比较。

表 12-3　移动互联网与传统互联网的比较

评价指标	移动互联网	传统互联网
移动性	移动互联网能更好地填补用户的碎片时间，比如说电视和杂志所不能覆盖的时间	一般为上班时间，晚上、节日在家里，固定的工作或生活场所
位置性	精度更精，基于基站定位、GPS 地理位置定位，通过精准的位置定位为用户提供个性化的信息与服务	基于 IP 定位
市场规模	受手机屏幕等限制，移动互联网广告还远不及传统互联网广告，市场规模有限	传统互联网广告，目前占据领先位置

小资料：

　　未来越来越多的品牌广告主，希望能够以低成本获得尽可能多的销售机会。网络广告的互动性、纵深性、实时性、快速性、很强的针对性和感官性能够实现企业的上述需求。

12.2　网络广告策划策略

三星泡泡净洗衣机：省时 29 分钟把时间还给生活！

掌握传媒在为三星泡泡净洗衣机打造的"省时 29 分钟把时间还给生活"的推广中，着重诠释传播"洁净省时，乐享生活"的品牌理念，同时将三星"泡泡净"技术——创新科技带来省电、省时、清新洁净的极致体验传递给消费者，提高受众对三星泡泡净洗衣机产品的认知度与偏好度。通过结合掌握传媒的媒体整合平台，选择优质媒体资源将三星泡泡净洗衣机所传递的理念与信息推送至目标受众。

此次推广，掌握传媒深入消费者洞察，启动活动营销，搭建 WAP 站点，采用绚丽的富媒体展示，运用手机媒体的随时随地随身的特性，将社交、互动相结合，实现以一带多的多次传播。同时，运用地域定向、时间定向等定向技术，为广告主精准找到受众群，充分有效地将有限投入实现最大产出。填写"你的 29 分钟，净省生活随意搭"句式，并互动分享，将消费者的 29 分钟乐享生活理念传播，让受众在参与线上活动、了解产品新功能的同时，间接将传播信息推送给周围朋友，使产品信息得到最大化的传播。此次 44 天投放，累计产生曝光 2 652 983 个，累计产生点击 40 314，广告得到较广泛的传播，凭借良好的互动效果和精准定向传播，投放效果良好。

（资料来源：http://www.vmarketing.cn/ArticleContent_28788.html）

12.2.1　网络广告策略策划的基本要求

1. 符合网络营销策略的总体要求

网络广告策略是为网络营销策略的实施服务的，因此，网络广告策略应与网络营销策略密切配合。

2. 处理好广告表现与内容的相互关系

广告表现对于广告作品十分重要，广告表现的成败关系到广告的说服效果，因此，制定广告策略要处理好形式与内容的关系，防止虚夸，以致决策失误。

3. 要灵活运用广告策略

灵活运用广告策略，也就是广告要因时、因地、因人、因产品而异。根据不同的环境，有时需要综合运用多种广告策略。

4．要准确地反映广告的主题思想

广告策略偏离了广告主题，广告受众也就抓不住中心，不知道广告要诉求什么，就不能形成统一的、准确的概念，当然也就达不到广告目标的预期效果。

12.2.2　网络广告定位策略

定位策略是网络广告诸策略中最为关键的策略，相当于交响乐团的指挥，统率全局。定位恰当，其他策略才能够有效地发挥作用。定位失策，其他策略也就失去了统帅，是不可能发挥作用的。

所谓网络广告定位，就是网络广告宣传主题定位，就是确定诉求的重点，或者说是确定商品的卖点。就其实质而言，网络广告定位也就是网络广告所宣传的产品、劳务、企业形象的市场定位，也就是在消费者心目中为网络广告主的产品、劳务或企业形象确定一个独特的位置。

网络广告定位策略从某种意义上被划分为以下几种。

(1) 抢先策略：利用人们认知心理先入为主的特点，一举成名，使产品成为同类产品的第一品牌。这一策略最适宜新品上市。

(2) 比附策略：第一品牌已经被人占领，采取跟随策略，比照攀附领导者的方法，为自己的产品争到一席之地。

(3) 空隙策略：另辟蹊径，寻找市场空白点，填补这种空隙。

另外还有观念策略、品牌形象策略和企业形象定位。

12.2.3　网络广告市场策略

任何一个企业的任何一种产品，都不可能满足现代社会所有人的需要。这就要求企业必须认定自己产品的销售对象和销售范围。这个认定的销售对象，就是产品的目标市场。比如婴幼儿奶粉的目标市场是年轻的父母；美白化妆品的目标市场是中青年女性。

认定目标市场，是推销产品的第一步，目标市场不同，网络广告的创意、表现以及媒体的运用都会有所不同。划分目标市场的方法，比较常见的为按经济地位、地理环境、人群素质、购买数量来划分。不过市场的划分会随着消费者的变化而变化，要及时根据市场需求变化调整。

12.2.4　网络广告心理策略

互联网用户的购物习惯正在改变，购买过程由传统的 AIDMA 营销法则(Attention 注意、Interest 兴趣、Desire 欲望、Memory 记忆、Action 行动)的五个阶段，逐渐向含有网络特质

的 AIDAS 模式转变。新的营销法则中，Discovery(发现)的出现，指出了互联网时代下搜索(Search)的重要性。许多互联网用户在购物前，使用搜索引擎进行相关产品的搜索，搜索引擎成为用户购物前重要的信息获取渠道，搜索引擎成为营销过程中的重要一环。

(1) 第一个字母 A 是"注意"(Attention)。在网络广告中意味着消费者在电脑屏幕上通过对广告的阅读，逐渐对广告主的产品或品牌产生认识和了解。

(2) 第二个字母 I 是"兴趣"(Interest)。网络广告受众注意到广告主所传达的信息之后，对产品或品牌发生了兴趣，想要进一步了解广告信息，则可以点击广告，进入广告主放置在网上的营销站点或网页中。

(3) 第三个字母 D 是"发现"(Discovery)。感兴趣的广告浏览者对广告主通过商品或服务提供的利益产生"占为己有"的企图，他们必定在购物前使用搜索引擎进行相关产品的搜索、比较，这时就会在广告主的服务器上留下网页阅读的记录。

(4) 第四个字母 A 是"行动"(Action)。广告受众把浏览网页的动作转换为符合广告目标的行动，可能是在线注册、填写问卷、参加抽奖或者是在线购买等。

(5) 第四个字母 S 是"行动"(Share)。购买不是消费的结束，而是消费的开始，网络社区成为用户购买行为发生后分享体验的主要途径，可能是点评购物感受等。

12.2.5 网络广告投放策略

一般来讲，互联网的四大应用方式是：资讯、娱乐、沟通和电子商务。例如：上搜狐、新浪是看资讯，上 QQ、MSN 是聊天，上盛大是玩游戏，上淘宝、京东是购物，上开心网、校内是游戏交友，上百度、谷歌是搜索信息，上优酷、土豆是看视频等。不同的接触场合，用户的体验是不同的，适合的沟通方式也是不同的。因此要根据企业的投放网络广告的目的，选择最相匹配的网络媒体和广告形式。一般来讲，网络媒介包括八大领域，即门户、搜索、视频、社区、联盟、游戏、垂直以及无线媒介(见表 12-4)。

通常，资讯型的网站用户忠诚度较差，即用户会选择不同平台看资讯；而工具型的网站，如百度，以及社区型的网站，如腾讯等，用户忠诚度较高。央视和传统的门户新浪、搜狐基本是根据曝光效果来收费，而百度等搜索引擎的用户关联度高，则采取按效果付费的方式。

表 12-4 网站类别示例

类 别	网 站			
门户网站	新浪	搜狐	网易	腾讯
财经网站	和讯	东方财富网	新浪财经	金融界
新闻网站	央视网	凤凰网		

续表

类　别	网　站			
IM 聊天工具	QQ	MSN	微信	
搜索引擎	百度	Google		
社区网站	人人网	开心网	天涯	
视频网站	优酷、土豆	风行	爱奇艺	
电子商务	天猫	京东	苏宁、易购	
精准广告联盟	百度 TV	ICAST	宽通	易传媒

不同网络媒体的特点不同，例如：百度的优势在于用户深度，特点是地图，帮助用户直接寻找关心的信息，这个时候就很适合企业利用关键词广告或者精准广告推广自己的产品信息；而新浪、搜狐、和讯等门户网站，则适合进行广告品牌知名度和美誉度的建立；而腾讯的社区、盛大等网络游戏、开心网、校内等则适合企业与目标客户进行情感体验的沟通；等等。

1. 搜索引擎

在经济困难时期，广告主的投放会更加谨慎，搜索引擎广告以其较低的广告成本，以及其在互联网用户购买过程中的重要位置，成为众多广告主的首选。一些搜索引擎企业推出品牌展示型广告，有效地把搜索引擎与展示广告两种形式的优点结合起来。2012 年搜索引擎市场增长与行业水平持平，全年市场份额微涨。截至 2012 年 6 月底，搜索引擎用户规模达到 4.29 亿人，较 2011 年年底增长 2121 万人，半年增长率为 5.2%；在网民中的渗透率为 79.7%，使用比例与 2011 年 6 月、12 月基本持平，依旧是仅次于即时通信的第二大网络应用。

2. 网络社区

购买不是消费的结束，而是消费的开始，推荐给他人购物的开始，网络社区成为用户购买行为发生后分享体验的主要途径。意见领袖社区营销将成为社区营销的重要手段，购物者最容易受到其他消费者所写的产品评论的动摇。

2012 年社会化营销持续火热。在社会化营销中，微博的社交化属性稳定，其商业化和媒体化属性明显增强，影响力也日益壮大。微博将成为以人为中心、以个体为基本单位的多维多边实时交互平台，将成为广告主有效的实时营销平台。随着移动互联网近年来的快速发展，微博用户移动社交的需求也得到了极大的满足。通过分析发现，微博用户在微博平台上进行的活动中，除去对微博本身的使用行为，即浏览、转发、发布和评论、回复之外，在微博上收看视频、聊天和参与商家的营销活动是排名前 3 位的操作行为，占比分别为 40.90%、39.46% 和 37.76%，用户在微博平台上的娱乐和社交需求较为明显。另外，通过微博上的搜索功能进行搜索互动的用户也达到了将近 30%。而在微博上网络购物的操作的用户接近 20%。微博营销可以通过关键成员传递信息，以影响舆论和购买决策。据 DCCI

2012 最新调查发现，中国互联网用户中，微博用户约为 3.27 亿人。微博平台对电子商务的导流效果明显，超过半数的微博用户看到微博平台上的电子购物信息后会进入到电子商务网站进一步了解和操作，在众多调查情况中排在首位；而且接近 50%的用户会主动点击微博上看到的电子购物产品的链接/图片等。

对社会化网络而言，微博只言片语"语录体"的即时表述更加符合现代人的生活节奏和习惯，而新技术的运用使得用户更容易对访问者的留言进行回复，从而形成良好的互动关系。根据相关研究发现，八成以上的微博用户对企业官方微博进行了关注。企业官方微博兼具即时营销、品牌宣传、公关传播和客户管理四个角色。

3. 具体的广告类型的选择

搜索引擎广告具有匹配性、精准性和灵活性的特点。通过关键词或关键词组进行内容匹配，使广告主的广告高效地显示在目标受众感兴趣的页面上，可以直接促进销售。

一般来说，搜索引擎广告按照 CPC 效果付费模式，有效地降低广告费用的浪费，提升 ROI。 而百度的关键词广告，则是按照 CPC 的点击效果来付费，由于方便成本的控制和评估，适合效果营销，因此受到广大中小企业主的青睐。2012 年百度的广告营收超 220 亿元，遥遥领先。

通常，富媒体广告的冲击力强，创意展现效果好，比较适合与受众进行深度沟通，提高美誉度和独特认知，通常点击量和转化率高，但价格贵，适合疏松投放，配合电视广告投放和整合的品牌推广活动，或者大型的产品上市推广。

通栏广告和按钮广告等是常规性的广告方式，曝光效果好，创意展现效果好，用来进行提升品牌知名度的广告活动，价格较富媒体广告便宜，投放时间和方式都比较灵活，适合密集投放。通栏广告以横贯页面的形式出现，该广告形式尺寸较大，视觉冲击力强，能给网络访客留下深刻印象。特别适合活动信息发布、产品推广、庆典等 。按钮广告能提供简单明确的资讯，而且其面积大小与版面位置的安排都较具有弹性，可以放在相关的产品内容旁边，是广告主建立知名度的一种相当经济的选择。

文字链广告是以文字形式展现的广告，比较理性，深度用户关注度高，CTR 转化率高，适合公关信息的传递，以及促销信息传递，创意的说服能力强，适合长期投放策略。

视频广告越来越被广告主认可，相对于传统的 Banner、Button 等广告，视频广告更加生动，交互性更强，用户参与度更高。艾瑞咨询数据显示，2012 年 5 月，在线视频覆盖的网民数首次超过搜索服务跃居互联网应用第一位。网络视频汇集了大量网民。而热门剧集和电视节目给网络视频行业带来极高的关注度及流量，广告主对于台网联动的需求日益强烈，网络视频媒体的广告价值进一步提升。在广告主整合投放趋势下，更多广告主开始向网络视频广告倾斜预算。

静态图片广告成为互联网用户接受程度最高、影响力最强的广告形式。 2011 年中国互联网调查数据显示，仅针对广告形式来看，以图片形式出现的静态广告成为互联网用户关注浏览、点击参与最多的广告形式，占比为 42.3%。

电子邮件广告成为营销双刃剑。根据 2009 年中国互联网调查数据，电子邮件中的广告在用户关注浏览、点击参与与最能影响购买行为的比例分别为 11.6%、11.8% 和 12.3%，均排在第二位，仅次于图片形式的静态广告，电子邮件在网络营销中发挥的作用可见一斑。但是，在受众厌恶或拒绝的广告形式中，电子邮件的比例也达到了 9.2%，两个看似矛盾的结论实则反映出电子邮件营销的"瓶颈"。所以在选择电子邮件广告时要具体分析。

此外，非常规广告形式还包括：赞助类广告、社区圈子活动、P2P 人际传播活动、行为定向广告等。与传统广告形式相比较，这类的软性广告和活动，更加突出心理效应，推广方式更容易避免受众的抵触心理，突出与受众之间的关系，更有利于建立口碑，以及独特的品牌认知，达到品牌的忠诚度提升。当然，网站自身往往也会推出很多的活动，如果企业品牌结合进行赞助，这时候往往得到的媒体广告资源也会更多。

小资料：

2012 年，互联网行业与时俱进，继续经历着一系列深刻变革，移动互联网爆发、云计算落地、大数据时代开启这些变革，都在影响着网络广告与新媒体营销行业的生存法则，同时，也让网络广告的发展有了新的趋势。

12.3　网络广告效果评价方法

戴尔：2012 外星人邀你登大船

Dell 公司是一家以 IT 直销为基本模式的跨国公司。DELL 针对第二季度暑期推广，希望扩充目标注册人群，收集人群资料，间接推广 Alianware 系列笔记本产品。因此他们选择浏览量巨大的垂直网站进行投放，力求引流用户，收集更多有效的注册用户资料。针对目标受众：游戏玩家，随时随地享受硬件快感的玩家，这类用户具有一定经济实力，主要集中在一线城市，在品牌选取上比较有自己的主见；高端用户，经济实力雄厚，不喜欢千篇一律的产品，喜欢有个性，能突出自己品位，且喜欢选择影音娱乐集一身的高端产品之人群。此广告创意，针对 Alianware 产品 LOGO 与炫酷风格，借 2012 诺亚方舟话题进行品牌话题植入(如图 12-7)。在网站、论坛与微博上传播。以注册就能得诺亚船票与船衫的方式吸引用户注册参与互动。用户只需要填写简单基本的用户信息就有机会得到外星人(Alianware)提供的船票。贵宾还将有机会得到 T 恤等礼品。采取的投放策略为：①借助泡泡网产品库推广。②专题承载推广。③微薄推广。传播效果，2 周内有效注册数 3000 个。

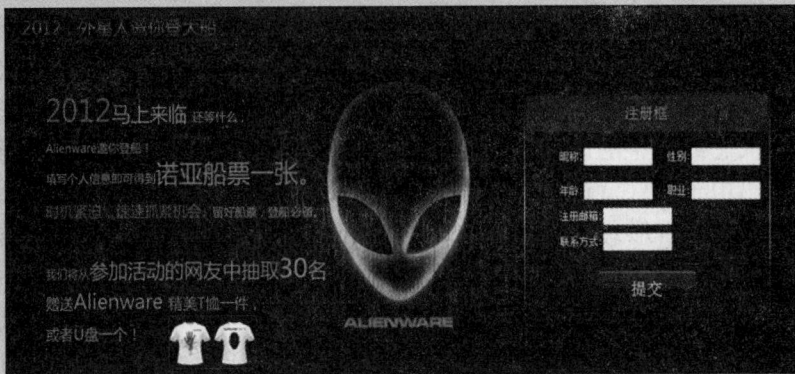

图 12-7   戴尔公司网络广告

(资料来源: http://case.iresearchad.com/html/201106/2501231113.shtml)

12.3.1   网络广告效果的分类

网络广告的效果评估是一项复杂的系统工作。从不同的角度分析，网络广告的广告效果有多种分类。一般来讲，广告效果可以分为广告的经济效果、广告的心理效果和广告的社会效果。

说起网络广告的效果评估，大家首先想到的就是广告的网上点击率。的确直接可以从广告播发系统中即时查到的网上点击率确实是一个非常重要的广告效果评估指标，但这并不是全部。广告效果，即广告作品发布后所产生的经济作用、心理作用和社会作用。所以网络广告效果测定主要是测量上网者对网络广告所产生的反应，经济效果是评价网络广告效果的主要标准。比如对通栏广告来说，上网者有如下三种选择：没注意；浏览但不点击；点击。网络广告效果监测在收集以上数据的基础上，再综合上网者的其他变量，从而得出一系列指标，作为衡量网络广告效果好坏的标准。

12.3.2   网络广告效果评估的内容及指标

1. 网络广告经济效果评估的内容及指标

从网络广告的经济效益来看，可以用 CPM、CPC、CPA 和 CTR 等指标来衡量。不同的活动类型和目标，偏重不同的评估指标。

(1) CPM(Cost Per Mille，千人印象成本)，其含义是：广告显示 1000 次所应付的费用。它所反映的定价原则是：按显示次数给广告定价，这种定价思路与传统广告中定价思路源出一脉。

(2) CPC(Cost Per Click，每点击成本)，在这种模式下广告主仅为用户点击广告的行为付费，而不再为广告的显示次数付费。

(3) CPA(Cost Per Action 每行动成本)，其含义是：按照用户的每一交互行为收费。

(4) 点击率(Click throngh rate)，CTR，指看到链接广告的人有多少人点进去看，用来衡量 1 个网络广告的受欢迎程度和影响程度。

例如品牌曝光则采取 CPM 为主；如果是活动推广，则需要关注活动的参与人数和CPC；如果是促销为主，则需要关注 CPA 和转化率 CTR 的情况。

值得注意的是，企业在不同的媒体环境下，获得不同层次的单个的目标受众的成本往往会存在很大的差异。例如新浪的媒体公信力相对较好，受众的层次相对较高，因此一个点击价格平均已经高达 6 元以上；而且据说汽车客户的单个获取成本甚至有的高达上百元。显然，这和在腾讯上获得年轻受众的成本是不可同日而语的。不同的广告投放成本，取决于目标人群的层次、目标人群接触的难度、行业竞争状况、广告形式和媒体价格等多种因素的综合。具体投放时要分析不同网站投放的 ROI 性价比，对投放进行不断的优化。

2. 网络广告传播效果评估的内容及指标

(1) 广告曝光次数(Advertising Impression)。是指网络广告所在的网页被访问的次数，这一数字通常用 Counter(计数器)来统计。

(2) 点击次数与点击率(Click& Click Through Rate)。点击次数除以广告曝光次数，可得到点击率。

(3) 转化次数与转化率(Conversion & Conversion Rate)。转化次数就是由于受网络广告影响所产生的购买、注册或者信息需求行为的次数。而转化次数除以广告曝光次数，即得到转化率。

(4) 网页阅读次数(Page View)。当浏览者点击网络广告之后，点击进入介绍产品信息的主页或者广告主的网站的总阅读次数。

一般来说，达到衡量的标准的难易程度与广告衡量的准确程度是正相关的。即衡量广告效果的标准越易达到，这种衡量的准确程度就越低。所谓衡量效果的准确与否都是相对的概念，对于不同类型、不同目的的广告要选择不同的测量方法。如衡量企业形象广告效果，就应该用网页阅读次数或点击率作为标准，采用销售效果为标准就不太适合。每种效果测定的标准都要通过具体的试验以及实践的经验来最终确定。试验是尤其重要的手段。比如，对于 Banner 广告来说，研究点击率和广告的面积、文件类型、广告与页面内容的相关性的关系是非常有意义的。

12.3.3　评估网络广告效果的三种方法

网络广告最为得意之处，就在于其可测量性，因而可以制定准确的收费标准。但是，随着 Banner 广告的平均点击率从最初辉煌时期的 30%降低到 0.5%以下，如果仍然按照可测量的反馈信息来评价网络广告，显然不能充分反映真实的效果。网络广告的效果评价关系到网络媒体和广告主的直接利益，也影响到整个行业的正常发展，广告主总希望了解自己投放广告后能取得什么回报，于是就产生了这样的问题，究竟怎样来全面衡量网络广告的效果呢？下面从定性和定量的不同角度介绍三种基本的方法。

1. 对比分析法

无论是 Banner 广告，还是邮件广告，由于都涉及点击率或者回应率以外的效果，因此，除了可以准确跟踪统计的技术指标外，利用比较传统的对比分析法仍然具有现实意义。当然，不同的网络广告形式，对比的内容和方法也不一样。

对于 E-mail 广告来说，除了产生直接反应之外，利用 E-mail 还可以有其他方面的作用。例如，E-mail 关系营销有助于我们与顾客保持联系，并影响其对我们的产品或服务的印象。顾客没有点击 E-mail 并不意味着不会增加将来购买的可能性或者增加品牌忠诚度，从定性的角度考虑，较好的评价方法是关注 E-mail 营销带给人们的思考和感觉。这种评价方式也就是采用对比研究的方法：将那些收到 E-mail 的顾客的态度和没有收到 E-mail 的顾客作对比。这是评价 E-mail 营销对顾客产生影响的典型的经验判断法。利用这种方法，也可以比较不同类型 E-mail 对顾客所产生的效果。

对于标准标志广告或者按钮广告，除了增加直接点击以外，调查表明，广告的效果通常表现在品牌形象方面，这也就是为什么许多广告主不顾点击率低的现实而仍然选择标志广告的主要原因。当然，品牌形象的提升很难随时获得可以量化的指标，不过同样可以利用传统的对比分析法，对网络广告投放前后的品牌形象进行调查对比。

2. 加权计算法

所谓加权计算法就是在投放网络广告后的一定时间内，对网络广告产生效果的不同层面赋予权重，以判别不同广告所产生效果之间的差异。这种方法实际上是对不同广告形式、不同投放媒体，或者不同投放周期等情况下的广告效果比较，而不仅仅反映某次广告投放所产生的效果。

显然，加权计算法要建立在对广告效果有基本监测统计手段的基础之上。

下面以一个例子来说明。

第一种情况，假定在 A 网站投放的 BANNER 广告在一个月内获得的效果为：产品销售100 件(次)，点击数量 5000 次。

第二种情况，假定在 B 网站投放的 BANNER 广告在一个月内获得的效果为：产品销售120 件(次)，点击数量 3000 次。

如何判断这两次广告投放效果的区别呢？可以为产品销售和获得的点击分别赋予权重，根据一般的统计数字，每 100 次点击可形成 2 次实际购买，那么可以将实际购买的权重设为 1.00，每次点击的权重为 0.02，由此可以计算上述两种情况下，广告主可以获得的总价值。

第一种情况，总价值为：100×1.00+5000×0.02=200

第二种情况，总价值为：120×1.00+3000×0.02=180

可见，虽然第二种情况获得的直接销售比第一种情况要多，但从长远来看，第一种情况更有价值。这个例子说明，网络广告的效果除了反映在直接购买之外，对品牌形象或者用户的认知同样重要。

权重的设定，对加权计算法的最后结果影响较大，比如，假定每次点击的权重增加到0.05，则结果就不一样。如何决定权重，需要在大量统计资料分析的前提下，对用户浏览数量与实际购买之间的比例有一个相对准确的统计结果。

3. 点击率与转化率

点击率是网络广告最基本的评价指标，也是反映网络广告最直接、最有说服力的量化指标。不过，随着人们对网络广告了解的深入，点击它的人反而越来越少，除非特别有创意或者有吸引力的广告。造成这种状况的原因可能是多方面的，如网页上广告的数量太多而无暇顾及；浏览者浏览广告之后已经形成一定的印象无须点击广告；或者仅仅记下链接的网址，在其他时候才访问该网站等。因此，平均不到1%的点击率已经不能充分反映网络广告的真正效果。

于是，对点击以外的效果评价问题显得重要起来，与点击率相关的另一个指标——转化率，被用来反映那些观看而没有点击广告所产生的效果。

"转化率"最早由美国的网络广告调查公司AdKnowledge在《2000年第三季度网络广告调查报告》中提出，AdKnowledge将"转化"定义为受网络广告影响而形成的购买、注册或者信息需求。正如该公司高级副总裁戴维·泽曼(David Zinman)所说："这项研究表明浏览而没有点击广告同样具有巨大的意义，营销人员更应该关注那些占浏览者总数99%的没有点击广告的浏览者。"

AdKnowledge的调查表明，尽管没有点击广告，但是，全部转化率中的32%是在观看广告之后形成的。该调查还发了一个有趣的现象：随着时间的推移，由点击广告形成的转化率在降低，而观看网络广告形成的转化率却在上升。点击广告的转化率从30分钟内的61%下降到30天内的8%，而由观看广告的转化率则由11%上升到38%。

这一组数字对增强网络广告的信心具有很大意义，但问题是，转化率怎么来监测，在操作中还有一定的难度，大概仍然要参照上述第一种对比分析法。下面我们通过一个例子，来介绍如何进行网络广告效果跟踪、控制。

表12-5是从网络上转载的广告投放案例，我们可以做个分析比较。

(1) 好不好：从CTR转化率(曝光到点击)看，和讯最好，达到了0.2%。

(2) 贵不贵：从CPC点击成本看，东方财富网最好，仅1.45元。

我们知道，CTR转化率用来衡量用户对广告位的关注度，体现广告位的效果或网络广告创意表现；而CPM和CPC则是衡量网络广告性价比的重要指标，综合考虑了广告位的价格，得到ROI投入产出的数据。

由于网络广告位较小，因此容易被用户忽略，CPM通常只能反映大尺寸或干扰度低的广告位，如富媒体广告、FT中文网和网易新闻内页的大按钮广告、百度的广告(环境干净)。通常，CPC是衡量网络广告ROI效果的比较可靠的指标。综合以上指标，我们就可以方便地对网络广告投放情况进行合理的分析了。

表12-5　网络转载的投放案例效果的比较

媒体	投放量	购买金额	赠送金额	曝光率合计	点击总数	日均点击	点击率	千人曝光成本CPM	点击成本CPC
新浪	6	¥492 000	¥750 000	52 286 082	43 911	7 320	0.08%	¥9.41	¥11.20
搜狐	6	¥420 000	¥640 000	53 313 657	69 064	11 511	0.13%	¥7.88	¥6.08
和讯	6	¥130 000	¥180 000	9 534 925	19 423	3 237	0.20%	¥13.63	¥6.69
网易	6	¥204 000	¥305 000	398 796 226	38 892	6 482	0.01%	¥0.51	¥5.25
东方财富网	6	¥150 000	¥340 000	71 511 454	103 340	14 763	0.14%	¥2.10	¥1.45
合计		¥1 396 000	¥2 215 000	585 442 343	274 641	45 774	0.05%	¥2.38	¥5.08

12.4　网络广告发布与策划技巧

奥利奥：放飞童真一起玩

奥利奥于1996年进入中国市场，在中国，它已经发展成为最具影响力的饼干领导品牌。奥利奥希望与妈妈族群深度沟通以提升好感。基于妈妈们乐于用Qzone日志记录孩子成长的网络行为，我们开创性地打造了奥利奥童真日志，自然达成用户与品牌的对话。200天内，用户写下了5300万篇童真日志，拉动销售额过百万。

为了让奥利奥根植于妈妈们的日常生活，我们从腾讯累积数亿的用户数据中，针对妈妈人群的行为轨迹、兴趣标签进行洞察发现：用Qzone日志来记录和分享孩子的童真时刻，是妈妈们最爱做的功课，而一个有趣的日志产品能吸引更多人加入。

基于这一洞察，我们在Qzone日志中植入奥利奥品牌内容，借助于她们主动的网络日常行为，品牌实现在目标群体中的快速渗透和好感提升。

针对奥利奥的童真理念开发出有良好用户体验的定制产品"Qzone童真时刻魔方日志"(如图12-8)，让妈妈们可以轻松记录宝贝的童言呓语和异想巧思，更可以通过"点名"功能直接和密友分享这些平凡生活中的童真乐趣，形成广泛的人际传播。

实施方案如下。

精准覆盖：通过精准的媒介平台组合触达妈妈人群。

名人效应：由姚明亲自示范撰写奥利奥魔方日志，激发参与热情，并形成话题效应。

Social 体验：妈妈完成魔方日志后，可以通过即时的点名分享，影响周围的妈妈用户群，形成社会化传播。

销售转化：将积分兑换等促销信息植入互动环节，直接拉动销量提升。

此次，网络广告发布与策划活动，使奥利奥品牌总体提升，产品销量同比提高 65%，市场占有率创历史新高。

图 12-8 奥利奥：放飞童真一起玩

(资料来源：http://case.iresearchad.com/html/201208/3006103813.shtml)

12.4.1 网络广告效果的影响因素

1. 网络广告规格形式

插播式广告的缺点就是可能引起浏览者的反感。互联网是一个免费的信息交换媒介，所以在最初的时候网络上是没有广告的。有一小部分人认为互联网的商业化和网络广告都是无法容忍的。我们不是担心这部分人(除非他们是你的目标受众)，而担心的是大多数的普通网民，他们有自己的浏览习惯，他们选择自己要看的网站，点击他们想点的东西。当网站或广告主强迫他们浏览广告时，往往会使他们反感。为避免这种情况的发生，许多网站都使用了弹出窗口式广告，而且只有 1/8 屏幕的大小，这样可以不影响正常的浏览。

小资料：

下面是使用插播式广告的几条规则，它们可以帮助你避免引起浏览者的反感：①选择已经使用插播式广告的网站。把插播式广告投放在以前使用过插播式广告的站点，可以得到最好的回报，因为浏览者已对此形成习惯。②使用小于全屏的插播式广告。小尺寸的插播式广告比全屏的插播式广告更容易被浏览者接受。它们通常只有1/4屏幕那么大。③当浏览者的屏幕处于空闲状态。比如在浏览者下载软件的过程中出现广告，这样可以避免引起他们的反感，因为这不会打断浏览者的浏览，反而能让他们在无聊的等待过程中有一点儿消遣。

2. 网络广告设计风格

广告必须突出公司的品牌和形象。网络广告设计主题不明确，会影响效果。

广告必须强调公司及其产品和服务与其他竞争者的区别何在。网络广告信息内容的差异，不能吸引消费者的注意。网络广告设计缺乏吸引力、没有创意的网络广告，不能吸引消费者；视觉效果具有冲击力的广告往往会给消费者留下深刻的印象。

在网络环境中，由于信息容量容易比一般媒体更大，因此，确定个性化的主题是吸引顾客的关键，否则不能吸引顾客的注意。点击率、转换率就更无从谈起了。

在有限的网络带宽下，网络广告字节数过大，网页访问的速度会比较慢，当网页打开延迟时间比较长，消费者会直接关闭网页。因此广告内容必须对消费者有价值。网页必须提供有价值的信息，防止让无用和过大的文件减慢下载速度。

趣味性、利益性成为社区病毒营销的关键。网络社区，尤其是网络论坛，经常是各类病毒营销案例上演的场所。而优秀的社区病毒营销是让用户"动"起来，成为病毒传播的自媒体。为了"调动"用户，营销病毒源必须能够满足用户的趣味性或者获得利益的需求。如杰士邦在猫扑网投放的移动杰士邦套住太阳的广告以及移动杰士邦书画心跳广告，简单的鼠标互动即调动了用户的趣味，形成了良好的传播效果。因此，当利用社区平台制造病毒营销效果时，应将更多精力专注在病毒源的制作上，而不仅仅是考虑如何推广。

3. 网络广告投放形式

选择合适的网络媒体进行广告投放，例如，如果你的产品是面向现代年轻女性的市场，那么就应该在一些美容、服饰、爱情和时尚类的网站进行网络广告投放。如果投放到男性工程师常去的技术类网站效果要差很多。

广告不一定能吸引广大受众的注意，位于网页最上方的大块版位也不见得是最好的选择，广告内容若能与广告置放点四周的网页资讯紧密结合，效果可能比选择网页上、下方的版位更好。此外，广告尺寸的大小也并非是决定广告效果的标准，尺寸小(如120*30、88*31等)但下载速度快的广告形态，也会受到商业服务或金融业客户的青睐；工具栏形态的广告有如网页中的分隔线，巧妙地安排在网页内容里，虽然空间有限只适于作简单的图像和文字的表达，对预算有限的广告主而言也不失为一种选择。

4. 网络广告资源相关性

网络广告的媒体主要是网络，一般在传统广告中，媒体组合是常用的方式，很难就某单一媒体进行一项广告。但在网络广告中，可利用的媒体只有网络一种，因此它更具有挑战性。同一个受众可能会既访问新浪微博发表微博，也去微信发语音信息，还去 Google 的邮件系统收发邮件。

5. 网络广告媒体/服务商的专业水平

由于网络广告需要及时根据市场变化、竞争对手情况等调整广告投放计划，因此选择信誉好、服务好、专业水平高的媒体/服务商能够在服务上有保证。

12.4.2　网络广告设计技巧

1. 网络广告整体设计

网络广告的整体设计是把握广告整体方向的设计。需要解决三个问题：确定网络广告的设计思路，提出网络广告创意，选择网络广告的设计策略。

一个好的网络广告整体设计，必须突出表现以下六个方面的特点。

(1) 主题要突出，使人能够很快领悟出广告的内涵。

(2) 创意有新意，包括广告图形的创意或广告文字的创意。

(3) 广告信息准确并且简洁。

(4) 布局合理，图形、色彩、动画相互协调，给人以整体美的感觉。

(5) 图片清晰，颜色搭配合理，文字质量高。

(6) 采用先进的制作技术，技术融合量高。

2. 网络广告的设计思路

网络广告的创意程序基本如下。

(1) 集中——将相关资料集中起来。

(2) 分类——将收集的资料分类整理。

(3) 思考——对所得资料进行分析，从而得出各种初步的想法。

(4) 选择——将得到的各种创意的雏形进行比较，选出最理想，同时最适合本次广告发布形式的创意。

(5) 实施——将最终创意加以最后的修饰，然后付诸实施。

3. 网络广告的创意

1) 什么是有效的广告创意

网络广告创意是要抓紧观众的注意力。网络广告策划中极具魅力、体现水平的部分就是创意。无论是广告代理商还是广告主自己在进行网络广告策划，任务都是使你的品牌、广告形式、诉求内容适合目标受众的要求。在策划的前期部分都已经相当完善的情况下，广告创意就是决定最后广告表现的关键了，它也是吸引受众注意并来浏览广告信息的决定性步骤。 网络广告的创意可分为两种：一是内容、形式、视觉表现、广告诉求的创意，二是技术上的创意。

图 12-9 显示的是华为"3G 就在你身边"网络广告的创意。2009 年是中国 3G 年，中国将成为华为终端最重要的战略市场。创意瞄准白领、高端人群和技术爱好者，先用富有悬念的广告引起关注，预热市场。然后揭晓答案，华为亮相。再通过在线体验活动吸引受众参与并真切感受华为 3G 产品的精彩应用。以大气、亲和、国际化的调性建立"3G 终端王者归来"的品牌形象，通过贯穿全年的主题式网络营销活动在目标消费群中形成对华为高端品牌的认知。

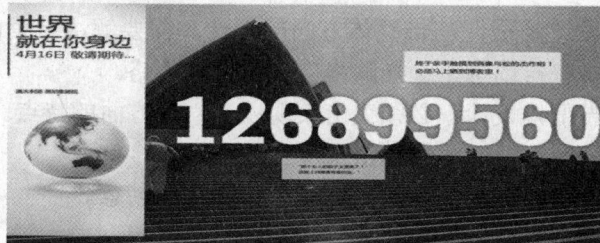

图 12-9　华为 3G 悬疑广告

该广告的设计共分三个阶段呈现。第一阶段，2009 年 4 月 13 日，华为连续三日在新浪、网易等门户，投放广告标题为"4 月 16 日，世界就在你身边敬请期待……"的悬疑广告。很多网友第一次遇到这种没有 LOGO 的广告，该广告迅速成为网友热议的话题。三天的点击率累计超过 130 万。第二阶段，3G 星球上线，网友看到了世界各地的人们使用华为设备上网的情况。让人们了解到原来华为在世界取得了这么大的成就。第三阶段，中国 3G 体验行动，体验活动让网民感觉 3G 不是虚空的，活动每天邀请 5 名网络名人抢先体验 3G。网友可以和网络名人在活动平台上实时互动。用 3G 真人活动把消费者调动起来，让消费者成为传播的一部分。

2) 网络广告创意的作用

在进行网络广告的创意时，应从以下一些方面考虑：广告在主页的位置、广告停留的时间、播出的频度、广告语的效果、是否用动画或更多的广告表现形式、是否安排一些具有吸引力的赠奖活动来提高受众的参与性。因此， 网络广告创意的作用在于：

(1) 引起关注，提高销售业绩。

(2) 确定和提升企业形象。

(3) 引导或创造消费观念、潮流等，为企业的长远发展奠定基础。

4. 网络广告设计策略

明确了广告创意之后，开始设计策略，要注意以下几点。

(1) 明确广告的目标，比如"华为 3G 就在你身边"网络广告就是要确立企业高端品牌的形象。

(2) 明确企业的诉求点。比如"华为 3G 就在你身边"网络广告的诉求对象是白领、高端人群和技术爱好者。诉求采取先引起关注，预热市场，然后再通过在线体验活动吸引受众的方式。诉求明确表达出了用华为高端 3G 应用服务商的内涵。

(3) 塑造品牌个性，个性独特才容易被受众记住。

(4) 语言要简洁、生动，具有震撼力。

(5) 广告形式确定策略。如果广告目标是企业品牌宣传，想让更多的人知道、了解这个品牌的产品，那么你的网络广告形式则要醒目，可选择旗帜式品牌图形或背景品牌图形式。比如，你的广告对象是 30 多岁的成熟女性，那么广告形式就可考虑用交流式的。如果广告目标是促进销售的话，那么你的网络广告形式则要精准，可选择搜索引擎形式。另外竞争者情况、技术难度和费用预算要求也是制约广告形式选择的因素。竞争者正在用的，你就要防止因为雷同而失去新意与吸引力。预算与技术也决定着广告形式的制作成本。

5. 网络广告文案的撰写技巧

1) 网络广告文案的撰写过程

网络广告文案的写作可以分为四个阶段：①准备期,主要是了解产品、对手、市场、受众；②酝酿期，主要是整理分析资料，构思出几种可行性方案；③创作期，主要是选择出可行性方案，确定具有独特风格的、有特色文字的初稿；④修改期，主要是对文案初稿的表达方式，以及信息准确性、新颖性、竞争对手不能模仿的产品优势等进一步完善。

2) 网络广告文案写作的"爱达公式"

爱达公式也称 AIDA 法则，它是从消费者的接受心理为出发点提出的广告文案创作模式。其基本思路是通过广告文案改变或者强化消费者的思想观念。具体包括以下四方面的内容。

(1) 标题：引起消费者注意(Attention)。

(2) 正文开头：使消费者产生兴趣(Interest)。

(3) 正文中间：增强消费者的信任感，并引发其购买欲望(Desire)。

(4) 正文结尾：让消费者从心动转为行动(Action)。

3) 网络广告文案的构成

网络广告的文案主要由标题、正文和标号组成。好的网络广告的标题有四个基本的职能。

(1) 点明主题,引人注目。

(2) 引起兴趣,诱读全文。

(3) 加深印象,促进购买。

(4) 抓住目标对象。

网络广告的标题有时候起着指引的作用,必须要有吸引力。很多网民搜索信息的时候是有选择的,他们通常只选择他们感兴趣的内容,先阅读标题,标题如果不能吸引他们注意,网民就不会再去阅读正文的内容,这样就大大降低了广告的宣传效果。

6. 常用技巧

网络广告文案写作的技巧是:①提供免费、优惠、赠送等;②设置悬念;③跟随流行;④满足需求;⑤简单明了;⑥明确导向。

12.4.3　网络广告发布与策划技巧

随着网络技术的不断发展,网络广告发布的渠道越来越多, 网上发布广告的渠道和形式众多, 各有长短, 企业应根据自身情况及网络广告的目标, 选择网络广告发布渠道及方式。在目前, 可供选择的渠道和方式主要有:第一类在互联网上建立自己企业的网站,发布自己公司的产品和服务广告;第二类在热门网站上发布做网络广告;第三类利用网络其他渠道发布如企业名录、黄页形式、网络报纸或网络杂志、新闻组等;第四类是利用广告交换手段发布广告。在进行网络广告发布与策划时,应注意网络广告媒体选择、时段安排。

1. 网络广告媒体选择技巧

1) 站点选择——只选对的,不选贵的

广告主在选择网站的时候,首先应该考虑的是网站及网站访问者的特点是否与自己的产品(活动)相符;其次才是该站点的访问量。一般来说,知名的综合门户网站因其访问量大,故广告投放的价格也相对比较昂贵,但最贵的未必就是最适合的。

不同网站之间的区别,不仅表现在内容上,还表现在所吸引的用户人数、用户类别和用户特征上。如综合门户网站新浪、搜狐、网易等,面向的是所有网民;专业性网站,如 IT 类的硅谷动力等,网民则主要集中在 IT 行业的用户;专业性网站,如财经类的和讯、东方财富网等, 网民则主要集中在对财经感兴趣的用户。

企业在选择网站时要结合自己的品牌、产品特点有的放矢,不能片面地追求访问量。一般来说,快速消费品在门户网站上的传播效果最好。而对于一些目标消费群体特点突出的产品来讲,选择专业网站进行推广,既节省了广告费用又能取得比较好的广告效果。目前计算机、机动车、房地产和服装服饰依然是门户网站主要的网络广告投放行业。

2)　广告位选择——适合的,就是最好的

广告主投放网络广告的最终目的是要促进产品销售,因此在投放广告时必须牢牢把握这一原则,适合的就是最好的,把广告投放到最适合企业产品的页面上。

很多人认为,网站首页的广告效果要比其他页面好。其实,这是片面的。虽然网站首页的访问量较高,但由于网站首页的访问人群一般存在主题不明确、目的性不强的特点,这样就会造成投放的广告缺乏针对性,效果不理想也造成资金的浪费。与网站首页相比子频道的广告价位一般要低。广告主选择与产品特性相关的子频道投放广告,不仅节省了广告费用,而且能使推广更有针对性。浏览子频道的网民,很可能就是有此类产品需求的人,他们最有可能转化为企业的真正客户。

3)　发挥长尾效应——不放弃,不抛弃

长尾效应就在于它的数量上,将所有非流行的市场累加起来就会形成一个比流行市场还大的市场。长尾效应的根本就是要强调"个性化"、"客户力量"和"小利润大市场"。也就是虽然赚很少的钱,但是要赚很多人的钱。将市场细分到很细很小的时候,就会发现这些细小市场的累积会带来明显的长尾效应。对于广告主来说,通过在广告联盟上发布广告影响众多的中小网站用户,所取得的广告效果有时要好于知名网站,同时广告费也降低不少。

广告联盟包括三个要素:广告主、网站主和广告联盟平台。如百度广告联盟、Google广告联盟、窄告网站联盟、联告网站联盟等。广告主按照网络广告的实际效果(如销售额、引导数等)向网站主支付合理的广告费用,节约营销开支,提高营销质量。

以窄告、联告为例看一下广告联盟的营销推广。窄告通过分析网页内容,辨别网民所在地,按广告主要求,将广告有针对地投放到 4000 多家网站目标客户面前。使用联告可以进行以城市定向、关键词定向及时间定向中的一种或多种模式的匹配投放。联告和窄告都是通过聚合站点资源产生巨大的长尾效应。从付费标准上看,窄告和联告都是按营销效果付费的广告模式,按点击付费,如果不产生点击量,广告将免费展示,并且可实时对广告进行调整,避免广告费用的浪费。

2. 网络广告时段安排技巧

为了实现网络广告实时传播,让更多的目标受众来点击或浏览你的网络页面,保证点击的较高有效性,就要考虑网络广告的时段安排技巧。同时做好时段安排,还有利于费用的节约。显然,在深夜播放针对小孩的广告是不合适的,只有针对你的特定商业用户在较为固定的时间内做远程广告播放,才会有效。例如,上班族习惯工作的时候上网,学生习惯节假日上网且时间不会很晚,大学老师习惯晚上上网,随着移动互联网的普及,现在也有很多白领及学生利用等车、乘车间隙用手机及平板电脑上网。这些都是不同受众的不同生活习惯,他们的不同生活习惯对网络广告的传播效果会产生很大的影响。在网络广告时段安排时必须要意识到这一点,并根据具体的广告对象、广告预算、所期望广告效果的强弱等，并参照竞争者的情况来作决定。网络广告的时段安排形式可分为：持续式、间断式和实时式。

3. 设计测试方案

在网络广告策划中，为本次网络广告设计一个测试方案是至关重要的。测试的内容主要包括对技术的测试和广告内容的检测。技术的测试主要是检查你的广告能否在网络传输技术和接受技术上行得通。有时一则网络广告在设计者的电脑上能很好地显示，但通过传输后，在客户终端却显示不出来。如果发生这样的情况，你的广告就白做了，所以要对客户终端机的显示效果进行检测。对技术的测试还包括对服务器的检测，以避免网络广告设计所用的语言、格式在服务器上不能得到正常的处理，以致影响最后的广告效果。测试网络传输技术就是对网络的传输速度的检测，防止因为你的广告信息存量太大而影响传输广告效果。

对内容的测试是检测你的网络广告内容与站点是否匹配、与法律是否冲突。如果你的广告内容是关于食品类产品的，但站点却选择了一个机械工程技术类的专业网站，这就是内容与网站的不匹配。内容的法律问题就是检查你的广告内容是否在法律的规定范围之内，如香烟、色情广告就是违法的。对内容的测试还包括比较所设计的几个不同网络广告式样，以便选择其中最好的一个。

所以在网络广告策划中，设计一个能全面检测的测试方案对广告最后效果的发挥起到确保作用。这个策划环节的工作就是要根据本次广告策划中所规划的广告形式、广告内容、广告表现、广告创意及具体网站、受众终端机等方面来设计一个全方位的测试方案。

小资料：

> 未来的互联网广告，将越来越智能化和人性化，随需响应。当然，广告是依附于服务的。随着互联网的服务能力的加强，人们对互联网的依赖性增强，互联网将日益呈现与线下社会同质化的社会形态，但更具有交互性和社区性。因此，谷歌跨时代的随需响应的媒介和广告形态，伴随着"云计算"的服务多样化，将呈现更具有想象力的未来。最终广告将日益的服务化。广告即服务。

本 章 小 结

本章主要分析了网络广告的产生与发展脉络，并介绍了常用的网络广告类型与特点，对网络媒体与传统媒体进行了对比；介绍如何制定网络广告策略、网络广告投放策略；介绍了网络广告的主要效果评价指标及评价方法、网络广告文案的要素及制作方法、常用的网络广告制作工具及方法。本章的最后介绍了网络广告发布与策划的技巧。

思 考 题

1. 试用相关软件做一个比较简单的通栏广告。
2. 结合自身体会，说说网络广告的优势有哪些。
3. 在实际操作中，我们应该如何提高网络广告效果。

案例分析题

1. 快速浏览一个门户网站主页，记下该主页中广告的数量，并分析广告中关于网站的信息，分析有多少种广告形式。针对其中一种进行广告策略分析。

2. 阅读资料：2012 年为小熊电器 6 周年庆，品牌理念"妙想生活"全新出台，期望借此契机及品牌理念，短时间内迅速提升品牌曝光度，占领消费者心智，让更多人关注并知晓小熊电器。"妙想熊搞笑视频"之神奇瘦脸机、疯狂点菜机及无敌吵架机相继在优酷推出，并以惊人的扩散力在新浪微博上热转。视频中诙谐幽默的创意冲击力引起众多网友的热议。一周内，三条视频在新浪微博上的转发量总计超过 8 万次，为小熊电器带来高频次高质量的品牌曝光量。趁此传播热潮，在新浪微博发起为期 3 天的"晒妙想 赢电器"有奖转发活动，鼓励网民共创妙想电器。网民的妙想不断，使得活动反应热烈，15 000 人成为小熊电器的微博粉丝。推广期间，"杜甫很忙"网络涂鸦热潮突然爆发，小熊电器顺势推出妙想熊的妙想生活之"杜甫很忙"系列稿与热点巧妙结合，乘势追击引起受众高度关注，充分发挥了品牌的妙想精神，新浪微博单日转载量超 2 万次，并引发网媒纷纷自主报道。Onlylady、瑞丽等多个中高端女性网站，以及热门女性论坛、口碑社区、娱乐频道同时传播，充分激活病毒视频的扩散性，立体地构建品牌传播面。

分析：

请评价分析该商业案例中的网络广告策略。

第 13 章 网络营销管理与评价

【学习目标】

- 掌握网络营销管理的内容体系，能理解基于互联网的网络营销与传统营销在管理方式上的联系与区别。
- 掌握网络营销效果评价的方法，掌握建立网络效果评价指标体系的原则。
- 理解网站访问统计分析对网络营销管理的意义，掌握统计分析的基本方法。

【引导案例】

阿里巴巴网站的搜索引擎优化

阿里巴巴是国内最早进行搜索引擎优化的电子商务网站，也是目前网站优化总体状况最好的大型 B2B 电子商务网站之一，在《B2B 电子商务网站诊断研究报告》中，它获得了搜索引擎优化评价指标的满分，是 102 个被调查的 B2B 网站中唯一的一个。

该研究报告中的调查数据显示，2005 年 6 月阿里巴巴中国站(china.alibaba.com)被 Google 收录的中文网页数量高达 1 480 000 个，而这个数据到 2006 年 8 月份就达到了 5320000 个。海量的被收录网页和高质量的页面使得潜在用户很容易通过搜索引擎检索发现发布在阿里巴巴网站的商业信息，从而为用户带来更多的商业机会，阿里巴巴也因此拥有了更大的网站访问量和更多的用户。

从具体表现形式来说，阿里巴巴网站在保证尽可能多的网页被搜索引擎收录的基础上，还做到让每个被收录网页在搜索引擎中都有良好的表现。阿里巴巴高质量的搜索引擎优化方法有：网站栏目结构层次合理、网站分类信息合理、将动态网页作静态化处理、每个网页均有独立的标题、网页标题中含有有效的关键词、合理安排网页内容信息量及有效关键词设计等。另外，每个网页还有专门设计的 META 标签。这些工作对增加搜索引擎友好性都非常重要，并对阿里巴巴的网站统计分析提供了极大帮助。

这些并不神秘，都是网络营销导向的网站设计的基础工作，正是将这些看似简单的细微之处做到专业化，才使得阿里巴巴的网页无论在被搜索引擎收录的数量上还是质量上，都远高于其他同类网站。阿里巴巴的专业性已经深入每个网页、每个关键词，甚至每个 HTML 代码。

(资料来源: http://www.glaer.com/institute/detail.asp?news_id=573)

13.1 网络营销管理的内容体系

从"漏斗现象"看网络营销管理的重要性

网络营销行业普遍存在一个"漏斗现象"：企业花大把钱筹建网站和推广营销，但吸引来的 80%网站访问者来一次就流走了，有 15%的访问者访问多次后却不留下任何信息，有 4%的访问者留下信息却不主动联系，只有不到 1%的访问者最终与企业完成交易。

这种现象值得那些正在做网络推广的企业重视。多数企业不懂得如何分析网站访问统计数据，从而无法相应地做出调整改进策略，这实际上也是中小企业所普遍存在的网络营销"瓶颈"。绝大多数网站经营者寄希望于搜索营销带来的访问流量，却不知如何把自己网站的访问流量转化为企业产品的销量。说到底，就是不知道如何对自己的网络营销进行管理，不知道如何识别客户，主动接待和管理客户，对网络营销管理的决策建议不能及时跟进。

网络营销管理贯穿于整个网络营销活动中，其内容相当繁多，每一项网络营销职能均包含多种具体的网络营销管理内容。在不同的阶段，网络营销管理的任务和实现手段也会有一定的差别，有些属于阶段性网络营销管理，有些则属于长期性、连续性的管理内容。

(资料来源：http://www.xzsem.com/Marketing/SEM/201002/2042.html)

网络的公开、透明和资源的共享，使各个公司在产品设计、成本、价格等方面日益趋于同质化。因此，网络营销管理和传统营销管理相比，策略重点就转到了如何使产品能及时、准确地送达客户，并且在企业内外部结构、流程等方面进行再造。

网络营销管理的目的是为了让网络营销活动更加有效，更有利于实现网络营销的总体目标。网络营销管理中的任何一项工作(比如对网站流量的统计分析)或者若干项工作的组合可能是零散的、不系统的和缺乏针对性的，不代表完整的网络营销管理。研究网络营销管理的作用就在于将这些管理工作系统化、规范化。目前的网络营销活动中，因为缺乏系统的网络营销管理思想和方法而使网络营销的效果受到影响，也给营销的绩效评价带来一定困难。因此，建立一个系统化的网络营销管理内容体系是十分必要的，首先是要对网络营销管理进行合理的分类。

13.1.1 网络营销管理的分类

对网络营销管理进行分类的目的是要说明一个基本问题：在网络营销的每个阶段应该做哪些营销管理工作。对网络营销管理的粗略分类如下。

(1) 按照网络营销管理的形式分为：网络营销计划管理、网络营销人事管理、网络营销组织管理、网络营销策略实施管理、网络营销效果评价和控制等。每一项职能都可以细化为若干具体的工作，并且与网络营销具体策略的实施建立对应关系。

(2) 按照开展网络营销的阶段分为：总体策划阶段的管理、准备阶段的管理、实施过程的管理、效果控制与评价管理等。

(3) 按照网络营销工作的性质分为：单项网络营销策略管理、阶段性网络营销管理和连续性网络营销管理。单项网络营销策略管理是对某一具体的网络营销活动或者某一项网络营销策略进行管理(如邮件列表营销管理、竞争者网络营销策略调研等)；阶段性管理主要是针对某个时期，或者网络营销发展的某个阶段进行的临时性管理，如在营销网站建成之后的业务匹配性诊断、网站推广不同阶段的推广计划和效果评价。连续性网络营销管理则具有长期性、重复性的特征，如营销网站内容管理、在线客户关系管理、定期客户调查等。

(4) 按照网络营销工作的内容分为：网络营销基础环境管理、网络营销产品和服务管理、网络营销的内容管理、网络营销客户资源管理、客户行为研究与管理、营销网站流量统计管理等。

(5) 按照网络营销的基本职能分为：网络品牌管理、营销网站推广管理、信息发布管理、在线客户关系及服务管理、在线商品销售(包括促销)管理、在线市场调研管理。

网络营销各种不同的分类方式及其包含的内容表明，对内容繁多的网络营销管理进行完全的系统化并非很简单的一件事，需要一个相当长的阶段。

13.1.2　网络营销管理的一般内容

根据网络营销管理的分类方法，可以将网络营销管理划分为：网络品牌管理、营销网站的推广管理、营销信息发布管理、在线客户关系及服务管理、在线商品销售(包括促销)管理、在线市场调研管理。

(1) 网络品牌管理：通过合理利用各种网络营销途径创建、提升品牌的认知度和影响力，并在网络品牌被侵权时进行处理。主要包括制定网络品牌推广和激励策略、网络品牌实施计划、网络品牌认知度调查及影响力评价、网络品牌的知识产权保护等。

(2) 营销网站的推广管理：营销网站的推广管理是最基本的网络营销管理活动，其最直接的效果表现在网站访问量的增加、品牌认知度和影响力得到提升、用户数量稳定增长等多个方面。主要管理内容包括：营销网站与企业业务发展战略匹配程度的诊断、对营销网站在搜索引擎上的优化(如敦煌网)、制订网站推广计划、管理各种网站推广手段(如网络广告、E-mail、搜索引擎等)并分析评价网站推广效果、网站流量统计分析、网站访问量与效果转化分析等。

(3) 营销信息发布管理：包括营销网站内容管理、信息发布的渠道管理、信息发布的效果管理等。

(4) 在线客户关系及服务管理：包括根据所采集的基础数据对客户的在线购买行为进行分析挖掘，区分不同的客户群，及对相应营销策略的效果进行评价，根据客户的个性化定制需求来提供服务。

(5) 在线商品销售管理：包括在线销售渠道建设，在线销售业绩分析评价，在线销售与营销网站的推广、在线促销等的协调，相关预测，以及针对不同阶段、不同产品/服务所制定的促销目标和策略，并对其效果进行跟踪控制。

(6) 在线市场调研管理：包括对在线市场调研的目标、计划、调研周期，以及对调查结果的合理利用和发布进行管理等。

由上可见，网络营销管理贯穿于整个网络营销活动中，其内容相当繁杂。在不同的阶段，包含多项具体内容的一个网络营销职能其管理的任务和实现手段也会有一定的差别。一些是属于阶段性的管理，另一些则属于长期性、连续性的管理内容。目前，网络营销管理实践较成熟的是网站推广管理，如网站流量统计分析和通过搜索引擎优化进行品牌推广，已经广泛应用于网络营销活动之中。大多数网络营销管理都处于刚起步的阶段，而网络营销策略的升级和企业对网络营销效果的期望要求给予网络营销管理更多的重视。

小资料：

如何提高企业网站在三大搜索引擎(Google、MSN、Yahoo)中的排名

(1) 丰富网站内容且经常更新。

(2) 优化网页，最好使用 XHTML+CSS 技术来制作，通过 W3C 验证，并且通过层定位技术，将页面中的重要内容(如 H1)放到网页文件的前面，以增加重要内容的权重。在 title、description 以及正文中适当堆积关键词，对于提高 MSN 排名来说，可以起到一定的作用。

(3) 网站的外部链接越多、质量越好，在搜索引擎中的表现就会越好。但有必要控制增加链接的速度，如果快速增加大量链接，短期内可以使网站有好的表现，但很快就会衰退。

(4) 网站内部结构良好，有良好的导航。

13.2　网络营销效果评价的主要方法

监测在线用户 获得更好的网络营销效果

Statsit 包含一个综合使用了社交媒体和企业信息的媒体监测工具，可以帮助企业监测包括一切有关品牌的主题，从用户对它的感觉，到品牌存在的问题等。通过对包括 Twitter、YouTube、Digg、Flickr、Technorati 在内的 1.5 亿个博客，以及成千上万个新闻来源和该产品用户选择的特定网站进行分析，可以帮助营销人员更好地了解网络客户对企业产品和品牌最实时的感觉。例如，如果某品牌的市场反响很好，就可能会出现诸如"喜爱、美丽、简单、超棒、更好、适宜、有限的、不同的"等类似的标签。同样，获取用户在企业遭遇

危机时对品牌的认知等信息，能使企业做出更有效的反应。

Statsit 通过从企业博客、社交网站以及个人博客中抓取信息，帮助用户衡量品牌的口碑和投资回报率。对在线访问者和广告(以及相关产品)的信息了解越多，越能更好地制作和投放广告。

(资料来源：http://bbs.99114.com/showtopic-71565.aspx)

13.2.1 E-mail 营销效果的评价

E-mail 营销有助于与客户保持联系，并影响客户对企业产品或服务的印象。相对于其他网络营销手段，许可 E-mail 营销的综合效果是非常显著的，尤其在客户关系、品牌形象、产品推广和市场调研等方面。不同的营销目的、不同的行业、不同类型的邮件、不同的邮件格式、不同的邮件主题，甚至不同的邮件发送时间都会对 E-mail 营销效果评价产生影响，抛开具体的营销环境和营销方式来谈营销效果评价是没有意义的。大量发送垃圾邮件不属于 E-mail 营销的范畴。

传统的直邮信函一直用回应率来评价效果，造成了大多数企业对 E-mail 营销也只注重每封邮件所产生的点击率或销售额。市场研究公司 E-dialog 的一项调查结果显示：50%的营销人员根本不知道 E-mail 营销活动的效果如何，只有45%的被调查者认为 E-mail 营销取得了明显效果，5%的被调查者认为效果不佳。Imt Strategies 公司有与此相近的调查结论：在美国有51.8%的营销人员根本不知道如何来评估 E-mail 营销活动的效果，有41.9%的营销人员用点击率和转化率指标来评价，而6.3%的营销人员仅仅采用点击率这一项指标。美国直复营销(Direct Marketing)是一种为企业提供消费群数据，向最适合企业产品市场定位的人群进行营销的方式，可通过电子邮件等方式对特定的消费群体进行一对一的营销。协会的研究则显示，只有34%的直复营销人员对交互营销活动进行评估，66%的营销人员并不去监测营销效果而主观认为营销活动有成效。

以上调查数据显示，E-mail 营销效果评价方法和指标体系还很不成熟，并且也没有引起大多数营销人员的足够重视。在前面的调查结果中，已经涉及点击率、转化率等评价指标。究竟哪些指标才能有效地反映 E-mail 营销的真实效果呢？

E-dialog 公司进一步的研究发现，有64%的用户首先采用点击率，19%的用户希望采用这一指标；61%的用户首先采用退出率，47%的用户首先采用邮件开信率等。实际上，利用总点击率方式进行评估很容易造成误导，因为有两种常用的点击率指标：总点击率和独立点击率。总点击率表明了全部点击的数量；而独立点击率是一个用户无论点击多少次都按一次记录。从绝对数量上说，独立点击率低于总点击率，但比总点击率更加精确和可信。但是，独立点击率也无法完整反映 E-mail 营销的最终效果，因为阅读邮件内容的用户并不一定会马上点击，但这并不意味不会增加将来购买的可能性或者增强客户的品牌忠诚度。E-dialog 的调查表明，有过在线购物经历的美国用户中，37%的用户曾经看完 E-mail 后点击商品信息并直接购买，还有 45%的用户受到邮件信息的影响在以后进行了购买，只有 18%的被调查者反映，没有通过促销邮件的信息实现网上购买。这说明，如果想与客户建立关系(可能会增加网下销售)，用单一的点击率作为 E-mail 营销方案成功与否的标准并不可取。

事实上，对企业品牌、客户关系等多个方面发挥长期、连续作用的内部邮件列表营销并不仅仅体现在点击率和直接销售等指标上，只有注重短期效果的临时性外部邮件列表营销通常才用点击率等指标来进行效果评价。

由上可见，目前的 E-mail 营销评价指标体系既不完善也不统一。但某些指标在一定程度上可以反映出 E-mail 营销的效果，按照 E-mail 营销的过程可将这些指标分为下面四类。

(1)　获取用户资源阶段的评价指标：有效用户总数、用户增长率、用户退出率等。

(2)　电子邮件信息传递评价指标：送达率、退信率。

(3)　用户对电子邮件信息接收过程的指标：开信率、阅读率、删除率。

(4)　用户回应电子邮件信息评价指标：直接收益、点击率、转化率、转信率。

实际上，一种比较成熟的方法是将收到 E-mail 和没有收到 E-mail 的客户态度作对比，比较不同类型 E-mail 对客户所产生的影响。

小资料：

提高许可 E-mail 营销效果的几个细节

(1)　回复客户的 E-mail 邮件，包含对该客户的个性化称呼。

(2)　在提供订阅邮件时，提供鼓动访问者注册邮件的利益性提示。

(3)　在主页上给出注册 E-mail 的入口。

(4)　在订阅邮件时为用户提供多种邮件类型。

(5)　提供订阅邮件时要求客户提供多个 E-mail 地址，并填写尽可能详细的信息，在客户完成注册后，发送带有注册者名字的确认邮件。

13.2.2　搜索引擎营销效果的评价

不同搜索引擎及其网站推广方法所产生的效果有很大不同，尤其在采用关键词广告的情况下，推广效果与所选择的关键词、预算控制等因素有很大关系，因此对搜索引擎推广效果进行评价和控制是非常必要的。网站流量统计分析专业网站 WebTrends 和 Prospect 进行的一项涉及 800 人的调查表明，在美国有 41%的企业使用各种搜索引擎营销(SEM)方式，在这些企业中，点击率和网站流量是两个评价搜索引擎营销效果的主要方式，只有 11%的企业采用详细的 ROI(投资回报率)指标分析。美国企业营销人员评价搜索引擎营销效果的方法主要如下。

评估方法	百分比
监测点击率和总流量	41%

监测访问转化情况	16%
详细的 ROI 分析	11%
没有任何评估	31%
其他	1%

评价搜索引擎效果的最重要指标是为网站带来的访问量，这一数据可以通过网站流量统计报告获取。

13.2.3　如何评价和提升网络营销效果

2009 年 9 月 2 日下午，中国互联网协会网络营销工作委员会在京主办了第 2 期"如何评估和提升网络营销效果"的沙龙活动。艾瑞咨询集团首席运营官阮京文、99click 总裁马天云、IRI 网络口碑研究咨询机构执行总裁李未柠等业界知名人士参与了沙龙。下面我们来介绍 CEO 们就"网络营销效果的评价与提升"这个问题发表的一些观点。

1. 艾瑞首席运营官阮京文

● 网络整合营销是一种趋势，之前单纯的品牌、促销、活动信息等广告模式已相对不再独立，广告客户也不再只是单纯关注投放网站的 PV、浏览用户量等。综合考核的指标变得越来越复杂。

● 艾瑞近几年的研究发现，广告主投放媒体的规律发生了变化，即由之前固定在某几家媒体投放广告到开始进行多方的投放。主要原因是随着网民人数的增多，注意力逐渐分散，为适应新的需求，广告主开始寻求更多的投放方式。

● 现在进行网络广告投入不能只单纯看点击量，还需要考虑诸如投放目的、广告预算如何实现效果最大化、跨媒体的效果评估等环节，以及对包括所投网络媒体的覆盖面、用户黏性、网站在内容方面的独特性等进行一定的监测，广告的接受人群规模也应该与网站的受众有密切的关联。

● 广告主对广告的评估也发生了一些变化，按照时间付费的模式逐渐淡化，现在大家普遍看好并被主推的是 CPM 模式。

2. 99click 总裁马天云

网络广告的表现方式主要还是在效果和品牌两个方面，互联网网络工作营销委员会出台的互联网网络广告效果评估准则对企业主进行广告投放有很好的参考作用。该准则对网络广告的评估列出了五项指标：广告展示量(即广告每一次显示的时间)、广告点击量(即广告被点击的次数总和)、广告到达率(即通过点击广告进入被推广网站的比例)、广告二跳率(即通过点击广告进入推广网站并产生了有效点击的比例)、广告转化率(即通过点击广告进入推广网站并形成转化的比例)。

3. IRI 网络口碑研究咨询机构执行总裁李未柠

- IRI 主要从传播的基础数据分析、传播效果的对比分析、网络传播的成本分析三个指数体系对一些话题营销的广告进行了很多评估，并专门就话题营销开发了两套软件来进行营销信息的抓取。
- 在对话题传播的效果进行对比分析时，IRI 可以做到在 100 个网站中对话题营销的波及度、参与度、评价度、关联度等进行横向与纵向的数据分析，从而可以得知网友对哪些话题营销感兴趣并愿意参与，甚至包括网友对这些营销话题的喜欢与反感情绪。

13.3　网络营销效果综合评价体系

广州中小企业百强网络营销能力榜："没有推广就没有市场，没有服务就没有客户"

广州市时代财富公司对广州市百强中小企业从网站的基本交互体验、网站架构、网站内容、视觉呈现、系统功能、公信力评估、客户服务、搜索引擎优化、网络营销整合、网络影响力 10 个方面进行评测分析后发现，这些百强企业的网络营销能力不容乐观。

评测结果发现，大多数企业关注的是交互体验、网站架构、网站内容、视觉呈现、系统功能、公信力评估等网络营销最基础的部分，而对企业网络营销效果的关键环节，如客户服务、搜索引擎优化、网络营销整合、网络影响力等方面表现非常不乐观。各项评测指数的平均得分如下。

基本交互体验	69	网站架构	65	网站内容	61
视觉呈现	64	系统功能	54	公信力评估	71
客户服务	36	搜索引擎优化	51	网络营销整合	60
网络影响力	52	网络营销能力综合得分	58		

评测结果反映了这些百强企业在网络推广、客户服务上的严重不足以及它们的网络影响力与其在现实世界中的影响力并不对称。广州百强中小企业的网络营销能力仅得 58 分，表明大多数企业的网络营销才刚刚起步。根据网络营销 10 项评价指数的评价，产生了广州中小企业网络营销能力 10 强。

编号	企业名称	综合得分
1	广州中望龙腾软件有限公司	82
2	江南果菜市场	79
3	广东东松三雄电器有限公司	78
4	广州密西雷电子有限公司	77
5	广州秀珀化工有限公司	75

6	广州戈兰迪高分子材料有限公司	74
7	广州南联实业有限公司	72.5
8	广州市天剑计算机系统工程有限公司	72
9	番禺珠江钢管有限公司	71.5
10	广州石头记饰品有限公司	71

从10项评分指数的评分上看，这10个企业在网站信息、营销推广、客户服务等方面做得都比较出色。首先，这10个企业重视网络信息的发布和呈现，有针对性的企业信息更新及时，能让客户方便地找到他们关心的产品和服务信息。其次，这些企业采取了多种网络营销推广手段，除了在自身网站内做好搜索引擎优化外，还通过阿里巴巴、慧聪和相关的行业网站推广自己的产品与服务，有的还在百度购买了许多产品关键字。因此，当客户在百度和Google上以这些企业的名称和产品作为关键字进行搜索时，能够找到大量的相关介绍页面。最后，在客户服务方面，这些企业不仅在页面留下免费客服热线，而且还在页面上嵌入了即时沟通工具插件，能够让客户在第一时间联系到自己的营销人员，迅速回复客户咨询并把回复结果展示出来，这一点十分重要！没有留下更便利的沟通方式，仅留下联系电话和电子邮件……这些情况是不能很好地照顾到客户的感受的。

(资料来源：http://smt.fortuneage.com/ujanson/13726-177781.aspx)

网络营销绩效评价的目的就是通过采用一套完整的指标体系，按照统一的评价标准，对企业网络营销的发展能力和营销状况做出客观、公正和准确的解释。网络营销效果的基本评价因素包括：访问量、流量转化率、成交量。目前，中小企业网络营销中普遍存在营销网站功能不完整、无效推广、转化能力弱、缺乏营销效果评价等问题。

13.3.1 网络营销效果评价指标体系的建立原则

1. 目的性原则

所建立的评价指标体系要能客观、准确地反映网络营销的综合效果，为企业决策提供可用的信息。

2. 科学性原则

所建立的指标体系应与企业所在的行业特征相匹配，通过指标体系的核算与综合评价，能客观准确地找出网络营销的实际运营效果与目标值之间的差距以及问题所在，同时判断与竞争对手的差异。

3. 全面和客观的原则

所建立的指标体系应该包含纵向比较指标和横向比较指标，能够完整地多角度、多层次、分阶段反映企业网络营销的效果。特别需要注意的是，各项指标之间的相关系数应该为 0，否则，一项指标的评价值会影响到其他指标的评价结果，有失客观性。

4. 实用性原则

所设计的指标应该具有可操作性和可行性强，且不应该具有二义性。指标的核算应建立在现有统计数据的基础上。

13.3.2　网络营销效果评价指标体系

网络营销效果评价体系可分为以下五个方面的指标。

(1) 营销成本指标：包括营销仓储成本、物流配送成本、营销人工成本。

(2) 营销费用指标：包括广告宣传费用(网络广告费用、电视广告费用、报纸广告费用、宣传栏广告费用等)、营销管理费用(网络通信费、营销网站建设费、计算机机时费、网站服务费、网站维护费)、商标维护费用、售后服务费用。

(3) 营销产出指标：包括销售收入、销售利润、销售额增长率和市场占有率。

(4) 营销影响力指标：包括页面浏览数、点击率、品牌认知度、客户满意度、客户忠诚度和商业合作的密切程度。

(5) 网络营销的风险指标：包括网络客户风险、网络营销人员风险、渠道风险、竞争风险、技术风险等。

为了保证指标值的有效和可靠，应定期搜集整理并更新各项指标值。对定量指标，可以参照企业内的财务、企业管理、售后服务和信息部门的统计资料，结合网络调查等方法取得；对定性指标，可以通过咨询、访问、经验推断、售后跟踪等方法获得。

13.3.3　如何选择一组评价指标

那么，如何寻找一组合适的指标(Metrics)来衡量目标达成情况呢？

1. 理解所监控到的数据代表的意思，以找到合适的指标来衡量我们目的达成的效果

我们来看一份网络营销报告："……发出了 1000 万封 E-mail，送达率为 99.99%，特定页面访问率高达 19%，点击率为 19%。从点击来看，80%的客户都是新的访问者，说明本次活动对于抓取新用户是很成功的。唯一的缺陷是我们的网站抓住客户的能力，访问者到达网站之后，ATOS(平均访问时间)只有 19 秒，我们下次应该进一步优化网站……总的来说本次营销活动还是成功的，投入只有 20 万美金，但是追踪到了 200 万美金的销售额，ROI (回报率)为 1000%。"怎么来理解这份报告中的数据呢？对于数据，正确的做法首先是考虑以下问题。

(1) 这些数据是怎么来的，真实含义是什么？

(2) 这些数据对企业网络营销效果的意义体现在什么地方？

(3) 这些数据说明情况是好还是坏?

接下来的问题如下。

(1) "好"的数据出现的根本原因是什么?

(2) "坏"的数据出现的根本原因是什么?

找到原因后,进一步思考怎样才能让数据越来越"好"?只有这样,数据才有意义,才有价值。

2. 研究数据,剥离无效和虚假的部分

因为不完善的监控工具、人工操作失误、合作方有意无意地作弊等,分析工具得到的数据未必完全真实。例如,在10 000个点击量中,可能只有1个是真实用户的点击,其余可能全部是机器生成。因此,对拿到的数据必须要有一个过滤的过程。剥离无效和虚假数据的一个简单原则是:找异常。真实数据间的比例关系会比较合理,在时间和地域上的曲线和分布都会比较平滑。

可以从时间分布、行为、地域分布、来源几个方面来分析所拿到的数据是否表现异常。例如,某个网站前一个月每天才5个注册,结算前一天有10 000个注册,这就是异常;又比如访问量都来自同一个IP段。

3. 通过测试、辅助指标计算和长期监控来分析隐性的和长期的效果

对于网络营销效果评价的主要指标,可以引入一些辅助指标来协助我们更好地理解这些主要指标的"质量"。

第一类辅助指标,是指能够当期拿到的、可以帮助衡量主要指标质量的其他指标。例如,如果目标是"销售",那么除了订单金额之外,还可以结合订单量、平均订单金额、购物顾客数量和利润来看;再如,如果目标是给网站带来流量,那么网站停留时间、浏览深度、是否到达特定页面(如公司介绍页面、产品介绍页面等)可以成为辅助指标,这样,那些能够带来高质量流量的营销渠道会更容易涌现出来。

目标不同会使我们对数据"质量"的理解不同,也就需要选用不同的辅助指标。我们来看一个具体的例子:比如在新浪的广告带来了100万个访问者,其中10万个浏览超过3个页面,8万个(和前面10万访问者有重复)看了产品页面;同时QQ广告带来120万个访问者,其中5万个浏览超过3个页面,6万个(和前面5万个访问者有重复)看了产品页面。乍一看,似乎在QQ上投放的广告效果更好。我们仔细考虑一下两个"流量"数据的质量:修正后的新浪广告流量$=1\,000\,000×0.1 + 0.4×100\,000+0.5×80\,000=180\,000$(这里0.1、0.4、0.5分别代表不同浏览深度访问者的权重);而修正后的QQ广告流量$=1\,200\,000×0.1+0.4×50\,000+0.5×60\,000=170\,000$。可以看出,投放在新浪的广告效果更好。

另一类辅助指标是长期效果,指隔一段时间再测量之前某个网络营销活动或策略所带来的流量、客户表现。仍用上面的例子,一个月之后再看这些访问者的表现:"多少人在广

告投放期过后还来过我们网站？""多少人在最近 7 天来过网站？""多少人在投放期过后买过东西？"等等。如果我们发现，新浪的 100 万个访问者中有 10 万个在广告停了以后又来过网站，5 万个在过去 7 天内来过(说明访问频率高)，1 万个购买了产品；而 QQ 的 120 万个访问者中只有 8 万个又来过网站，4 万个在过去 7 天内来过，7000 个购买了产品。至此，我们可以很有信心地得出结论：投放在新浪的广告营销效果更好，因为真的给网站带来了客户，有长期的正面影响。

我们可以看到，辅助指标不仅可以帮助我们更精准地衡量网络营销效果，衡量它在"达到目标"方面的真实作用，而且还能够在一定程度上更全面和精准地过滤掉无效和虚假的数据。经过这些步骤后，我们可以建立起一套符合企业自身的网络营销的评价指标。

13.3.4　网络营销效果的综合评价

综合评价就是根据指标体系，运用定性和定量方法，对数据进行加权处理和分析，最后得出网络营销的综合效果。下面我们介绍综合指数法。

指数法首先要确定各指标的统一评价标准。如果作纵向比较，可以企业某期各项指标的实际值作为标准值；如果作横向比较，可选择某个企业各项指标的当前实际值作为标准值，再根据各项指标的重要程度不同确定各指标权重。然后将各指标的报告期数值与标准值相除得到该指标的指数值，最后将各指标指数值加权平均，即得到综合评价值。

1. 对指标的处理

网络营销指标体系中的指标包括正向指标(值越大越好，如营销影响力指标)和逆向指标(值越小越好，如营销成本指标)。为了综合评价的方便，需将逆向指标取倒数，把它转化为正指标。

2. 用层次分析(AHP)法确定各层次之间的相对权重

网络营销指标体系中的每个指标的重要性程度是不同的，为了对每一层元素之间的相对重要性做出判断(即确定每一层元素的相对权重)，首先要给出判断矩阵，然后确定层次排序，即为各层次元素确定上下层目标的权数。

13.4　网站访问统计分析基础

eBags.com 的网站流量统计分析实践

网站流量统计数据既是网络营销效果评价的依据，也是通过网站访问量的变化和用户浏览行为来发现网络营销活动中可能存在的问题的常用方法。尽管网站流量统计分析对网络营销管理的作用非常重要，但仍然存在因为重视不够、专业知识水平不够等因素的限制而造成很多企业不能有效地利用网站流量分析方法来为网络营销效果的促进提供支持的情况。

美国箱包零售网站eBags.com是成功利用网站流量分析的网上零售商之一，根据网络零售行业的研究机构 Internet Retailer 评出的数据，eBags.com 的销售额在美国 400 家网上商店中名列第 91 位。eBags.com 在将首页单纯的静物拍摄产品图片用富有生活气息的产品展示图片替换掉后，产品目录和产品页面的点进率都获得显著提升。它的商品经理每天甚至每小时根据监测到的点击率和顾客转化率情况来调整变换展示性页面内容，测试各种网上促销的效果。例如，其中一个营销手段是将原有的呆板的产品展示图片替换成大量生动的生活照片(如学生们背着背包返校的场景)，结果流量监测发现这些箱包生活照片页面的点击率比普通产品展示页面的点击率高出 20%。

eBags 的 CEO 说，通过网站的流量统计分析，他们可以看到消费者在每次促销活动中的购物情况，以评估促销活动的效果。通过流量访问统计分析他们发现，很多购物者始终喜欢通过常规分类目录和产品列表寻找商品，并不理会出现在首页的相关促销链接。

通过 eBags 的案例我们可以发现，网站流量统计分析可以反映出大量有价值的信息，其前提是对各项统计数据进行深度分析，而不仅仅是查看一下网站的访问量和用户使用哪些搜索引擎检索等基本指标。通过对网站访问数据的综合统计分析，可以发现网络营销活动的问题，并揭示适合于网站自身状况的经营规律，为改进网络营销策略提供可靠的依据，从而逐步提高网络营销效果。

(资料来源: http://forum.techweb.com.cn/archiver/tid-163581.html)

作为一个综合性的营销工具，专业化的网站是网络营销的基础，其功能、内容、结构等对网络营销策略的制定和网络营销效果都会产生直接影响，它应该基于企业营销目标进行站点规划，具有良好搜索引擎表现、用户体验和完备的效果评估体系，能够运用多种手段将访问者转化为客户。网站是否专业化在于网站的功能能否充分表现出来，一个缺乏网络营销导向、专业水平不高的网站，如果不从网站本身的问题入手，无论投入多少费用进行推广都是难以取得明显效果的。

企业网站的功能包括：产品展示、信息(促销信息、产品信息等)发布、客户关系与服务(如 FAQ、实时咨询等)、在线调查(如产品调查、客户行为调查、品牌形象调查等)、品牌展示、产品促销等。网站的功能越完善，越能促进整体网络营销的效果。

缺乏对网站功能的全面理解是造成大多数营销网站功能性缺陷的根本原因。从应用角度来说，包括一些国际知名公司在内的企业营销网站都是不成功的，都不同程度地存在信息查找不便、信息不完备等问题。有些网站虽然看起来内容很丰富，但并不一定能真正满足用户需要，当然也就不能够最大限度地发挥其网络营销的作用。

13.4.1　网站访问统计分析和网站流量统计的差异

网站流量统计是指对网站访问的相关指标(网站流量、用户行为指标、浏览方式等)进行统计，它是网络营销管理的基础内容，是了解网站运营状况、评价网站推广效果、分析用户访问行为，并改进网络营销策略的基本手段之一。网站访问统计分析是指在获得网站流量统计基本数据的前提下，对这些数据进行统计、分析，从中发现用户访问网站的规律，把这些规律与网络营销策略等相结合，发现目前网络营销活动中可能存在的问题，为修正或重新制定网络营销策略提供依据。

两者在一般指导思想方面是有差别的，对网络营销管理的作用也不一样，属于同一问题的不同层面。网站流量统计的内容相对固定，所依据的统计分析方法类似，不同的网站采用同样的流量统计方法获得的统计报告在形式上是一样的，通常只能提供网站访问量及用户访问行为的初步信息。而网站访问分析的关键内容和方法往往没有固定的模式，是根据网站流量统计数据反映的信息，结合其他网络营销相关的信息(如网站建设的问题和网站推广策略等)进行分析才能得到相应的结论，因此即使面对同样的网站流量统计数据，对不同网站的访问分析结论也可能大不一样。

网站流量统计分析对于网络营销效果的价值已经被多家国外调查研究机构的研究证实。但在网络营销管理实践应用中，网站访问统计分析的作用还远远没有发挥出来，很多的企业网站只是看访问量的变化情况和网站的世界排名情况，或者大致了解一下访问者的来源(如通过搜索引擎带来了多少用户)，以及用户主要利用什么关键词进行检索来到本网站等，对网站访问数据进行分析没有引起足够的重视。一个全面的网络营销效果评估，应该包含网站的访问情况，用户的黏滞度、来源情况分析，搜索引擎关键词的效果分析，各类网络营销推广手段的应用效果分析等方面。在网络营销中，重统计、轻分析是无助于改善网络营销现状的。

网站访问统计分析注重的是分析，一个网站访问统计报告并不只是简单汇总网站流量统计数据，也不是只局限于网站流量数据本身的分析，它是通过对网站流量统计及其他相关数据的系统分析，来发现网站运营中可能存在的问题，并为有效解决这些问题提供决策依据，它对网络营销策略的价值要高于网站流量统计所获得的基本信息。通过分析网站访问统计数据，可以提供很多有助于增强网络营销效果的信息：对产品介绍等重要网页的访问分析，可以了解用户对相关产品的关注度和一些产品不被关注的可能原因；对网站首页用户来源的分析，可以推测网站推广策略有没有发挥作用，并可以进一步分析其可能的原因，以制定相应的改进措施。网站访问统计分析报告的主要内容如下。

(1) 网站访问量信息的统计和一般分析。

(2) 网站访问量趋势分析。

(3) 在可以获得数据的情况下，与竞争者进行对比分析。

(4) 用户访问行为分析。

(5) 网站流量与网络营销策略关联分析。

(6) 网站访问信息反映出的网站和网络营销策略的问题诊断。

(7) 对网络营销策略的相关建议。

专业的网站访问统计分析报告对网络营销的价值,正如专业的财务分析报告对企业经营策略的价值。以下是四川长虹网站的诊断分析报告,供大家参考。

四川长虹网站诊断报告

长虹始创于 1958 年,是集电视、空调、冰箱、IT、通信、网络、数码、芯片、能源、商用电子、电子部件、生活家电等产业的研发、生产、销售、服务为一体的多元化、综合型跨国企业集团,是全球具有竞争力和影响力的 3C 信息家电综合产品与服务提供商。2005 年,长虹跨入世界品牌 500 强。2007 年,长虹品牌价值达到 583.25 亿元。

长虹在广东、江苏、长春、合肥等地建立数字工业园,在北京、上海、深圳、成都设立研发基地,在中国 30 多个省、市、区设立 200 余个营销分支机构,拥有遍及全国的 30 000 余个营销网络和 12 000 余个服务网点。长虹在印尼、澳大利亚、捷克、韩国等国投资设厂,在美国、法国、俄罗斯、印度、乌克兰、土耳其、阿联酋、阿尔及利亚、泰国等 10 多个国家和地区设立分支机构,为全球 100 多个国家和地区提供产品与服务。

1. 企业网站概况(http: //www.changhong.com)

网站的顶部导航以红色为主色调,采用的是 Flash 做的按钮导航。网站分三大板块:"产品与服务"、"商业合作"、"关于长虹"。这三大板块涵盖了 B2C 和 B2B。在网站底部公布了全国统一客户号码,同时网站还专门提供了网站地图。长虹网站的结构布局合理,诊断重点从网站的功能和服务所引出来的网站推广、搜索引擎营销和网站的指导思想上分析。

2. 诊断内容

(1) 网站内容和结构。

(2) 网站 alexa 排名及流量分析。

(3) 网站的 Goolge Page Pank 页面评定等级。

(4) 网站被各大搜索引擎收录和反向链接情况。

(5) 网站页面、Meta 标签检测和关键字查询。

3. 诊断结果

(1) 网站主页整体布局合理、更新及时、内容丰富。企业能有效地利用网络这种资源来推广自己的经营理念,企业的客户服务也做得很到位。但是,较多的 Flash 对搜索引擎不太友好。

(2) 网站的 Alexa 排名及流量分析。

● Alexa 排名查询结果

网站 www.changhong.com 在 Alexa 上的综合排名为第 305 234 位。详细信息如下。

当日排名	排名变化趋势	一周平均排名	排名变化趋势	一月平均排名	排名变化趋势	三月平均排名	排名变化趋势
194 327	9809	303 141	45 250	258 504	54 103	306 764	118 199

- 网站下属站点被访问比例及人均页面浏览量

被访问网址	近月网站访问比例	近月页面访问比例	人均页面浏览量
changhong.com	43%	23%	2.3
oa.changhong.com	23%	19%	5.4
forum.changhong.com	20%	19%	6.0
jsfw.changhong.com	24%	12%	19.6
yangguang.changhong.com	24%	7%	3.5
chvm.changhong.com	24%	6%	2.5
cn.changhong.com	27%	5%	1.0
app.changhong.com	20%	4%	2.2
c-power.changhong.com	14%	1%	2.2
service1.changhong.com	18%	1%	1.1
service.changhong.com	16%	1%	1.3
other websites	0	2%	0

- 根据 Alexa 统计数据估算网站 IP 和 PV 值

日均 IP 访问量(一周平均)　　　　　　　　日均 PV 浏览量(一周平均)
≈ 750　　　　　　　　　　　　　　　　　≈ 2475

- Alexa 统计的长虹集团国家/地区排名、网站访问比例和页面浏览比例

国家/地区名称(10 个)	国家/地区代码	国家/地区排名	网站访问比例	页面浏览比例
中国	CN	9 530	87.0%	77.9%
伊朗	IR	34 125	3.8%	6.5%
菲律宾	PH	65 983	3.2%	3.9%
阿尔及利亚	DZ	55 621	2.4%	2.6%
德国	DE	429 071	0.6%	2.6%
澳大利亚	AU	165 794	1.2%	1.3%
印度尼西亚	ID	145 628	0.6%	1.3%
突尼斯	TN	87 917	0.6%	1.3%
中国台湾地区	TW	136 802	0.4%	1.3%
美国	US	1 916 775	0.2%	1.3%

从数据上看，长虹网站的排名不太稳定，综合排名也不理想，日 IP 流量也很低，这反映出长虹公司的业务还是在传统模式下进行的。同行业中的海尔集团，其综合排名为第 66 170 位，相比而言，长虹网站还要做很大的推广与优化。

(3) 网站的 Goolge Page Pank 页面评定等级。

长虹网站的该项评定值为 5。Page Rank 用来标识网页的等级/重要性，级别从 0 到 10 级，PR 值越高说明该网页越受欢迎。长虹网站的这个评定值虽然不错，但同类行业海尔集团的评定值是 6，长虹显得有些低。

(4) 长虹网站被各大搜索引擎收录和反向链接的情况。

搜索引擎	收录数量	反链接数量
百度	2460	107
雅虎	2960	2899
MSN	18 800	
搜狗	2247	8975
中搜	17 800	14
SOSO	828	58
Google	2460	58

从表面数据看出，长虹网站对百度、谷歌这样重量级的搜索引擎不太友好，其收录数量和反向链接数量都非常低，只在 MSN 这样的搜索引擎中收录数量略高些。但对于一个这样大的家电集团公司，这样的数据是不太理想的。

(5) 长虹网站的页面、Meta 标签检测和关键字查询。

页面 http://www.changhong.com 的 Meta 信息检测结果如下。

页面标题：new document。

字符数量：14 个字符；建议长度：小于等于 80 个字符。

关 键 词：页面不规范，KeyWords 标签不存在或者内容为空。

字符数量：0 个字符；建议长度：小于等于 100 个字符。

页面描述：页面不规范，Description 标签不存在或者内容为空。

字符数量：0 个字符；建议长度：小于等于 200 个字符。

Meta 是用来在 HTML 文档中模拟 HTTP 协议的响应头报文，主要作用是便于搜索引擎机器人查找、分类(目前几乎所有的搜索引擎都使用网上机器人自动查找 Meta 值来给网页分类)。这其中最重要的是 Description(站点在搜索引擎上的描述)和 Keywords(分类关键词)，应该给每页加一个 Meta 值。从上面的诊断数据可以看出，长虹网站的 Meta 设置得很不规范，导致对搜索引擎很不友好。

4. 结论

从上面的诊断信息来看，长虹网站的整体布局和页面的色调设计比较好，但是 Flash 用得较多，导致了对搜索引擎不太友好，建议适当地减少网页中的 Flash 元素。同时网站的 Meta 信息设置很不规范，也严重地影响了其网络推广效果。长虹网站虽然集成了 B2C 和 B2B 这样的电子商务功能，但是其日流量却没有跟上来，这样的商务功能也就很难体现其价值所在。

(资料来源：http://blog.sina.com.cn/s/blog_4e88df8a0100cnm3.html)

13.4.2 网站访问统计分析基础指标

用于网站流量统计的原始数据都以网站日志的形式保存，如果不借助网站流量分析工具，一般很难组织这些日志文件。可以通过在服务器端安装统计分析软件来实现统计，如国内免费的第三方流量统计工具百度统计、51yes.com、50bang.com 等都直观、好用；谷歌提供的网站流量统计分析系统 Google Analytics 与 AdWords 关键词广告统计分析一起绑定，功能十分强大，其地理位置统计可以查看全球各地访问者数量，特别适合外贸企业网站使用。可以说在一定程度上，免费网站流量统计服务的发展对企业网络营销管理起到了启蒙的作用。在这些统计工具中免费注册后可获得一段跟踪代码，将代码置于网站需要跟踪的页面(一般可以放置全站)，即可获得网站每天的原始访问统计数据。

大部分网站流量统计工具都能跟踪多个指标，这些指标能够反映出网站总体访问流量情况，它们对于网站推广效果评估至关重要。主要包括以下指标。

1. 企业网站点击浏览流量方面的指标

(1) 网站计数器记录的企业网站总访问量指标(Visit inVariably)。

(2) 页面的浏览数量指标(Page Views)。浏览量指标是指用户浏览网页的总数。单纯看页面浏览数(以及每个用户的页面浏览数)本身而不对网站的实际状况进行分析，只能反映出网站的大致访问情况，并不能说明网站内容真的对用户具有"黏性"。如果每个访问者的平均页面浏览数太高，很可能表明网站目录结构设计上存在一定的问题；如果这一指标过低(<1.5)，则很可能是网站内容的受欢迎程度不高。

(3) 网站独立访问者数量指标(Unique Visitors)。独立访问者数量比较真实地描述了网站访问者的实际数量，相对于网站访问量更有说服力，如调查公司 Media Metrix 和 Nielsen//NetRatings 每月最大 50 家网站访问量排名就是采用独立访问数为依据。如果多个用户共用一台服务器上网，使用的是同一个 IP，在网站流量统计中都算作一个用户；而对于采用拨号上网方式的动态用户，在同一天内的不同时段可能使用多个 IP 来访问同一个网站，这样就会被记录为多个"独立访问者"。网站独立访问者数量可以反映出网站访问者的多项行为指标，并可用于同一网站在不同时期访问量的比较分析。

(4) 网站重复访问者数量指标(Repeat Visitors)。

(5) 每个访问者的页面浏览数指标(Page Views Per User)。

(6) 栏目点击或文件下载次数指标(Papers Download)。

2. 访问者访问企业网站行为记录方面的指标

(1) 访问者在企业网站的停留时间指标(Stay Time)。

(2) 访问者在网站网页浏览停留的时间指标(Browsing Stay Time)。

(3) 访问者来源网站统计指标(Origin Web Site):通过哪些网址来源进入本站。一个运作良好的网站,通常情况下的"访问路径统计"渠道应该是多样化的,如果高达 90%以上的访问量都依赖某种单一渠道,就不是一种理想的状态,说明网站还没有实施全面的推广。

(4) 访问者所使用的搜索引擎及关键词统计指标(Search Engine and Keyword)。

(5) 访问者在不同时段的访问量指标(When Distinct Length Visit Amount)。

3. 访问者浏览企业网站方式方面的指标

(1) 访问者上网方式及设备类型指标(Means and Device Type)。

(2) 访问者所用浏览器名称和版本指标(Browser Name and Version)。

(3) 访问者电脑分辨率及显示模式指标(Resolution and Display Mode)。

(4) 访问者所使用操作系统名称及版本指标(Operating System Name and Version)。

(5) 访问者所在地理区域分布状况指标(the geography Areas Distribute)。

获得以上网站流量统计指标有助于了解到网站的基本访问量情况,通过进一步对统计数据的分析,可以找出网站推广、网站运营中存在的问题,以进行针对性的改进。

例如,对于企业网站来说,最关心的是网站推广效果及客户转化率,因此需要着重了解网站的独立 IP、网页浏览数、搜索引擎及关键词统计、访问路径统计等指标。一般来说,如果统计发现企业网站通过搜索引擎带来的访问量占总访问量的比重低于 50%,则可初步判断网站需要加大搜索引擎的营销力度,考虑实施搜索引擎优化(即分析各类搜索引擎的算法和排名规则,对网站进行"改造",以符合搜索引擎的习惯,获得较好的排名结果,如敦煌网)或直接竞价购买关键词广告(如李宁体育用品公司购买了谷歌的相关关键字广告,在Google 上搜索"李宁"时,李宁公司的官方直营店是排在第一位的),因为通过主动检索带来的客户转化远远高于通过其他推广渠道带来的客户转化。因此企业网站着重考察搜索引擎关键词统计指标,以了解潜在客户检索行为,查看哪些重要关键词未能为自己带来访问量,以采取相应的改进措施。但是,过分追求搜索引擎优化非常危险,一旦被搜索引擎判定作弊,不仅得不到理想的优化效果,还会受到惩罚。另外,搜索引擎竞价产品购买后需要进行维护,如果只是静待客户上门,效果会越来越差。坚持"以用户体验为中心"这一原则,努力改善用户的感受,才是正确的网络营销管理思路。

对于经营性网站来说,访问量和网站的用户行为指标是两个重要的参考数据。用户行为指标主要体现在:回访人数、用户在网站的停留时间、网页浏览数、不同时段的访问量、退出页面、搜索引擎关键词统计、访问路径统计等系列指标。如果一个网站的独立 IP 访问数量增长很快,但回访人数、停留时间、网页浏览数都很低,则说明该网站虽然推广力度很大,但网站本身对于用户的黏着度不够,留不住用户。另外,网站还需要将访问量数据与网站注册用户数量、实际销售增长进行对比,如果网站访问量增长很快,但注册用户数量和销售量并无相应的增长幅度,说明网站推广或网站运营中存在一定的问题。

对于地方服务性网站来说,如果访问者地理位置显示通过目标区域带来的访问量占总访问量的比例太低,则有必要反思网站的本地化推广方式是否恰当。

13.4.3　几种主流的免费网站流量统计分析工具比较

1. Google Analytics(http://www.google.cn/analytics/)

基本功能:高层概览、营销分析、访问者分析、内容分析、广告分析、客户端分析。营销分析是其特色功能。

特点:与 Google Adwords 紧密结合,Google Analytics 有 80 多个报告,可以分析整个网站的访问者,并能分析 Adwords 广告的效果;数据比较抽象和宏观。操作不方便,免费版本的每月统计访问量不能超过 500 万 PageView。

2. Yahoo 统计(http://tongji.cn.yahoo.com/)

基本功能:最近访问者分析、时段分析、每日分析、搜索引擎排名、关键词、访问来源、访问地区、被访主机、被访页面、访问入口、访问出口和客户端分析。被访页面、被访主机是其特色功能。

特点:功能和易用性兼顾,没有 Google Analytics 那样复杂,该有的数据都有,操作也比 Google Analytics 方便,并且完全免费。

3. 百度统计(www2.baidu.com)

基本功能:流量统计、来访分析、搜索引擎关键字分析、访问者分析等。

特点:稳定、功能强大、反应快速。只需按照系统说明添加代码,百度统计即可马上收集数据。百度统计把用户需要的一些小功能点(如百度指数、搜索结果链接等)打包到了相关报告中,较为人性化。

4. 我要啦统计(http://www.51.la)

基本功能:网站概况、SEO 数据、时段分析、日周月段分析、在线用户、访问明细、升降榜、网站详情、客户端分析。日周月分析、SEO 数据是其特色功能。

特点:简单实用,注重数据的组织和拆分,细致地分析最近一段时间访问量的走势和分布,功能和易用性能够做到协调互补。不过广告比较多。

小资料:

如何利用百度和 Google 的流量统计分析工具

使用百度统计分析工具的步骤如下。

(1) 登录 www2.baidu.com, 单击"百度统计"按钮进入。

(2) 单击"立即免费使用"按钮进入开通流程。

(3) 在域名栏中输入监控网站主域名并确认协议。

(4) 获取安装代码。

(5) 按照安装说明在网站源代码中添加统计代码。

正确安装代码 3 小时后, 就可看到丰富的流量统计数据。

使用 Google Analytics 统计分析工具的步骤如下。

(1) 登录 http://www.google.com/analytics/zh-CN/。

(2) 输入 Google 账户的电子邮件和密码登录, 如果没有 Google 账户, 注册创建一个。

(3) 注册时, 从域名下拉列表框中选择 http:// 或 https://选项, 然后输入要监控的网址。

(4) 在账户名称字段中为该账户输入一个别名, 然后单击"继续"按钮, 在随后打开的页面中输入联系方式。

(5) 同意服务条款, 提交注册, 完成。

本 章 小 结

本章讲述了网络营销管理的内容体系, 讨论了网络营销与传统营销在管理方式上的联系与区别。在此基础上, 介绍了网络营销效果评价的方法及其评价指标体系的建立原则, 并对网站访问统计分析对网络营销管理的意义以及统计分析的基本方法进行了详细讨论。本章内容对于在评价网络营销管理现状的基础上, 改进网络营销管理的内容和方法, 提升效果和效率具有十分重要的实践意义。本章的重点在于掌握评价指标体系的建立原则和网站统计分析方法。

思 考 题

1. 网络营销管理内容分类对管理效果的提升有何作用?

2. 传统营销管理和网络营销管理存在哪些差异?

3. 网站统计分析对改进网络营销管理有哪些作用?

4. 假设某电子商务网站在 QQ 和新浪上花同样的钱投放了广告, QQ 广告一天展示了

5 000 000 次，带来了 50 000 个访问者、200 个订单；新浪广告一天展示了 4 000 000 次，带来 60 000 个访问者、300 个订单。你觉得该网站是否应该减少在 QQ 的投放，而加大在新浪的投放？

5. 以真实案例数据撰写一个网站流量分析报告，要求包括网站流量统计和网站访问统计分析，重点分析网站流量统计数据对网络营销策略的指导意义。

(1) 根据给出的网站流量统计数据设计一个网站流量统计月度报告，包括流量统计指标内容及统计报告摘要信息。主要统计指标包括：

① 该月页面浏览总数。

② 独立用户总数。

③ 每个用户平均页面浏览数。

④ 每天平均独立用户数量和页面浏览数量。

⑤ 日访问量最高的 5 天及其每天的页面浏览数和独立用户数。

⑥ 日访问量最低的 5 天及其每天的页面浏览数和独立用户数。

⑦ 搜索引擎带来的访问量占总访问量的比例。

⑧ 带来访问量最高的 3 个主要搜索引擎及其对访问量的贡献率。

⑨ 用户检索比例最高的 5 个关键词。

⑩ 访问量最高的 5 个网页。

⑪ 除搜索引擎之外带来访问量最高的 5 个网站(URL)。

⑫ 其他对网站访问分析具有价值的信息。

(2) 根据网站流量统计数据，分析网站访问量与网络营销策略之间的关系，主要包括下列方面。

① 网站访问量是否具有明显的变化周期。

② 本月网站访问量的增长趋势。

③ 用户来源主要引导网站的特点及可能进一步增加访问量的改进方法。

④ 网站搜索引擎推广的效果及存在的问题分析。

根据网站流量统计数据发现的问题及其对网络营销策略的影响，请提出相应的改进建议。

案例分析题

一个用户在新浪看到了某企业周年庆的网络广告，点击进去后发现企业在做特价促销，买东西全场免运费还送很多赠品。两天后，他想起自己要买个电饭煲，于是去比价网找产品比较价格，又看到了该企业网址，点击进去看了一下，决定购买，但是没有带网上支付卡所以没有直接买。晚上回家之后，他在百度的搜索框内输入企业网站和那款电饭煲的名字,点击第一个链接(刚好是该企业的付费关键词链接),进入该企业网站,买了产品。在这个过程中,新浪的广告让客户了解到企业,对企业有了印象;比价网广告让客户了解到企业在销售他需要的产品;最后,百度把客户带回来下了单。

分析:

请分析应该如何评价以下案例中三种网络广告形式的效果

附录 A 《网络营销与策划》实验指导书

　　本实验教学目标与基本要求是：通过本实验课程的学习，分别开展网络营销策划实战训练和网络营销基本技能训练，让学生通过上网实习，熟悉企业网络营销活动常用的工具及方法，掌握网络市场调研的技巧与方法，掌握制定网络营销策略的方法和实施网络营销的程序，能够进行简单的企业网络营销策划和建设工作，具备从事网络营销的能力。其中营销网站建设(搜索引擎优化)、网络广告策划是结合具体网络营销策划案的综合性、设计性实验。

　　本实验指导书涵盖网络营销中的研究型实验、网络营销创业和策划实践，以及各种网络营销工具应用的网络营销技能训练，旨在加强学生的动手实践能力，是理论教学的有益补充，也是进行网络营销课程设计前必须进行的实验训练。

实验 1：制订与讨论网络营销计划

实验学时：3
实验类型：研究型
实验要求：必修

一、实验目的

通过本实验的学习，使学生了解或掌握网络营销的基本概念，训练或培养学生制定网络营销战略和计划的能力，以及进行网络商业创业的基本能力，为今后网络营销具体分析和执行奠定基础。创业小组的网络营销计划将贯穿整个网络营销教学过程中。

二、实验内容

根据战略网络营销和网络营销战略计划章节的内容，完成创业小组分组，结合小组成员的兴趣爱好，通过头脑风暴法确定小组网络创业项目和网络营销计划，完成 SWOT 分析、项目可行性分析等，并按照战略制定 7 个步骤安排具体工作。

三、实验原理、方法和手段

自由组合网络创业小组，每组 4 人左右，完成以上实验内容。

四、实验组织运行要求

以学生自主训练为主的开放模式组织教学。

五、实验条件

互联网、网络营销参考书籍、电子商务创业实验室等小组环境。

六、实验步骤

确定创业团队，明确组长，设立观察员，组织和分析本小组的网络营销创业计划的可行性。

七、思考题

网络营销战略制定的 7 个步骤是什么？

八、实验报告

以小组为单位，重点完成实验记录，包括小组成员、分工、拟完成的网络创业项目或网络营销计划书的名称、主要内容、SWOT 分析、环境分析等内容。

九、其他说明

无。

实验 2：营销网站方案设计

实验学时：6
实验类型：综合、设计型
实验要求：必修

一、实验目的

通过本实验的学习，使学生了解或掌握网络营销系统建立的基本知识，训练或培养学生根据实际企业项目进行网站规划设计的基本技能，熟练掌握网络营销站点的设计技巧，结合实际项目完成网站策划，为完成网络营销 4P 策略的学习奠定基础。

二、实验内容

(1) 企业网站专业性诊断分析：选择至少两个与本小组项目类似的竞争性企业网站或行业网站进行分析，加深对网络营销导向的企业网站的认识；通过跟踪某企业网站营销实际，了解该网站域名建设与管理现状，并分析该企业网站在网站定位、网页框架、网页风格、网站功能、营销工具、网站内容等方面是如何设计的，掌握从营销角度策划网站的基本要求。进行企业网站建设模拟，从营销角度自行设计一个企业网站的主要框架。从网络营销的角度分析该企业网站建设中的特色与常见问题，并提出相应的改进建议。

(2) 小组营销网站设计：确定网站的建设目标，明确网站的整体风格，制定符合营销目标的网站结构和内容模块，结合搜索引擎优化的知识完成产品/服务展示、后台管理，并能够基本实现首页面和重点板块。

三、实验原理、方法和手段

由学生自行设计实验方案并加以实现的实验，理论内容参看第五章——网络营销网站建设。

四、实验组织运行要求

以学生自主训练为主的开放模式组织教学。

五、实验条件

人手一机，安装网页三剑客，配合使用网络营销教学模拟软件。

六、实验步骤

由学生自行设计实验方案并加以实现的实验，完成"××网站建设规划书"。

七、思考题

进一步思考你的企业站点在商品陈设、行动路线上能否进一步满足营销需求。

八、实验报告

根据实验报告的内容及具体要求，以小组形式完成实验报告："××网站建设规划书"。制定网站开发项目方案书，输入网站系统简介，组建开发团队，确定网站详细功能，确定人员模块分工，计划项目进度安排等。请按照向导填写所需信息，生成方案书，并展示基本页面。

九、其他说明

无。

实验 3：网络营销技能训练——网络调研

实验学时：4
实验类型：综合、设计型
实验要求：必修

一、实验目的

通过本实验的学习，使学生了解或掌握网络营销调研的基本知识，训练或培养学生利用互联网进行调查研究的技能，掌握针对具体问题收集一手和二手数据的方法，为今后继续网络营销目标市场细分的学习奠定基础。主要包括以下几方面。

(1) 掌握针对具体营销问题进行营销调研的方法选择和使用技能，进行市场调研资料收集；尤其是掌握搜索引擎的使用技能以及在 Internet 上进行市场调查的基本方法。

(2) 掌握在线调查问卷页面和内容的设计、制作方法与技能。

(3) 通过网上信息查询发掘、了解企业创建自己的门户网站的意义。

(4) 掌握分析调查数据的技能。

二、实验内容

以项目小组为单位，根据本小组营销计划，确定一个需要调查研究的问题，根据自己企业所经营的产品，上网查找适合推广、销售这些产品的网站，或根据网上调查的结果提出建设企业网站的可行性建议。制作顾客对企业及其产品的意见征询表单(调查网页)，同时上网查找适合投放这些调查问卷的网站。

(1) 至少要找出 5 个以上的网上贸易平台，如阿里巴巴(www.alibaba.com)等，仔细浏览这些网站的相关栏目，指出这类网站能够为企业提供哪些服务，如何利用这些网站来销售企业的产品，选择其中若干家网站作为合作伙伴。

(2) 制作的调查问卷要求依据具体调查内容，设计合适的调查问句，至少有 10 项调查内容。并应包含事实问句、意见问句、阐述问句、自由回答式问句、多项选择式问句、顺位式问句、程度评等式问句、过渡式问句以及 Likert 量表或 SIMALTO 量表等形式。

(3) 寻找合适的网络调查平台，设计主题明确的网上调查问卷并在线发布，收集调研结果。

(4) 查找网上与自己项目相关的调研项目和分析结果。

三、实验原理、方法和手段

由学生自行设计实验方案并加以实现的实验。

四、实验组织运行要求

以学生自主训练为主的开放模式组织教学。

五、实验条件

人手一机，登录互联网，提供电子商务创业实验室供讨论分析，提供相关文献资料等。

六、实验步骤

由学生自行完成网络营销调研子计划，设计具体实验方案并加以实现。

七、思考题

(1) 在互联网上对普通大众进行营销调研有哪些局限性？

(2) 与传统调研相比，你的网络营销调研是否能够达到你的调研目的？可信度如何？

八、实验报告

实验预习：认真阅读实验指导书，熟悉各种实验设备和软件。

实验记录：小组讨论纪要和人员分工。

实验报告：内容包括实验目的、实验内容、实验步骤、实验结果(要列出所调查网站的域名和比较的项目列表)、问题讨论与实验心得。

九、其他说明

必要时对上述相关内容进行补充，或告知学生实验室管理的相关规定及安全事项等内容。

实验 4：网络营销技能训练——微博营销

实验学时：2
实验类型：验证型
实验要求：选修

一、实验目的

微博营销是指通过微博平台为商家、个人等创造价值而执行的一种营销方式。该营销方式注重价值的传递、内容的互动、系统的布局、准确的定位，微博的火热发展也使得其营销效果尤为显著。微博营销涉及的范围包括认证、有效粉丝、话题、名博、开放平台、整体运营等。

二、实验内容

选择以下一个网站登录进行实验(或者自行挑选其他)。

● 新浪微博。
● 腾讯微博。

三、实验原理、方法和手段

登录互联网进行验证实验。

四、实验组织运行要求

采用集中授课形式。

五、实验条件

人手一机，登录互联网，参看网络相关文献资料等。

六、实验步骤

首先选择一个微博网站，登录注册本网络创业小组的账号，尝试微博的网络营销活动。具体步骤包括：注册微博—登录—设计内容模块—策划编写博客内容—增加粉丝数量—关注他人开展网络营销推广。

七、思考题

微博如何更好地利用于企业的网络营销推广互动中？你如何看待微博的网络营销价值？

八、实验报告

实验预习：认真阅读实验指导书，熟悉各种实验设备和软件。

实验记录：实验过程简要记录。

实验报告：内容包括实验目的、实验内容、实验步骤、实验结果(要列出所调查网站的域名和比较的项目列表)、思考问题讨论与实验心得。

九、其他说明

必要时对上述内容进行补充，告知学生实验室管理的相关规定及安全事项。

实验 5：网络营销技能训练——论坛营销

实验学时：2

实验类型：验证型

实验要求：必修

一、实验目的

论坛营销就是企业利用论坛这种网络交流的平台，通过文字、图片、视频等方式发布企业的产品和服务的信息，从而让目标客户更加深刻地了解企业的产品和服务，最终达到企业宣传自己的品牌、加深市场认知度的目的。通过本实验的学习，使学生了解或掌握社交网络的发展现状，训练或培养学生利用网站交互性进行沟通交流的技能，掌握论坛营销的技巧及其对实现网络营销目标的作用。

二、实验内容

选择以下一个网站登录进行实验(或者自行挑选其他)。

- 百度推广网站。
- 新浪社区。
- 腾讯社区。
- 中国市场营销论坛。

利用该社区建立和加入与本小组项目有关的板块，并发布和收集相关信息。

三、实验原理、方法和手段

登录网站进行验证实验，并进行评价。

四、实验组织运行要求

采用集中授课形式。

五、实验条件

人手一机,登录互联网,参考相关文献资料等。

六、实验步骤

首先选择一个与本小组项目相关度高、定位吻合的论坛社区进入训练,按照其网站使用规则使用。具体步骤包括:注册/登录—发表主题—浏览主题—回复帖子(必须有顶帖、沉帖的判断和动作)

发表投票—浏览投票—参与投票

七、思考题

通过论坛营销的方法适合何种产品和服务的营销?

如何在论坛营销中提高帖子的关注度?

八、实验报告

实验预习:认真阅读实验指导书,熟悉各种实验设备和软件。

实验记录:实验过程简要记录。

实验报告:内容包括实验目的、实验内容、实验步骤、实验结果(要列出所调查网站的域名和比较的项目列表)、思考问题讨论与实验心得。

九、其他说明

必要时对上述相关内容进行补充,或告知学生实验室管理的相关规定及安全事项等内容。

实验 6:网络营销技能训练——病毒性营销

实验学时:2
实验类型:验证型
实验要求:必修

一、实验目的

通过本实验的学习,使学生了解或掌握病毒性营销的知识,训练或培养学生开展病毒性营销进行产品推广的技能,为今后网络营销的学习奠定基础。

二、实验内容

选择以下一个网站登录进行实验(或者自行挑选其他)。

- 网上营销新观察(http://www.marketingman.net/)。

● 腾讯 QQ。

寻找病毒性营销案例并进行评价，分析本小组产品或服务是否适合开展该种营销活动。要求必须选择当前发生的热点网络应用工具或者网络热点事件来设计具体方案。

三、实验原理、方法和手段

登录网站进行验证实验，并进行评价。

四、实验组织运行要求

采用集中授课形式。

五、实验条件

人手一机，登录互联网，参考相关文献资料等。

六、实验步骤

体会各案例病毒性营销的特点，在案例中找到两处以上属于病毒性营销特点的地方，如："如果您觉得不错，请告诉你 QQ 上的朋友"之类。

七、思考题

病毒性营销适合进行何种产品和服务的网络营销？你的小组项目是否适合，准备如何开展？

八、实验报告

实验预习：认真阅读实验指导书，熟悉各种实验设备和软件。

实验记录：实验过程简要记录。

实验报告：内容包括实验目的、实验内容、实验步骤、实验结果(要列出所调查网站的域名和比较的项目列表)、思考问题讨论与实验心得。

九、其他说明

必要时对上述相关内容进行补充，或告知学生实验室管理的相关规定及安全事项等内容。

实验 7：网络营销技能训练——搜索引擎营销

实验学时：3
实验类型：验证型
实验要求：必修

一、实验目的

通过本实验的学习，使学生了解或掌握搜索引擎营销的基本知识，训练或培养学生熟练应用搜索引擎进行网络营销的技能，通过对部分选定网站搜索引擎进行友好性分析，深入了解网站建设的专业性对搜索引擎营销的影响。

(1) 掌握搜索引擎的机理以及商业搜索引擎及工具软件的使用方法。

(2) 掌握利用搜索引擎进行网站推广的基本方法与策略。

(3) 掌握在搜索引擎上进行注册的方法与技巧。

(4) 了解百度搜索引擎"竞价排名"的作用与运作机制。

(5) 了解 Google 的 AdWords(关键字广告)的运作机理。

(6) 了解搜索联盟的机理和利用搜索联盟开展营销活动的方法。

(7) 掌握利用 Alexa 等第三方机构分析一个网站商业价值的方法与技巧。

(8) 掌握利用 E-mail 开展营销活动的基本方法。

二、实验内容

对于综合性实验，注意直接或间接指明本实验涉及了哪几个具体的知识点。

(1) 利用百度和 Google 搜索引擎提供的搜索功能进行各种信息的检索，并比较两个网站所提供搜索功能的优劣。

(2) 同学之间相互交流自己所掌握的各种信息检索方法与技巧。

(3) 登录百度搜索引擎，详尽了解"竞价排名"的功能与运作机制，并记录参加百度"竞价排名"的运作流程。

(4) 登录 Google 网站(www.google.com)，详尽了解其所提供的 AdWords(关键字广告)的运作机理，并记录客户购买关键字广告的运作流程。

(5) 利用 Alexa(www.alexa.com)提供的网站排名服务功能，对有关网站进行各种数据的分析，研究该网站的商业价值。

(6) 为自己的小组项目选择合适关键词组合，并确定投放目标和经费预算。

三、实验原理、方法和手段

登录网站进行验证实验，并完成本小组项目的关键字组合以及搜索引擎营销推广方案。

四、实验组织运行要求

采用集中授课形式。

五、实验条件

人手一机，登录互联网，参考有关文献资料等。

六、实验步骤

选择以下一个网站登录进行实验(或者自行挑选其他)。

- 雅虎。
- 搜狐、搜狗搜索引擎。
- 百度搜索引擎。
- Google 搜索引擎。

完成以上要求的实验内容。

七、思考题

进一步思考如何通过 SEO 实现网站优化。

八、实验报告

实验预习：认真阅读实验指导书，了解各种搜索引擎的基本工作原理和搜索机制，熟悉各种实验设备和软件。

实验记录：实验过程简要记录。

实验报告：内容包括实验目的、实验内容、实验步骤、实验结果(要列出所调查网站的域名和比较的项目列表)、思考问题讨论与实验心得。

九、其他说明

必要时对上述相关内容进行补充，或告知学生实验室管理的相关规定及安全事项等内容。

实验 8：网络营销技能训练——许可 E-mail 营销

实验学时：2
实验类型：验证型
实验要求：选修

一、实验目的

针对通过邮件订阅的内部会员列表进行电子邮件营销是在任何类型的电子营销活动中具有最高的投资回报率的营销方式。通过本实验的学习，使学生了解或掌握许可 E-mail 营销在网络营销中的作用，训练或培养学生设计一个含有自定主题的邮件列表说明及订阅功能的网页的能力，了解许可 E-mail 营销的实现方法和后台管理功能。

二、实验内容

选择以下一个网站登录进行实验(或者自行挑选其他)。

- 罗维邓白氏电子邮件营销(http://www.roadwaydnb.com/Service/edm.shtml)。
- 多歌电子邮件营销(http://www.duoge.net/EDM-email.htm)。
- 无敌邮件地址采集器。

完成网站浏览，并设计一封适合本小组网络营销的电子邮件。

三、实验原理、方法和手段

登录网站进行验证实验，完成本小组项目的邮件列表建立，并设计一封电子邮件。

四、实验组织运行要求

采用集中授课形式。

五、实验条件

人手一机，登录互联网，参考相关文献资料等。

六、实验步骤

根据训练案例，完成以下基本步骤。

利用网站前台收集邮件地址—填写邮件订阅稿件内容—管理邮件地址—发送邮件(从列表中选择收件人、选择邮件稿件、选择发送模式(html/文本等)。

七、思考题

你认为许可 E-mail 营销在网络营销中是否有效？

如何获得许可 E-mail 营销中的地址资源？

八、实验报告

实验预习：认真阅读实验指导书，熟悉各种实验设备和软件。

实验记录：实验过程简要记录。

实验报告：内容包括实验目的、实验内容、实验步骤、实验结果(要列出所调查网站的域名和比较的项目列表)、思考题讨论与实验心得。

九、其他说明

必要时对上述相关内容进行补充，或告知学生实验室管理的相关规定及安全事项等内容。

实验 9：网络营销技能训练——网站流量统计

实验学时：2
实验类型：验证型
实验要求：选修

一、实验目的

通过本实验的学习，使学生了解流量统计系统的作用、重要性，掌握进行网络营销效果评价的方法和技能，为今后继续电子商务系统分析设计的学习奠定基础。

二、实验内容

选择以下一个网站登录进行实验(或者自行挑选)。

● ADPower 网站流量统计。
● ITSUN 网站流量统计。
● 量子统计。
● 百度统计或者 CNZZ 站长助手等。

进行网站浏览并应用于本小组营销网站的流量统计和评价。

三、实验原理、方法和手段

登录网站进行验证实验，并完成本小组营销网站的流量统计和评价。

四、实验组织运行要求

采用集中授课形式。

五、实验条件

人手一机，登录互联网，参考相关文献资料等。

六、实验步骤

结合选择的训练案例，主要完成以下步骤。

注册/登录—获取代码—将代码放在网站(或个人空间)上—查看统计报告(月、日、年)—分析来源(主要关键字来源)—分析客户信息—其他分析。

七、思考题

流量统计系统在营销中起到什么样的作用？

八、实验报告

实验预习：认真阅读实验指导书，熟悉各种实验设备和软件。

实验记录：实验过程简要记录。

实验报告：内容包括实验目的、实验内容、实验步骤、实验结果(要列出所调查网站的域名和比较的项目列表)、思考题讨论与实验心得。

九、其他说明

必要时对上述相关内容进行补充，或告知学生实验室管理的相关规定及安全事项等内容。

实验 10：网络营销技能训练——网络广告策划

实验学时：4
实验类型：综合、设计型
实验要求：必修

一、实验目的

通过本实验的学习，使学生认识网络广告在网络营销中的作用，了解或掌握网络广告的策划与发布的方法与流程，训练或培养学生制作 Banner 广告的技能，并能针对具体项目进行网络广告投放的策划分析，掌握网络广告的基本测评方法与手段，了解网络广告第三方评估与监测机构的运作机理。

二、实验内容

完成广告创意、Flash 动画设计、网站投放分析、网络广告商选择等内容，具体如下。

(1) 以小组项目为基础，利用课外时间进行网络广告的策划，按策划书的内容进行实验。

(2) 访问网络广告先锋、Yahoo!、新浪、搜狐等网站的广告服务频道，了解这些网站提供哪几种形式的网络广告服务，并查询它们的广告价格和收费标准。

(3) 访问联盟广告交换网(www.linkunion.com)、太极链(www.textclick.com)、中华链(www.china-top10.com)、马来西亚广告网(www.malaysiabanner.com)、华宇广告交换网(webcbc.com)、中国供求网广告交换联盟(www.chinagq.net)等广告交换服务网络，了解这些网站提供的免费广告交换服务的运作机制。

(4) 访问 IAB 等网络广告第三方评估与监测机构的网站，了解其评估和监测工作的运作机理。

（5）利用 Fireworks 制作一个 468×60 像素 Gif 格式的标准 Banner 广告。该广告中至少含有三幅图片，其中一幅要注明本小组营销项目的名称与公司 logo。

（6）设计一个简洁的网络广告文案，明确广告的投放时间和网站，以及该广告要实现的目标。

三、实验原理、方法和手段

由学生自行设计实验方案并加以实现的实验。

四、实验组织运行要求

以学生自主训练为主的开放模式组织教学，以小组为单位，但是每个人员必须有明确分工，能够独立完成一项网络广告策划工作。

五、实验条件

人手一机，登录互联网，安装网页三剑客等基本软件，提供电子商务创业实验室、网络营销教学模拟软件以及相关文献资料等。

六、实验步骤

基本步骤：注册/登录—发布广告—选择广告类型—个性化广告信息(图片、文字、图片加文字、Flash 等形式)—浏览广告—管理广告。

七、思考题

找一份竞争对手的网络广告进行比较分析。

八、实验报告

实验预习：认真阅读实验指导书，登录实验教学辅导网站，熟悉网络广告发布机制与运作流程，准备制作网络广告的图片等基本素材，并利用课外时间拟订网络广告策划书。

网络广告策划书：学生在实验进行前应利用课外时间完成网络广告策划书。策划书的内容包括网络广告的定位策略、市场策略、心理策略、时间策略、导向策略、表现策略、形式策略等，投放的网站、位置，财务预算，预计达到的目标以及拟采用评估广告效果的方法等。实验过程中要严格按实验步骤进行，认真完成规定的实验内容，真实地记录实验中遇到的各种问题和解决的方法与过程，每位学生制作的 Banner 广告其文件大小尽量不要超过 100 KB。

实验报告：内容包括实验目的、实验内容、实验步骤、实验结果、思考题讨论与实验心得。

九、其他说明

必要时对上述相关内容进行补充，或告知学生实验室管理的相关规定及安全事项等内容。

附录 B　学生网络营销策划作品

Cos 偫人阁网络营销策划书

第一章　执 行 摘 要

2007 年以来，随着文化创意产业的迅速增长，动漫行业即将步入爆发期。截至 2007 年年初，在我国 84 万个各类网站中，动漫网站约有 1.5 万个，占全部网站的 1.8%。这一数字比 2006 年年初同期相比增加了 4000 余个，动漫网页总数达到 5700 万个，增长率约为 50%。2006 年网络动漫市场规模突破 1000 万元，增长率约为 25%。而其中动漫的周边产业 Cosplay——角色扮演更是发展迅猛，掀起了一个又一个高潮。

正是基于这样一个契机，我们计划在这一有着良好前景的行业中进行发展。本公司经营一个综合型网络社区，名为 Cosland 网络社区(Cos 大陆)，提供与 Cosplay 有关的各类资讯、Cosplay 交易市场、Cos 交流平台，力图将 Cosland 打造成最具人气的 Cos 交易市场和 Cos 社区！而网站最初的目标就是拉起人气，增加流量，吸引潜在顾客，在竞争激烈的互联网络中生存下去。

Cosland 网络社区"好玩"、"Cool"、"简易"、"诱人"，注重娱乐和互动，在不断的发展和创新下将成为 Cosplay 爱好者的家园。我们将从服务内容和视觉设计中体现这一风格。

根据有效容量为 180 份的调研及市场细分，我们把目标市场定为年龄在 13～23 岁之间的、月收入在 3000 元以上的、处于东南沿海及内地大中城市的对 Cosplay 至少持喜欢态度的个人或团体。

我们的战略规划如下。

(1) 前期：完成营销方案设计和网站建设，预计耗时 3 个月。

(2) 中期：执行计划中的各项营销策略，预计耗时 3 个月。在执行过程中进行相应的调研和绩效评估。

(3) 后期：以上两个阶段结束后，依据绩效评估的结果调整营销方案，并完善社区建制，以达到既定目标。

在这么一个社区中，我们的收入主要来源于以下方面：交易市场的佣金、内容赞助以及本网站提供的各类网络产品服务。

经过详细的竞争分析后制定了产品、渠道、形象三个类别的差异化策略，在此基础上分别制定了 4P 策略来实现我们的营销目标，并探讨了详细的技术解决方案和详尽的预算(包括资金和建设时间预算)，最后定出了检验投入是否真正收到成效的绩效评估方案。

第二章　产 品 服 务

一、产品服务结构图

产品服务结构图如图 B1 所示。

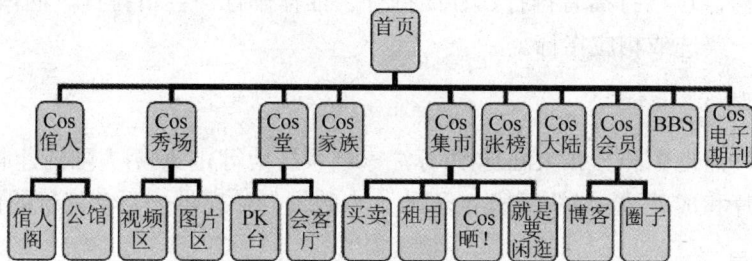

图 B1　产品服务结构图

二、产品服务介绍

1. Cos 伩人

(1) 伩人阁：项目小组成员动态、资料、讨论区。便于和大陆的参与者们互动。

(2) 公馆：入住全国专业 Cos 社团，需审核；以及站内成立的社团，需审核并实施监管。

2. Cos 秀场

Cos 秀场分为视频区和图片区。本站精选或"百人大推荐"，即推荐票过一定量就可以进入这个模块，类似土豆网的"挖它"。进入此模块的视频或图片都需配有解说文字。

3. Cos 堂

(1) PK 台：第一类——"官方"(本站)或"民间"自发组织(需审核)的擂台，允许单人 PK、角色 PK、作品 PK、社团 PK 等；第二类——"擂台之擂台"，擂台之间的 PK，评选最具人气擂台、最个性擂台等。以上两类的 PK 都由大陆成员(会员)选出。

(2) 会客厅：擂台优胜者专设会客厅。

4. Cos 家族

本社区初建制时设立的几大家族，由会员注册时申请加入某一个家族或不加入，也可以在成为会员后的任何时间申请加入。申请需经过族长批准。

5. Cos 集市

(1) 买卖：卖家和买家的商品买卖市场。

(2) 租用：出租方和租用方的市场(主要针对同城)。

(3) Cos 晒：卖方、出租方晒商品专区。此区发帖内容须内含图片。

(4) 就是要闲逛：专为闲逛的买家设计，提供有关市场的综合逛街资讯。

6. Cos 张榜

各类排行榜，包括打擂者排行、社团排行、推荐排行、会员排行、圈内明星、公馆花魁等。排行基于票选或相应指标。

7. Cos 大陆

包括一张站点地图和一张大陆地图(标注家族聚居地等)；载明大陆的建制、历史文化、各家族资料图片和成就；虚拟社区服务设施(如点数银行)；提供一系列好玩的任务和小游戏。

8. Cos 会员

基本的会员功能、大陆成员个人详细设定、会员博客、圈子(加入或设立)。圈子可以在族内成立也可以跨族成立，不作限制。

9. BBS

有关以上各类内容的讨论区，另外加集市讨论区、明星粉丝区(可晒自己最近迷的 Coser)。

10. Cos 电子期刊

简化版免费，可在线阅览和下载；精品版需购买，只可在线阅览。最初的来源——Cos 秀场和本小组对 Coser 或 Cos 社团的网络采访以及部分外来资源。后期资讯来源多样化。

以上各项都能带来顾客价值，均具有一定程度的吸引力，各项之间也有紧密关联，互动性强，用户自主性高，可充分吸引网络参与者，并提高黏度，迅速拉动人气。

同时，针对市场内的卖方，买方还有一系列提高客户价值的免费增值服务，详情请参看第四章中的盈利模式。

第三章　网站建设方案

一、网站展示

网站首页如图 B2 所示。

图 B2 Cos 倌人阁网站首页

二、网站建设规划

前期：在确定网站的风格、色调、板块的前提下，对网站界面布局进行设计。接着完成网站前台页面的制作、后台程序的编写以及数据库的组建，迅速聚集人气。

中期：对前台页面进行优化，完善网站后台程序，以便对网站进行管理。完善网站原有内容，新增板块。

后期：根据需要，对网站页面与后台进行改版。整个网站要求页面整洁美观，强调信息的实用性、易读性，相信浏览者会对我们的网站留下深刻的印象，再次光临我们的网站。与其他一些相关机构合作，以增强自身规模和影响力，向权威化方向发展。

三、网络渠道建设

网站的定位是网络社区，实质扮演了两个角色：其一，提供信息等网络服务；其二，作为中介商为买卖双方提供平台。

因此完善我们的网络营销渠道主要就是完善订货系统、支付系统和配送系统，而实体商品的配送基本上由商家自行解决，但我们可在产品的传输方案上提供协助。

1. 订货系统

技术外包、订单处理类似淘宝。

2. 支付系统

结算方式：网上银行、货到付款等。

支付平台：鉴于网站处于初创阶段，选择与其他支付平台的合作，支付一定费用或为其提供抽成。选择支付宝、财富通进行合作，因为它们在中国使用最普遍。

3. 产品的传输

(1) 实体产品(主要是卖家)

为卖方提供协助、渠道对比优化及方案选择(如先与专门配送公司签约再提供给卖家选择)。

(2) 网络产品(包括我们自己的和卖家的)

第一，对于图便利的消费者，进行产品点到点的网络传递。

第二，对于重体验的用户，采用带有浓厚娱乐性的、完全革新的个性化传递，注重过程的体验。最初的试验方案是把简化版的电子期刊模拟"yellow ball"的传递形式，不在网上进行点对点的传输，而是把期刊发出，让会员阅读并留下感想或资料后传递到下一个会员手中，这样更有互动娱乐性。后期将逐渐完善这一方案。

第四章　市　场　分　析

一、市场概况

1. 网络社区现状

随着社区技术的高速发展和社区应用的普及与成熟，互联网正逐步跨入社区时代。互联网社区在 2006 年取得了高速的发展，中国网民经常使用论坛、BBS、讨论组等平台，论坛社区应用规模已经超过即时通讯，成为仅次于收发 E-mail 的互联网基本应用。截至 2007 年 6 月，中国有 131 万家(CNNIC)独立网站，从门户到行业网站，从地区门户到个人站点，80%以上的网站均拥有独立社区。

2. 中国网络动漫市场的现状

《2007 中国新媒体动漫研究报告》显示，截至 2007 年年初，在我国 84 万个各类网站中，动漫网站约有 1.5 万个，占全部网站的 1.8%。这一数字比 2006 年年初同期相比增加了 4000 余个，动漫网页总数达到 5700 万个，增长率约为 50%。预计今年市场规模将达到 2500 万元，增长率约为 150%。从以上数据可以看出，我国的网络动漫产业即将步入爆发期。

3. 中国网络动漫用户特征

根据《2007 中国新媒体动漫研究报告》以及 COS 佰人阁的 180 份有效样本容量显示：国内网络动漫经过这些年的发展，在造就大批的个人站长的同时也培养了为数不少的网络动漫用户。网络动漫用户群体大都为喜欢动漫、对动漫有浓厚兴趣的年轻人。他们通常具有以下特征：网络性、年龄偏小性、女性倾向、地域分散性、网站用户分散性、低忠诚度性。

二、市场细分及消费者行为分析

1. 市场细分

我们的市场范围涵盖国内动漫爱好者及社团。市场细分将按以下几个指标进行：地区、年龄、收入、兴趣、寻求的效益。其中，地区和年龄作为第一层次细分指标；收入和兴趣作为第二层次细分指标；寻求的效益作为第三层次细分指标。

(1) 第一层次细分

地区(A)：①东南沿海及内地大中城市；②中小城镇；③西部地区。

年龄(B)：①12岁以下；②13～15岁；③16～18岁；④19～23岁；⑤24～40岁。

经过分析，我们在第一层次的细分中将针对东南沿海及内地大中城市中13～23岁的青少年市场展开分析。

选择原因：东南沿海及内地大中城市的动漫市场发展较好，动漫文化氛围浓厚，有多项赛事，市场比较广；喜欢和参与动漫和Cosplay的人群主要集中在13～23这个年龄段，占76.12%(资料来源：COS佾人阁调研数据)。

(2) 第二层次细分

收入(C)：①1000元以下；②1000～3000元；③3001～5000元；④5001及以上。

兴趣(D)：①可有可无；②喜欢；③热爱；④痴迷。

经过分析，我们在第一层次细分的基础上从第二层次细分中选择六个市场：C3-D2；C3-D3；C3-D4；C4-D2；C4-D3；C4-D4。

选择原因：Cosplay是消耗资源的一项活动，尤其是亲身参与角色扮演，消耗金钱较多，平均一套Cosplay服饰道具要消耗500元以上；只有对Cosplay的程度在喜欢以上才可能成为我们的客户。

注 "收入"指未成年人所在家庭月收入或工作后个人月收入。

(3) 第三层次细分

寻求的效益(E)：①获取产品；②获取体验。

这两项效益都将在我们提供的产品服务中获得，只是针对不同类型的顾客将采取不同的组合策略。

(4) 结论

我们最终选择的目标市场是年龄在13～23岁之间的、月收入在3000以上的、处于东南沿海及内地大中城市的对Cosplay至少持喜欢态度的个人或团体。我公司向目标市场提供产品及体验性服务。

2．消费者行为分析

社会因素：容易受Cosplay个人或团体的影响，产生跟风。

文化因素：目标群一般有着共同的价值观、兴趣和行为(都热衷于Cosplay文化)。

个人因素：追求个性化的产品(喜欢另类，超Cool的装扮)，对Cosplay有着狂热感。

一旦形成消费习惯，未来的持续消费时间长(消费群体较为年轻化，不仅有较长的消费时间段，也可以通过自己来影响周围人加入Cosplay)。

心理因素：消费群体富有激情(年轻的消费群体，体力、精力等方面都比较富足)。

对产品质量要求高(不仅因为产品的价格高对产品的要求也就高，更是因为对 Cosplay

的喜爱)。

更热衷于高人气的 Cosplay 网站(Cosplay 需要氛围，高人气的 Cosplay 网站更好玩、有趣。Cosplayer 当然更热衷于高人气网站)。

三、竞争对手分析

Cosplay 在中国已经成为国内动漫发展的主流，就上海为例以 Cosplay 为主题的比赛平均每月都有一次，比赛奖金从千元到万元不等。今年武汉举办的 Cosplay 比赛因为邀请到日本 Cosplay 界知名人士参加，所以异常火爆，场内出现与其拍一张照片都要 500 元的天价，而排队等候的人却非常多。

目前 Cosplay 在中国内地尚未形成行业规模，没有真正的行业领头羊，而从事这一行业的商家普遍存在自身定位不清晰、营销目标不明确、相关服务不健全(只提供资讯，或者只提供产品，目前还没有一个相对比较全面的平台)、产品或资讯更新速度慢、品牌效应低下等共性问题。以下就行业内两个典型例子作一下分析。

1. Cosplay 8

Cosplay 8(http://www.cosplay8.com)是大渡传媒旗下网站，该网站主要是传达 Cosplay 信息与周边信息，同时联合国内动漫生产厂家为 Coser 提供 Cosplay 服装、道具等。

盈利方式：内容赞助、出售服装道具、承办商业演出。

2. 贪婪大陆

贪婪大陆(http://bt.greedland.net/)只有少量的 Cosplay 信息，并没有提供相应的服务。

3. 总结

Cosplay8：①产品数量少且更新速度慢；②合作伙伴实力不强；③名气不高；④提供定制服务。

贪婪大陆：无论从资讯还是人流量来说，贪婪大陆都是业内排名第一的，但是其没有提供相关的 Cosplay 服务。

根据市场环境存在的机会与威胁，以及自身存在优劣势，完成 SWOT 分析见表 B1。

四、SOWT 分析

表 B1　项目 SWOT 分析表

优势	1. 创始人的可信度：团队成员均为大学生，从一定程度上而言可信度较高，思维行动也比较能切合此项目。 2. 团队：团队已有的人际网络涉及 Cos 专业社团，已获得一些社团的支持(如北辰世家)。此外，整个团队积极、认真、努力，并且有不断创新的智慧及激情

续表

劣势	1. 项目建设期：品牌在现在来说无疑是一个很强有力的竞争优势，由于我们的项目刚刚成立，还缺少知名度 2. 团队底子不足：成员均为在校大学生，缺乏经验
机会	1. 市场空白：目前中国存在的关于 Cosplay 的网站大多只是资讯门户网站，且涉及 Cosplay 商品交易的都很少，最多不超过 560 件(Cosplay 服装商城) 2. 客户群的扩大趋势：历年来无论是厦门还是全国各地，以 Cos 为主题的活动越来越多。 3. 赛事增多：2007 年中国在各大城市共举办了 32 次大型活动，如 C3 全国 Cosplay 大赛。 4. 壁垒低，易进入：便于打开市场，成本耗用较低。
机会	5. 细分市场内部高度一致：主要针对 Cos 这一块市场，不仅可以使目标人群很明确，而且其消费心理偏差不大，便于提供实体产品。 6. 政策支持：如第五届中国国际网络文化博览会组委会提出"三新"网络文化主题，在一定程度上推动了国内 Cosplay 的发展
威胁	1. 潜在竞争对手：有些潜在对手具有更强的实力，包括已颇具规模的交易平台、网上商城，如淘宝、拍拍等。 2. 极具人气的动漫资讯类网站：(此条单独列出)我们网站靠社区等综合服务以及人脉拉起初步的人气。动漫网站数不胜数，泛滥成灾，即便我们有很好的构思和创新想要脱颖而出也有难度。 3. 购买习惯：Cosplay 玩家的商品目前多数还是现实交易(尤其是定做)，怎样把客户群体转移过来也是要考量的。 4. 技术门槛低：这将使得可能的竞争对手的数量更多，范围更广，幅员辽阔，形成严峻形势。 5. 支付系统：来自所有支付工具背后金融机构的可能的不合作；而又没有自己的支付系统和工具。 6. 网络经济金融环境：还不完善，相关法律制度欠缺，可能遇到许多风险

第五章 营 销 策 略

一、价格策略

本站产品与服务及整个网站秉持的风格是"好玩"、"Cool"、"简易"、"诱人"。

1. 版本划分、定制和可变定价

对于电子期刊，划分为免费版和收费版，进行差别定价；也可以为顾客个性化定制刊物，从我们提供的各类内容选择，进行动态定价。

2. 内容赞助和会员联盟

时间周期内使用固定价，再定期看是否调整。

3. 集市内交易佣金和差别定价

集市分一区和二区,一区主要针对爱好者,二区主要针对专业社团和玩家。一区完全免佣金;二区限制免费,即设定几个会员等级,在最低级数以下,按原价收取佣金,此级以上,进行佣金折扣至完全免费。

注 会员等级由以下指标得到:社区活跃度(在线时长、发帖量、进入秀场量、精华数)、交易量、会员排行(和活跃度挂钩,也就是等级中两个主要来源都与活跃度有关,可有效提高会员黏度)、家族贡献度。

二、网络营销沟通

1. 网络推广和营销沟通的目标

增加网站的流量(注册量)和为网站带来潜在的消费者。

2. 推广和营销沟通方式

(1) 搜索引擎营销。

由于我们要投放的是国内市场,而百度占有更大份额,所以我们决定投放百度,且投放百度的话,百度可以免费帮我们投放 Google。起初投放周期为 3 个月(以后可适当延长),在网站建立初期即开始投放。

实际操作预算:

3600 元——后台操作(其中 600 元是开户费用,3000 元是预存消费用的)。

随意选用关键词,数量无限制。

优化费用:百度负责优化等一对一的服务。

点击付费:点击付费的费用自预付款中扣除。

智能点击费:0.3 元/次,如果是起先做的话,会根据系统来调节智能点击费,有可能会低于 0.3 元/次。

Cosplay:首页平均 0.3 元/次。

道具:首页平均 0.8 元/次;最低 0.45 元/次。

论坛:首页平均 0.8 元/次;第一位 1.28 元/次。

(2) 病毒性营销。

消息、帖子形式:定期(时间段可以自由控制)在各大 BBS、社区或者 QQ 上传播消息或发表文章(如天涯社区、新浪、网易和百度贴吧等)。

Flash、图片、视频等形式:将本网站的展示做成 Flash、图片、视频等,投放至免费的网络媒体(如优酷、土豆网,媒体选择分两个方向:一个是影响度,一个是专业化)。

活动形式:联合我们的战略联盟"北辰世家"在厦门的中心街道举行 Cosplay 秀活动。

(3) 许可 E-mail 营销。

选择外包邮件代发服务公司，初步预算：660 元，包括全部 5 亿邮件地址和邮件群发软件一套。

(数据来自中国邮件营销网 http://www.mailyx.cn/)

(4) 数据库营销。

在本社区对数据的收集；

宽松的许可、注册政策与流程；

只要用户一个邮件地址也行(有了邮件地址就相当于与客户建立了联系)。

在后台对要发布信息的审核过程中收集信息；

如在社区外组织人员对 Cosplay 一手和二手数据的收集；直接在调查网发布问卷调查；密切关注各大贴吧、社区和 BBS 上相关 Cosplay 的信息，最后组织人员根据数据库的信息进行系统的分析，为网站策略的制定提供依据。

(5) 促销方式。

在社区内发行优惠券：优惠券分不同面额(5 元、10 元、20 元、30 元、40 元及 50 元优惠券)。会员采用等级积分制，达到一定积分可参加优惠券争夺赛(回答问题形式或小游戏形式，过关得到优惠券，不同会员等级争夺不同面额的优惠券)。

折扣优惠：包括佣金折扣、商品折扣和电子期刊折扣，在特定的节假日(国庆、五一、中秋等)有折扣优惠，但实行折扣优惠的商品和电子期刊要有数量限制。

3. 买卖方营销沟通解决方案

(1) 买方支持

购买组合服务——单人购买多家商品时使用。可以省邮费等。基于已建立的卖方"买方省钱计划"联盟。

① 团购服务——鼓励卖方进行团购活动，并设计买方团购索引。

② 自由评论评价权、打分权。

(2) 卖方支持

① 渠道协助。

② 网店托管。

③ 网店页面设计解决方案和经营指导等(和技术公司建立联盟，我公司不收中介费)。

(3) 买卖方控制

信任机制：在最初建立信用机制，包括注册时的条款、注册后的信用监管，以及买卖双方的互相评价体系。

三、盈利模式

(1) 内容赞助：收取广告费。

(2) 会员联盟：与相关网站建立会员联盟，收取交易佣金。

(3) Cos 集市内交易佣金。

(4) 网络产品——Cosplay 电子期刊。

以上四个盈利点是项目初期的盈利模式，在中长期的发展中盈利模式将作调整，开辟多样化的特色服务实现个性定制，使盈利模式多元化。

四、营销方案绩效评估

采用平衡记分卡进行营销方案评估。评估数据来自相应的内部记录、一手调研数据以及二手数据。在进行绩效评估前将进行专门的调研。

附件：CosLand网络社区广告创意及设计
广告名称：变身欲(Body Off)
广告文案：
上帝欠你的，当然要得回来。
只要可以忍受手术刀的美丽剐刑，
或是穿上调整型盔甲内衣，
最好办法是在 Cos 集市，
可以戴顶假发，换成蓝眼珠，满身小麦色……
瞬间变成上了糖果妆的粉红芭比或是穿越时空的古代仕女，
有善变的双身才有精彩的双重生活。
CosLand 社区有你更精彩！
广告效果图如图 **B3** 所示：

图 B3　变身网络广告示意图

广告定位：

Cos 集市塑造了一个"好玩"、"Cool"、"诱人"的品牌形象，目标人群锁定以 Cosplayer 为主的动漫爱好者，赋予其时尚、自如的感觉，并在感情诉求的心理作用下，产生强烈的购买欲。

广告的投放：

(1)　地点

Cosplayer 资讯站 http://www.cosplayer.com.cn/首页；COSPLAY_TOM 游戏 http://games.tom.com/cosplay/咨询页面的横幅广告。

(2)　时间

在网站推广的中期进行，考核时间为一个月的长期广告。

广告的目标：

引发访问者的点击并参与 Cos 集市的活动。

广告效果的评估：

根据该广告所链接的点击率网站的流量统计等相应的评估，对广告的主题效用等进行相应的考核，再通过对广告内容的修改，进行再次投放。

附录 C　术语中英文对照表

Advertising Impression	广告+印象
Angel Investors	天使投资者
Auction Marketing	拍卖营销
Banner	横幅
Blog Marketing	博客营销
Brand Banner Ads	品牌图形广告
Business Information	商务信息
Button	按钮
Classified Ads	分类广告
Click ratio	点击率
Clidcs & Click Through Rate	点击次数与点击率
Concentrated Marketing	集中性市场营销
Consumer Behavior	消费者行为
Consumer Loyalty	消费者忠诚度
Consumer Market	消费者市场
Consumer Psychology	消费者心理学
Consumer Services	消费者服务
Conversions & Conversion Rate	转化次数与转化率
CPA (Cost Per Action)	每行动成本
CPC (Cost Per Click)	每点击成本
CPM (Cost Per Mille)	千人成本
Customer Relationship Intelligence，CRI	客户关系智能
Customer Relationship Management，CRM	客户关系管理
Customized Marketing Network	网络定制化营销
Cyber Sales Promotion	网络促销
Data Mining	数据挖掘
Database Marketing Service，DMS	数据库营销
Demand Analysis	需求分析
Differentiated Marketing	差异化市场营销
Direct Marketing	直复营销
Direct Marketing on Internet	网络直销

Distribution Channel	分销渠道
Distribution Channel Design	分销渠道设计
Distribution Channel Management	分销渠道管理
Domain	域名
Download Soft ware Ads	下载软件广告
Dynamic Pricing	动态定价
E-business Strategy	电子商务战略
Electronic Middleman	电子中间商
E-mail Ads	电子邮件广告
E-mail Direct Marketing, EDM	E-mail 营销
E-marketing	网络营销
E-marketing Plan	网络营销计划
IM Marketing	即时通信营销
Information Gathering	信息收集
Integrated Marketing Communication，IMC	整合营销传播
Interactive Game Ads	互动游戏式广告
Investigation Questionnaire	调查问卷
Long Tail	长尾理论
Manufacturer's Agents	制造商代理
Market Positioning	市场定位
Market Segmentation	市场细分
Market Survey	市场调查
Marketing Opportunity Analysis (MOA)	市场机会分析
Metrics	指标
Micro-blog Marketing	微博营销
Network Brand	网络品牌
Network Community Marketing	网络社区营销
No Difference in Marketing	无差异市场营销
Online Consumer	网络消费者
Page View	网页阅读次数
Physical Products	实体产品
Portal	门户
Page Rank，PR	网页排名
Public Relations Marketing	公共关系营销
PV(Page Views)	页面访问量

Rich Media Ads	富媒体广告
Sampling Survey	抽样调查
Search Engine Ads	搜索引擎广告
Search Engine Marketing, SEM	搜索引擎营销
SEO	搜索引擎优化
Site Diagnostics	网站诊断
Site Evaluation	网站评价
Site Management System Development	网站管理系统开发
Special Discussion	专题讨论
Strategic E-marketing	市场营销战略
Strategic Planning	战略规划
Tactics	策略
Target Market	目标市场
Text Linked Ads	文字链广告
Traditional Market	传统市场
Venture Capital	风险投资
Video Ads	视频广告
Viral Marketing	病毒式营销
Virtual Body Products	虚体产品
Web Advertising	网络广告
Website Promotion	网站推广
Word of Mouth	口碑营销

参 考 文 献

[1] 冯英健. 网络营销基础与实践[M]. 第 3 版. 北京：清华大学出版社，2009.

[2] 朱迪·施特劳斯. 网络营销[M]. 第 4 版. 北京：中国人民大学出版社，2007.

[3] 查菲著. 网络营销战略、实施与实践[M]. 马连福译. 北京：机械工业出版社，2008.

[4] 周宁，李鹏. 网络营销——网商成功之道[M]. 北京：电子工业出版社，2009.

[5] 田玲. 网络营销理论与实践[M]. 北京：清华大学出版社，2008.

[6] 王耀球，万晓. 网络营销[M]. 北京：清华大学出版社，2004.

[7] 朱瑞庭. 网络营销[M]. 北京：高等教育出版社，2009.

[8] 薛辛光. 网络营销学[M]. 北京：电子工业出版社，2003.

[9] [美]安德森著. 长尾理论[M]. 乔江涛译. 北京：中信出版社，2006.

[10] 沈美莉，陈孟建，綦慧剑. 网络营销与策划[M]. 北京：人民邮电出版社，2007.

[11] 宋文官，姜何，华迎. 网络营销[M]. 北京：清华大学出版社，2008.

[12] 孔伟成，陈水芬，罗辉道等. 网络营销的理论与实践[M]. 北京：电子工业出版社，2008.

[13] [日]是永聪著. 网络营销[M]. 李艳等译. 北京：科学出版社，2008.

[14] 宋文官. 网络营销[M]. 北京：清华大学出版社，2008.

[15] 刘晓敏. 网络营销理论与实务[M]. 北京：北京理工大学出版社，2009.

[16] 瞿彭志. 网络营销[M]. 第 3 版. 北京：高等教育出版社，2009.

[17] 刘向晖. 网络营销导论[M]. 北京：清华大学出版社，2005.

[18] 郭笑文. 网络营销[M]. 北京：机械工业出版社，2006.

[19] 王刊良. 网络营销[M]. 北京：机械工业出版社，2007.

[20] 黄敏学. 网络营销[M]. 第 2 版. 武汉：武汉大学出版社，2007.

[21] 宋安. 在线品牌之道——网络广告媒体策略与效果评估[M]. 厦门：厦门大学出版社，2008.

[22] 吴健安. 市场营销学[M]. 第 3 版. 北京：高等教育出版社，2007.

[23] 孙宝文. 电子商务系统建设与管理[M]. 第 2 版. 北京：高等教育出版社，2004.

[24] 阴双喜. 网络营销基础：网站策划与网上营销[M]. 上海：复旦大学出版社，2006.

[25] 李朝曙. 网络营销：用虚拟网络手段提升企业现实生存力[M]. 北京：中华工商联合出版社，2006.

[26] 刘希平. 网络营销实战[M]. 北京：电子工业出版社，2004.

[27] 杨坚争. 电子商务基础与应用[M]. 第 5 版. 西安：西安电子科技大学出版社，2006.

[28] 拉菲·默罕默德著. 网络营销[M]. 王刊良译. 北京：中国财政经济出版社，2005.

[29] 赛达著. 搜索引擎广告[M]. 谢婷译. 北京：电子工业出版社，2006.

[30] 陈志浩，毛志山. 网络营销[M]. 武汉：湖北人民出版社，2000.

[31] 姜旭平. 电子商贸与网络营销[M]. 北京：清华大学出版社，1998.

[32] 褚福灵. 网络营销基础[M]. 北京：机械工业出版社，2003.

[33] 王毅达. 网络零售——定价策略与渠道选择[M]. 北京：经济科学出版社，2008.

[34] 孔伟成，陈水芬. 网络营销学[M]. 重庆：重庆大学出版社，2004.

[35] 杨勇. 市场营销：理论、案例与实训[M]. 北京：中国人民大学出版社，2006.

[36] 陈拥军，孟晓明. 电子商务与网络营销[M]. 北京：电子工业出版社，2008.

[37] 沈凤池. 网络营销[M]. 北京：清华大学出版社，2005.

[38] 卓骏. 网络营销理论与实务[M]. 北京：科学出版社，2008.

[39] 司志刚. 网络营销[M]. 北京：机械工业出版社，2005.

[40] 胡升腾. 新概念网上商店建设[M]. 北京：北京科海集团公司，2001.

[41] 居长志，郭湘如. 分销渠道的设计和管理[M]. 北京：中国经济出版社，2008.

[42] 郑锐洪，赵志江. 分销渠道管理[M]. 大连：大连理工大学出版社，2007.

[43] 杨坚争，李大鹏，周杨. 网络广告学[M]. 北京：电子工业出版社，2009.

[44] 宋安. 网络广告媒体策略与效果评估[M]. 厦门：厦门大学出版社，2008.

[45] 陈永东. 企业微博营销：策略、方法与实践[M]. 北京：机械工业出版社，2013.

[46] 肖萍. 电子商务网站设计与管理[M]. 南京：东南大学出版社，2002.

[47] 赵祖荫. 电子商务网站建设教程[M]. 北京：清华大学出版社，2004.

[48] 高怡新. 电子商务网站建设[M]. 北京：人民邮电出版社，2005.

[49] 杨坚争. 电子商务网站典型案例评析[M]. 西安：西安电子科技大学出版社，2005.

[50] 韩西清. 电子商务与网络营销[M]. 北京：科学出版社，2005.

[51] Gilbert A. Chuichill, Jr. , Dawn Iacobucci. Marketing research: methodological foundation [M]. Beijing:Peking University Press, 2007.

[52] Brin S, Page L. The anatomy of a large-scale hyper textual web search engine [J]. Computer Networks and ISDN system, 1998.

[53] Pinker TON B. Finding what people want: Experience with the web crawler [A]. Proceedings of the Second World-Wide Web conference[C]. Chicago, Illinois, Octorber 1994.

[54] Fung K. Update the 4Ps to 4Cs of marketing through the eyes of the students. As presented at the CAUCE 2006 Conference[C]: Through the Eyes of Our Student-lookin Forward

[55] Marketing Tactics Most Commonly Used by Small Internet-based Retailers to Sell Specialty Products[M], March 2006.

[56] Jefrrey Graham. PriorityNo. 1:Gross-MediaMeasurement[J], E-MarketingStrategy, 2002.

[57] Sculley B，William W，Woods A. B2BExchages: The Killer Application in the B-to-B Internet Revolution[M], Harperbusiness, Apirl 2000.

[58] Hart C. Saunders Power and Trust Critical Factors in the Adoptions And Use of Electronic Data Interchange [J]. OrganizationalScience, 1997，8(1):23—42.

[59] Ravald, Gronroos. The Value Concept and Relationship Marketing [J]. European Journal of Marketing, 1996, 31(2):19—33.

[60] 杨延红. 网络营销的理论与应用研究[J]. 甘肃科技纵横，2006(2)：16—18.

[61] 苏光才. 网络营销发展趋势分析[D]. 对外经济贸易大学硕士学位论文，2001.

[62] 周杰. 中国网络营销研究[D]. 内蒙古大学硕士学位论文，2006.

[63] 邓仲. 中小网站网络营销策略研究[D]. 厦门大学硕士学位论文，2009.

[64] 范桂芝. 论我国网络营销的现状[J]. 商场现代化，2009(10 上)：98—101.

[65] 刘海亮. 论网络营销和传统营销的关系[J]. 市场研究，2006(10)：27—31.

[66] 俞立平. 电子商务[M]. 北京：中国时代经济出版社，2006.

[67] 徐咏梅. 网络营销的理论与实施战略探讨[D]. 对外经济贸易大学硕士学位论文，2003.

[68] 张翠林，靳永军. 网络营销和传统营销的差异分析与整合[J]. 西安航空技术高等专科学校学报，2008.

[69] 赵惠青. 网络营销与传统营销的整合[J]. 平原大学学报，2007(8):40—42.

[70] 易新. 基于长尾理论的网络营销策略[J]. 商场现代化，2008(3)：37—42.

[71] 王秀峰. Web 2.0 时代下的网络营销策略研究[D]. 北京交通大学硕士学位论文，2009.

[72] 石玲. 互联网环境下网路商务信息的调研[J]. 商场现代化，2007(12)：49—51.

[73] 於志东. 网络经济下现代企业营销的竞争利器——网上市场调研[J]. 特区经济，2005(2)：30—32.